本书是2016湖北省教育厅人文社会科学研究一般项目《基于项目流程管理与数字资产管理的悉昙梵文文献整理研究》的结项成果，并受到湖北大学中国文化创新与传承学科群新闻传播支撑方向及湖北大学新闻传播学重点学科建设经费、湖北大学研究生院《新媒体时代可视化传播案例库》项目经费支持出版。

梵文古籍数字化生产流程管理研究

吴志勇◎著

中国社会科学出版社

图书在版编目(CIP)数据

梵文古籍数字化生产流程管理研究/吴志勇著．—北京：中国社会科学出版社，2019.5

ISBN 978-7-5203-2529-5

Ⅰ.①梵… Ⅱ.①吴… Ⅲ.①数字技术—应用—梵语—文字—古籍整理—研究 Ⅳ.①H711②G256.1-39

中国版本图书馆 CIP 数据核字(2018)第 088684 号

出 版 人　赵剑英
责任编辑　张　湉　熊　瑞
责任校对　张依婧
责任印制　李寡寡

出　　版　中国社会科学出版社
社　　址　北京鼓楼西大街甲 158 号
邮　　编　100720
网　　址　http://www.csspw.cn
发 行 部　010-84083685
门 市 部　010-84029450
经　　销　新华书店及其他书店

印　　刷　北京明恒达印务有限公司
装　　订　廊坊市广阳区广增装订厂
版　　次　2019 年 5 月第 1 版
印　　次　2019 年 5 月第 1 次印刷

开　　本　787×1092　1/16
印　　张　19.75
插　　页　2
字　　数　380 千字
定　　价　95.00 元

凡购买中国社会科学出版社图书，如有质量问题请与本社营销中心联系调换
电话：010-84083683

序

梵文文献写本的校勘整理历来是古籍整理中的难点。在校勘、整理《房山石经·大佛顶陀罗尼》的过程中，我们发现，如果能从原始石刻拓本记载的语句中提炼出词语，并寻找词语的悉昙梵文、汉字、读音、意义等关系，则能形成一个类似“悉昙—汉字—罗马词典”对照的数据库，为后续的梵汉对音、梵汉词典等研究提供极大的方便。

为了配合课题的研究，我们纳入业界先进的项目流程管理，这个流程使用国外的生产流程管理工具，实现对工作组内各成员的任务分工、数字生产、工作进度等的管理。现代企业管理越来越倾向于使用内容管理系统来提高工作效率。数字化流程的引入，能极大加速古籍类文献以及语言学等类似学科文献的整理与发布，这种方法论层面的管理机制，将比简单的数据库意义更大，它可以辐射到同类学科领域。

在研究过程中，我们通过提出问题、制定计划、调研考察、信息反馈、专家论证、制定方案等途径，对现有系统进行总结，提取合理框架，并对本系统的架构、功能与接口等进行合理化规划。

本书从跨学科的视角出发，力图将古籍整理与现代数字化流程相结合，通过工作组内的协作，来完成项目。

这个研究项目的意义在于：

第一，弥补现有悉昙字库存在的缺陷。

从《石经》中的拓本来看，有少量中文字超出了目前 7 万个汉字的 SuperCJK 超大字符集，房山石刻中的悉昙字体超出了目前学术界公认的由台湾嘉丰出版社制作的 siddam 字体库，他们理当作为独立的字库被学界、业界所认可，也应该早日被共享，让更多的人能够受益。本课题中将根据石刻拓本中的缺失字体通过造字软件重新造字，弥补现有字库中的缺陷。

第二，建立梵汉对照数据库与梵汉词典。

通过古籍的数字化整理，形成一个系统的梵文——汉语对照数据库，最终形成可视化电子词典等学术专著。国内类似研究侧重于天城体转写文献整理、梵汉对音，以及悉昙文字本身的符号学研究。因此，本项目的视角能填补现有梵语词典的一些空白，这些项目成果是当前我国梵语科研与教学的迫切需要。

第三，纳入现代生产流程管理系统。

本项目以某一部古籍为例，通过协同编辑平台由项目组成员在教学科研过程中不断积累、修改、完善，其流程中包含的各类子环节，对于高效协同工作具有较高借鉴价值与指导意义。

笔者尽最大可能忠实于石刻，用数字化手段还原古籍。囿于学识，如悉昙梵文回译、造字等文献整理中有疏漏之处，希望广大读者朋友、专家及同行批评指正。此外，也有个别文献无法获知准确来源，我们对原始作者表示最衷心的感谢与歉意，并将在再版时加以修正。

吴志勇　于武昌沙湖琴园

目　录

应用篇

案例篇

前　言

读者必须具备的知识

本书研究动机是给从事梵文古籍数字化整理的从业者提供一种思路,提供现代项目管理、生产管线流程管理、数字资产管理的一些具体操作层面的方法。同时，本书也希望能给梵文咒语学习的广大爱好者提供一些参考资料。

阅读本书，需要熟悉梵文咒语，特别是唐密。作为初学者,可以从林光明先生的《简易学梵字(入门篇)》、《简易学梵字(进阶篇))》等专著入手，则会更加深入透彻领悟悉昙梵文的奥秘。

本书的组织结构

贯穿本书的是三条线索：

第一部分是理念线索，主要包括第一章到第四章，主要介绍工作流管理的基本框架，以及项目管理中的部分关键环节（版本整理、词库建立、造字、异体字、读音、版本回译等)；

第二部分是应用线索，主要包括第五章，主要就梵汉对照文本编排得版式设计提出一些建设性建议，并就结合相关案例对文本内容整理中所涉及的项目管理、数字资产管理进行具体规划；

第三部分是案例线索，主要包括附录 1 到附录 4，主要内容是对本书的研究成果进行总结，包括梵汉对照数据库及其对应的检索表和对音表，以及一份完整版的梵汉对照陀罗尼增补版与校勘版等。

理念篇

第一章　基于项目管理的古籍数字化生产流程研究

> 数字化时代的佛教文献整理，将充分依托飞速发展的数字技术及数据库技术，将每个佛教文献的全部信息采集、归纳、整理、组织建设为一个数据库，并将诸多不同的佛教文献数据库建设为关联数据库，最终形成汉文佛教文献数字化总库，从而将平面的佛教文献拓展为立体纵深的信息资源库，以充分发挥保护佛教文献、利用佛教文献的效用。
>
> ——方广锠《谈汉文佛教文献数字化总库建设》[①]

梵文文献的写本校勘、整理历来是古籍整理中的难点，是一个需要团队协作完成的数字化工作。早在唐代，译场就有“译语”、“证梵文”、“证梵义”等严密分工。本书以整理“大佛顶陀罗尼”个案为突破口，探讨古籍数字化内容建构与流程管理的一些思路与视角，期待学界对项目流程管理引起更多的关注。

本章首先从业界对于项目管理的研究成果入手，介绍了项目管理的发展历史、基本架构与功能模块、商业项目管理系统；其次以古籍数字化的案例出发，从研究对象与研究目标、系统框架、关键环节与核心技术等主要内容进行概述。作为全书的第一章，本章的内容将在后续章节中逐次展开。

① 方广锠：《谈汉文佛教文献数字化总库建设》，《世界宗教研究》2016 年第 1 期。

第一节 基于工作流的项目管理

一 基本概念与发展历史

1. 基本概念

现代企业极其重视项目管理，并作为整个生产环节的核心竞争力要素进行战略布局。无论是针对生产管线与环节(pipeline)的工作流管理，还是针对数字资产的数字资产管理或是内容管理，尽管在管理策略上侧重点不同，但是项目管理作为灵魂与核心，不断推动着企业的生产效率的变革(见图 1-1)。

项目管理 Projects Management	工作流管理 Workflow Management	数字资产管理 Digital Asset Management (DAM)
R·K·Wysocki，R·Beck，D·B·Crane 等人认为，项目是一系列独特的、复杂的并相互关联的活动，这些活动有着一个明确目标或目的，并且必须在特定的时间、预算内，依据规范完成。国内专家毕星[①]等人认为，简单地说，项目就是在既定的资源和要求的约束下，为实现某种目的而相互联系的一次性工作任务。武利庭[②]认为项目管理就是在成本、时间、品质中寻找一个平衡，对于一个项目并不一定是质量越好，表示越成功。	工作流管理联盟认为，工作流就是“业务过程的部分或整体在计算机应用环境下的自动化”，这个概念将计算机纳入项目管理的范畴。从具体运作层面来看，工作流管理主要涉及工作流引擎、业务流程、流程编辑工具、工作流表现程序、流程监控、表单设计与集成、应用程序的集成等。工作流是指若干计划、工作任务或是活动，这些任务相互之间存在逻辑上的先后关系，它们能够通过自动化或半自动化的管理手段进行高效率的流程运转。	数字资产管理是结合计算机存储、网络、数据库、多媒体等多项技术，主要解决媒体数据资料的存储、管理、发布等问题。一般认为，数字资产管理这个概念包含下载、重命名、备份、分级、分组、存档、优化、维护、精简、导出文件等诸多环节。其中内容管理系统是整套系统的核心，比如典型的 AVID 公司媒资系统——Interplay 等。在某种程度上说，DAM 体现了现代 CRM 和 ERP 的核心理念和精神。

① 毕星：《项目管理 Project management》，清华大学出版社 2011 年版。

② 武利庭：《房地产开发项目质量管理研究》，硕士学位论文，天津大学，2009 年。

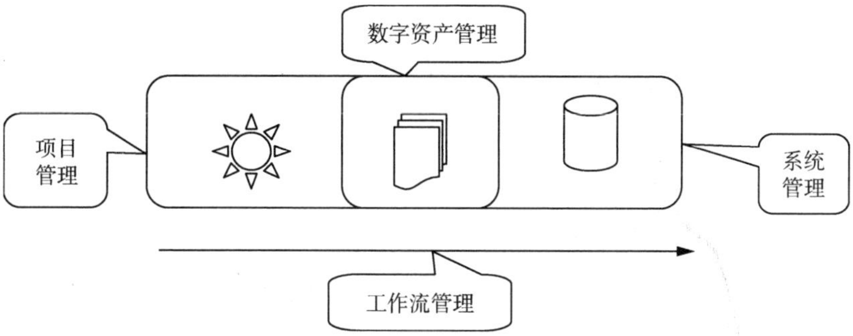

图 1-1　项目管理、工作流管理、数字资产管理相互关系

2. 发展历史

从 20 世纪 50 年代美国咨询决策公司以及军方从事工作流与项目管理研究以来，以美国为首的美国项目管理协会（PMI）和以欧洲为首的国际项目管理协会（IPMA）不断推动着项目管理研究的深入。工作流技术已被越来越多的人认可，相关的标准规范、工作流引擎及商业产品不断涌现，能极大地增强使用机构的工作效率(见表 1-1)。

表 1-1　工作流研究主要成果

时间	研究公司	研究成果	主要特点
1957 年	美国兰德公司 杜邦公司	关键路径法(CPM)	假设活动的时间是确定的情况下，如何控制费用和成本
1958 年	美国海军特种计划局 洛克希德航空公司	项目评估反思（PERT）	用概率的方法进行估计时间，重点在于时间控制，项目费用和成本却并不被重视
1993 年		成立专门组织——工作流管理联盟（Workflow Management Coalition，简称 WFMC）	制定了一系列工业标准，并且从事原型系统开发
21 世纪	File NET 公司	Visual Work Flow	商业工作流系统
	Jet Form 公司	In Tempo	商业工作流系统
	IBM 公司	MQSeries Workflow	商业工作流系统
	Enhydra 公司	Shark	非商业开源工作流系统
	Jboss 公司	JPBM	非商业开源工作流系统
	Opensymphony 公司	Osworkflow	非商业开源工作流系统
	Canto 公司	Camulus	面向平面与出版行业
	Ftrack 公司	Ftrack	面向影视行业
	Southpawtech 公司	Tactic	面向影视行业
	Cerebro 公司	Cerebro	面向影视行业
	Avid 公司	Alienbrain	面向影视、程序开发行业

二　项目管理系统的基本架构与功能模块

1. 系统架构

现代软件开发更加强调软件作为工作平台的灵活性、可扩展性、兼容性，而不是传统软件的功能性特征。为了保证工作流程流线性化，业界成熟的应用方案核心层多采用如下三层结构模型，以确保其独立性、可行性以及易扩展性。

表示层为用户提供了交互功能丰富的操作界面、批量数据导入工具、OAI 元数据供应等。如 Alienbrain 通过 JSP 除了软件提供的用户自身偏好以外，还可以修改命名空间、版本控制、文件大小检查、时间标记、路径、一般数据库、项目属性、版本/标记、退出等属性。Camulus 通过 EjaP、Ajax、LDAP、SOAP 等技术，支持第三方 SQL、API、插件、用户脚本开发。

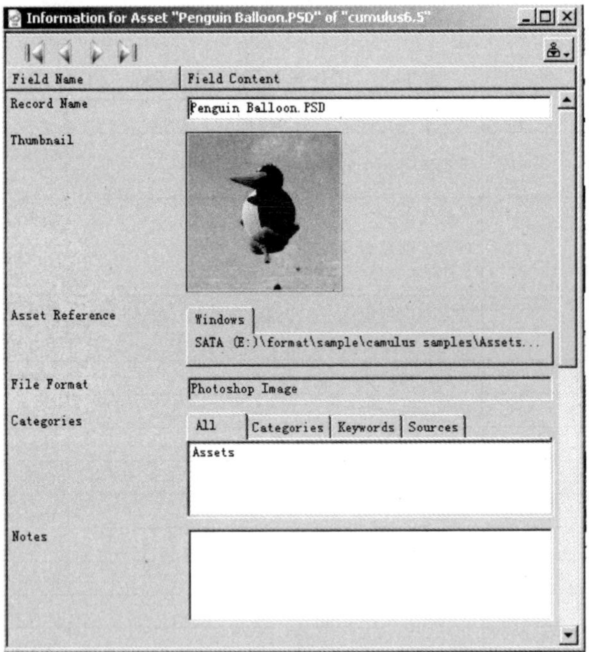

图 1-2　元数据编辑(Camulus)

逻辑层负责处理系统的业务流程，生成查询结果。网络服务主要由 Apache 服务器来实现跨平台服务，并配合 ASP、EJB 等对各种业务逻辑进行封装。

数据层由数据访问和数据库组成，其中数据访问负责业务逻辑与数据库的链接。为了加速预览，一些项目管理系统还引入了文件代理或者客户端文件缓存等途径。资产元数据的具体描述程度取决于系统和用户需要。如 Canto Camulus 的元数据编辑功能很丰富，可以描述资产内容、编码解码方法、源文件出处、所有者、权限等(见图 1-3、图 1-4)。

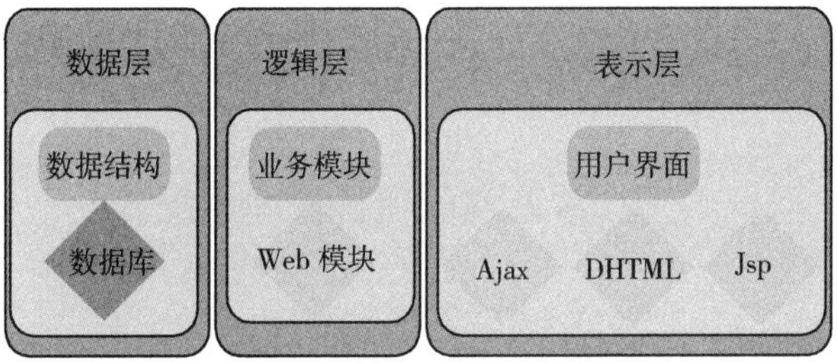

图 1-3　项目管理软件开发框架

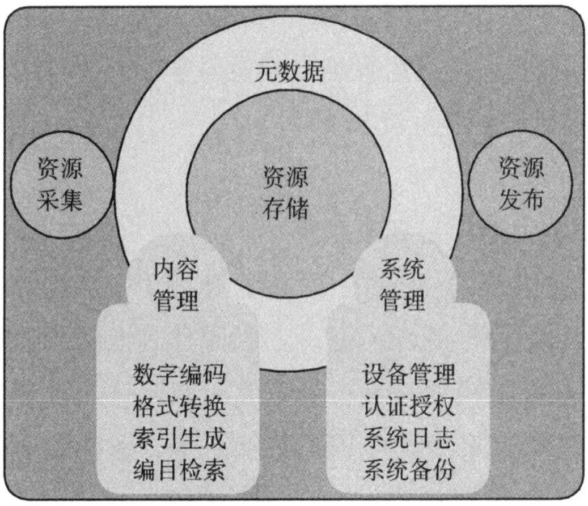

图 1-4　数字资产管理系统功能模块

2. 功能模块

从功能需要的角度出发，目前主流的项目管理系统主要包含以下模块(见表 1-2)。

表 1-2　项目管理系统主要模块

子系统	模块部件	硬件部件	特征
系统管理	设备管理、客户认证授权管理、系统人员及权限管理、系统日志、系统备份	由域控服务器、主题库应用服务器构成；采用典型的 B/S 架构或 C/S 架构，可以部署到内网	通过多种数据备份手段和严格的权限管理，保证资料、系统的安全可靠
内容管理	包括信息采集、数字化编码、格式转换、索引生成、编目和检索部分	由数据库服务器、数据桥服务器等构成	管理和控制系统存储的所有内容
资源存储	中央数据库、云存储数据库	由存储管理服务器、归档迁移服务器，以及相关存储介质和存储结构(磁盘阵列、光盘库，SAN 结构、NAS 结构)等构成	存储所有的媒体资源的具体内容，在线、离线素材移动通过策略或请求进行调度

续表

子系统	模块部件	硬件部件	特征
资源采集与发布	包括信息采集、系统中生成的资源存储在服务器中进行管理		由于系统定位的不同，在功能上有很大灵活性与扩展性，如面向游戏开发，则需要根据不同的游戏引擎开发相应的输入输出接口，并实现格式自由读写与转换

三 常见商业项目管理系统

流程管理、资源管理、项目管理三个方面相互联系，贯穿整个项目的执行过程。在项目开发过程中，资源处于不断的变动中，整个工作组需要在形成、修改和完善各类数字资产的过程中协作，小组成员能共享资源、编辑资源、标记资源、提交与审核资源、发布相关便条与邮件，项目组管理员能及时掌握整个项目进度、控制核心环节、避免人力物力浪费，从而提高整个团队效率。

1. 面向商业领域的大型项目管理系统

以 IBM 为代表的大部分企业往往将数字资产管理 DAM (Digital Assets Manegement)与企业内容管理（ECM）结合，以图片、视频、音频三大富媒体为主要内容，进行系统架构与功能模块开发。由于其对象不同，其流程部署、核心业务也各有针对性。这些项目管理系统的应用为平面出版、影视娱乐行业的流程管理以及软件开发提供了较好的样板与借鉴作用(见表 1-3)。

表 1-3 面向商业领域的大型项目管理系统

	ECM	Dspace	Xytech	MediaBin
开发公司	IBM	MIT\HP 合作开发	Xytech	Interwoven
系统简介	服务于内容生产的管理	服务于教育科研机构领域开发	服务于数字娱乐行业管理层	被设计用于网络和跨媒体的工作流程，满足了内容管理、资产管理和印前系统的要求
基本功能与核心业务	具有采集、分类、基于内容的编目、查询、图像与文字分析、智能图像分割、语音识别、元数据生成等功能	以内容管理发布为设计目标，遵循 BSD 协议，支持 OAI 协议和 OpenURL 协议	提供了一套完备的端到端集成工作流解决方案，如项目和业务工作流、资源与设施调度、媒体库管理、数字工作流自动化等内容，并实现其自动操作，可用于创建、管理、调度、追踪、交付有形和数字媒体资产	支持 Adobe XMP、Dublin Core、IPTC、EXIF 等业界标准，支持图文影视特别是设计图格式，提供了对 Microsoft Office、QuarkXPress 以及 Adobe 公司全系列产品等文件支持，使用 XML 与第三方系统交换资源

续表

	ECM	Dspace	Xytech	MediaBin
系统架构与功能模块	整合集成了 ECM 系统、DBZ 数据库，MQSerie 工作流软件，websphere 软件，VideoCharger,pSeries 服务器、XSerie 服务器，Intellistation，SSA 磁盘子系统	基于一个三层结构（存储层、业务逻辑层、应用层）而且数据模型基于 OAIS 参考模型。 采用 METS 标准作为数据交换的格式，能接受几乎所有的文件类型。 使用 Lucene 引擎检索		服务导向架构（SOA），整合了内容管理的六个重要组成部分：协同运作、邮件管理、文档管理、网络内容管理、数字资产管理和档案管理
扩展性能				可根据需要增加 Syndication Manager、Deployment Agent、Job ClusterServer、3D Add-on、Adobe Graphics Server、Adobe InDesign Plug-in、QuarkXTension、MetaTagger、Developer Suite 等模组以拓展功能
应用状况	该系统研发多年，比较成熟，特别适用于电视和视频制作行业，是世界上最大的电视数字资产管理系之一，占据 MAM 系统市场相当大的份额	在数字图书馆等领域应用广泛	全球 350 多家公司依靠 Xytech 软件管理媒体业务运营，其中有许多全球广播公司、大型电影制片厂、后期制作机构、有线/电视网络、卫星运营机构、媒体内容集成商和发布商、以及财富 1000 强企业的媒体部门	该系统为法国航空、城市银行、福特、通用电气、辉瑞制药、宝洁、雅马哈等 3800 多家机构提供完整的内容生命周期管理

2. 面向平面设计、影视数码领域的项目管理系统

不同的目标定位决定了项目管理系统的功能与架构也不同。有的项目管理系统（如 Alienbrain 等）侧重数字资产管理功能，能够在系统内直接读取格式众多、数量庞杂的文本、图像、音频、视频、三维模型、程序资源等；有的项目管理系统（如 Ftrack、Tactic 等）侧重生产流程的管理，能够围绕任务、人员、时间、成本等核心要素进行规划。

面向 CG 的项目管理系统注重的是项目与工作流管理两个重要环节，即两个方面的管理：一个是媒体中间产品动态管理，包括资源的网络共享与文件上传下载、元数据索引管理、动态版本控制与管理、产品审批、用户访问权限管理、搜索引擎，工作流程与合作引擎等；另一个是数字资源的静态归档管理与预览，如 Camulus 整个架构通过 Catalogs/Collections（文件柜与收藏夹）、Categories（文件夹）、Assets/Records（原始资产文件的指针）三级管理方式，用户可以制作、查找、浏览，以及分享硬盘上和网络上的各种数字资源。此外，资源类型可扩展，能容纳未来的新型资源。在进行数据查找时，能有效、快速、充分地进行基于内容的精确索引和过滤、模糊检索与查询。

此外，由于软件整合和团队协作的需要，DAM 中必须具备一些独有的专业功能：与 Adobe、Avid、Autodesk、Microsoft、Nvidia 等业界公司的拳头产品在流程上融合，能够直接或间接读取这些软件的资源；能够进行复杂的文件索引，例如 PDF、布局图、带有内置图片的文档；能够映射到内置的 IPTC/XMP、Dublin Core、PBCore 等元数据；支持数码相机的 RAW 文件、支持数字水印等；能够通过飞速的转换、变换等重复使用资源(见表 1-4)。

表 1-4 面向平面与影视设计领域的项目管理系统

	Canto	Alienbrain Studio	Tactic	Ftrack	Cerebro
开发公司	Canto Software	Avid	Southpawtech		俄罗斯
支持平台	Windows\Mac OSX\Linux\IRIX\Solaris	Windows\Mac OSX\Linux\	Windows\Mac OSX\Linux\	Windows\Mac OSX\Linux\	Windows\Mac OSX\Linux\IOS
系统管理模块	LDAP 服务器映射到各成员，支持 ColorSync 与 ICM，支持嵌入水印保护资产	服务器健康监控、流程监测与报道，用户登陆管理，内部邮件系统，可附加档案链接，让收信者直接开启档案	使用强大的工具查找资产、任务以及笔记，确保文件安全、小组跟踪和项目计划 权限管理较强：微调访问、水印图像、定义在 API 级别的安全性、实现自定义身份验证方案	在网页 GUI 中进行素材操作与管理	可设置访问权限级别、可显示的项目部分，通过 SSL 加密进行，可以使用自定义的证书文件，可根据 IP 限制用户登录 集成完整的 Active Directory 可设定密码规则等
工作流管理模块		快速产生项目报告列表到 Html、Word 或 Excel，并可输出打印 支持自动任务和批处理	基于节点的流程编辑器，工程模板、到期约会以及里程碑，自动化流程事件，自动化通知，进度跟踪；复杂的甘特表、表格、仪表板、计划、时间跟踪、文件笔记等，允许实时控制与实时理解任何工程	面向项目经理和制作人的新控制面板拥有更好的报告和图表，同时能够更好地控制信息向用户呈现的方式。 记录任意事件（如会议）的时间，最后还有自动记录功能帮助制作人员追踪他们每天的工作内容 无绩效计算模块	广泛的项目查看选项种类，电子邮件、日历和甘特图，自动汇总时间成本，计划用户，计划物料资源，评估每个任务，计算实际开支，离线审校会话、联机审校会话，可以为整个项目、指定用户的详情提供统计信息，并可以导出到 Excel®（带缩略图）或 CSV 文件中

续表

	Canto	Alienbrain Studio	Tactic	Ftrack	Cerebro
内容管理模块		详细的版本历史，非破坏性回滚操作，智能同步；Change Sets，集成Araxis Merge实现文件比较、合并和同步可视化；缩略图、图片预览、图片涂写与申明、批注及标示、彩色文件与文件夹、单键速查、高级状态查询和常规表达式查询	支持版本控制、CSV数据传送等		
资源存储模块	可镜像到外部SQL和Oracle数据库	通过共享客户端缓存，减轻服务器端网络负担	基于网络的产品资产管理 安全存储数字资产在中央知识库中 兼容最流行的数据库：SQLServer、MySQL、PostgresQL、SQLite、Oracle	可以建立自己的ftrack服务器，每个节点都会有独立的素材储存服务器，只有镜头需要的媒体才会在不同的工作室之间传输	
资源采集与发布模块	采用EXIF\XMP\IPTC\ANPA Binary规范，对10多种文件格式提供增强型元数据支持 无缝支持QuarkXpress\Freehand\CorelDraw\Photoshop\InDesign等软件 支持60多种图片 支持Raw文件 支持OPI/DCS 支持4种CAD格式 支持7种视频以及众多的流媒体 支持20多种音频 支持50多种文档	支持用户元数据 无缝支持Photoshop\XSI\VisualStudio\AliasStudio\3DSMax\Maya 支持300多种图片格式 支持DirectX\Half-Life Model\Vrml文件 支持omf和mxf媒体在内的各类媒体 支持类音频 支持3类视频 支持2种办公软件	与Java, Javascript, Python, C#、.NET平台整合，支持数据挖掘	Maya、Houdini的项目搜索和调用，素材与Flame通过.clip文件完成渲染工作， 在Nuke之内使用所有的任务、笔记和素材， 与Adobe Premiere结合使用的发布器、开始/停止计时器	媒体文件查看器 Mirada工具支持OPENGL、支持立体3D、支持广泛的媒体格式以及现场调色 Cargador交换文件方便

续表

	Canto	Alienbrain Studio	Tactic	Ftrack	Cerebro
用户体验与扩展性能			多平台，基于WEB的界面的XML RPC 由用户或者项目自定义视图	UI界面一般，需要用户定制 部署、基础配置和制作流程整合等工作 Actions、scopes、Triggers等过滤器功能强大 自定义的API工具 客户门户（Client Portal）有内部和外部两个评价系统 Python API可以添加自定义的功能	UI界面较好，支持向导 Python SDK允许您为系统开发自定义功能，也允许Cerebro和其他软件自动交互 客户端API可以将新GUI、项目添加至“浏览器”和“论坛”的主菜单和上下文菜单中 模块功能固定，不支持页面定制
应用状况	用户群包括BBDO等广告公司、Cambridge在内的20多所大学、Disney等娱乐行业、NASA和US Army等政府部门、Siemens等制造业、Masterfile Stock等图片银行、Oxford等印刷与出版行业	Sony、Electronic Arts等游戏开发商，Disney、LucasArts、Pixar、CCTV、华龙影视等电影制作机构，Volkswagen、Audi等汽车制造公司，Boeing、Siemens、Lockheed Martin、US Army等太空和防务客户	电影产品、虚拟视觉、后期制作、游戏开发、广告、市场以及创新服务中的小组、工作室和整个组织	MPC LA Zero Mackevision Mill Cinesite	

第二节　基于项目管理的古籍数字化生产流程

一　相关研究成果概述

1. 悉昙文献复原

目前可以使用的悉昙文献主要来自《大正藏》[①]以及《房山石经》[②]，台湾中华

① ［日］高楠顺次郎等：《大正新修大藏经·密教部》，（台北）新文丰出版股份有限公司1994—1996年影印本。

② 中国佛教协会、中国佛教图书文物馆编：《房山石经》，华夏出版社2000年版。

电子佛典协会（CBETA）提供电子佛典在线查询以及集成光碟下载[①]，包含部分悉昙文献。冯斌[②]、林光明[③]、简丰祺[④]等学者对部分真言咒语进行了总结，并附上了悉昙梵文(如图 1-5 至图 1-9)。

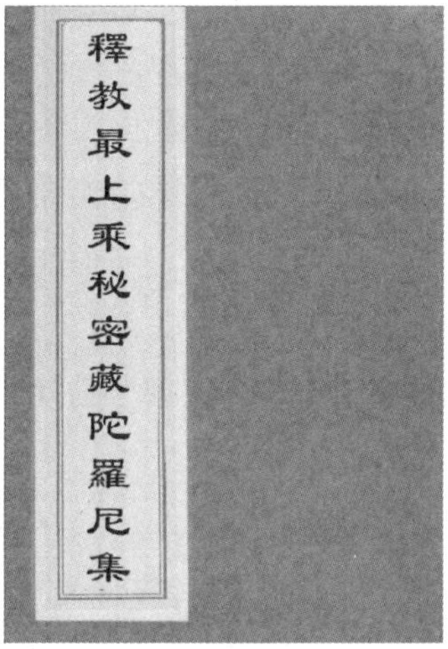

图 1-5　房山石经

图 1-6　佛教的真言咒语

图 1-7　简易学梵字

图 1-8　新编大藏全咒

图 1-9　古梵文佛教咒语全集

2. 项目流程资产管理

项目流程管理主要涉及项目与任务的流程分配、进度跟踪、人员安排等，同时能

① CBETA DVD 30 Update2 光碟映像档[M/CD]，2018-12-28。
② 冯斌：《佛教小百科 09——佛教的真言咒语》，中国社会科学出版社 2003 年版。
③ 林光明编修：《新编大藏全咒》，（台北）嘉丰出版社 2001 年版。
④ 简丰祺：《古梵文佛教咒语全集》，台湾佛陀教育基金会 2007 年版。

对数字资产进行数据存储、查询、版本控制与安全管理等。20世纪90年代起，CBETA开始佛典数字化，他们首创的佛典古籍的数字化流程①具有重要的指导意义，北京大学释法幢②从作业流程、技术规范与技术研发角度进行了拓展。

具体的数位化工作流程，大致可分为四个阶段：第一，“前置作业”，即工作前的规划评估与准备，进行选定材料与制定规范；第二，“数位化转换”，为实际全文数位化的工作程序，包括扫描、影印、文字缮打输入与校对；第三，“数位内容交付”，为后设数据进行的标记与缺字处理作业；第四，“加值应用”，为原始典籍转为电子全文的后续推广应用之发展。

近年来生产管线（pipeline）的理念在数字媒体行业中引起了极大关注，一些影视节目制作开始有意识运用项目管理思维与相关技术组织生产③，有部分公司已经开始部署相关商业软件平台(见图1-10)。④

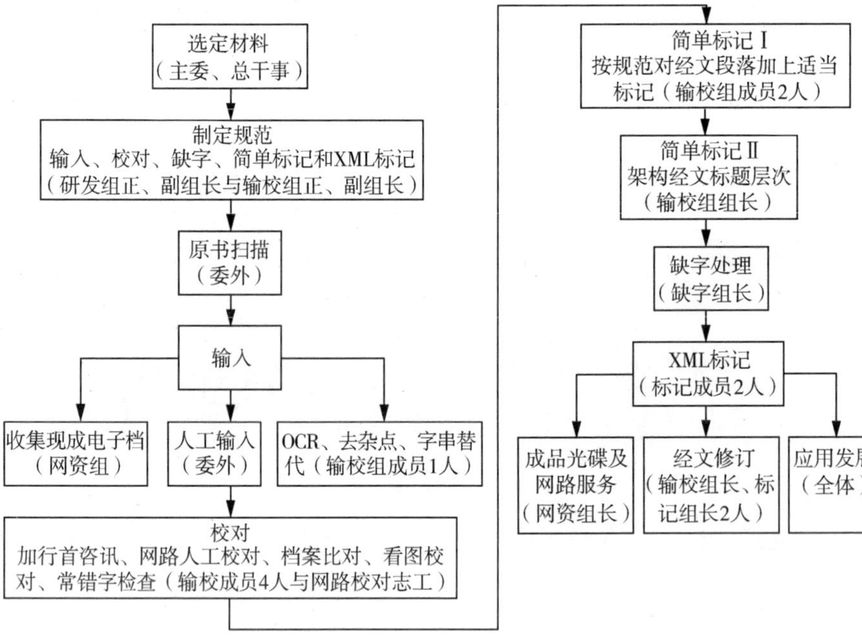

图1-10 CBETA经文数位化工作流程

资料来源：佛典数位典藏内容与开发之研究与建构，数位化工作流程简介。

① CBETA 电子佛典协会：《佛典数位典藏内容与开发之研究与建构，数位化工作流程简介》，http://2f2f2fnull.cbeta.org/book/export/html/75.2005-11。

② 释法幢(谢謦后)：《善本古籍佛典数位化管窥——以CBETA电子佛典(集成)为例》，《北京大学研究生学志》2013年第1、2期。

③ 曹镭骞：《项目管理方法在影视剧拍摄中的应用研究》，天津大学硕士学位论文，2011年。

④ 窦熙洋：《基于Tactic的网络化动画生产管理系统》，《影视制作》2014年第3期。

二　研究对象与研究目标

在诸版本中，房山石经拓本和开宝四年刻本[①]的完善准确，给后续研究提供了极大参考价值，本书以学界公认的 487 句的“大佛顶陀罗尼”为蓝本展开研究。本书从跨学科的视角出发，力图将古籍整理与现代数字化流程相结合，通过工作组内的协作来完成项目。本书的研究目标在于。

第一，项目流程管理视角。

在古籍整理领域，尚无专用的项目管理系统，本书的主要视角是借鉴国外数字媒体行业中 Tactic、Alienbrain、Ftrack 等数字资产管理平台以及流程管理平台，完成项目流程的建构与相关的海量数字资产管理。

第二，数据库支持。

本项目通过古籍的数字化整理，形成一个系统的梵汉对照数据库，最终形成可视化电子词典等成果。国内类似研究侧重于梵文文学与文字用语研究，以及悉昙文字本身的符号学研究，至今尚无一部梵汉词典，也没有悉昙—汉语词典，因此，本书的视角能填补现有梵语词典的一些空白，这也是当前我国梵语科研与教学的迫切需要。

第三，填补现有悉昙字库空白。

“大佛顶陀罗尼”拓本中，少量中文字超过了目前 7 万汉字的 SuperCJK 超大字符集，少量悉昙字体超出了目前学术界公认的由台湾嘉丰出版社制作的 sidam 字体库。本书中根据石刻拓本中的缺失字体通过造字软件重新造字，试图填补现有字库中的缺陷。

本书的主要思路为两个维度(见图 1-11)。

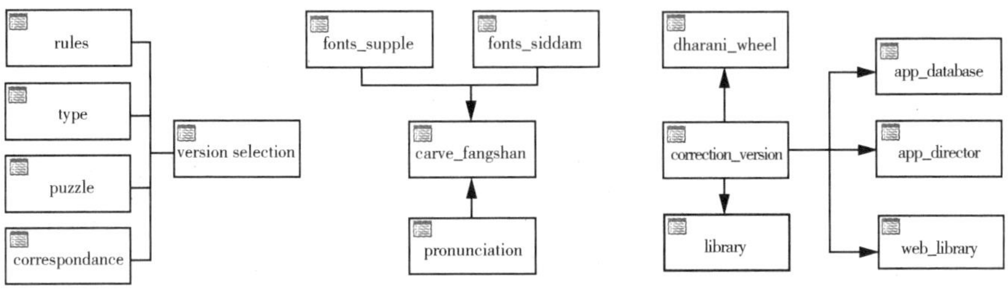

图 1-11 《楞严咒》文献整理中的系统架构

① （宋）《大佛顶如来放光明白伞盖悉怛多钵怛啰大佛顶陀罗尼》，开宝四年刻本，971。

三　系统架构与功能模块

辐射维度——通过版本收集（Version Selection），获得一手资料，在整理中制定规则（Rules），发现疑难（Puzzle），联络专家解惑（Correspondance），将正确的版本用文字重新排版出集（Type）。

集中维度——以学界公认的487句的“大佛顶陀罗尼”为蓝本，研究其文字、读音（Pronunciation），将正确的悉昙梵文与缺失的悉昙梵文字体，以及字库中缺失的汉字重新造字（Font_SuperCJK、Font_Siddham），还原为一个完整的悉昙、汉字对照版本（Correction_Version、Dharani_Wheel）。在这个过程中，我们提炼一个汉字、悉昙对照数据库（Library），并形成相关的应用程序（App_Database、App_Dircetor、Web_Library），以便后续的查询检索。

在上述 13 个环节中，对于每个不同的环节，设定有不同的任务，每个任务中分别由不同的管线，但是一般都是依据任务的生命周期特征设置为草图(Rough)、设计(Design)、审核(Review)、会议(Meeting) 、提交(Delivery)等阶段，系统会根据上一进度自动触发下一个管线，并分配给不同的用户组。

在研究过程中，我们通过提出问题、制定计划、调研考察、信息反馈、专家论证、制定方案等途径，对现有系统进行总结，提取合理框架，并对本系统的架构、功能与接口等进行合理化规划。力图用最接近目标需求的方法来规划我们的文献整理工作与各项任务。

四　关键环节与核心技术

1. 版本整理阶段(Version Selection)

在诸多版本的甄别中，我们通过分工与团队协作，及时沟通各类信息，把图片、文档、音频、打字、修图、校对等环节纳入一个有组织的体系中。

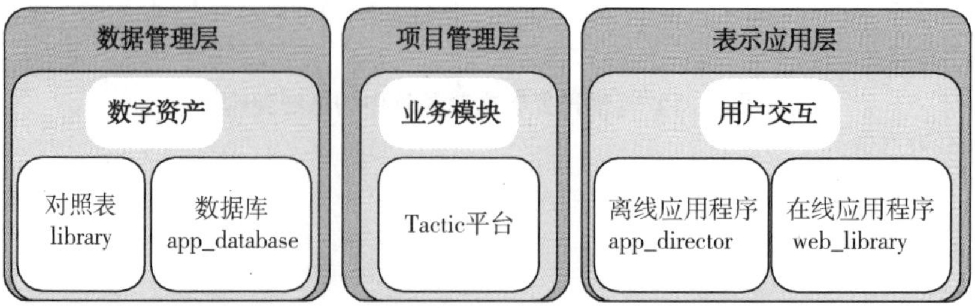

图 1-12 《大佛顶陀罗尼》文献整理的项目模块与分工

如图 1-13 可见，我们主要将 31 个不同版本的《大佛顶陀罗尼》划分为 31 个不同的任务，对于每个版本，我们均通过版本收集（Versions_Search）、版本分类（Versions_Calssification）、版本特征分析（Versions_Property）、版本发展史（Versions_Memo）4 个管线步骤进行人员分配与环节调配(见图 1-13)。

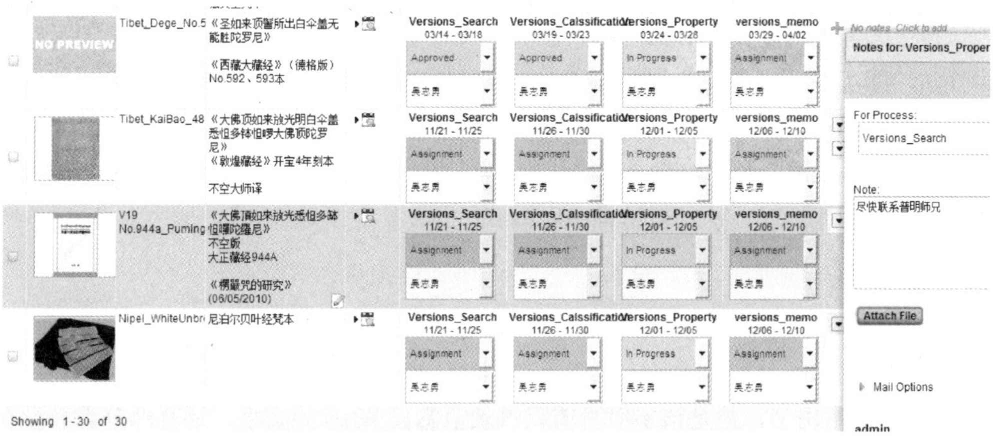

图 1-13　版本选择的流程管理(部分截图)

这个阶段中，可能会涉及原书扫描图像修正（如金陵刻本、敦煌藏经开宝四年刻本、大正藏 944b）等环节，在图像转录为文字的过程中，也会涉及一些技术性问题。佛经中的疑难俗字、形体相近易误字、传抄中的错讹字等诸多问题，也会在本阶段不断出现，所幸的是课题组韩小荆教授多年在佛经用字研究上的深厚积淀，为我们扫清了阅读障碍，网友一佛乘提供了部分校勘版本，我们通过组员的配合，圆满完成了任务。

2. 词库建立阶段(Library)

韩小荆教授对佛经文字中的生僻字、疑难字、同形字进行了深入研究，并据此形成了一个“《可洪音义》异体字表”[①]，对匡正订补“楞严咒”部分汉字注音具有直接的借鉴意义。

本书中,笔者通过文本分析，提取汉字、罗马文字、悉昙文字的对应关系，形成一个易于查询的数据库。虽然有《汉梵佛教大辞典》、《梵和大辞典》等工具书，但是这些辞典中梵文都是罗马文字转写，而房山石经梵文使用的是悉昙，忠实于原著能减

① 韩小荆:《〈可洪音义〉与〈龙龛手镜〉研究》,《湖北大学学报》(哲学社会科学版)2008 年第 35 卷第 5 期。

少错漏发生。我们仿照梵汉词典的风格，同时参考朗文英汉双解词典的编写体例，制定了词库的基本风格，具体操作环节分为：前言与目录（Lib_Prelude_Contents）、图示与标记（Lib_Forms_Lables）、读音（Lib_Pronunciation）、使用向导（Lib_Guidance）、图示（Lib_Illustration_Chart）、正文内容——对照表（Lib_Dictionary）6 个模块，对于每个模块，我们依然使用上述的 5 个管线步骤安排不同的专家从事不同的工作。

在正文内容部分，我们没有采用传统词典的编辑风格，而是采用界面更加友好的表格法，即汉字、悉昙（石刻影印拓本）、悉昙（嘉丰字体）、罗马转写、汉字（石刻原文转写）的对照，将所有《楞严咒》中出现的悉昙梵文全部归类，按照“汉译—石刻影印拓本—悉昙—罗马转写—读音—例句—释义”等条目进行列表整理，形成一个有单词、有例句、有出处、可查询的数据库。

3. 造字阶段(Fonts_SuperJRK、Fonts_Siddham)

台湾嘉丰出版社穷数年之力制作了 siddam 字体库，采用部件方式创建字体，收录了 6000 个常用字，但是该字库目前只收录了悉昙 18 章的文字，还有部分悉昙没有对应的字库。在悉昙造字的项目流程管理中，我们分为四个环节：悉昙 18 章研究（Chapter_18）、嘉丰字库外新增悉昙造字（Siddham_Creator）、悉昙输入法（Siddham_Input）、诸本新校（Siddham_Supplement）。

从《石经》中的刻字来看，有少量中文字超出 SuperCJK 超大字符集，少量悉昙字体超出了 siddam 字体库。无论是写法有异（如《石经》中大量的悉昙文字），还是完全没有与石刻中对应的字体，这两部分字符都需要增补到现有的词库中去。我们采用字体制作、字体编辑软件 Font Creator 完成字库创建，然后在 Adobe Indesign 中完成相关内容排版。

4. 异体字对应阶段

根据上述“悉昙—汉字—罗马转写—读音”对照表，研究咒语中的异体字现象，试图解读咒文翻译中的“多对一”、“一对多”等现象。

5 读音研究阶段(Pronunciation)

选用较权威读音（如果滨版读音），上述对照表中的词语的分别配上读音，形成一个“音、形、义”结合，即使是初学者也能看懂的词汇表(见图 1-14)。

图 1–14 悉昙梵文、罗马转写以及中文进行对照

6. 版本回译阶段(Carve_FangShan)

叶少勇老师在论述梵文重构时，提出一个可供借鉴的方法：“先从藏文反译还原整句梵文，再比照写本中残存的字迹，找出几个依稀可辨的字词，然后调整措辞语序，以使重构部分符合写本空缺处所能容下的字数，最后将重构与释读贯穿成句，刊作文本。”[①]

房山石经版楞严咒中仅有少量悉昙梵文字符，还有大量的梵文需要根据汉字发音进行回译。任何梵咒的回译都必须尽量忠实于原稿，即石刻。在咒语回译中，为了编辑方便，本书将悉昙梵文、罗马转写以及中文进行对照。本咒语整理的特色是，将石刻中的字体进行重新造字，然后与嘉丰出版社的 siddham 字体进行对照，同时也附上罗马转写、汉语音译，这样，就能尽最大可能还原原始的梵文。

为了区别，项目中特别引入彩色标识[②]，在此特别声明如下。

红色——原版石刻中的梵文重新补录。石刻中大概有 200 个梵文，散见于各章节，因此在整理中，将这些文字与嘉丰 siddham 字体对照，将差异较大的字体进行造字，然后逐句补上。

品红——根据石刻梵文字形和梵文造字规律，新造的梵文。虽然这部分字体有 300 多个，在石刻中没有，但是可以根据基本字形和造字规律推断出来，比如 ā-aṃ-e-i-ī-u-ū 等组合。我们尝试将它们还原出来，希望能弥补原始石刻的遗憾。

蓝色——读音与汉语、英语差别较大的罗马转写字。

深黄——主要用于根据石刻梵文，标记果滨老师或其他人的回译，不能与石刻梵文对应，怀疑是回译错误的字词。

---

① 叶少勇：《〈中论颂〉与〈佛护释〉——基于新发现梵文写本的文献学研究》，中西书局 2011 年版，第 22 页。

② 由于本书采用黑白印刷，无法体现颜色，敬请见谅。

需要说明的是，本咒语还原最大的目的是根据石刻上面的梵文还原最原始的咒文，因此很多字体写法与嘉丰 siddham 字体并不一致。我们的建议是石刻是唯一的，也是最权威的。我们尽最大可能忠实于石刻，即使是同一个梵文，如 ta，如果写法差异较大也会多造一个字出来。笔者的目的绝不是篡改经文，而是用数字化手段还原经文咒语。

根据上面的整理结果，将原始的石刻中未刻写的悉昙文字补上，既能忠实原稿，也能在对照中交相印证。

7. 应用程序开发阶段(App_database、App_Director、App_Library、Dharani_Wheel)

根据上述词库，制作一个可供查询的数据库应用程序，该程序能提供检索等一般功能。这个任务主要目标有两个：离线版本的应用程序（如 ePub 电子书、Director 交互式梵文字练习软件）和在线版本的楞严咒词汇检索平台，在后期规划中，还会纳入梵文《大悲咒》、《尊胜咒》、《大随求》等重要咒语的内容，最终形成一个完整的梵文咒语词汇数据库。

离线应用程序开发部分，我们将任务分解为：数字资产分类（Assets）、软件界面设计（UI）、交互脚本设计（Lingo）、预览发布（Publish）等。每个任务又按照同行经典案例学习（Cases）、原型草图设计（Rough）、设计与开发（Design）、除错与调试（Debug）以及讨论与提交（Delivery）5 个管线步骤进行编排，并将不同的管线分配到不同的人，每个人还使用甘特表制定了日程等(见图 1-15、图 1-16)。

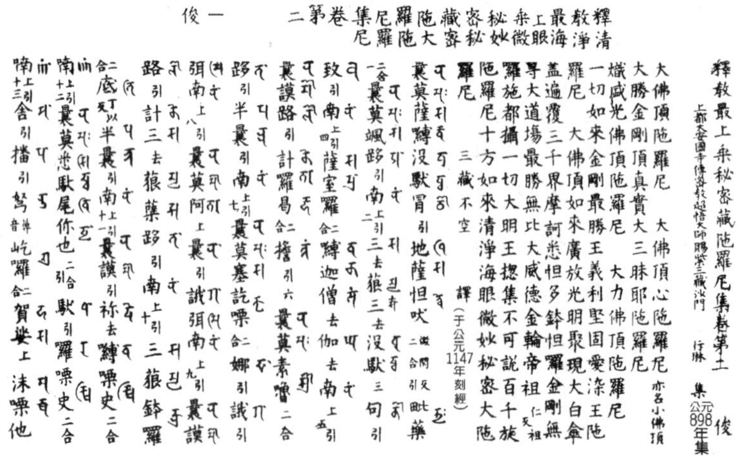

图 1-15　房山石经石刻增补版（局部）

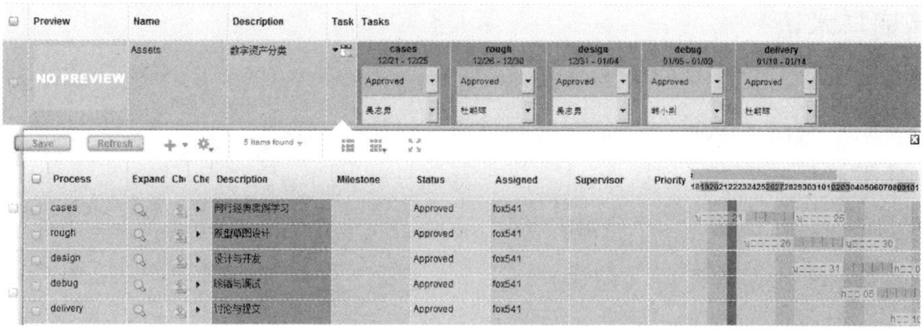

图 1-16　**离线应用程序开发任务中的环节与人员分工**

在使用的过程中，我们还特别针对梵文文献的整理开发了一些小微软件与工具，如 Adobe InDesign Plug-in、方正飞腾、FontCreator 等一系列相关插件的二次开发，能无缝将管理软件与应用程序实现对接，从而与第三方软件交互数据资源，这样在数据迁入迁出与用户审核中实现了内容管理与印前系统的完美结合。

本章小结

在本项目的执行中，我们通过数字资产管理、流程管理与项目管理三个单元的整合，从而确保文件安全、计划任务和小组分工的无缝融合。Tactic 与 Alienbrain 提供了一系列小微软件与小工具（如工程模板、到期约会、里程碑、甘特表、仪表板、计划、文件笔记、邮件等），为流程的自动化提供了极大的方便。本书以某一部古籍为例，通过协同编辑平台由项目组成员在教学科研过程中不断积累、修改、完善，其流程中包含的各类子环节，通过成员的技术素养的融合与作业流程的规范化，可以形成高效率的流程管线，能较好对字词、图片、咒语、经文等进行系统化整理，形成完善的数据库。透过《楞严咒》整理的数字化流程的工作经验，我们可以作为古籍写本刻本数字化、可视化的参照样本，从而让更多学者关注这个领域。

在项目开发中，我们也遇到一些困难，如如何引入 Adobe XMP、Dublin Core、IPTC、EXIF 等业界标准，如何兼容最流行的数据库——SQL、Oracle 等。这些技术性问题，我们在后期开发中将不断与技术小组成员进行沟通协调，并争取最终圆满解决。

名词与术语

工作流　项目管理　项目流程管理

数字资产管理（DAM）　企业内容管理（ECM）

元数据　生产流程

悉昙　大佛顶陀罗尼　大正藏　房山石经

《汉梵佛教大辞典》　《梵和大辞典》

工作流管理联盟（WFMC）　项目管理协会（PMI）　国际项目管理协会（IPMA）

台湾中华电子佛典协会(CBETA)　台湾嘉丰出版社

SuperCJK 超大字符集

冯斌 林光明 简丰祺

Alienbrain　Ftrack　Camulus

QuarkXpress　Freehand　CorelDraw　Photoshop　InDesign

Apache　EjaP　Ajax　LDAP SOAP

Javascript　Python　C#.NET

IPTC/XMP　PBCore　Dublin Core　EXIF　XML　ANPA Binary

CSV　SQLServer　MySQL　PostgreSQL　SQLite　Oracle

BSD 协议　OAI 协议　OpenURL 协议

第二章　大佛顶陀罗尼的不同版本研究

静琬始刻经文时，采用什么底本，已无从查考。但从“开元十八年（730年）金仙公主为奏圣上，赐大唐新旧译经 4000 余卷，充幽府范阳县为石经本，送经京崇福寺沙门智升”（见石经山王守泰《山顶石浮图后记》）的记载来看，静琬刻经必是选用官方校正无讹的正本，石经山此后的刻经，亦必是以此为底本无疑。时至辽代前期，《契丹藏》又编就梓行，那么此后的石经山刻经，必然是以《契丹藏》为底本。为此，石经山刻经对校勘其后所印刷藏经中的误写、误刻、脱落、篡改等错误，必然是最佳范本。①

——徐自强　吴梦麟

大佛顶陀罗尼（楞严咒）在整个佛教中占有极其重要的地位，是早课、晚课的必诵内容。从般剌密谛大师到不空金刚三藏法师，这个咒语的传播范围和对象也日益广泛，由于诸多原因，先后出现多个不同版本。《房山石经》拓本和开宝四年刻本的完善准确，给后续研究提供了极大参考价值，本书研究的对象仍以学界公认的 487 句的《大佛顶陀罗尼》为蓝本展开研究。在诸多版本的甄别与选择中，我们引入业界先进的流程管理，通过团队协作，及时沟通各类信息，把图片、文档、音频、打字、修图、校对等环节纳入一个有组织的体系中。

本章主要从三个不同视角来进行分析：一是文献分析视角，从楞严咒不同版本横

① 徐自强、吴梦麟、任继愈：《中国的石刻与石窟》，商务印书馆 1996 年版。

向考察各个版本的特征；二是传播学视角，从楞严咒传播的历史中分析楞严咒的传播特征，以便为网络新媒体时代提供历史依据与启示；三是项目管理视角，分析数字资产管理与项目流程管理平台对楞严咒研究的重要意义。

第一节　大佛顶陀罗尼的不同版本研究

大佛顶陀罗尼全称《大佛顶如来顶髻白伞盖无有能及甚能调伏总持》，又作《大佛顶如来放光悉怛多般怛罗陀罗尼》、《大佛顶满行首楞严陀罗尼》、《首楞严陀罗尼》、《大佛顶如来顶髻白伞盖陀罗尼》、《大佛顶真言》等。《大佛顶如来密因修证了义诸菩萨万行首楞严经》卷七“大佛顶如來放光悉怛多鉢怛罗菩萨万行灌顶部”录有此咒语，题名为“中印度那烂陀曼荼罗灌顶金刚大道场神咒”。此经中的“三摩提名大佛顶首楞严王”十分醒目，因此该经常被称为《楞严经》。依其咒义内容而言，更恰当的名称为“佛顶大白伞盖陀罗尼”，或简称为“大佛顶陀罗尼”，习惯简称为“楞严咒”。

一　版本介绍

依现存的各种资料所载的《大佛顶陀罗尼》来看，总体结构上基本相同，用于注音的汉字、注音方法、语句的多少、简略程度、次序等，存在细微差异。可以认为是同一版本因不同译师用词差异或流传时久而渐生之差异所致。目前学界可以确定的主要版本有以下几种。

1.《房山石经》中 “不空” 大师“行琳”集 487 句译本

《大佛顶陀罗尼（清净海眼微妙秘密大陀罗尼）》，收录于《房山石经》《释教最上乘秘密藏陀罗尼集》卷第二中，是唐末密教行琳大师所选刻的版本。此刻本中，于字旁多刻以悉昙字，以正其音。果滨居士（台湾）、普明居士等据此整理还原了《房山石经》版楞严咒，并附有咒语词汇语句简单注解。果滨居士制作了对应的梵音录音，普明居士版本还带有天城体梵文与汉语对照。虽然佛陀时代不提倡解析咒文含义，但时隔千年，若无适当注释，恐怕给后学者带来诸多不便，因此普明居士所编辑的这个天城—汉字对照版本还是值得推荐的（俗称“房山行琳本”见图 2-1、图 2-2)。

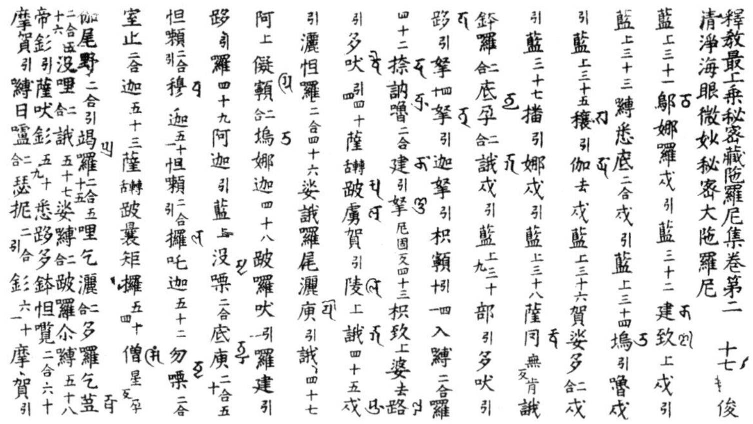

图 2-1　《房山石经》拓本

तद्यथा ॐ अनले अनले विषदे विषदे

वैर वज्रधरे बन्ध बन्धनि वज्रपाणि फट्

हूँ त्रूं फट् स्वाहा।

怛你野二合他去引七十一唵引七十二阿上曩黎阿上曩黎七十三

尾捨祢引尾捨祢引七十四吠囉嚩日囉二合馱嚹七十五

滿馱滿馱顊七十六嚩日囉二合播引抳七十七登吒半七十八

吽引七十九納嚕唵三合引八十登吒半音八十一娑嚩二合引賀引八十二

tadyathā oṃ anale anale wiśade wiśade

即說咒曰： 唵 甘露火 甘露火 光明輝耀 上妙清淨

waira wajradhare bandha bandhani wajrapāṇi phaṭ

勇猛 金剛持 禁縛 結界 金剛手

hūṃ trūṃ phaṭ swāhā.

图 2-2　《房山石经》天城体转写版(普明居士)

◎观点争鸣：

在行琳大师所集的该《陀罗尼集》中，常见有陀罗尼被行琳大师“修改”的痕迹。在其序文中说，“……乃询诸旧译，搜验众经，言多质略，不契梵音；今则，揩切新文，贵全印语；希总持之不坠，誓密炬以长辉……”此处较上一版本多出 6 句。487 句本中多出的 6 句，其中第 21 句是其他任何版本中都没有的，而其余 5 句也只有后面提到的“敦煌 422 句”本中才有，其余各本中皆无；所以，不排除这 5 句是“行琳”按照这个早期的“422 句”本修订增补的。[①]

2.《房山石经》中 “不空” 大师 481 句译本

《房山石经》中，有一单独题为“不空译”之 481 句译本《一切如来白伞盖大佛顶陀罗尼》，此译本较上述 487 句的译本基本相同，唯缺少上本中第 21、370、372、373、374、375 六句，故成 481 句。马来西亚蔡文端居士将这个 481 句版转译为罗马拼音版（俗称“房山不空本”）。

Tadyathā, om anale anale, viśade viśade, vīra vajradhare, bandhani bandhani, vajrapāṇi phaṭ, hūṃ dhrūṃ phaṭ svāhā.

转译自：唐大兴善寺三藏沙门不空奉诏。（房山石经）感字号，十四经十八卷同帙，一百〇三石，一百九十九张，第三九〇至三九五页。by Mr. Chua Boon Tuan(蔡文端)（一切如来白伞盖大佛顶陀罗尼一卷）

3.《房山石经》“怀迪”或“般刺密谛”大师 439 句译本

《房山石经》、《高丽藏》、《赵州金藏》等藏经中的十卷《楞严经》中的译本中，收录的《佛顶光聚悉怛多般怛罗秘密伽陀微妙章句》，共有 439 句译文，其中《房山石经》刻本中署名为“怀迪”译，余皆署为“般罗密谛”译（俗称“房山般罗大师本”）。这个版本在后期很少被引用和传播。

◎观点争鸣：

对于同一经文附带了两种不同咒文这一现象，笔者持有如下分析观点：

对于 439 句本的咒文，其虽然出现在较早的几种藏经中，但是，在所有的、更早的“敦煌藏经”里，却并未发现一件，而在较晚期的几种藏经中所载的 427 句本，却大量地出现在敦煌的各种抄本里，所以，由此现象分析，427（426）句本是原译本的可能性较大，而 439 句本，极有可能是在初期刻经时进行的重译本，并且加注了部分意译的注释内容，而后期刻本在刻经时却依据原译本进行了纠正，从而导致两种版本的出现。[②]

---

① 一佛乘博客文章：《完整版〈楞严咒〉整理》，http://bhagavam.blog.163.com/blog/static/8117661020111130154408 55/。

② 同上。

4.《房山石经》536 句“慈贤”译本

契丹国师“慈贤”所译的《一切如来白伞盖大佛顶陀罗尼》共收有 536 句译文，这个译本不仅在内容上多出了很多部分，而且在某些次序、结构上显得有些杂乱，因此该版本只能作为参考版本（俗称“房山慈贤本”）。

5.《敦煌藏经》开宝四年咒轮

敦煌藏经洞出土的宋太祖开宝四年（971）制作的楞严咒轮，名为《大佛顶如来放光明白伞盖悉怛多钵怛啰大佛顶陀罗尼》，现藏于法国国家图书馆。全咒为内圆外方形图案。内城正中菩萨结跏趺坐，头戴宝冠，身着天衣，身处圆轮之中，周围排列 7 层梵文，四角点缀 4 朵莲花种子图案。中城为长方形，东西排列 9 层，南北排列 15 层梵文咒语。外城东西两边上下各一天王，两两相向而立。天王头戴盔，身着铠甲，四天王手持之物不清。外城四边为结跏趺坐禅定千佛，著交领袈裟。千佛之间隔以三钴杵。四角及四边中间各一朵圆形莲蓬图案。下部有雕版发愿文 31 行，每行 1 至 3 字。该咒轮以不空法师版本为基础，用悉昙梵文书写，无论学界考察为 481 句，还是 427 句，这个版本都具有极大的参考价值(见图 2-3)。

图 2-3 《敦煌藏经》开宝四年咒轮

◎专家视角

现藏于法国国家图书馆，有一开宝四年所刻的梵文曼荼罗——“大佛顶如来放光明白伞盖悉怛多钵怛啰大佛顶陀罗尼”，经对校，从总体文句上及部分典型处的特点来看，其内容与 481 句不空本应属同本，并且，其上所写的梵文应该就是当时流传下来的梵文本，而不可能是后期的还原本，所以，有很大的可信度和参考性。不过，在其书写的内容上，除了明显的书写遗漏外，还有一句是其他版本上有而481句和487句本上都缺少的，可以算得上是“不空”本的原貌了。①

于敦煌藏经洞出土的宋太祖开宝四年（971）制的楞严咒轮，是不空金刚三藏法师的版本，全咒以悉昙梵文书写。非常适合校勘目前全世界持诵的般刺密谛大师版本的楞严咒，即明朝校勘后重写的427句版，亦称“流通版”。②

6. 流通经427句译本 “不空”大师版

载于其余各藏经中的十卷《楞严经》中的译本，该译本中，共有427句译文[但“敦煌藏经”中，同此各抄本，皆标记为426句（B7417、B7418、B7433、B7438、B7671、S2326、S3782、S6680），其中于第六、七两句，断为一句，故相差了一句]，现今各流通中所采用的基本就是这个版本。该版本有诸多学者进行研究，比如马来西亚的蔡文端、彭伟洋、郭火生，中国台湾的简丰祺等。马来西亚的郭火生认为，此流通本是明朝的校勘师根据北宋版（赵城金藏、高丽藏）以及元朝版之后重新编译的。该版本删掉了读音法则（反切之类），较之上本，讹误稍少，但因为传抄、念诵，产生了大量的错误，如漏句、文字错抄、断句错误等（俗称“流通经本”，见图2-4）。

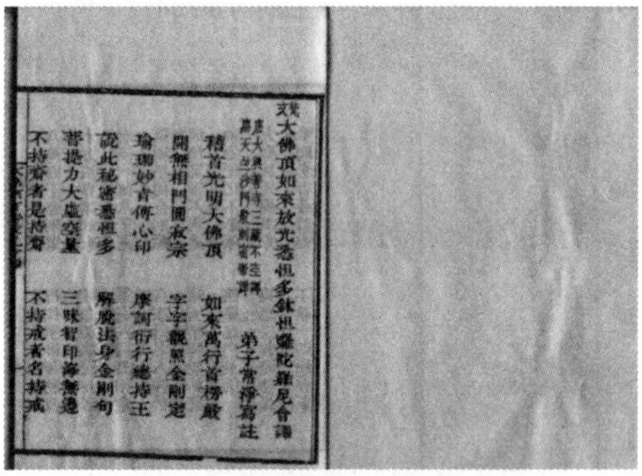

图2-4 大唐青龙寺梵文楞严咒

7.《大正藏》（No：0944a，No：0944b）中“不空”427句译本

清朝康熙年间，日本明治时代的真言宗大师常静（静严）法师（1639—1702），根据唐朝所立的青龙寺碑文，编撰了《楞严会译》。由于碑文模糊残缺，会译中有大量“疑？”字样。后来，他的弟子“于元禄16年（1703）以净严和上之本再校了”，

① 一佛乘博客文章：《“楞严咒”诸本对照逐字对译——兼议“大佛顶”与“大白伞盖佛母”的关系》，http://bhagavam.blog.163.com/blog/static/8117661020111113015440855/。

② 郭火生：《楞严咒乙未2015年校勘版》，http://blog. sina.com.cn/u/3254386853。

载入 1934 年出版的《大正藏》19 册，金陵刻经处木刻版本即以此为蓝本(见图 2-5)。

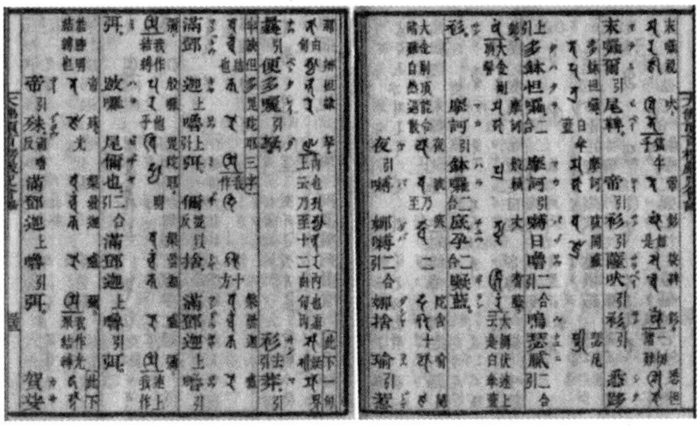

图 2-5 大唐青龙寺梵文楞严咒 心咒

载于《大正藏》中的两个单独译本，一为汉译音译本（No: 0944a《大佛顶如来放光悉怛多钵怛啰陀罗尼》1 卷 427 句)，另一为与之相对应的悉昙梵文本(No: 0944b《大佛顶大陀罗尼》1 卷)，但因其中有“再校了”一语，故令今人对其权威性大打折扣，且其前半部两段的顺序，与其他藏本皆不相同，此应为“再校”之结果（俗称“大正不空本”)。

二　版本分类

上述版本中，可以提取用来分类的关键词很多，比如按照作者分类（般剌密谛大师版、不空版、慈贤版等)，按照研究地域分类（房山石经版、尼泊尔版、大正藏版、藏文版等)，按照句数分类等(见表 2-1)。

表 2-1 《楞严咒》不同版本

名称	来源	译者	句数	其他研读版
《大佛顶陀罗尼》 (清净海眼微妙秘密大陀罗尼)	《房山石经》No:1071 《中华大藏经》No:1619 第 28 册第 6 页上到第 14 页下 中国佛教协会编 华夏出版社	不空大师译 行琳集 撰于唐・乾宁五年(898) 石刻于 1147 年	487 句	房山石经版楞严咒的研究 彭伟洋 （26/6/2003） 果滨注解版 （29/07/2005） 普明注解版 （12/05/2008）
一切如来白伞盖大佛顶陀罗尼》	《房山石经》No:1048 《中华大藏经》No:1600 《房山石经》一感字号,	不空大师译	481 句	CBETA 电子佛典版 Rev. 1.2 （Big5) （21/10/2010） 蔡文端转译版

续表

名称	来源	译者	句数	其他研读版
	十四经十八卷同帙 一百〇三石 一百九十九张 第三九〇至三九五页			（25/10/2003）
《一切如来白伞盖大佛顶陀罗尼》	《房山石经》No:1063 《中华大藏经》No:1601 《房山石经》一丁字号 十三经十九卷同帙 一百一十四石 二百二十张	慈贤译本	536句	蔡文端转译版 （11/10/2003）
《佛顶光聚悉怛多般怛罗秘密伽陀微妙章句》	《房山石经》「诗」帙 第13册 页205下到210上 《大正藏》 19 密教部 No: 0945 高丽藏、赵州金藏等《楞严经》（10卷）中的译本	般刺密谛大师	439句	林光明整理 （08/2001） 佛教的真言咒语 （2003） 悉昙学会汇编 （24/11/2011） Cbeta 电子佛典版 Rev. 1.2（Big5） （26/04/2014）
《大佛顶如来放光悉怛多钵怛啰菩萨万行品》 （中印度那兰陀曼荼罗灌顶金刚大道场神咒）	《大正藏》 19 密教部 No: 0945 碛砂藏、明藏、清藏等《楞严经》（10卷）中的译本 流通本 《敦煌藏经》 （B7417、B7418、B7433、B7438、B7671、S2326、S3782、S6680）	不空大师译 明朝校勘版	427句	流通版楞严咒 427句 （10/04/2003） 流通版楞严咒的研究 427句 彭伟洋 （2003）
《大佛顶如来放光悉怛多钵怛啰陀罗尼》 《大佛顶大陀罗尼》	《大正藏》 19 密教部 No: 0944a（音译） No: 0944b（梵文）	不空大师译 常静（静严）法师再校	427句	佛教的真言咒语 冯斌 （2003） 蔡文端整理 （27/07/2003） 《楞严咒的研究》 彭伟洋整理 简丰祺校注 （2007修正版）

续表

名称	来源	译者	句数	其他研读版
				CBETA 版本 （26/04/2014）
《大佛顶如来放光明白伞盖悉怛多钵怛啰大佛顶陀罗尼》	《敦煌藏经》 开宝 4 年刻本	不空大师译	481 句或 427 句	一佛乘 (30/11/2011) 马来西亚郭火生 (24/06/2015)
《大佛顶如来放光悉怛多大神力都摄一切咒王陀罗尼经》	《敦煌藏经》 S3783、S3720、B7442		422 句	蔡文端转译版 斯 3783 （1/11/2003） 一佛乘整理补充版 （22/05/2010）
《大佛顶如来放光悉怛他般多罗大神力都摄一切咒王帝殊罗施金刚大道场三昧陀罗尼》	《敦煌藏经》 S0812、S2542、B7441、B7440、B7436、B7665			蔡文端转译版 北 7665 （2/11/2003） 一佛乘整理补充版 （22/05/2010）
《佛顶大白伞盖陀罗尼经》	《大正藏》 No：0976	沙啰巴之藏译本		一佛乘整理补充版 （23/05/2010）
《佛说大白伞盖总持陀罗尼经》	《大正藏》 No：0977	真智之藏译本		一佛乘整理补充版 （30/12/2011）
《圣一切如来顶髻所出白伞盖无能胜退转明咒大王母》	《西藏大藏经》（德格版） No. 590 本	藏文广本		一佛乘 （23/05/2010）
《圣如来顶髻所出白伞盖无能胜退转大母最胜成就陀罗尼》	《西藏大藏经》（德格版） No. 591 本	藏文全咒本		一佛乘 （23/05/2010）
《圣如来顶髻所出白伞盖无能胜陀罗尼》	《西藏大藏经》（德格版） No. 592、593 本	藏文略本		一佛乘 （30/12/2011）

三　规范与标注

随着时代的推移，不同的版本逐句进行对照检查，能发现各个版本之间先后出现的一些细微差异，主要体现在：词语漏句、文字错抄，词序颠倒、断句错误，读音法则漏失等，这些由于传抄、念诵产生的讹误、错误给后续的数字化带来了极大的不便。所幸的是，一佛乘居士、普明居士、马来西亚的彭伟洋先生、郭火生先生等投入大量的精力与耐心，对诸本对照佐证进行研究分析。

◎专家视角

在乾隆十年（1745）以前，乾隆便对汉译咒语缺乏规范感到不满。关于这点，在《秘殿珠林续编》中，分别收入了乾清宫所藏乾隆《御书楞严经十册》及《御书妙法莲华经七册》，并各自附录了经末御提的识语。《御书楞严经》末的识语中便提到《楞严经》汉字拼读泛咒所产生的讹误：

卷中神呪，刻本音字，率多讹舛。盖华音梵呗，隔越川岳，非唇齿喉舌所能同耳。译释既误，鱼鲁因生，致诵习相沿，莫能究证。乾隆十年，复位楞严法忏时，咨之普善广慈大国师章嘉喇嘛，细加校勘。用音法悉依西梵正传，舌上莲华，顿尔重开真面目也。

而正是在《楞严》等佛经中，见到汉字拼读梵咒的不规范，促成了乾隆推动《同文韵统》与《大藏全咒》的编纂工作。乾隆十五年（1750），《御制同文韵统序》中提到了《韵统》的成书，目的正是通国结合满、藏等拼音文字，来考校梵咒本音：

中华之字，不特与西域音韵攸殊，即用切韵之法，比类呼之，音亦不备。于是有反切，有转注，甚至有音无字，则为之空圈影附……我国朝以十二字头括宇宙之大文，用合声切字，而字无遁音，华言之所未备者，合声无不悉……间尝浏览梵夹华文，笔授充物支那，而咒语不翻，取存印度本音，以传真谛。顾缁流持诵，迥非西僧梵韵，是岂说咒不译之本意耶？和硕庄亲王，当皇祖时，面承《音韵阐微》之要旨，精贯字母，博涉明辨，爰命率同儒臣咨之灌顶，普善广慈国师章嘉胡土克图，考西番本音，溯其渊源，别其同异，为之列以图谱，系以图说，辨阴阳清浊于希微，杳渺之间，各得其元音之所在，至变而莫能淆，至赜而不可乱，既正贝叶流传之讹谬，即研穷字母形声之学者，亦可探婆罗门书之窔奥，而破拘墟之曲见。

而《同文韵统》成书后，便成为规范梵咒的准绳。乾隆《御书妙法莲华经》，便是运用《同文韵统》规范梵咒的一个实例，其附录识语谓：

朕几政之暇，性喜临池间内典……卷中六呪考之梵夹本文，音韵句读，率多龃龉。盖真言梵语，非可笔授，故译经时仍取本音，而华梵既殊，字音未能协，传诵淆讹，展转失实。爰咨之普善广慈大国师章嘉胡土克图，重加校定，用同文韵统字音，或正对，或二合，或三合、四合成音，乃与天竺本来吻合。复亲书梵文于句中，以存其真。前是丙寅，书楞严经咒，虽经章嘉国师正定，但同文韵统成于乙巳，一遵梵乘合字音义，较彼盖备嗣。此书佛咒，当循用于是。而支那千载之讹可廓焉。

而在《同文韵统》的基础上，乾隆帝更开展了全面整理藏经梵咒的工作。乾隆二十三年（1758），皇帝在为《大藏全咒》所写的序言中提到：

洪惟皇考世宗宪皇帝，尝以大藏经文自前代承讹袭舛，既集名德之侣，岁月恭详。亲加审定，俾奕（示畀）共资津筏。维咒语一仍旧本，朕几暇紬书，兼综内典，念昔沙门神珙所传华音等韵，意便中土和尚颂偈之用，而字不备，音格多空列，学者诃之。夫华音视竺国文字，犹竽瑟异调也；由唐古特字母求之，犹比弦协律也；若国书合声，切字枢纽，中西等韵，则犹钟吕，元音旋宫，损益清浊，高下皆宜也。

由此看来，《楞严》经、咒在乾隆的文化诠释下，一方面成为汉藏佛教交融的象征；另一方面，则因为其中运用汉字翻切梵音的不规范，致使乾隆萌生了以藏、满字母全面拼读密咒的计划。而诸如《同文韵统》与《大藏全咒》等大规模的“文化工程”，不仅推动了细密的文献考订，同时也通过藏、满、汉、蒙等多语文的比较工作，极大地丰富了清代的音韵学知识。[①]

“同本异译”现象的存在，比较适合采用对照研读来“以经解经”。下面是本书对照研究的一些规范与标注说明：

• 对照中采用逐句上下列表对照，汉译与还原后的梵文及罗马转写字符对照。对于取舍存有疑问，或古今差异所致个别字母不能完全确认者，用青色斜体标示；对所还原的梵文或存在不同版本内容差异者，用红色粗体标示；缺失或多出的字体，用绿色空心标示；如果有相邻字符需要区别，则用同色系的不同色彩以示略有区别。

• 梵文最终译文，以罗马字母表示，同时，为使部分前后单词识别清楚，其字母书写时并未完全按照梵文连音规则进行连写，如一些前后 a 音字母的连接等(见表 2-2、表 2-3)；

表 2-2　房山石经(拓本回译)悉昙梵文与敦煌咒轮刻本对照表(部分摘录)

房山石经	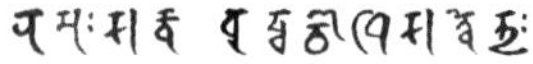 1 namaḥ sarva buddha bodhi-satve-bhyaḥ ·	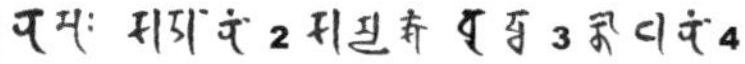 namaḥ saptānāṃ samyak-saṃbuddha koṭīnāṃ
敦煌咒轮	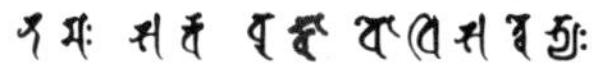 3 Namaḥ Sarva Buddhā Bodhisattvebyaḥ	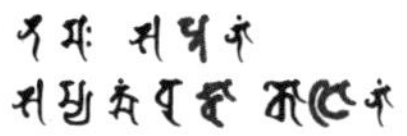 4 Namaḥ Saptanāṃ Samyaksaṃbuddhā Koṭināṃ

① 沈卫荣编：《汉藏佛学研究：文本、人物、图像和历史》，中国藏学出版社 2013 年版，第 640—650 页。

房山 石经	5 sa-śrāvaka saṃghanāṃ·	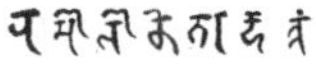6 namo loke-arhantāṃ
敦煌 咒轮	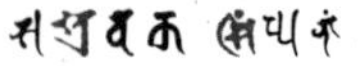5 Saśravaka Siṃghānāṃ	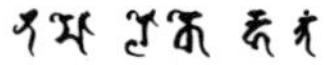5 Namo Loke rhataṃ

表 2–3 古代汉字音译《大佛顶首陀罗尼》三种版本对照

佛頂光聚悉怛多般怛羅祕密伽陀微妙章句 大唐一天竺沙門般剌蜜帝 譯 （敦煌寫經・唐代写本） **427句**	**大佛頂陁羅尼** 唐—三藏不空 譯 （房山石經・辽金刻本） **487 句**	**佛頂光聚悉怛多般怛羅祕密伽陀微妙章句** 大唐—天竺沙門般剌蜜帝 譯 （高丽大藏经・宋代初雕原本） **439句**
南無薩怛他蘇伽多耶 阿囉訶帝三藐三菩陁寫一		南牟薩怛他蘇伽哆耶 歸命一切諸佛一 阿囉訶帝三藐三菩陀耶 歸命一切如來應正等覺二
薩怛他佛陁俱知瑟尼釤二		
南無薩婆勃陁 勃地薩跢鞞弊毗迦切三	曩莫薩嚩沒冐引地 薩怛吠微閉反二合引毗藥二合一	娜牟薩婆勃陀 敬禮一切諸佛三 勃地薩哆吠弊毗口耶反 歸命菩薩毗口耶反四
南無薩多南三藐三菩陁 俱知南四	曩莫颯跢引南上引二 三去藐三去沒馱三 句引致引南上引四	娜牟颯哆喃三藐三菩陀俱胝喃 敬禮正遍知五

第二节 传播学视野下的佛教传播

一 基本概念

宗教传播是指宗教信徒、群体或组织通过传播媒介宣扬其超人间、超自然理念及由此引发的人生观、价值观，进而扩展其社会影响、扩大信徒群体的宗教信息传递、接受与回馈过程，包括宗教传播主体、传播内容、传播媒介和传播对象四大要素。①

为了保存佛经，隋・大业年间（605），天台宗二祖南岳慧思大师的弟子静琬法师遂发心刻经于石，以流传后世。他是《房山石经》的最早创刻者，以后他的弟子继承师志，不断镌刻，代代相传，持续不断，历经唐、辽、金、元、明各朝代，到清初才完成。所完成的石经分别埋在北京房山县云居寺的石经山上以及地宫中。共刻石碑

① 唐晓峰：《从宗教传播诸要素看东正教在中国的传播》，《世界宗教文化》2012 年第 6 期。

14278 块，佛经 1122 部，3400 多卷(见图 2-6)。

图 2-6　静琬法师的贞观八年题记

二　传播学视野下的佛教传播

在原始佛教阶段，佛陀释迦牟尼及其弟子主要采用云游布道的方式传播佛教，足迹遍布迦毗罗卫国及附近的诸多城邦和地区，他们用乞食、说法、讲道的具体形式向当地人传播佛教，并且逐步形成了以僧侣为传播者，佛理为传播内容，口语布道为传播媒介，从庶民逐渐蔓延到王臣的社会各个阶层为传播受众的传播模式。与之形成对比的是中国古籍的传播具有鲜明的中国特色，如颜廷亮[①]先生认为敦煌文学的传播途径分为口头传播、题写传播、抄写传播和刊刻传播，张次第[②]认为，中国古代文学作品的传播方式有比乐弦歌、作者行吟与吟游、游仙与隐逸、周游列国、聚徒讲学与科举考试、谏净与酬唱、传抄与印刷、刻石与题壁等多种形式，这些研究都在一定程度上揭示了宗教古籍在传播媒介不发达的古代社会的传播状态。

汉灵帝中平二年（185），月支族人娄迦识玛大师将《楞严经》译成汉语，但不见流传。705 年，中天竺的般剌密谛大师将天竺国宝《楞严经》带到广州光孝寺译成汉字，现在收录于大正藏第 19 册，其中有 439 句的《大佛顶陀罗尼》。半个世纪后，不空金刚三藏法师重译《大佛顶陀罗尼》，但是只有咒没有经，而且是从般剌密谛大师的第三句开始的。《大佛顶陀罗尼》在不同时间、地域被反复传诵、研读，古往今来

① 颜廷亮：《敦煌文学概论》，甘肃人民出版社 1993 年版。

② 张次第：《略论中国古代文学的传播目的与方式》，《郑州大学学报》(哲学社会科学版)2004 年第 37 卷第 2 期。

相关著述甚多，我们将传诵与研读历史中的重要事件进行可视化展示，以便更加全面地反映当前的研究全貌(见图 2-7)。

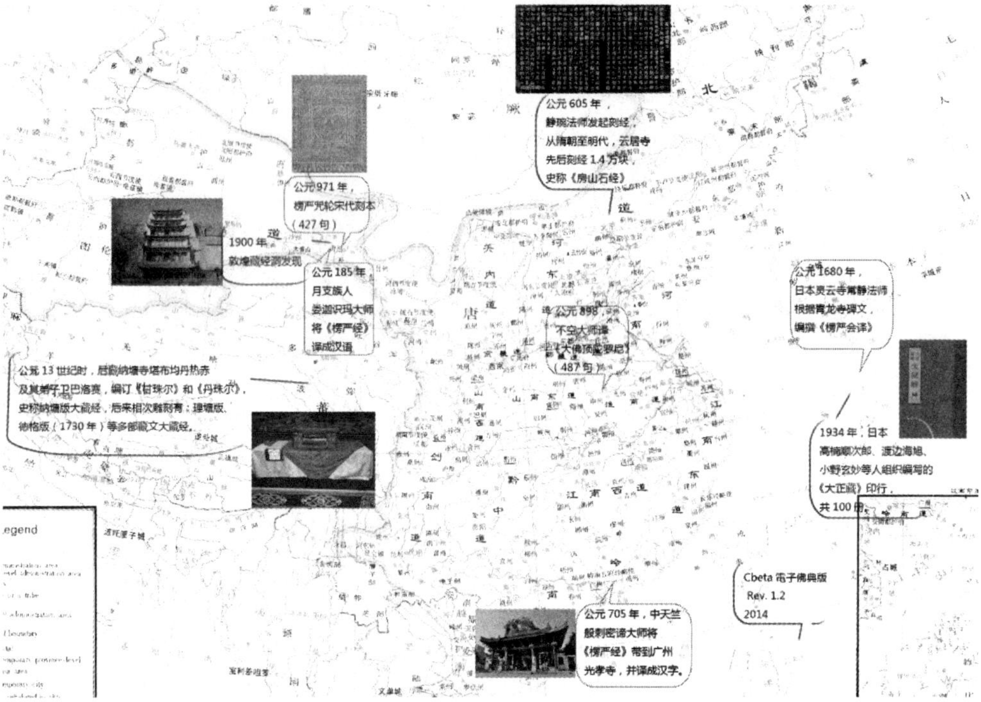

图 2-7　大佛顶陀罗尼在中国传播的地域与大事记

从图 2-7 中，我们可以看到，古代佛教文化传播具有几个特点。

第一，辐射式传播。早期佛教传播主要是通过陆上的西域和海上的广州入境，最终形成三个传播中心：广州、西域（敦煌）、北京。随着传播范围的扩大，逐渐向东方的日本，中国西部的西藏、中国东南的台湾，马来西亚等区域辐射传播。研究大佛顶陀罗尼等相关经咒传习之风兴盛的过程，对于密法乃至整个佛教在上述地区的传播具有一定的指导意义。

第二，从传播者来看，据周广荣先生考察《悉昙章》[①]在中土的传播与影响的相关资料中，我们可以看到，僧侣是佛教传播的主要意见领袖，文人、百姓乃至王公大臣将梵语作为佛教圣语的形式参与传播。拥有佛教咒语之王的大佛顶陀罗尼作为寺庙课诵必读的传播对象，其版本的更迭与流传过程，充分反映了宗教传播的大众性和分众性。

① 周广荣：《梵语〈悉昙章〉在中国的传播与影响》，宗教文化出版社 2004 年版。

第三节　项目管理视野下的大佛顶陀罗尼

在搜集整理大佛顶陀罗尼的过程中，我们充分运用了现代项目管理系统进行版本整理工作。《房山石经》拓本和开宝四年刻本的完善准确，给后续研究提供了极大参考价值，本书仍以学界公认的487句的《大佛顶陀罗尼》为蓝本展开研究。在诸多版本的甄别中,我们引入业界先进的流程管理，通过团队协作，及时沟通各类信息，把图片、文档、音频、打字、修图、校对等环节纳入一个有组织的体系中。下面是我们使用项目管理系统组织整理不同楞严咒版本的案例。

一　数字资产管理

为了适应多个团队成员合作的需要，在30多个不同版本的收集整理中，为了确保各版本文件的刻本、电子文档、相关图片、梵文转写等能得到完整的系统的整理，我们使用Avid公司的Alienbrain进行相关资源整理工作。

1．直观的预览功能与强大的数据库功能

古往今来,研究大佛顶陀罗尼的专家学者有十几位,他们在研究中给我们留下了丰富的图文、视频、音频等资源，我们需要去进行逐一搜集整理。诸多版本中，既有同一个学者（或机构）的不同时间的研究成果，也有不同学者（或机构）对同一部经咒的研究。在整理过程中，相关文档（word格式、pdf格式、html格式）、图片、教念或诵读语音(mp3格式)、视频(flv格式)都需要整理成便于查询的格式。Alienbrain内置了一个强大的文件浏览器（Preview），能直接读取300多种图片，4类音频，3类视频，也能调用第三方应用程序进行文件读写或编辑(见表2-4)。

表 2-4　大佛顶陀罗尼的相关研究者与研究成果

研究学者	研究机构	研究成果	成果形式	其他
	中国佛教图书文物馆房山石经整理研究组	《大佛顶大陀罗尼 大佛顶心陀罗尼》 不空译 行琳集 （487 句+93 句） 《房山石经》No. 1071 第 28 册第 6 页上到第 14 页下 中国佛教协会编 华夏出版社 [2000 年 5 月（2014 年 7 月重印）]	书籍	拓本影印版
		《大佛顶如来密因修证了义诸菩萨万行首楞严经》卷七 佛顶光聚悉怛多般怛罗秘密伽陀微妙章句 大唐天竺沙门般刺蜜帝译（439 句） 《房山石经》第 13 册 第 205 页下到 210 页上 华夏出版社 [2000 年 5 月（2014 年 7 月重印）]	书籍	拓本影印版
		《一切如来白伞盖大佛顶陀罗尼》 唐三藏沙门不空奉诏译（481 句） 《房山石经》第 28 册〈感〉帙 No. 1048 第 390 到第 395 页 中国佛教协会编 华夏出版社 [2000 年 5 月（2014 年 7 月重印）]	书籍	拓本影印版
		《一切如来白伞盖大佛顶陀罗尼》 《房山石经》No. 1063 丁字号 慈贤译（536 句） 中国佛教协会编 华夏出版社 [2000 年 5 月（2014 年 7 月重印）]	书籍	拓本影印版
乾隆		大佛顶首修正了义诸菩萨行首楞严咒 S-119 M-2053 439 句 御制满汉蒙古西番合璧大藏全咒	书籍 pdf 扫描	汉藏满蒙对照
		大佛顶首修正了义诸菩萨行首楞严经 卷 7　427 句 乾隆大藏经	书籍 pdf 扫描	
	Cbeta（中华电子佛典协会）	一切如来白伞盖大佛顶陀罗尼 房山石经第 27 卌 No. 1048 (21/10/2012)	dvd 格式	
		《大佛顶如来放光悉怛多钵怛啰菩萨万行品》 （中印度那兰陀曼荼罗灌顶金刚大道场神咒） 大佛顶如来密因修证了义诸菩萨万行首楞严经 大正藏第 19 册 No. 0945 439 句＋427 句 （26/04/2014）	dvd 格式	
释迦教授	尼泊尔正法龙树学院	āryasarwatathāgatoṣṇīṣa sitātapatrānāmaparājitā pratyaṅjirā mahāwidyārājñī	word 格式	罗马转写
不详		大白伞盖—楞严咒贝叶梵本	word 格式	罗马转写
常净	金陵刻经处	《梵汉大佛顶如来放光悉怛多钵怛啰陀罗尼会译》 不空译 般刺密谛大师译 大唐青龙寺梵文楞严咒	扫描版 pdf	悉昙—汉语—日语对照

续表

研究学者	研究机构	研究成果	成果形式	其他
高楠顺次郎、渡边海旭、小野玄妙等		大佛顶如来密因修证了义诸菩萨万行首楞严经 《大正藏》第 19 册 No.0945 439 句+427 句 《大正新修大藏经》	书籍	
		《大佛顶大陀罗尼》 《大正藏》第 19 册密教部 No.0944A（音译）No.0944B（梵文） 不空大师译 427 句 《大正新修大藏经》	书籍	净严加笔本
		《佛顶大白伞盖陀罗尼经》 《大正藏》No.0976 沙啰巴之藏译	书籍	
		《佛说大白伞盖总持陀罗尼经》 《大正藏》No.0977 真智之藏译	书籍	
林光明	嘉丰出版社	大佛顶首修正了义诸菩萨行首楞严咒 S-119 M-2053 439 句 新编大藏全咒 咒文篇（五）第 73—122 页（08/2001）	扫描版 pdf	汉藏满蒙对照
		楞严总持心咒 梵汉咒语大讲堂第 29 集	在线视频 flv 格式	悉昙－汉语对照 有咒轮、 有书写演示
		大白伞盖佛母心咒 梵汉咒语大讲堂第 14 集	线视频 flv 格式	悉昙－汉语对照 有咒轮、 有书写演示
	悉昙学会汇编	大佛顶首修正了义诸菩萨万行首楞严咒 中印度那兰陀曼茶罗灌顶金刚大道场神咒 《大正藏》第 19 册 密教部 No.0945 般刺密谛大师 439 句(09/2011)	pdf 版本 html 版本	整理版 pdf 印刷版
		大佛顶首修正了义诸菩萨万行首楞严咒 《大正藏》第 19 册 密教部 No.0945427 句(09/2011)	pdf 版本 html 版本	整理版 pdf 印刷版
		大佛顶如来放光悉怛多钵怛啰陀罗尼 《大正藏》第 19 册 密教部 No.944A 不空大师译(09/2011)	pdf 版本 html 版本	整理版 pdf 印刷版
		大佛顶陀罗尼 《大正藏》第 19 册 密教部 No.0944B(09/2011)	pdf 版本 html 版本	悉昙校勘版 pdf 印刷版 自创悉昙字体
果滨		不空三藏原译《大佛顶首楞严神咒》(咒文校订解说全文) 不空三藏原译《大佛顶首楞严神咒》(讲义学习版) 房山石经《楞严咒》咒义密释(全部) 487 句 不空大师译行琳集(29/07/2005)	word 文件 mp3 文件	图片版
		大白伞盖六个咒语(讲义版)(23/01/2007)	word 文件 mp3 文件	图片版
普明		大佛顶陀罗尼注解 487 句 不空大师译行琳集 (12/05/2008)	pdf 文件	天城－罗马－汉译对照 附录有石刻拓本

续表

研究学者	研究机构	研究成果	成果形式	其他
		梵书大佛顶首楞严神咒(06/05/2010)	pdf 文件	天城一罗马一汉译对照 附录有辽代写本、唐代刻本427句、高丽大藏经487句、宋代初刻本439句对照
蔡文端		大佛顶首楞严神咒 《大正藏》第19册 密教部No.0944A (27/07/2003)	html 文件	罗马转写
		《一切如来白伞盖大佛顶陀罗尼》 慈贤译本 536句 (11/10/2003)	html 文件	罗马转写
		《一切如来白伞盖大佛顶陀罗尼》 不空大师译481句 (25/10/2003)	html 文件	罗马转写
		大佛顶首楞严神咒 流通版楞严咒 427句(10/04/2003)	html 文件	罗马转写
		大佛顶如来放光悉怛多砵怛罗大威德自在力王最勝陀罗尼 敦煌藏版一编号一斯一3783(1/11/2003)	html 文件	罗马转写
		佛说大佛顶如来放光悉怛他般多罗大神力 都攝一切咒王帝祖罗施金刚大道场三昧陀罗尼 北七六六五号（光九十五） 敦煌藏版 422句(2/11/2003)	html 文件	罗马转写
彭伟洋（马来西亚）		楞严咒的研究 《大正藏》第19册 密教部No.0944A 不空大师译 427句	html 文件 jpg 文件	有词语释义 罗马转写一汉语对照
		房山石经版楞严咒的研究 《大正藏》第19册 密教部944A （26/06/2003）	html 文件 jpg 文件	悉昙一汉语对照
		流通版楞严咒的研究 paramiti 版427句（2003）	html 文件	有词语释义 罗马转写一汉语对照
		《大佛顶如来放光悉怛多钵怛啰陀罗尼》 （2003）	jpg 文件	悉昙高清印刷版
郭火生（马来西亚）		《大正藏》第19册 密教部No.0944B（梵文） 不空大师译 427句（2011）	pdf 文件	兰扎体一悉昙一汉译对照版
		《大佛顶如来放光明白伞盖悉怛多钵怛啰大佛顶陀罗尼》 《敦煌藏经》开宝4年刻本 不空大师译（418句或427句） （2015）	pdf 文件	兰扎体一悉昙一汉译对照版 咒轮分析 附录有： 咒轮版与流通版本、房山石经版本、楞严会译等版本对照分析等

续表

研究学者	研究机构	研究成果	成果形式	其他
简丰祺		《大佛顶大陀罗尼》 《大正藏》第 19 册 密教部 No.0944A（音译）No.0944B（梵文） 不空大师译 427 句 古梵文佛教咒语全集 （2007）	pdf 文档	悉昙汉语对照
冯斌		大佛顶首修正了义诸菩萨万行首楞严咒 《大正藏》第 19 册密教部 No.0945 般剌密谛大师 439 句 冯斌 佛教的真言咒语　中国社会科学出版社（2003）	书籍	专著
		《大佛顶大陀罗尼》 《大正藏》第 19 册密教部 No.0944A（音译）No.0944B（梵文） 不空大师译 427 句 冯斌 佛教的真言咒语 中国社会科学出版社 （2003）	书籍	专著
一佛乘		完整版《楞严咒》整理 目次篇、补遗篇、校疑篇、汇集篇和梵文书写篇、念诵篇 (23/05/2010)	html 文件 jpg 文件	多个版本对照研究
		《楞严咒》诸本对照逐字对译 (30/12/2012)	html 文件 jpg 文件	多个版本对照研究
		《大白伞盖佛母》根本咒 (16/01/2012)	html 文件 jpg 文件	多个版本对照研究

Alienbrain 无需使用客户端即可对图片或项目进行工作。通过链接到服务器载入工程，通过内置插件加载数据库的方法，能与常见的平面设计软件(Adobe Photoshop)、印刷排版软件(Adobe Indesign)、视频音频编码转码软件进行无缝衔接。除了打开/导入/上传文件到数据库的高级功能，Alienbrain 在这些软件的菜单中也内置了标准的数据库命令。可以在这些应用软件内置的数据库浏览器中浏览各类文件，然后拖放式打开文件，或点击文件图标进行迁入/迁出操作，或进行版本回滚等操作。

下面以 Adobe Photoshop 为例说明。如图 2-8 中，启动 Photoshop 后，首先使用菜单中的 Alienbrain 加载数据库浏览器(Show DataBase Explorer)，然后从打开的数据库资源管理器中，对图片文件进行迁入，然后就可以使用 Photoshop 进行图文编辑，完成编辑后迁出文件，并发送消息(Messenger)给组员。数据库浏览器与 Alienbrain 客户端的交互菜单是一模一样的，因此美术员工无需打开 Alienbrain 客户端，即可对文件进行编辑修改、收发信息、获知文件状态与工作进程。

图 2-8　数据库浏览器(Alienbrain)

2. 物体查看器视图与远程审查

Alienbrain 还使用物体查看器视图（Object Inspector）对文件的重要信息进行浏览，这是一个组合窗口，提供了文件浏览（Preview）、查看文件的评论日志、查看文件属性（文件描述、关键词、创建与修改信息、迁出信息、工作流程等）的功能。对于艺术家来说，可以自由缩放图片大小，使用叠加评论、元数据信息或其他的杂论等信息到文件上，还可以返回关于文件与活动的更多的信息。无需迁入文件就能使用这些特性。杂论可以被锁定并且使用 S 键保存在服务器上。这些工具既便于艺术家对本地文件进行管理，也能通过远程服务器，提供给相关人员并及时沟通(见图 2-9)。

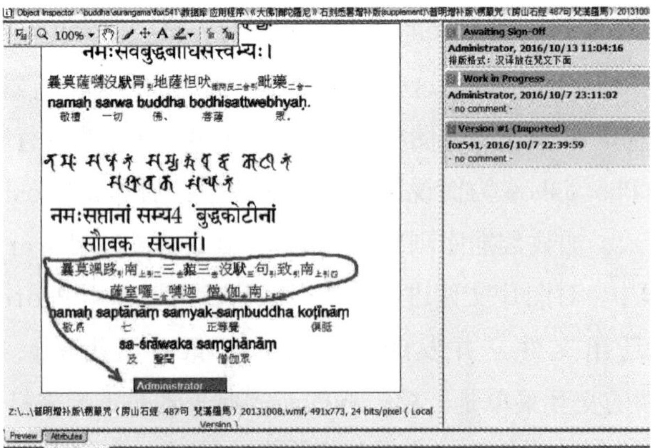

图 2-9　物体查看器(Alienbrain)

3. 用户管理

为了对文件进行管理,我们将整个项目分为：编辑、开发、设计、外联4个小组，每组成员不等(见表2-5、图2-10、图2-11)。

表2-5　用户管理与权限设置

小组	任务	权限
编辑组	负责相关文件的转译工作	允许审查文件，以及添加新内容、删除自己文件（Author）
开发组	负责提取视频、音频中的图文信息；负责pdf文件中的文字内容提取	允许审查文件，以及添加新内容、删除所有文件（Editor）
设计组	负责分析与提取图片或pdf中文字字体等信息	允许审查文件，以及添加新内容、删除自己文件（Editor）
外联组	负责联络相关学者，收集相关研究成果	允许审查文件，以及添加新内容（Contributor）

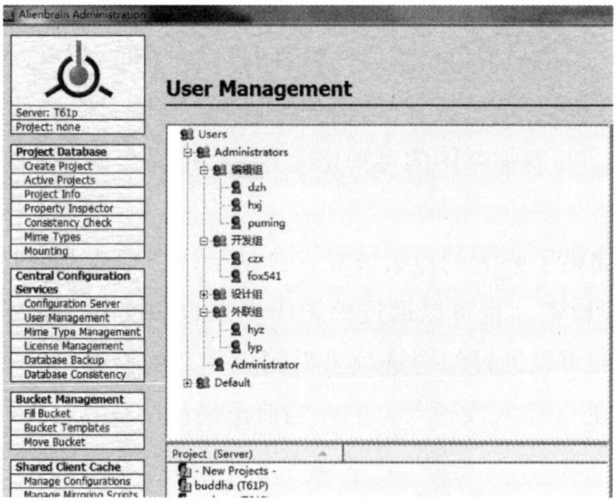

图2-10　用户管理(Alienbrain)

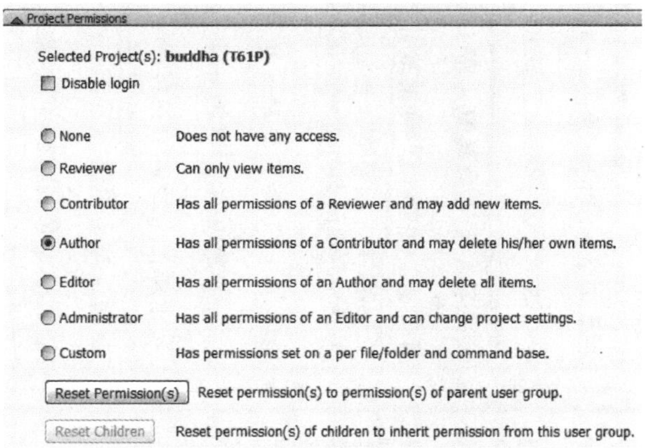

图2-11　权限管理(Alienbrain)

4. 强大的版本控制与资产跟踪

Alienbrain 储存文件的各种版本并且跟踪产品的数字资产以及相关数据到一个安全的资料档案库中，这个资料库提供版本控制与中央服务器上的所有资产的历史信息。文件迁入时，如果本地的文件中与服务器的文件中存在同名文件，系统会提示“覆盖”或“离开”，此时可以通过“显示差异”按钮显示两个文件的大小、创建时间等区别，从而避免误操作。如果只是想查看以前的版本，也能从历史列表视图中快速查看。可以查看本地文件与当前数据库文件以及早期数据库文件中等诸多版本的差异。

版本控制管理能将任何一个文件恢复到某一时期的状态。因为对每个修改版本都写了注释，很容易区别两个版本之间的差异。对于文本、图片、音视频等文件也可以通过比较，方便地识别出两个版本之间的差异。如果当前版本的修改不对，可以迅速恢复到以前的任何一个版本，同时 Alienbrain 能够提供迁入迁出、从早期版本签入、文本合并、非破坏性回滚、服务器回收站、获取最新版本、同步获得、智能获取、按照日期/标记/更改设置/结构获得版本、本地文件状态、文件共享、带有缩略图的版本历史、带有缩略图的可视化差异、标准原数据（关键词）、定制用户原数据等功能。

Alienbrain 提供了强大的检索选项，包括从快速检索到使用模糊检索到使用正则表达式的高级检索。也可以通过检索历史来查找文件的指定版本或被提交的更改组。比如,我们可以通过组合选项来得到更复杂的检索,如图 2-13 中，查找所有由 fox541 修改的（导入或迁入）的，当前已经提交等待 sign-off 审查的所有文件。

图 2-12　差异比较功能（Alienbrain）

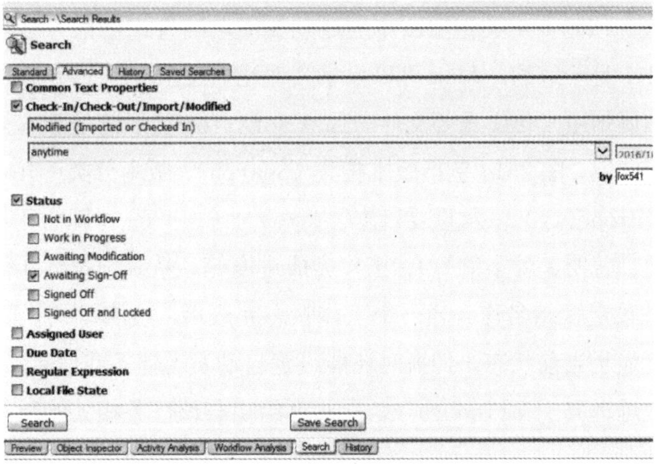

图 2-13　检索功能(Alienbrain)

二　生产流程管理

1. 高效率的计划任务功能与工作流程管理

Alienbrain 在计划任务上主要是通过分配指定文件给用户并设置完成时间的方式来进行的。在每天工作前，我们小组的各个组通过 Quick Search 菜单中的 Files Assigned to Me、My Files Awaiting for Modification、My Files That Are Overdue 等命令获取工作计划与任务安排，当然可以通过 Show My InBox 查看小组成员的工作通知。小组成员在使用中，根据自己的完成进度，除了设置 lable 以便标记文件或文件夹的状态的选项以外，也可以给每个文件或文件夹指定 Sign-off 状态。这个 Sign-off 状态用于描述在流程中该文件夹或文件所承担的工作。Alienbrain 支持 6 种不同的状态，见表 2-6。除了上述手段以外，我们也可以通过 Attributes 或 Workflow Overview 了解文件进度。管理员与成员都可以看到所有的任务列表，通过深入与广泛的计划，确保项目在时间截止与预算截止前完成。

在使用 Alienbrain 进行计划任务的分配中，我们也发现了 Alienbrain 的一些局限，具体表现在：缺乏更直观的甘特图、工作环节不能定制上述 6 种之外的其他流程、工作流状态视图只有进度条不能直接显示当前状态、个别功能整合程度不高等。为了弥补 Alienbrain 的不足，我们在流程中也引入了专门的生产流程管理工具 Tactic。图 2-14 是我们在楞严咒版本选择与整理中运用 Tactic 进行管理的整个流程截图。

Tactic 可以使用 12 种方式显示任务与工作流程。图 2-14 采用的表格（Table）方式，该表格主要由 6 个部分组成：Preview 列用来给当前的任务添加一个缩略图，在视觉文化传播时代，通过图片往往能更快地找到所需资源。Name 与 Description 用来记载任务，我们把大佛顶陀罗尼的重要版本通过列表清单的方式设置为不同的任务，这个任务条目与表 2-1 是一致的。Task 可以显示文件迁入迁出，这个功能不如 Alienbrain 实用，因此我们偶尔用来传递重要文件。Task Workflow 显示的是版本整理中的四个环节以及任务分配状况，图 2-14 包括版本搜集（Search）、版本分类（Classification）、版本特征分析（Property）以及重要日志（Memo）4 个生产线。每个环节上，都显示出整理人（吴志勇、普明、韩小荆等）、工作完成进度等。系统预设有 9 种状态供自由选择，也可以自行设定状态名称。当一个工作状态完成后，会自动切换到下一个状态，并用彩色高亮度显示当前状态，切换时还能设置自动发送便条或信息，因此在自动化、可扩展性程度上远远高于 Alienbrain。Notes 给出与该任务相关的所有小组通知、评论以及相关文件(见表 2-6)。

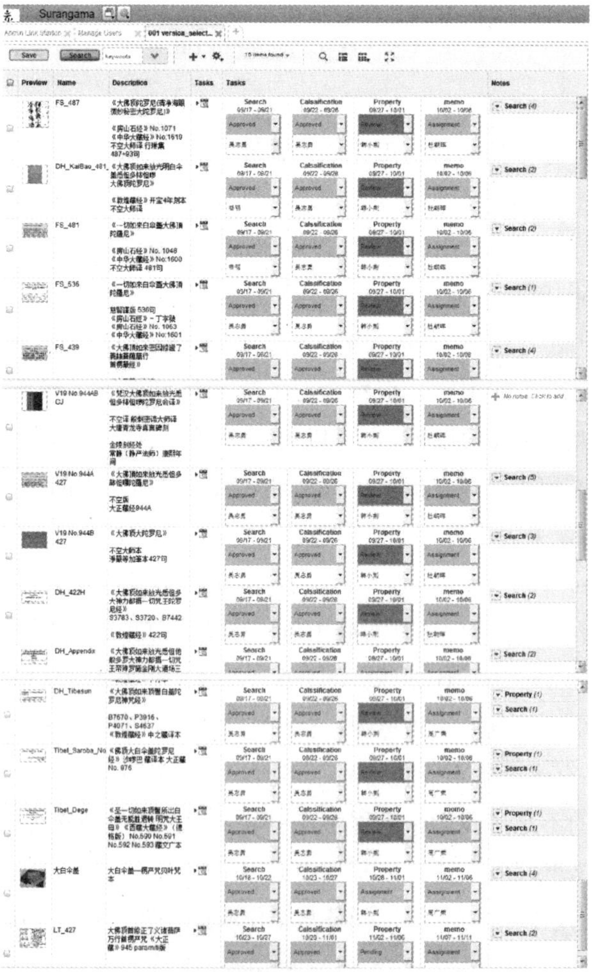

图 2-14　使用 Table 方式显示任务、管理人员与工作流程(Tactic)

表 2-6　工作环节与状态设置

环节	Alienbrain	Tactic
分配	Not in Workflow 新导入的文件 / 文件夹的缺省状态	Assignment 分配
准备中		Ready 准备中
进行中	Work In Progress 该文件 / 文件夹正在被用于常规工作	In Progress 进行中
等待	Awaiting Sign-Off 文件 / 文件夹已经完成，等待项目领导进行 review	Waiting 等待
审查中		Review 审查中
修改中	Awaiting Modification 项目领导已经审阅，决定该文件 / 文件夹需要修改	Revise 修改中
求助		Need Assistance 求助
暂停	Signed Off 文件完工，暂时无须修改，项目领导释放文件 / 文件夹	Pending 暂停
通过	Signed Off and Locked 文件 / 文件夹完工，被锁定 有相应获取权的用户可以修改	Approved 通过
放弃		Reject 放弃

Task 还可以设置显示为其他显示模式，如全局图模式（Overview）、卡片模式（Card）等。此外，除了上面的显示模块外，也可以自定义显示其他信息，比如直接显示 Task Schedule 等，这些便捷的可视化图表能呈现出几乎所有的信息。

2. 直观的工作流程状态与详细的报表功能

Alienbrain 帮助团队领导纵览并跟踪项目进程。你可以分配到期日期、评论与签署文件，运行自动化工作流程与活动报告并且输出文件列表工作会议。操作者也可以得到一份纵览，包括项目中什么正在进行，工程所在的位置等。当项目到达显著的状态时，可以设置标记，以便鉴别出文件版本，并且必要时可以重建带有该状态的项目。能快速产生项目报告列表到 Html、Word 或 Excel，并可输出打印。Alienbrain 的获奖的用户界面所见即所得，即使是普通电脑用户也能快速上手，根据需要重新布局不同视图以便满足偏好及工作流程的需要。Alienbrain 的预览服务器能快速生成缩略图与预览，这种可视化环境能让操作者快速找到所需的数字资源。本地文件状态图标能直观地表示出本地文件的修改状态。Alienbrain 通过文件夹的形状、色彩、属性（使用评论功能显示出相关信息）的显著标识让用户几分钟之内就能找到服务器文件和本地文件，以及文件进度状态(见图 2-15)。

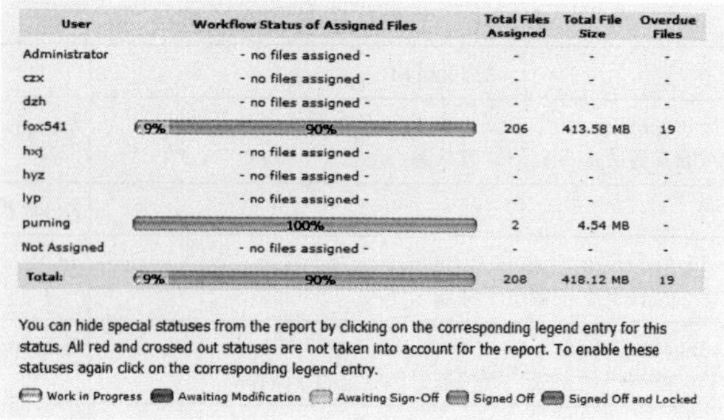

图 2-15　任务、管理人员与工作流程进度报告(Alienbrain)

如图 2-15 中，将文件的工作进展按照组员进行列表，既分清了不同人的工作任务，也用彩色进度条标示出进展程度（Workflow Status of Assigned Files），还给出了相关数据，包括总共分配的文件数量(Total Files Assigned)、文件大小（Total File Size)、到期文件（Overdue Files)。此外，双击彩条还能给出更加细致全面的数据分析列表清单。

Tactic 采用 SQL 数据库为后台，用户界面采用表单方式来组织内容，具有强大的数据挖掘、数据分析与报表功能。默认状态下，系统还预置了十多种专用的工作流表格，涉及任务报告、工作时间报告、迁入报告、列表项目报告、用户个人报告，以及多种样本报表供选用，从而实时控制与了解任何工程。此外，我们可以直接把相关报表放在侧栏中，这样就能快速地找到所需表格(见图 2-16)。

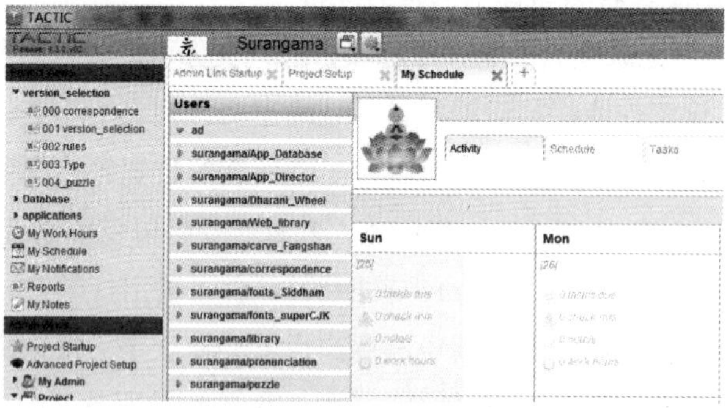

图 2-16　任务、管理人员与工作流程进度报告(Tactic)

如图 2-16 中，我们可以在侧栏中看到所有的项目名称（如当前的版本选择项目：Version Selection)，还有用户工作时间（My Work Hours)、工作计划（My Scheme)、通知（My Notification)、报表（Reports)、便条（My Notes）等重要内容。点击上述内容，就可以在主窗口中看到相关信息了。如果采用工作计划（My Scheme）表，则我们可以看到，按照日历列出的日程中，清楚标明了当天的任务数量（Tasks Due）、迁入数量（check-ins）、便条数量（Notes）、工作时间（Work Hours）。这样无论是用户还是管理员都能及时了解工作进度。

本章小结

在诸多《大佛顶陀罗尼》版本的整理过程中，我们发现如果仅仅采用传统的文献整理思路，很难在浩如烟海的句段中找到准确的信息。正如方广锠先生所倡导的那样，"从佛教文献原本最基础的文字与书写符号的切割、辨认开始"，形成一个"与该佛教文献原本行文完全一致的数字化文本"[①]，以供后续学者进行校勘。笔者认为，在梵文领域，这种谨慎的态度与细致的工作虽然需要花费大量的人力、物力，但是一旦与现代数字资产管理和项目流程管理相结合，就能极大提高整理的速度。

名词与术语

《御书楞严经》《房山石经》《契丹藏》《西藏大藏经》《同文韵统》《大藏全咒》

娄迦识玛大师　行琳大师　不空　般剌密谛　慈贤　静琬　常净

蔡文端　简丰祺　彭伟洋　果滨居士（台湾）　普明居士　一佛乘　郭火生　冯斌　林光明　释迦教授　徐启强

金陵刻经处　悉昙学会　Cbeta　中国佛教图书文物馆　尼泊尔正法龙树学院

Alienbrain　Adobe Photoshop　Tactic

数据库浏览器　迁入、迁出　差异比较　数字资产管理　项目流程管理

① 方广锠：《谈汉文佛教文献数字化总库建设》，《世界宗教研究》2016年第1期。

第三章　基于大佛顶陀罗尼的梵汉对照数据库研究

梵文不但音节圆润宏亮，富于音乐性，而且具有非常卓越的语言特性，比如她建立在非常精确完美的语言结构之上，又极具语言灵活性；又如她能够派生出极为丰富乃至无限大的词汇量。[①]

——印度浦那大学教授萨罗拉·比哈特（Saroja Bhate）

在大佛顶陀罗尼（楞严咒）研究中，我们发现如果从词汇学的角度出发，可以从汉字、梵文视角对咒语中的词语进行解读。这部咒语中有大量的梵文石刻，这些石刻梵文既给提取语料库准备了足够的资源，而且我们还能根据悉昙造字法通过偏旁组合或上下接续从已有梵文推断出其他相关字形。因此，从字形入手，是对石刻研究的第一步。

本章主要从三个不同视角来进行分析，一是语言文字学视角，从楞严咒中出现的SuperCJK库外的汉字造字、从Siddham字库外的悉昙异体字两个方面着手，完成相关字体造字；二是数据库视角，将大佛顶陀罗尼中的词语分离出来，组建一个小型的梵汉对照数据库，这个数据库中的文字、例句均采用487句中的标准例句；三是项目管理视角，分析数字资产管理与项目流程管理平台在上述两个目标中的应用。

① 《学者谈梵文：是连接东方西方的文化桥梁》，《中国社会科学报》2010年11月9日。

第一节　古籍字体与缺字造字研究

> 人类使用的文字形态，发展为两大类：一是尽可能以最快的速度记录声音的方法，例如字母；二是激发沉睡于人类内心世界的想象力的文字形态，例如汉字。
>
> ——[日本] 杉浦康平

词语是语言和语言学的基础，房山石经作为古籍中的重要组成部分，其中的汉字与悉昙梵文为宗教学、汉语言文字学、艺术等领域提供了多种研究视角。根据古文字字形与现代汉字的对应关系，古文字大致可以分成三类：已识字、歧释字和未识字，本项目的研究对象为第三种，即尚未得到考释、无法厘定且没有对应的现代汉字的古文字。[①]本书沿用中国台湾学界整理古籍的惯例，称为缺字。在整理房山石经的过程中，尽管有大量文字能通过现在的字库表现出来，但仍然有一些缺字游离于各种字库之外。因此，必须集中部分专家对石经中的文字进行专题研究，开发出相应的字库、数据库与词典。

一　关于字体

字体为字的形状和面貌。常见的字体有两大类：双字节如 CJK（中日韩）字体，单字节如罗马字。中文有三大类：书写字体、印刷字体和手绘美术字体。拉丁字母字体则主要分为古罗马字系、过渡时期罗马字系、现代罗马字系和方饰线体字系四类。从字体设计理论来看，分为点阵字体和外框字体两种。

汉字是世界上使用最广泛，使用人数最多的文字。它历经陶石、甲骨、金、篆、隶、楷等字体的演变，具有多元化的面貌和丰富的审美功能，虽然目前汉字字体数量并不多，但是汉字独特的象形构造原则，使它在与西方字体的对比中，“犹如在广袤的草原中扩散蔓延的风声，不仅使自身具有独特的画面价值，甚至在一定程度上还凝结着一种内在的声音与力量”。

① 刘志基：《谈古文字信息化处理中“字”的处理问题》，《古籍整理研究学刊》2002 年第 3 期。

近几十年来，海峡两岸分别进行汉字标准化工作，出台多项汉字标准："通用字表"（大陆）——"标准字体表"（台湾）；"异体字整理表"（大陆）——"异体字字典"（台湾）；"笔顺规范"（大陆）——"笔顺手册"（台湾）；"统一部首表"（大陆）——"部首手册"（台湾）；"汉字部件名称规范"（大陆）（内有笔画名称）——"笔画名称表"（台湾）。但是由于诸多原因，大陆在字体规范和字库建设上落后于台湾。

日文字体十分丰富和优秀，日本工业标准（JIS）日文字符集当中的常用日文汉字超过 6300 个，几乎与 GB2312-80 的常用汉字相当。至今中国汉字字库只有 421 款，日本字库则有 2973 款。

1980 年，国家发布 GB-2312，仅含有 6763 个汉字。Windows 3.x 及 Windows95 只支持 GB2312-1980。

1993 年，中国发布 GB13000.1-1993 标准，收录 CJK 基本集（20901 字）和 CJK 扩充集 A（6581 字），替代原有 GB2312-1980 标准。该标准俗称 GBK，包含了"Big5"的繁体中文字符和"GB2312"中的简体中文字符，涵盖了 Unicode 所有 20902 个中文字符以及中国国家标准化组织添加的大约 80 个中文字符。Windows98 开始支持 GBK。

2000 年，中国发布 GB18030-2000 标准，开始收录 CJK 扩充集 B（42710 字），替代原有的 GB13000.1-1993 标准。Windows2000 开始支持 Unicode 3.0，Windows XP 开始支持 GB18030-2000。国际标准化组织在 ISO10646-2000 的基本平面(BMP 或者 Unicode3.0，下简称 Unicode)编入了 27564 个汉字（U+4E00~U+9FFF 以及 U+3400~U+4DFF），其中 U+3400~U+4DFF 部分的 6582 个汉字又称为扩展 A。该组织还在 ISO10646-2000 的第二平面扩展了 42,711 个汉字（又称为扩展 B）。①

《方正兰亭》字库

北京北大方正电子有限公司推出针对广大 PC 机用户需求设计的通用字库产品，以 MS Windows 为运行平台，GB 编码，精选 123 款方正字体（简体 61 款，繁体 62 款），简繁体可以任意切换。苹果机的最新操作系统 MAC OS 10 以上版本与 PC 有较好兼容，也可以使用方正兰亭字库(GB 编码) V5.00。123 款字库均采用曲线外轮廓方式描述，运行速度快，存贮容量小，全部安装只需 480M 磁盘空间，也可以在光盘上直接调用字形。《方正兰亭》简体字部分从 F8--FC 区增加了 393 个汉字，在系统中安装"方正书宋简体"，用 Word 打开该文件，可显示出全部 393 个汉字及其编码(见图 3-1)。

① 郑永晓：GBK、CJK、Unicode 代码集与方正超大字符集定义表》，http://www.citerature.org.cn/Artide/aspx?id=840。

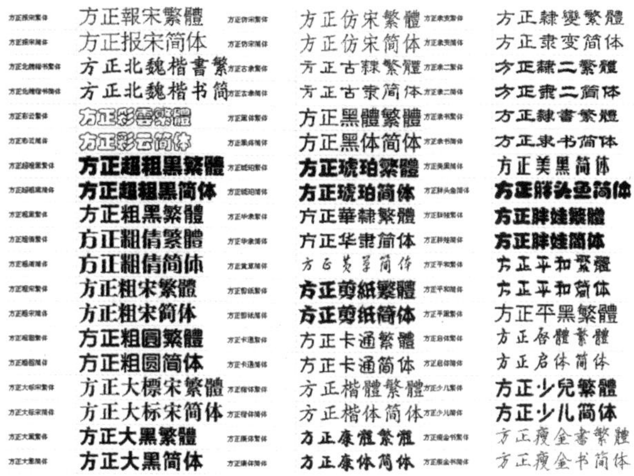

图 3-1　兰亭字库样本(北大方正)

学界和业界把汉字字库和相应的输入法认为是衡量古文字数字化处理水平的一项重要参考指标。古籍整理中难免会遇到大量生僻汉字，通过方正超大字符集、SuperCJK 超大字符集或日本“今昔文字镜”等字库中能查询到该文字，但是异常现象时有发生。方正字库即方正宋一，包括：宋体—方正超大字符集，是授权给微软的包含 65000 字的超大字库，收录 CJK 汉字基本集、扩展 A 汉字，以及 CJK 扩展 B 的部分汉字，共收录汉字 65531 个；方正宋体 S-超大字符集包含 70244 个汉字。由中易和华康联合开发的 Unicode 全汉字库——中日韩汉字超大字符集（SuperCJK）通用字体支持包 6.0，完整支持国际标准超大字符集全部 7 万多中日韩越汉字的同台处理。字库包含近 10 万标准字符，其中中日韩越通用汉字有 7500 多个。尉迟治平等人根据《广韵》、《集韵》、《汉语大字典》等古籍，对 5000 多个中文汉字字符进行了造字处理，并开发了汉字超大字符集输入法[①]，弥补了 ISO10646 字符国际编码标准与 Unicode 统一编码方案中的缺陷。华中科技大学提出采用一个古文字的不同字形共享同一个 Unicode 码位的方法，创建了 13 个甲骨文子字库和 24 个金文子字库的通用古文字字库[②]。业界和学界的推动，对古籍数字化发展进程起了重要作用。

从大佛顶的记载来看，经文于 898 年由行琳大师集经，1147 年刻经。石刻上面按照梵汉对照来完成，但是主要是汉字音译，梵文只有 580 多个。本节主要从汉字方面进行探讨。

① 尉迟治平、汤勤：《论中文字符集、字库及输入法的研制》，《语言研究》2006 年第 3 期。

② 刘根辉、张晓霞：《古文字字形整理与通用古文字字库开发研究》，《古汉语研究》2016 年第 3 卷第 112 期。

二　关于字形

文字的传统风格设计能体现传统文化独有的内涵特征和风范。中国传统书法在几千年的演变中，已经形成一整套完美的书写技法、风格和审美体系，它讲究笔法、墨法、结体、章法，体现书法艺术的品格、比例、意向、情性、行质、意境、神采、气韵等。大佛顶陀罗尼中的汉字，可以研究的视角很多，即使从书法艺术上来看，这种石刻字体也是十分独特的。下面对照一下现有的几种刻本字体（见表 3-1）。

表 3-1　采用刻本字体显示的大佛顶字体与房山石刻拓本对照

梵文	472 	473 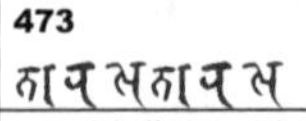	474 	475 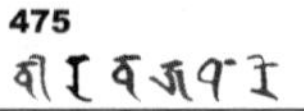
宋体	唵引	阿上曩黎阿上曩黎	尾捨祢引尾捨祢引	吠囉嚩日囉馱[illegible] 二合
房山石刻	唵引	阿上曩黎阿上曩黎	尾捨祢引尾捨祢引	吠羅嚩日羅二合馱[illegible]
方正清悦	唵引	阿上曩　阿上曩	尾捨祢引尾捨祢引	吠囉嚩日囉馱 二合
方正宋秀楷	唵引	阿上曩　阿上曩	尾捨祢引尾捨祢引	吠囉嚩日囉馱二合
方正粗金陵	**唵引**	**阿上曩　阿上曩**	**尾捨祢引尾捨祢引**	**吠囉嚩日囉馱二合**
方正龙爪体	唵引	阿上曩　阿上曩	尾捨祢引尾捨祢引	吠囉嚩日囉馱二合
方正螢雪	唵引	阿上曩　阿上曩	尾捨祢引尾捨祢引	吠囉嚩日囉馱二合
梵文		476 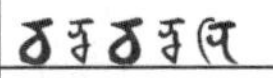	477 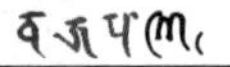	478 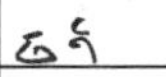
房山石刻		滿馱滿馱[illegible]	嚩日羅二合播引抳	登吒半
宋体		滿馱滿馱捉	嚩日囉二合播引抳	登 吒半
方正清悦简		滿馱　滿馱	嚩日囉二合　引抳	吒半
方正宋秀楷		滿馱滿馱	嚩日囉二合　引抳	吒半
方正粗金陵		**滿馱滿馱**	**嚩　日囉二合　引抳**	**吒半**
方正龙爪体		滿馱滿馱	嚩日囉二合　引抳	吒半
方正螢雪		滿馱滿馱	嚩日囉二合　引抳	吒半
梵文	479 	480 	481 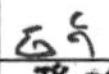	482 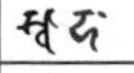
房山石刻	吽引	訥嚕唵三合引	登吒半音	嚩二合引賀引
宋体	吽引	訥嚕唵三合引	登 吒半音	娑嚩二合引賀引
方正清悦简	吽引	訥嚕唵三合引	吒半音	娑嚩二合引賀引
方正宋刻本秀楷	吽引	訥嚕唵三合引	吒半音	娑嚩二合引賀引
方正粗金陵	**吽引**	**訥嚕唵三合引**	**吒半音**	**娑嚩二合引賀引**
方正龙爪体	吽引	訥嚕唵三合引	吒半音	娑嚩二合引賀引
方正螢雪	吽引	訥嚕唵三合引	吒半音	娑嚩二合引賀引

近年来，为了摹仿古代刻本的风格，方正、汉仪等公司也着手开发了一些较好的字体。这些字体，从数量上来说，基本能遵照 2013 年国务院公布，教育部、国家语

言文字工作委员会制定的《通用规范汉字表》，这个规范是较 GB2312-80、GB12345-90 更加适宜现代社会使用的常用字字符集标准。简体字与繁体字对应关系依据《规范字与繁体字、异体字对照表》。其中，文悦科技（北京）有限公司推出的“康熙字典体”已不再销售及提供下载，并禁止使用。新推出的“文悦古典明朝体”与“康熙字典体”属同类风格字体，前者选用更加上乘的刻本制作，字形质量更高，且字数完备，不会出现缺字情况，可代替“康熙字典体”使用(见表 3-2)。

表 3-2　常用仿古刻本字体简介

字体	开发公司	设计者	开发时间	文字数量	特点
宋体	微软			28756	
方正清刻本悦宋简体	北大方正		2010	7720	出自武英殿活字刻本《四书章句》
方正宋刻本秀楷	北大方正	汤婷	2010	10627	出自《攻媿先生文集》
方正粗金陵	北大方正	今田欣一	2012	10287	源自明代南京国子监刻本《南齐书》，外形端庄、秀丽，有着雕版刀刻的韵味
方正龙爪体	北大方正		2012	10287	源自宋代孝宗年间发行的《周礼》。字体水平方向收笔、曲折都像是龙爪一样，字型优美，笔画刚劲有力
方正螢雪	北大方正		2012	10287	源自清代嘉庆年间的《钦定全唐文》。字体刚柔并济，笔型规范、均一，笔画端庄、秀美、灵动
康熙字典体	文悦科技	厉向晨		6089（试用版） 47037（正式版）	把康熙字典刻本原字矢量化，并对笔画残损进行修缮，保留了原字的斑驳、毛刺，原汁原味
文悦古典明朝体	文悦科技	厉向晨 李飞龙 刘会晓 欧阳妍阳 郑华强 毛晟婧 丁长瑞	2016	9997	取材自明代及清代早期雕版善本中的一类字体，是介于宋朝体与明朝体之间的过渡形态。其笔画风格书法特征浓郁，比常规的明朝体更具韵律感，富有人文气息

从上面的字体对比来看，雕刻于宋代的大佛顶陀罗尼石刻，具有典型的宋代刻本的风格。宋人工书法，崇尚欧阳询、颜真卿、柳公权的字体。风气所尚，也影响到刊刻事业。宋版书多由善书者书写上版，字体常用名家书体，因此在石刻上也打上了深深的烙印：既有间架开阔、字形丰满的颜体风格，也有笔画刚劲，字硬如骨的柳体气质。

三　缺字处理的基本原理

从汉字构造层面看，古代典籍《说文解字》把 9353 个正篆，分别归入 540 部首下，实现了汉字字形与字理的初步规范化管理。现代汉字构形学理论主张从部件功能和组合方式几个方面来分析汉字的构造。李晶认为，基于字型结构的汉字造字数据库中最基本的信息是汉字结构描述信息、部件描述信息和汉字索引信息。[①]赵彤认为，小篆的形体基本确定，而且构形的理据也比较清楚，通过分析小篆的结构特征，他把汉字的结构类型分为 24 种，并按照上文设计的汉字构造的关系模型、部件位置与功能的描述方式，使用数据库软件 Microsoft Acess 尝试建立一个汉字字形数据库的样本。[②]

从具体的应用层面来看，目前解决古籍缺字的方法主要有两种：第一种方法是使用应用程序造字；第二种方法是组字。台湾“中央研究院”提出以部件为基本构型单位的“汉字构型资料库”，中华电子佛典协会提出用大五码（BIG5）为构字部件（CBETA），[③] 这两种“组字式”记录方式都在一定程度上完善了现有字库。

CBETA 将 Word 版中 Unicode 所欠缺的字，使用日本今昔文字镜的字集补充，其它缺字则采用六个半角基本符号及两组半角分隔符，通过数学里的加减乘除四则运算符号来表示部件的组合。这种组合方式共使用 10 种符号，即采用*、/、@、-、+、(、)等用来表示缺字后用来替换的新的组合，字的组合方法是上下左右组合；采用问号?表示该字无法用组字的方式来表示，采用括号[和]表示组字的开始与结束。例如：“摩诃迦[＊]罗耶(二十五)”等。具体规则见表 3-3。[④] 这种办法无需进行新字造字就能让使用者能在纯文本环境下阅读，从而提供了阅览、传播上的便利性。对于大量古籍文献的整理，将所有的缺字建档纪录，将此缺字的注音、笔画、部首、通用字等相关信息，形成一个完整的缺字数据库，最终汇集到“汉字资料库”中。但是这种方法的不足是有些复杂的文字，很难用组合部件的方法实现，而且部件组合中也会有使用者个人偏好形成的拆分随意性和不规范性所导致的用户误读障碍。

---

① 李晶：《基于数据库技术的汉字处理方法研究》，《云南大学学报》（自然科学版）2007 年第 29 卷第 s2 期。

② 赵彤：《基于关系数据库的汉字构形分析及其应用》，《语言文字应用》2015 年第 3 期。

③ CBETA：《电子资料库通用字规范》，http://www.cbeta.org/download/w_normal.txt。

④ CBETA：《2006 年 2 月 18 日成果发表会报告》，http://www.cbeta.org/download/200602pro.zip。

表 3-3 CBETA 组字式基本规则

符号	说明	范例
*	表横向连接	明=日*月
/	表纵向连接	音=立/日
@	表包含	因=囗@大 或 閒=門@月
-	表去掉某部分	青=請-言
-+	若前后配合，表示去掉某部份，而改以另一部分代替	閒=間-日+月
?	表字根特别，尚未找到足以表示者	背=(?*匕)/月
()	为连算分隔符号	繞=組-且+((土/(土*土))/兀)
[]	为文字分隔符号	羅[目*侯] 羅母耶輸陀羅比丘尼

目前的字库都是以整个汉字为存储单位的，不论是点阵字库还是曲线字库（如 TTF 字体）的任一种字库格式，基本制作方法都是基于位图的扫描、勾线两个环节，即需要对每个汉字进行整体扫描，然后使用工具软件对位图文件进行描边修整、调整结构、设置属性、分配区位等。由于汉字的独特性，几乎所有字库建设中都要对偏旁部首或者是部件进行事先规划，从而为后续文字制作提供便利（即使是小型字库也需要 6000 多个汉字）并保持风格一致。研究汉字的特殊结构对于字体创建与字库建设是必须去仔细研究的。

对于字库，计算机编码采用的是“一字一码”的方法，从表 3-4 和图 3-4 中可以看到，无论采用何种字体，他们的区位码都是唯一的，如“子”的 unicode 都是 uni5851，造字时新造的不同风格的字体的序号要保证与 ISO10646 字符国际编码标准和 Unicode 统一编码方案等一致。因此，新造汉字必须基于表 3-4 中最初的 15 类部件来进行拓展和完善。

表 3-4 几种主要字体汉字造字的主要部件对照表（仅列举部分内容）

	宋体	SuperCJK 超大字符集	文悦古典明朝体	方正宋刻本
汉字部件布局				
笔画一	丨 亅 丿 乛 一 乙 乚 丶	丨 亅 丿 乛 一 乙 乚 丶	丨 亅 丿 乛 一 乙 乚 丶	丨 亅 丿 乛 一 乙 乚 丶
笔画二	八 勹 匕 冫 卜 厂 刀 刂 儿 二 匚 阝 丷 几 卩 冂 力 冖 凵 人 亻 入 十 厶 亠 匸 讠 廴 又	八 勹 匕 冫 卜 厂 刀 刂 儿 二 匚 阝 丷 几 卩 冂 力 冖 凵 人 亻 入 十 厶 亠 匸 讠 廴 又	八 勹 匕 冫 卜 廠 刀 刂 兒 二 匚 阝 丷 几 卩 冂 力 冖 凵 人 亻 入 十 厶 亠 匸 讠 廴 又	八 勹 匕 冫 卜 厂 刀 刂 儿 二 匚 阝 丷 几 卩 冂 力 冖 凵 人 亻 入 十 厶 亠 匸 讠 廴 又

续表

	宋体	SuperCJK 超大字符集	文悦古典 明朝體	方正 宋刻本
笔画三	艹 屮 彳 巛 川 辶 寸 大 飞 干 工 弓 廾 广 己 彐 彑 巾 口 马 门 宀 女 犭 山 彡 尸 饣 士 扌 氵 纟 巳 土 囗 兀 夕 小 忄 幺 弋 尢 夂 子	艹 屮 彳 巛 川 辶 寸 大 飞 干 工 弓 廾 广 己 彐 彑 巾 口 马 门 宀 女 犭 山 彡 尸 饣 士 扌 氵 纟 巳 土 囗 兀 夕 小 忄 幺 弋 尢 夂 子	艹 屮 彳 巛 川 辶 寸 大 飛 干 工 弓 廾 廣 己 彐 彑 巾 口 馬 門 宀 女 犭 山 彡 尸 饣 士 扌 氵 纟 巳 土 囗 兀 夕 小 忄 幺 弋 ☒ 夂 子	艹 屮 彳 巛 川 辶 寸 大 飞 干 工 弓 廾 广 己 彐 彑 巾 口 马 门 宀 女 犭 山 彡 尸 饣 士 扌 氵 纟 巳 土 囗 兀 夕 小 忄 幺 弋 尢 夂 子
笔画四	贝 比 灬 长 车 歹 斗 厄 方 风 父 戈 丬 户 火 旡 见 斤 耂 毛 木 肀 牛 牜 爿 片 支 攵 气 欠 犬 日 氏 礻 手 殳 水 瓦 尣 王 韦 文 毋 心 牙 爻 曰 月 爫 支 止 爪	贝 比 灬 长 车 歹 斗 厄 方 风 父 戈 丬 户 火 旡 见 斤 耂 毛 木 肀 牛 牜 爿 片 支 攵 气 欠 犬 日 氏 礻 手 殳 水 瓦 尣 王 韦 文 毋 心 牙 爻 曰 月 爫 支 止 爪	貝 比 灬 長 車 歹 斗 厄 方 風 父 戈 丬 戶 火 旡 見 斤 耂 毛 木 肀 牛 牜 爿 片 支 攵 氣 欠 犬 日 氏 礻 手 ☒ 水 瓦 尣 王 韋 文 毋 心 牙 爻 曰 月 爫 支 止 爪	贝 比 灬 长 车 歹 斗 厄 方 风 父 戈 丬 户 火 旡 见 斤 耂 毛 木 肀 牛 牜 爿 片 支 攵 气 欠 犬 日 氏 礻 手 殳 水 瓦 尣 王 韦 文 毋 心 牙 爻 曰 月 爫 支 止 爪
笔画五	白 癶 歺 甘 瓜 禾 钅 立 龙 矛 皿 母 目 疒 鸟 皮 生 石 矢 示 罒 田 玄 穴 疋 业 衤 用 玉	白 癶 歺 甘 瓜 禾 钅 立 龙 矛 皿 母 目 疒 鸟 皮 生 石 矢 示 罒 田 玄 穴 疋 业 衤 用 玉	白 癶 歺 甘 瓜 禾 钅 立 龍 矛 皿 母 目 疒 鳥 皮 生 石 矢 示 罒 田 玄 穴 疋 業 衤 用 玉	白 癶 歺 甘 瓜 禾 钅 立 龙 矛 皿 母 目 疒 鸟 皮 生 石 矢 示 罒 田 玄 穴 疋 业 衤 用 玉
笔画六	耒 艸 臣 虫 而 耳 缶 艮 虍 臼 米 齐 肉 色 舌 覀 页 先 行 血 羊 聿 至 舟 衣 竹 自 羽 糸 糹	耒 艸 臣 虫 而 耳 缶 艮 虍 臼 米 齐 肉 色 舌 覀 页 先 行 血 羊 聿 至 舟 衣 竹 自 羽 糸 糹	耒 艸 臣 蟲 而 耳 缶 艮 虍 臼 米 齊 肉 色 舌 覀 頁 先 行 血 羊 聿 至 舟 衣 竹 自 羽 糸 糹	耒 艸 臣 虫 而 耳 缶 艮 虍 臼 米 齐 肉 色 舌 覀 页 先 行 血 羊 聿 至 舟 衣 竹 自 羽 糸 糹
笔画七	貝 采 镸 車 辰 赤 辵 豆 谷 見 角 克 里 卤 麦 身 豕 辛 言 邑 酉 豸 走 足	貝 采 镸 車 辰 赤 辵 豆 谷 見 角 克 里 卤 麦 身 豕 辛 言 邑 酉 豸 走 足	貝 釆 镸 車 辰 赤 辵 豆 谷 見 角 克 里 鹵 麥 身 豕 辛 言 邑 酉 豸 走 足	貝 采 镸 車 辰 赤 辵 豆 谷 見 角 克 里 卤 麦 身 豕 辛 言 邑 酉 豸 走 足
笔画八	青 靑 雨 齿 長 非 阜 金 釒 隶 門 面 飠 鱼 隹	青 靑 雨 齿 長 非 阜 金 釒 隶 門 面 飠 鱼 隹	青 靑 雨 齒 長 非 阜 金 釒 隸 門 面 飠 魚 ☒	青 靑 雨 齿 長 非 阜 金 釒 隶 門 面 飠 鱼 隹
笔画九	風 革 骨 鬼 韭 面 首 韋 香 頁 音	風 革 骨 鬼 韭 面 首 韋 香 頁 音	風 革 骨 鬼 韭 面 首 韋 香 頁 音	風 革 骨 鬼 韭 面 首 韋 香 頁 音
笔画十	髟 鬯 鬥 高 鬲 馬	髟 鬯 鬥 高 鬲 馬	髟 ☒ 鬥 高 鬲 馬	髟 鬯 鬥 高 鬲 馬
笔画十一	黄 鹵 鹿 麻 麥 鳥 魚	黄 鹵 鹿 麻 麥 鳥 魚	黄 鹵 鹿 麻 麥 鳥 魚	黄 鹵 鹿 麻 麥 鳥 魚
笔画十二	鼎 黑 黽 黍 黹	鼎 黑 黽 黍 黹	鼎 黑 黽 黍 ☒	鼎 黑 黽 黍 黹

续表

	宋体	SuperCJK 超大字符集	文悦古典 明朝体	方正 宋刻本
笔画十二	鼎 黑 黽 黍 黹	鼎 黑 黽 黍 黹	鼎 黑 黽 黍 ⊠	鼎 黑 黽 黍 黹
笔画十三	鼓 鼠	鼓 鼠	鼓 鼠	鼓 鼠
笔画十四	鼻 齊	鼻 齊	鼻 齊	鼻 齊
笔画十五	齒 龍 龠	齒 龍 龠	齒 龍 龠	齒 龍 龠

字的结构又叫结字、间架、布置、布白、裹束等，都是讲怎样构成一个字，是书法的关键所在。古来研究者甚多，诸如：释智果的《心称颂》、欧阳询的《三十六法》、黄自元的《间架结构九十二法》、包世臣的“九宫法”、刘熙载的“活中宫”等都是总结字的结构规律的。这些结构规律是后人研究书法的依据，也是中华文化的巨大财富。汉字种类众多，字的笔画有多有少，最少的笔画仅有1笔，多的笔画可以有30多笔。笔画间存在大小、高低、长短、粗细、疏密关系。按照空间结构又有上中下之分、左中右之分的六维结构关系。根据王宁的汉字构形学，汉字在通过一定的模式组构起来以后，基础构件呈现出一定的布局图式，常见的有12种。这几种布局图式在多层次、多构件的字里是套用的，呈现出复杂的布局图式。由此可以看出汉字排列方式如同魔方一样可围绕中心轴自由旋转，构成一部奇妙的构造学图谱。一个汉字就是一个完整的构造范例，各种笔画按照一定的组合原则，形成一个和谐的视觉整体。汉字结构布局中独体字(如“果”、“宋”)的布局和版式设计中的通栏排版类似，汉字结构布局中左右结构（如“杨”、“和”)的布局和网格设计中的两栏类似，汉字结构布局中左中右结构(如“树”、“缴”）的布局和现代版式设计中的三栏相似。汉字结构布局图中的上下结构（如“吴”、“贤”）的布局和上中下结构（如“黄”、“裹”)的布局和现代版式设计中的横栏(两横栏和三横栏）相似。

专家观点

吕敬人：

汉字的构成以“天圆地方”为基本的格式。方形的大地表示文字的造型，中间的圆表示文字的灵魂，这里包含有四季的概念。文字在方形的大地上律动着，所以汉字的造字总是变化着的。 在汉字中也有阴阳原理在起作用。一看到汉字，你 就会知道，字的左半部略小，右半部略大，这是因为左半部表示阴，右半部表示阳。这样左右两侧形成了势，由此产生了律动，绘画中所谓的“韵生动”，书法中也是一样。“气”代表阳刚之美，“韵”代表了一种阴柔之类。[①]

汉字结构与五笔字型输入法

五笔字型输入法简称五笔，是王永民在 1983 年 8 月发明的一种汉字输入法。中文输入法的编码方案很多，但基本依据都是汉字的读音和字形两种属性。五笔字型完全依据笔画和字形特征对汉字进行编码，是典型的形码输入法。基本字根在组成汉字时，按照它们之间的位置关系可以分成四类结构。

单：基本字根本身就单独成为一个汉字。这种情况包括键名字和成字字根。如：口、木、竹等。

散：指构成汉字的基本字根之间可以保持一定的距离，如：汉、湘、结、别、安、意等。

连：指一个基本字根连一单笔画。如：“丿”连“目”成为“自”。

交：指几个基本字根交叉套迭之后构成的汉字。如“申”是由“日”交“丨”，“夷”由“一”交“弓”交“人”交叉构成。

在五笔中，汉字分为左右型、上下型和杂合型汉字。

第二节　古籍缺字处理项目的生产流程管理

大佛顶陀罗尼中的疑难汉字并不多，但是如果把整个房山石经中的未收录的汉字累积起来，将是一个较小型的字库了，因此需要采用更高效率的项目管理方式来完成这个庞大的任务。本项目管理主要 Ftrack 完成(见图 3-2)。

① 杉浦康平：《亚洲之书文字与设计：杉浦康平与亚洲同 人的对话》，生活·读书·新知三联书店 2006 年版。

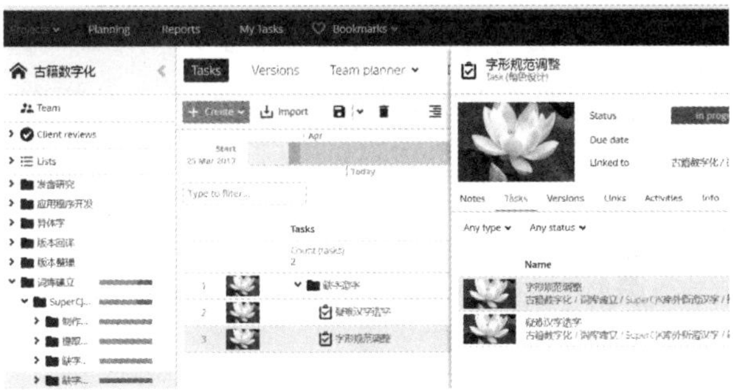

图 3-2 缺字造字的项目管理(计划任务部分) (Ftrack)

图 3-2 所示是项目管理中的计划任务部分截图，左边列表部分可以看到主要任务清单以及完成进度，中间部分可以创建子项目、提交相关资源文件提供给整个项目组成员进行远程审阅，也能调用本地的相关应用程序下载相关数字资源。运用项目管理系统，能通过对数字资产、计划任务、人员分工等主要目标的可视化跟踪与调度，形成一个“资源更新，团队衔接，任务迭代”的工作流。

一 缺字处理的基本流程

台湾佛光山电子大藏经主任永本说：“尽量采用国际上共同承认的字，其次是用别人已造好的字，最后才自己造字。”①从大佛顶的记载来看，经文于 898 年由行琳大师集经，1147 年刻经。石刻上面按照梵汉对照来完成，但是主要是汉字音译，梵文有 580 多个。为了准确还原原始的汉字，在项目流程中，我们分几个步骤来完成。

1. 提取缺字原始石刻拓本环节

石刻中绝大部分字体都可以在宋体字库中找到，少量字体可以通过 SuperCJK 字库输入（比如，呅，稜、嘈、咯、悪、黎、嘌），少数偏僻的字体，上述字库都没有收录。根据《石经》中的石刻，检索、核对，将石刻中超出 SuperCJK 超大字符集的 24 个汉字的拓片剪裁下来，作为造字的依据。

对于同一文字不同写法，刘根辉等人采用“不同的字形设立不同的字库，建设不同的子字库”的办法。这种办法符合“一字一码”的基本要求，也可以形成一个容纳同一个字的不同字形的古文字数据库，从而便于后期的检索和使用。从图 3-3

① 永本：《佛典数位化之制作与运用——以阿含藏为例》，《第二届世界佛教论坛论文集》，《无锡》2009 年第 1 卷。

中可以看到，9 号与 10 号、12 号至 14 号、15 号与 16 号、21 号与 22 号、24 号与 25 号等文字字形略有不同，但基本还能归为同一字体，推测拓本为同一时期石刻，因此不必创建“子字库”。

图 3-3　大佛顶陀罗尼拓本疑难汉字汇总截图

2. 缺字造字环节

使用造字程序，将这 24 个汉字制作成标准的 ttf 字体，命名为“楞严咒难字.ttf”。为了交流的方便，我们采用的部件为表 3-4 中的宋体部件。当然，如果有必要，也可以根据其他字体的已有部件完成相对应的字体(见图 3-4)。

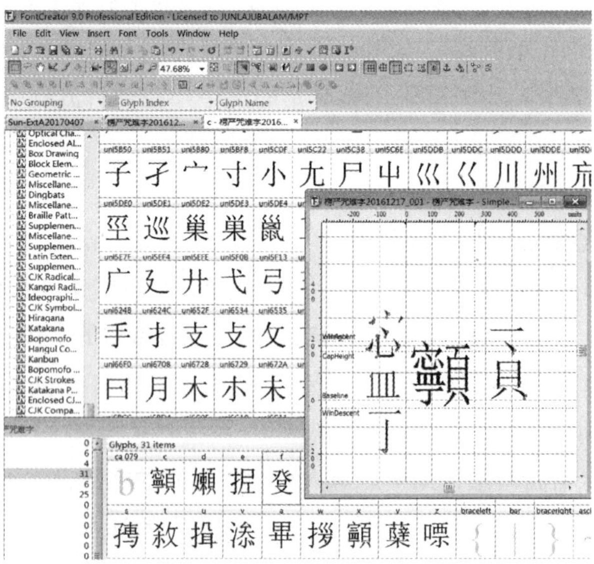

图 3-4 使用部件造字示意图(Fontcreator)

3. 安装与测试新造字体环节

将新造的“楞严咒难字.ttf”字体安装或拷贝到c:\windows\fonts中，在word等文本编辑器中使用新造的字体，若没有正确拷贝造字文件，在doc文档中对应的位置会显示出一块空白。

4. 制作新造缺字登记表环节

为了准确核对新造字体与原版拓本之间的差异，制作“新造缺字登记表”。使用图文对照的办法，一为bmp图片（含新造汉字以及所对应的梵文，共4列），可以在尚未拷贝造字文件到c:\windows\fonts中的情况下查看造字情况；二为Word文本版，采用咒语中的例句作为案例，可以在已经拷贝造字文件的情况下查看造字情况。二者内容完全相同。

5. 制作古籍缺字新造字数据库环节

造字的目的是补充现有字库的缺陷，然而作为音形义三位一体的文字，必须进一步深化探讨文字本身的含义与用法，因此缺字数据库的建设才是本项目研究的最根本目的。可以通过对佛经文字中的生僻字、疑难字、同形字的归纳，建立一个“《可洪音义》异体字表”[①]类似字库，对匡正订补部分缺字具有直接的借鉴意义。方广锠先生指出：“从佛教文献原本最基础的文字与书写符号的切割、辨认开始，把佛教文献原本上的每一个文字、每一个符号都切割下来，将它们全部转换成计算机可以识别的具有计算机内码的文字与符号，形成基础工作文本与基础字形库等两个阶段性成果。”[②]

正是秉承此理念，本数据库制作中有意识的将字形（汉字石刻拓本、对应的梵文拓本）、读音、例句、词义等按照数据库的方式进行组织，形成一个词典的原型，为后续的相关研究提供直接的图像、文本等数字资源。一旦词典成形，将通过强大的检索功能为后续研究提供更多便利(见表3-5)。

① 韩小荆：《〈可洪音义〉与〈龙龛手镜〉研究》，《湖北大学学报》（哲学社会科学版）2008年第35卷第5期。

② 方广锠：《谈汉文佛教文献数字化总库建设》，《世界宗教研究》2016年第1期。

表 3-5 大佛顶陀罗尼缺字新造字数据库

序号	石刻梵文	悉昙	罗马转写	石刻汉字	新造汉字	所在例句（悉昙回译、罗马转写、汉语）	序号页码
1	𑖓	𑖓	ca	拶	拶	𑖓𑖝𑖲𑖨𑖯𑖫𑖱𑖝𑖱𑖡𑖯𑖽 caturāśītīnāṃ 拶覩囉試引底引南上引	79 p04
2		𑖓𑖸	ce	際	際	𑖢𑖰𑖫𑖯𑖓𑖸 piśāce 比舍引際引	331 p013
3	𑖐	𑖐	ga	蘖	蘖	𑖐𑖕𑖿𑖕 gajja 蘖 惹自攞反	40 p002
4	𑖐	𑖐	ga	巘	巘	𑖐𑖡𑖿𑖠𑖨𑖿𑖪𑖸 gandharve 巘引達吠引	324 p012
5	𑖕𑖺	𑖕𑖺	jo	⿰孑專	⿰孑專	𑖄𑖕𑖺 ūjo 汙 ⿰孑專	376 p015
6	𑖎𑖿𑖬	𑖎𑖿𑖬	kṣa	⿱艹乞	⿱艹乞	𑖀𑖎𑖿𑖬𑖥𑖿𑖧𑖧 akṣabhyaya 悪屈 ⿱艹乞二合毗夜二合引野	50 p003
7	𑖩𑖯	𑖩𑖯	lā	嬾	嬾	𑖎𑖲𑖩𑖯𑖡𑖿 kulān 矩 嬾	114 p006
8	𑖩	𑖩	la	嬾	嬾	𑖎𑖲𑖩𑖡𑖿𑖠𑖨𑖱 kulandharī 矩 嬾 馱哩	347 p014
9		𑖩𑖽	laṃ	攬	攬	𑖕𑖿𑖪𑖩𑖽 jvalaṃ 入嚩二合 攬	96 p005
10		𑖩𑖯𑖽	lāṃ	攬	攬	𑖤𑖩𑖯𑖽 balāṃ 麼 攬 引	91 p005

续表

序号	石刻梵文	悉昙	罗马转写	石刻汉字	新造汉字	所在例句（悉昙回译、罗马转写、汉语）	序号页码
13	𑖦𑖯𑖽	𑖦𑖯𑖽	māṃ	⿰牟含	⿰牟含	𑖂𑖦𑖯𑖽 imāṃ 伊上 ⿰牟含 引	**70** **p003**
14	𑖜𑖯𑖽	𑖜𑖯𑖽	ṇāṃ	⿰口⿰赤皮	⿰口⿰赤皮	𑖭𑖮𑖭𑖿𑖨𑖯𑖜𑖯𑖽 sahasrāṇāṃ 娑賀娑囉二合 ⿰口⿰赤皮 引	**80** **p004**
15	𑖡𑖰	𑖡𑖰	ni	⿰寧頁	⿰寧頁	𑖡𑖰𑖐𑖿𑖨𑖮 nigraha ⿰寧頁屹囉二合賀	**74** **p004**
16	𑖡𑖱	𑖡𑖱	nī	⿰寧頁	⿰寧頁	𑖪𑖯𑖭𑖰𑖡𑖱 vāsinī 嚩引枲⿰寧頁引	**98** **p005**
17	𑖡𑖿𑖡𑖰	𑖡𑖿𑖡𑖰	nni	⿰寧頁	⿰寧頁	𑖭𑖡𑖿𑖡𑖰𑖢𑖝𑖰𑖎𑖯 sannipatikā 散 ⿰寧頁 跛底迦	**416** **p016**
18		𑖜𑖰	ṇi	抳	抳	𑖦𑖜𑖰 maṇi 麼 抳 尼整反	**38** **p002**
19		𑖜𑖱	ṇī	抳	抳	𑖤𑖿𑖨𑖮𑖿𑖦𑖜𑖱𑖧𑖸 brahmaṇīye 沒囉二合憾麼二合 抳 曳	**356** **p014**
20	𑖣	𑖣	pha	⿱癶叉	⿱癶叉	𑖣𑖘𑖿 phaṭ ⿱癶叉 吒	**312** **p012**
21		𑖢𑖯	pā	播	播	𑖫𑖯𑖢𑖯𑖡𑖲 śāpānu 舍引 播 引 弩鼻音	**14** **p001**
22	𑖬𑖿𑖢𑖿𑖨𑖸	𑖬𑖿𑖢𑖿𑖨𑖸	ṣpre	畢	畢	𑖟𑖲𑖬𑖿𑖢𑖿𑖨𑖸𑖎𑖿𑖬𑖰𑖝𑖸 duṣprekṣite 弩澁 畢[illegible] 三合乞史二合帝	**336** **p013**

续表

序号	石刻梵文	悉昙	罗马转写	石刻汉字	新造汉字	所在例句（悉昙回译、罗马转写、汉语）	序号页码
23	[illegible]	[illegible]	raṃ	囕	囕	[illegible] ghoraṃ 具 囕	88 p005
25	[illegible]	[illegible]	re	[illegible]	[illegible]	[illegible] revatī [illegible] 嚩引底	217 p009
26	[illegible]	[illegible]	rha	曷	曷	[illegible] arhantāṃ 囉 曷 二合擔引	6 p001
29	[illegible]	[illegible]	ro	嚧	嚧	[illegible] vairocanā 吠引嚧 舌左曩	119 p06
31	[illegible]	[illegible]	ṣa	[illegible]	[illegible]	[illegible] bhaiṣajya 佩 [illegible] 尒野二合	54 p003
32		[illegible]	trai	嚹	嚹	[illegible] traibuka 怛嚹二合引穆迦	451 p017
33	[illegible]	[illegible]	tre	嚹	嚹	[illegible] netre 甯怛 嚹 二合	180 p008

第三节　悉昙字体与缺字造字研究

我们每天都轻松自如地应用字母，如同我们呼吸空气一样理所当然。我们没有意识到，今天服务于我们的每个字母都是由古老的书写艺术艰难缓慢，一步步发展而来的结果。

——道格拉斯·C. 麦克默蒂

一　关于英文字体

汉字是象形文字，英文是抽象文字，其基本来源是拉丁字母。由于欧洲工业革命、基督教传播以及海外殖民的影响，由 26 个字母组成的英文成为当前世界上应用最广泛的字母。

表 3-6　拉丁字母书写结构

书写基准线	特点
基线 baseline	所有字母以此为基准，并排在此线上
X 高度线 X-height line	小写字母上方都以此为基准，保持高度一致
上升笔画线 Ascender line	bhi 等部分小写字母的笔画向上升，越过 X 高度线，其上升笔画的顶部以及大写字母的顶部与此线齐高
下降笔画线 Descender line	fgjpq 等部分小写字母的笔画向下延伸，越过 X 高度线，其下降笔画的底部与此线齐高

在字体设计中，字母的高度和纵向的比例关系是由 5 条引导线加以限定的。对于不同风格的字体，大写字母与小写字母的高度差，小写字母的高和上伸、下延的笔画比例也不同，不同的比例变化可以给字体带来不同的感觉，形成不同的字体风格。与汉字的方块造型不同的是，英文字母的结构特征具有明显的宽窄粗细。因此在字体上有 3 个需要注意的地方：

- 对于转弯或锐角的字体，如 QROPSDGB，其上部和下部应稍微越过基准线。
- 对于斜线交叉的字体，如 WYAKZXVNM，应该把交叉点描绘得较细。
- 对于字形较窄的字母，如 IJLN，排版时候需要注意字母结构的合理布局(见图 3-5)。

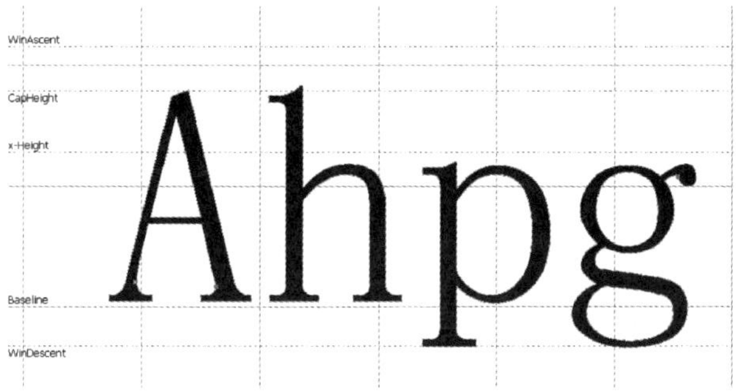

图 3-5　拉丁字母结构

英文字体繁多，根据其基本书写结构特点和规律，可以大致分为 3 种(见表 3-7)。

表 3-7　英文字体结构特点

分类	结构	特点	分类	应用
罗马体	有弧形尖角的短装饰线，字体转弯、交叉等处宽窄粗细不同	典雅优美，具有传统性和古典味	古罗马体 现代罗马体	
歌德体	无装饰线，字体转弯、交叉等与整体粗细一致	简洁明快、端正大方、易于辨认，具有现代感	黑体 等宽	广泛用于标语、海报，以及指示类文字设计
手书体	笔画具有连贯性、装饰，较圆润流畅	高雅华贵		用于高档化妆品和服饰等商品标志或包装

英文字体较多，大致有如下类型(见表 3-8)。

表 3-8 英文字体分类

字体		字体风格与特点	字体系列	应用
衬线字体	Serif 系列	1. 字体成比例； 2. 字体有上下短线，上下短线是每个字符笔划末端尾部的装饰小标记，这些包括：顶部和底部的短线（如 l），或腿底部的短线（如 A）； 3. 字体较窄，从而在有限版面篇幅（如报纸等）可以放下更多内容； 4. 可读性一般	Times Georgia New Century Schoolbook	早期 Windows 内嵌 Times New Roman 字体并作为默认字体得到过度广泛的使用，但是会造成版本局促的假象
	Sans-serif 系列	1. 字体是成比例的； 2. 字体没有上下短线 3. 可读性好	Arial Verdana Helvetica Geneva Verdana Arial Univers Trebuchet	精致，优美而严谨，但是也有生硬的特征，所以 Sans Serif 字体常用于重要的文本 Helvetica 是全世界使用最广泛无衬线字体 Verdana 有较大的字怀与字宽，有现代商业宣传品的感觉，也是第一批 web-safe 字体 Univers 具有冷峻和优雅的特征
	Monospace 系列	1. 字体不成比例； 2. 每个字符的宽度都必须完全相同； 3. 可读性一般； 4. 字体可能有上下短线，也可能没有	Courier Courier New Andale Mono Prestige	通常用于模拟打字机打出的文本、老式点阵打印机的输出，甚至更老式的视频显示终端。也常用于计算机相关的书籍中排版代码块
	Minion 系列	1. 字体笔画粗细变化不大； 2. 典型的古典的威尼斯风格字体，属于最古老的的罗马字体风格； 3. j 的尾部较小的弧度，比较高的上部，比较小的字怀和字碗	Palatino Garamond Sabon Minion	给人一种古板、正式的、雕刻的感觉，形成 17—18 世纪的公文或书籍的风格

续表

字体		字体风格与特点	字体系列	应用
	Minion 系列	1. 字体笔画粗细变化不大； 2. 典型的古典的威尼斯风格字体，属于最古老的的罗马字体风格； 3. j 的尾部较小的弧度，比较高的上部，比较小的字怀和字碗	Palatino Garamond Sabon Minion	Garamond 易读性非常高，用途广泛。如苹果平台、国外的高级餐厅菜单，以及西方文学著作的内文等 Sabon 古典、优雅，是 Garamond 的派生，用于高级餐厅的菜单和高档红酒的酒标上
无衬线字体	Optima 系列	1. 笔画两段比较粗中间比较细，笔画末端有拱形设计；字体看起来兼具优雅、简练的风格； 2. 可读性较强	Optima Greek Optima Classified Optima Nova Optima Pro Cyrillic	在大字号作为标题的时候，显得十分华丽与人性化。用在小字号的时候会给人一种亲近和华丽的感觉
	Calibri 系列	1. 没有古典衬线字体正式，古典的感觉，也没有 20 世纪无衬线字体极强的未来感或设计感； 2. 贯彻了透明容器和易读性的理念	Calibri Segeo Droid Fonts	新一代的操作系统默认字体，是微软用来取代 Times 以及 Arial 的新字体 Calibri 常用于电子邮件、即时通和 PowerPoint 简报中，也常用于网页设计
	Cursive 系列	字体试图模仿人的手写体。通常，它们主要由曲线和 Serif 字体中没有的笔划装饰组成。例如，大写 A 再其左腿底部可能有一个小弯，或者完全由花体部分和小的弯曲部分组成	Zapf Chancery Author Comic Sans Caflisch Script Adobe Poetica	多用于书信或广告
	Fantasy 系列	无法用任何特征来定义，无法将其规划到任何一种其他的字体系列当中	Western Woodblock Klingon WingDings Symbol	多用于广告或其他需要图片等特殊效果的场合
	Frutiger	保留 Univers 的整洁美观的特点，并加入 Gill Sans 字体有机元素，长字母的上升下延部分非常突出，而且间隔较宽，具有清晰可读性		曾用于戴高乐机场，具有现代的外观和从不同角度、大小、距离的可读性
	Bodoni	字体浪漫、优雅	Didot Walbaum	多用在标题和广告上

二 印度文字

印度文字除了英语和印地文（Hinda）以外，印度不同的州和地区有 15 种不同的半官方语言，印度钞票上面印有 17 种法定文字。印度文明史上最早期的，拉帕文化时期的印章文字至今仍未获得全部破译。前第 1 千年中叶，雅利安语的梵语和俗语被广泛使用。阿育王（Asoka）时期，官方的文件就以伽罗斯底（Kharosthi）和婆罗米（Brahmi）两种文字记录。4—8 世纪从婆罗米文演化来的笈多文开始流行。8 世纪开始从笈多文演化出了夏拉达文。最后在 11—12 世纪的时候被天城文和悉昙文替代。在东印度，孟加拉文和后来的奥里亚文被采用。在南部的达罗毗荼语系统治区，梵语的文字包括卡纳达文、泰卢固文、马拉雅拉姆文和 Grantha 文。这些文字被用于很多语族，包括印欧语系、汉藏语系、蒙古语族、达罗毗荼语系、南亚语系、南岛语系、台语系，同时也被认为用于过日本语系，存在被朝鲜语使用过的可能(见图 3-6、图 3-7)。

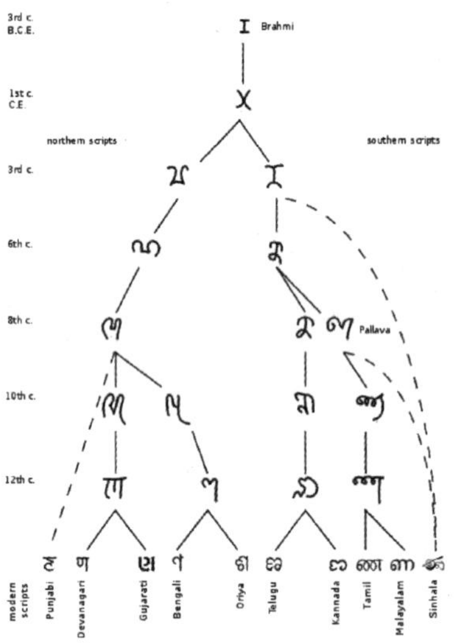

图 3-6 印度文字演变

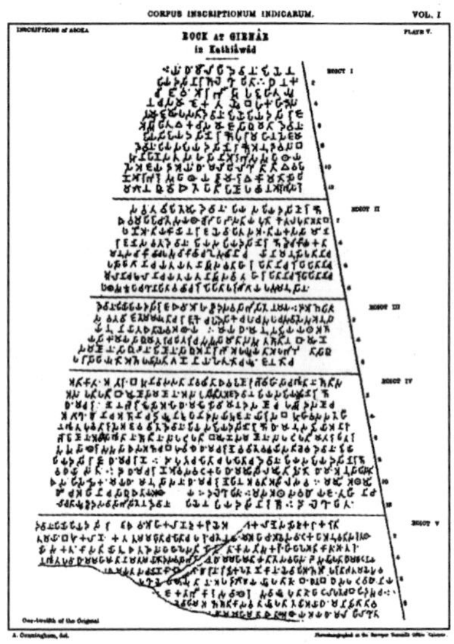

图 3-7 阿育王摩崖敕令

R. K. 乔希（R. K. Joshi）：“我认为设计师如果不首先是一个书家，不可能设计字体。我先与孟买国立技术软件中心（NCST）的计算机学者和工程师联合，他们开发了名为‘Vinyas’的软件。现在有 18 种公用语，这个数字还在继续增加。因为有几个公用语使用通用的手写体，比语言数要少。我和我的小组一起设计了主要的 9 个手写体的 30 种字样，包括用 Vinyas 设计的 6 种‘Callofonts’，微软公司设计的 12 种字体和为 Linux 设计的 12 种字体。我还没有设计的有乌尔都语（Urdu）、克什米尔语（Kashmiri）、信德（Sindhi）。”①

三　悉昙字体

学界普遍认为，悉昙梵文字母，即 Siddha-Mātṛka，由公元 4—5 世纪的印度笈多王朝时的婆罗谜文字演化而来，并在后续使用中发展为更便于刻写的兰札体梵字与便于书写的天城体梵字等字形。唐代开元时期，纯密经典（金胎两部大法）等翻译中往往会附上梵文原文，寺庙僧人尤其是密教僧人学习与使用悉昙梵文日渐盛行，甚至民间士人也能书写或研读悉昙资料。林光明认为，这一阶段最基本的悉昙著作有《悉昙字记》（智广）、《悉昙字母释义》（[日]空海）、《悉昙藏》（[日]安然）和《梵语千字文》（义净）。②随着印度由悉昙体字形转变为城体字形，从宋朝开始，中国习惯将唐朝使用的梵文称为悉昙，后面的城体称为梵文。

日本推古十八年(610),遣隋使小野妹子从中国带回两页写在贝叶上面的经咒,即闻名世界的法隆寺贝叶本（图 3-8）,记录了世界上最古老的《心经》和《佛顶尊胜陀罗尼》，同时还有悉昙 51 字母表，是目前世界上最古老的悉昙字母写本。

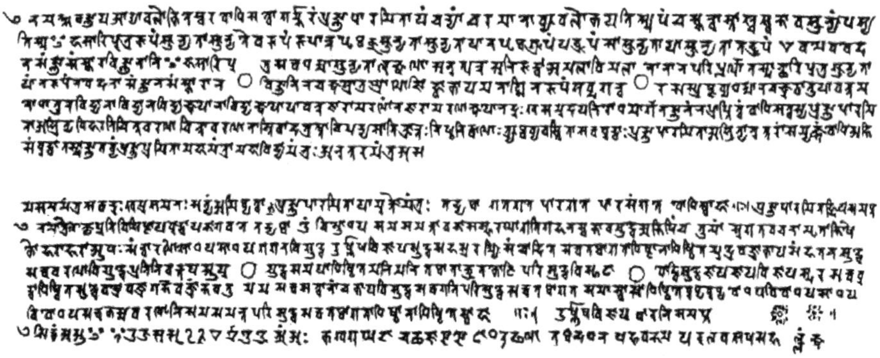

图 3-8 日本法隆寺所藏梵本《心经》《佛顶尊胜陀罗尼》

在中国唐朝时期，中印交流密切，著名的玄奘法师去西天取经，当时用悉昙体书写的梵文佛经随之传入中原，在佛教密宗传入之后，由于此宗派严格要求用梵语

① 杉浦康平：《亚洲之书文字与设计：杉浦康平与亚洲同人的对话》，生活・读书・新知三联书店 2006 年版。

② 林光明：《简易学梵字（基础篇）》，嘉丰出版社 1999 年版。

语音念诵真言，导致了对印度教学用的音节表悉昙章的研习，保存于《悉昙字记》中。在唐代，佛教界僧侣能熟练使用悉昙梵字，当时一般士人也能书写或研读悉昙资料，唐诗中也有不少咏贝叶经的名句，柳宗元的“闲持贝叶书，步出东斋读”、李商隐的“若信贝多真实语，三生同听一楼钟”、王维的“莲花法藏心悬悟，贝叶经文手自书。岁词共许胜杨马，梵字何人辨鲁鱼?”等。书写悉昙文字在当时是一种流行的风尚。悉昙梵字在唐末及五代的毁佛事件后，汉地几乎可说完全失传了。此后传至日本，其传习可参见《大正藏》中的《悉昙部》，因此中日两国还保存着已经不用的梵文字体——悉昙体。在中国宋朝时期，天城体梵字曾在汉地、辽、大理流行过，完整保存于 1035 年刊印的《景祐天竺字源》中，且东传到韩国、日本。厚重、美观的兰札体流行于西藏和尼泊尔，且随着中国清朝统治阶层对藏传佛教的信仰，流行于中国汉地。西藏同时还使用一种叫作瓦德体的字体来书写梵文，其实它只是兰札体的一种无头化变体。藏文、蒙文、托忒蒙文、满文都有用各自的文字转写梵文的体系。由于对梵语语音的研究，引起了中国隋唐以来对中文音韵的研究，汉语语音的反切方法，亦是由分析梵语声母与韵母的结构而产生的。

悉昙字体在唐代传入日本以后，特别是在密法中得到高度重视。《大正藏》第 84 卷收录有 11 部日本悉昙著作，其中包括《梵字悉昙字母并释义》（空海）和《悉昙藏》（安然）8 卷共 4 部。江户时代，日本学者开始研究梵语的词义，并形成悉昙字书写的三大流派，即澄禅（1613—1680）、净严（1639—1702）及慈云（1718—1804），其中最大的慈云流派出版了《梵字大鉴》一书。坂井荣信《梵字悉昙习字帖》（1959）、田久保周誉《梵字悉昙》等对现代悉昙书法有较大的影响。

目前可以使用的悉昙字库只有 siddham.ttf 字库，该字库收录了日本多位书法家书写的悉昙字，其中绝大多数字符按照慈云流派传承的坂井荣信的活字体手写本而来，该字形美观、峰圆转回、笔法流畅，被《大正藏》等国内外悉昙文献的印刷本广泛采用。字库中还有日本平安时代圆行（794—852）的字迹（收录于《悉昙字记》（[唐释智广]中）、日本高僧空海（774—835）的字迹、日本田久保周誉的字迹等。此外，该字库也收录了部分兰札字符。

悉昙文本在 2014 年 6 月 16 日被包含于 Unicode 7.0 标准中，编码为 U+11580 - U+115FF。Unicode 8.0 还添加了两个悉昙文本符。

表 3-9 是 siddham 字库中所收录的多种写法的 51 字母，最后一栏是计算机还原后的大佛顶陀罗尼中的石刻字迹，可以看到部分字符的写法与其他字符不同，特别是 a(𑖀)、u(𑖄)、kha(𑖏)、ga(𑖐)、cha(𑖔)、ja(𑖕)、ṭa(𑖘)、ḍha(𑖛)、tha(𑖞)、dha(𑖠)、pha(𑖣)、la(𑖩)、śa(𑖫)、ṣa(𑖬)等字符和后续书法家的字迹有较大的差

异，此外在造字部件上也有很多差异。

表 3-9　siddham.ttf 字库收录各种名家字迹与房山石刻字符对照

序号	字迹样本
#12442-#12492	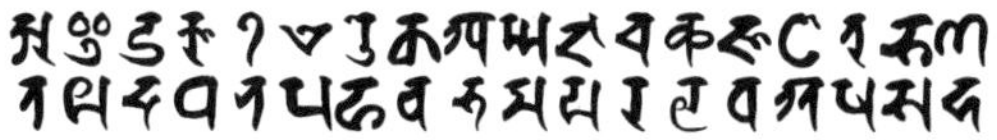
#12543-#12593	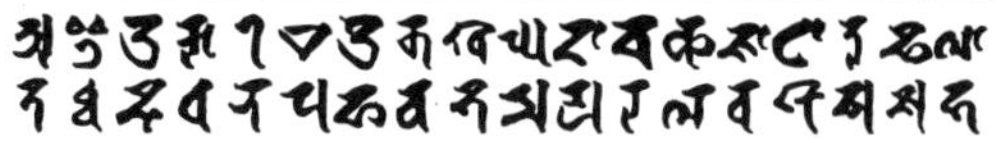
#12594-#12644	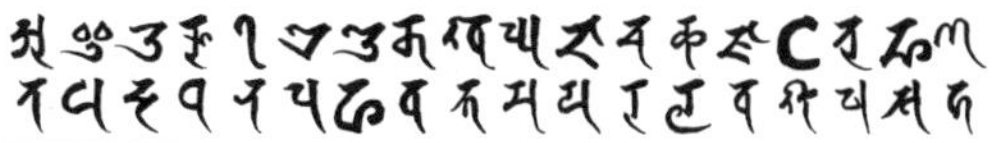
#12645-#12695	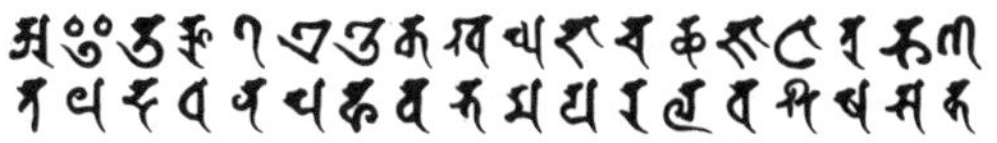
#12696-#12746	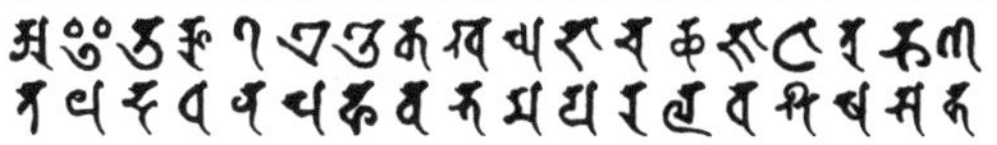
#12747-#12797	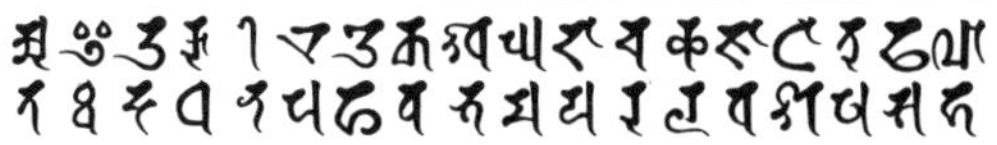
#12798-#12848	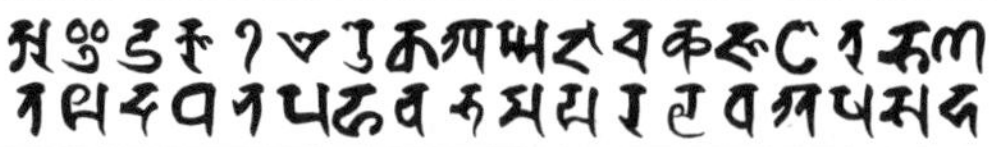
#13424-#13492	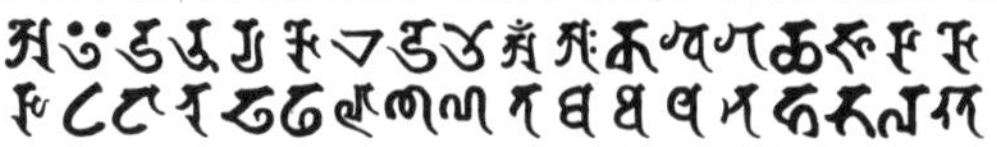
#13493-#13543	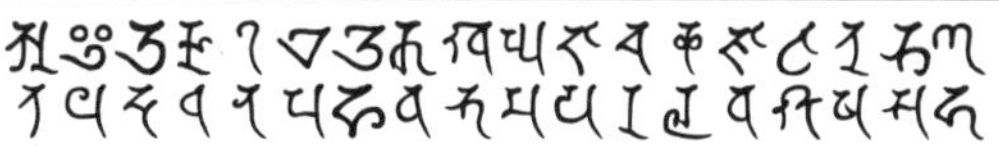
#13594-#13644	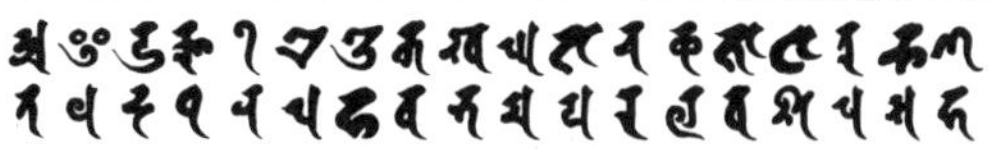
#13645-#13694	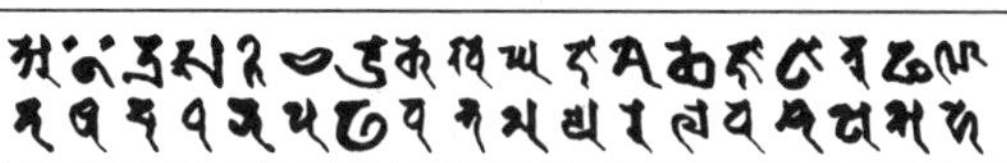
#13699-#13812	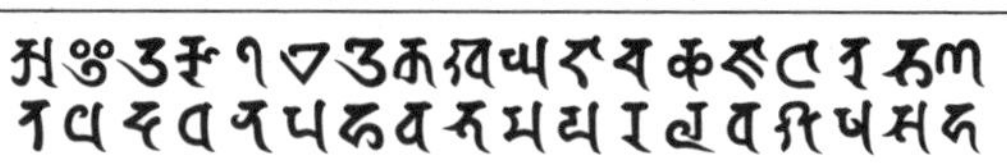
#13822-#13872	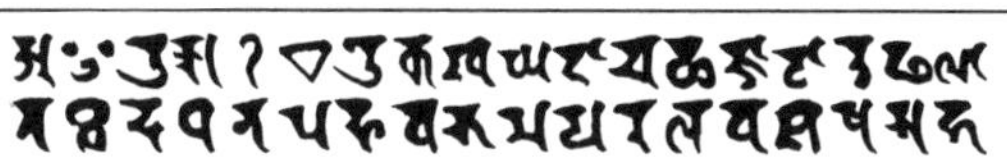
#13873-#13923	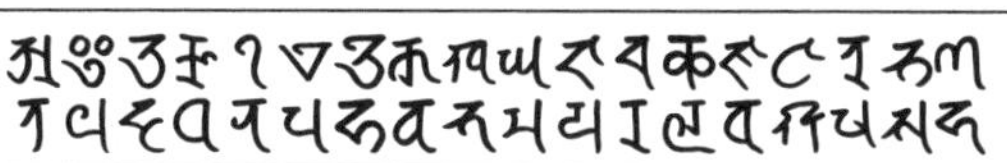
大佛顶陀罗尼石刻	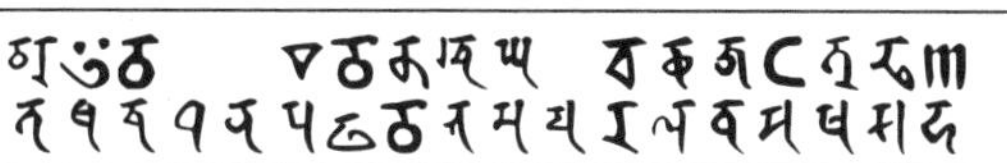

四 悉昙字形

据唐代释义净所述，悉昙本有 49 字，互相承传说（拼切）成 18 章，合有 1 万多字。也有认为悉昙字母有 42 字、46 字、47 字、49 字、50 字、51 字等，本书以 51 字字母为基础，以求其内容完备。悉昙字形基本是采用 35 个子音（体文）为主要构件，然后加上 16 个“摩多点画”（母音符号）组合而成。

悉昙字形用于 6 世纪初，季羡林先生认为，我国保留的梵语碑铭以及日本所藏古代梵文多采用这种字体，玄奘访问印度时，这种字母仍然流行。① 随着时代推移，大量经典逐渐湮灭，但是只要将上述的梵文材料中的字母音的字形作为造字部件，仍可完成相关字体的创建（见表 3-10）。

表 3-10 各种字迹 51 子音接续符号与房山石经对照表(部分)

	悉昙文字	异体 1	异体 2（典型异体）	罗马转写	例字	房山造字部件
摩多12字			 (智广)(空海) (田久)(坂井) (楞严)(楞严)	a		
			 (智广)(空海) (田久)(坂井)	ā	 ṅā  jā  ṭā  jhā  ñā 	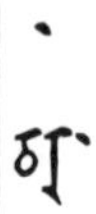

① 玄奘、辨机原著，季羡林主编，蒋忠新参与：《大唐西域记校注》，中华书局 1985 年版。

五　缺字造字的基本原理

如前第一节所述，通过分析悉昙文字的结构特征，特别是典型的 51 字母的部件位置与功能，可以尝试建立一个悉昙文字字形数据库的模板，然后以此模板为依据，将需要造字的字形拓本形成一个悉昙字造字登记表。最后，在造字时设计字符属性，让新造的字符的 Unicode 保持与模板中的 Unicode 一致，即可确保新造的字体在输入法中也能正确被影射到同一个位置。

根据 Unicode 7.0 标准①中，新造悉昙字的所有编码区域均为 U+11580 - U+115FF，且不同的字形也必须确保在此区域中拥有唯一的标识符，即悉昙的“ka”字，无论是哪位书法家的字迹，新造的悉昙字库中，他们的编码均为 u11580。下面是几种新造的房山石经字库与典型的 siddham 字库中的主要部件及其编码对照(见表 3-11)。

表 3-11　siddham 字库部件与新造房山石刻缺字部件对照

	0	1	2	3	4	5	6	7	8	9	A	B	C	D	E	F
115A0																𑖯
																𑖯
115B0	𑖰	𑖱	𑖲	𑖳	𑖴	𑖵			𑖸	𑖹	𑖺	𑖻	𑖼	𑖽	𑖾	𑖿
	𑖰	𑖱	𑖲	𑖳	𑖴	𑖵			𑖸	𑖹	𑖺	𑖻	𑖼	𑖽	𑖾	𑖿
115D0												𑗛	𑗜	𑗝	𑗞	𑗟
												𑗛	𑗜	𑗝	𑗞	𑗟
115E0	𑗠															
	𑗠															

从表 3-11 中可以看出，房山石刻中的悉昙字的风格与后期日本书法家的字迹有较大的出入，即使是同一个部件，也会有第二种或第三种异体字形。因此，必须根据拓本进行缺字造字，并尽可能根据部件完成整个 18 章字库的制作。

① 《U11580 字符表》，http://www.unicode.org/charts/PDF/U11580.pdf。

第四节　悉昙缺字项目的生产流程管理

古籍文献的整理涉及语言文字学、艺术设计、数字媒体等多学科、多领域，需要相关专家与学者参与，因此必须将整个流程纳入项目管理的高度，才能确保任务的圆满完成。

我们首先从整个系统架构的角度对整个造字的流程进行规划，如图 3-9 所示。

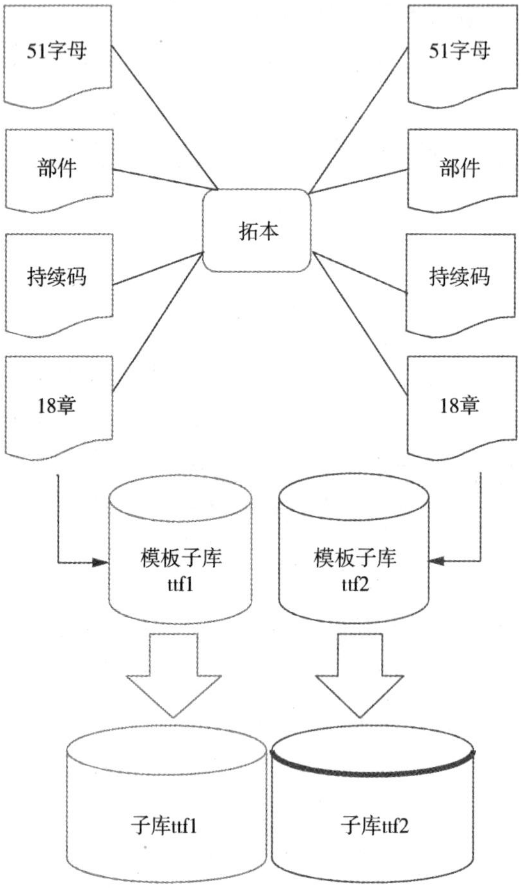

图 3-9　梵文缺字造字的流程架构

从图 3-9 可以清晰地看到，缺字造字的流程是从拓本生成造字模板，最后形成独立的字库。这个过程中，既有基于图片的矢量字形生成技术，也有从笔画特征推断出字形形状的艺术创造，同时还涉及计算机字符影射等相关知识。

为了上述 600 多个石刻梵文拓本的深入研究，我们采用 Ftrack 系统进行项目跟踪，如图 3-10 所示。

图 3-10　梵文缺字造字的项目管理

图 3-10 是主要任务表，主要表格区域分为任务清单(Taska)、工作状态(Status)、人员分配（Assignee)、任务描述（Description)、到期日期（Due Date)、工作时间（Bid Work hours)。表格的右边是工作日程甘特图等内容。

一　缺字造字的基本流程

台湾嘉丰出版社开发的悉昙梵字库，Siddam.ttf，共有 6000 多字，能满足绝大部分要求。但是嘉丰出版社的字库只有悉昙 18 章中的字，没有收入诸如 a、i、i、u、u、r、f、l、p、e、ai、o、au 等加上 j, h 的字，如 saj 或 sah 等。此外，Siddam 字体已经尽可能收集了同一悉昙的多种写法，但是部分字型与《石经》中的梵文《石经》中有很明显的不同，突出表现在 o、ā 、ai 等字上。因此，必须按照拓本，遵循造字规则，进行还原，下面是基本流程。

1. 拓本图片提取与去噪

根据《大佛顶陀罗尼》中的石刻，检索、核对，将石刻中 600 个左右梵字的拓片剪裁下来，并对图片上的划痕等噪点进行去噪，作为造字的依据。

2. 拓本图片分组

在《石经》中，即使是同一个梵字，对于字形略有差别的仍然算作一个字符，字形有明显差异的则视作异体字。如图 3-11 第一行中的 a 字，现有的 siddham 字库中分别收录有：，而图 3-11 中可以看到，第 283 句、第 50 句与常见写法不一致，很明显需要作为两种新的字符，即创建两个子字库，他们在不同的字库中，区位码保持一致。而第 421 句的写法与第 283 句的写法接近，可以算作是同一种写法。

图片分组。图片共有两种分组方式：第一，按照悉昙 18 章次序进行排列，即按照 a ā i ī u ū e ai o au aṃ aḥ次序，siddham 字库中所有字体也是这种方式。林光明认为："十八章大部分的排列架构为：直向的行，多依三十五个字音字母的顺序排列；横向的列，则为各行子音分别配上十二个母音。"① 这种方式造字能从前后字符变化中看到字体结构与部件的演化规律。但是，个别特殊的字符并不遵循这个规则，因此我们增加了 18 章扩展字体。第二，按照现代梵文的次序进行排列，即按照 14 个元音或双元音，35 个辅音，4 个半元音，4 个咝音和送气音等符号组成。② Monier-Williams Sanskrit-English Dictionary、梵和大辞典都是依此排列字符，便于检索，也便于与后期的梵文词典数据库的编辑。

图 3-11 中是整理出来的，按照悉昙第一章的分组列出的截图。需要指出的是，windows 系统会自动根据罗马字母次序排列文件，因此图 3-11 中字迹的排列次序，并不是按照悉昙 18 章的 a ā i ī u ū e ai o au aṃ aḥ 次序来排列的。

图 3-11 大佛顶陀罗尼拓本悉昙梵文截图(第一章部分)

① 林光明：《简易学梵字（进阶篇)》，中国社会科学出版社 2003 年版，第 30 页。
② 斯坦茨纳、季羡林：《梵文基础读本》，北京大学出版社 1996 年版，第 1 页。

3. 制作新造缺字登记表

为了准确核对新造字体与原版拓本之间的差异，制作“新造缺字登记表”。使用图文对照的办法，一为 bmp 图片（含新造梵字以及所对应的石刻梵文，共 4 列），可以在尚未拷贝造字文件到 c:\windows\fonts 中的情况下查看造字情况；二为 Word 文本版，采用咒语中的例句作为案例，可以在已经拷贝造字文件的情况下查看造字情况。二者内容完全相同。

表 3-12　房山石刻拓本悉昙缺字登记(部分)

汉字	石刻梵文	悉昙	罗马转写	新造梵字	梵文读音	所在例句（悉昙回译、罗马转写、汉语）	序号、页码
ka							
建			ka			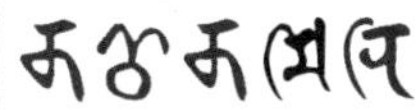 kaṇṭha-kamini·建姹迦弭䫂	219 p009
羯			ka			 kaṭa--pūtane 羯吒布引多寧去	334 p013
迦			ka			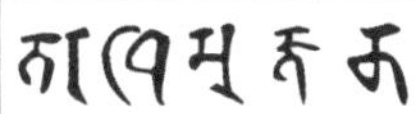 adhi-muktaka 阿上地穆訖得二合迦	28 p002
建			ka			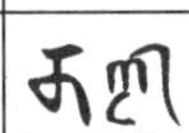 kaṇyī 建致上	433 p017
建			ka			 kaṇṭha--pāṇi·建姹 播 引抳	407 p016
羯			ka			 karṇa 羯喇拏二合	426 p016

续表

汉字	石刻梵文	悉昙	罗马转写	新造梵字	梵文读音	所在例句（悉昙回译、罗马转写、汉语）	序号、页码
kā							
建			kā			 kāṇḍu 建引挐尼固反	443 p017
迦			kā			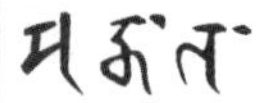 śaṅkālā 餉迦攞引	113 p006

4. 悉昙缺字造字模板制作

房山石刻悉昙梵文字数不多，但是独特的视觉文化和极富感染力的传达方式，使它在众多的悉昙梵文字体中脱颖而出。为了保证整个缺字造字的风格统一，为了提高子字库与总字库的兼容性，必须制作一个模板进行格式规范。

使用造字程序，将上面的 600 个梵文制作成标准的 ttf 字体。由于异体字差异，分别创建两个子库，命名为：“悉昙_楞严咒 01_(房山石经).ttf”、“悉昙_楞严咒 02_(房山石经).ttf”。通过对拓本字符分析，提炼出部件，然后根据部件造字。

实际操作中，主要是从以下几个方面着手。

（1）制作悉昙—楞严咒—51 字母(房山石经)

图 3-12　悉昙_楞严咒_51 字母(房山石经)

图 3-12 是按照 Unicode 标准，根据拓本制作出 51 个字母所对应的梵文。可以看到由于异体字导致即使在同一部石刻中，个别字形也会有较大差异，此外由于我们所采用的样本只有“大佛顶陀罗尼”，因此有部分字符没有相对应的拓本，这个问题将随着后续更多拓本截图的采纳得到圆满解决。

（2）制作悉昙—楞严咒—部件与接续码(房山石经)

图 3-13 是根据拓本，制作缺字造字部件以及相关接续码。大佛顶陀罗尼的悉昙字形的独特风格，导致其悉昙 35 个子音的部件、接续半体（上部与下部）与常见悉昙有较大的区别。同时也要指出，由于样本的不足，此处也有一些需要完善的空字符（见图 3-13）。

（3）制作悉昙—楞严咒—18 章（房山石经）模板

最后，根据上述 51 字母以及部件，逐步完成 18 章的内容。图 3-14 所示是第一章的截图，从图中可以看出，第一章的迦迦引章中，按照字符的排列规律，34 个子音与 12 个摩多点画构成 408 个字符。房山石经的独特书写文字，在这一章中得到充分体现，从上面的字形可以看到，除少量字符因为样本不足，其余的字符基本都是完整的。因此，在后续的造字中，本章具有极其重要的指导意义，因此将本章作为模板是必要的。

5. 使用模板造字

由于悉昙字体的特殊性，字符属性设置时，有以下几个规则需要注意。

其一，字符编码规范化。

为了让字库中字符的编码顺序遵循国际标准，确保字符的有序编码，本梵文字库文以“siddham.ttf”为底本完成各子字库的制作。所有字符，需要严格按照 unicode 编码放在对应位置，即 U+11580 - U+115FF 区域中的对应位置。如悉昙的“ka”字，在子字库“悉昙_楞严咒 01_(房山石经).ttf”中编码为 u11580，在子字库“悉昙_楞严咒 02_(房山石经).ttf”也是 u11580。即使是在后续的进行更多子字库开发中，他们的编码也是唯一的。这种方式便于后续的悉昙梵文输入法软件开发时，能使字符与区位的映射保持一致。

其二，字符排列规范化。

所有新造字符，严格按照悉昙 18 章的 a ā i ī u ū e ai o au aṃ aḥ次序来排列。这种排列方式比起现代梵文的 a ā i ī u ū e ai o au aṃ aḥ次序在造字时有更多的优势。

其三，缺字处理规范化(见图 3-15)。

图 3-13　悉昙—楞严咒—部件与接续码(房山石经)

如果该字在石刻中没有找到对应的截图，即《大佛顶陀罗尼》中并无该字符，则保留 siddham.ttf 字体中的对应字符，并用蓝色标示，便于后期在其他文献中找到该字符的石刻梵文时进行校正。

其四，版权信息规范化。

为了避免与“siddham.ttf”冲突，修改字库的版权及相关信息。定义如下：

Copyright notice: “湖北大学”

图 3-14　悉昙—楞严咒—18 章模板(房山石经)

Font family: “悉昙_楞严咒 01_(房山石经)”

Font subfamily: “Regular”

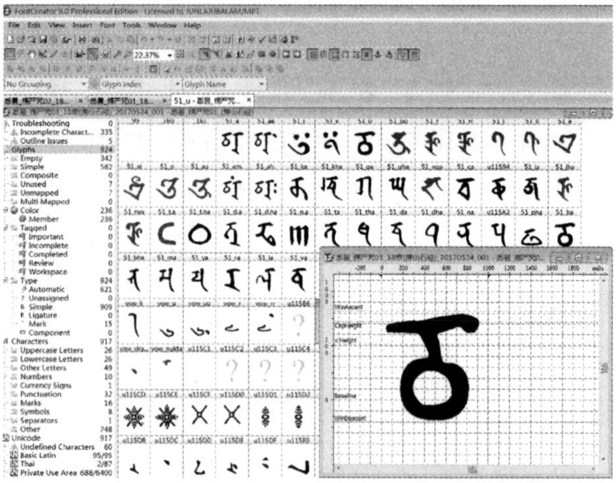

图 3-15　房山石经石刻造字(fontcreator)

Unique font identifier: “悉昙_楞严咒01_(房山石经):Version 1.0”

Full font name: “悉昙_楞严咒01_(房山石经)”

Version string: “Version 1.00 ”

Postscript name: “Siddham_FangShan01”

Trademark: 湖北大学可视化工作室

Copyright notice: “湖北大学”

Font family: “悉昙_楞严咒02_(房山石经)”

Font subfamily: “Regular”

Unique font identifier: “悉昙_楞严咒02_(房山石经):Version 1.0”

Full font name: “悉昙_楞严咒02_(房山石经)”

Version string: “Version 1.00 ”

Postscript name: “Siddham_FangShan02”

Trademark: 湖北大学可视化工作室

6. 安装与测试新造字体

将新造的“悉昙_楞严咒 01_(房山石经).ttf”、“悉昙_楞严咒 02_(房山石经).ttf”等字体安装或拷贝到 c:\windows\fonts 中，在 word 等文本编辑器中使用新造的字体，若没有正确拷贝造字文件，在 doc 文档中对应的位置会显示出一块空白。

7. 制作悉昙缺字新造字数据库

造字的目的是补充现有字库的缺陷，然而作为音、形、义三位一体的文字，必须进一步深化探讨文字本身的含义与用法，因此缺字数据库的建设才是本项目研究的最根本目的。本数据库制作时有意识地将字形（汉字石刻拓本、对应的梵文拓本）、读音、例句、词义等按照数据库的方式进行组织，形成一个词典的原型，为后续的相关研究提供直接的图像、文本等数字资源。一旦词典成形，将通过强大的检索功能为后续研究提供更多便利。

（1）制作悉昙缺字新造字检索表

为了方便缺字的造字与字库完成后应用，我们需要采用一定检索办法。和图片分组的方法类似，检索表两种方式。

方式一，按照悉昙 18 章次序进行检索，如表 3-13 所示，按照 a ā i ī u ū e ai o au aṃ aḥ 次序，siddham 字库中所有字体也是这种方式。采用这种方式便于从字库中检索到所需的字符，从而提高文字输入的效率(见表 3-13)。

表 3-13　汉字检索(按悉昙 18 章次序排列)(部分)

汉字	建 建引 羯 迦	迦	儗霓以反 枳引 緊	枳引 枳離以反	崫俱律反 矩 禁 禁俱反 禁俱涤反	计引	句引	矯 矯 鱼矯反引	建 建引 羯 迦
罗马	ka	kā	ki	kī	ku	ke	ko	kau	ka

方式二，按照 Monier-Williams Sanskrit-English Dictionary、梵和大辞典等梵文词典的次序进行排列，按照 14 个元音或双元音，35 个辅音，4 个半元音，4 个咝音和送气音等符号组成。[①] 这种方式排列字符，便于采用计算机检索词语，也便于与后期的梵文词典数据库的编辑(见表 3-14)。

表 3-14　汉字检索(按 Monier-Williams Sanskrit-English Dictionary 次序排列)(部分)

Vowels					
a	ā	i	ī	u	ū
ṛ	ṝ	ḷ	ḹ		
e	a i	o	a u		

Consonants				
k	kh	g	gh	ṅ
c	ch	j	jh	ñ
ṭ	ṭh	ḍ	ḍh	ṇ
t	th	d	dh	n
p	ph	b	bh	m

Semi-vowels			
y	r	l	v

Sibilants & Aspirate			
ś	ṣ	s	h

① 斯坦茨纳、季羡林：《梵文基础读本》，北京大学出版社 1996 年版，第 1 页。

续表

汉字	建 建引 羯 迦	迦	剑	謇	僟霓以反 枳引 緊	枳引 枳雞以反	崫俱律反 矩 禁 禁俱反	禁 俱 涤 反
罗马	ka	kā	kaṃ	kāṃ	ki	kī	ku	kuṃ
页码								

（2）梵汉对照数据库

从本质上来说，新造的悉昙字最终将形成一个独立的带有音、形、义的小型词典或数据库，这个数据库将缺字字库的相关信息置于一个更加广阔的空间，从词典的视角进行组织。这个数据库具有以下特点。

第一，标准化检索方式。

吸取了各类汉语词典与梵文词典的优点，数据库第 1 列（汉译）、第 4 列（罗马转写）分别可以用于进行汉字检索（按照悉昙 18 章次序进行检索）或梵文检索（按照 Monier-Williams Sanskrit-English Dictionary、梵和大辞典等梵文词典的次序进行排列）。

第二，图文并茂。

几乎所有的梵文词典都没有收录拓本，而是全部采用字库的方式组织数据。本数据库第 2 列收录了石刻中的汉字与梵文拓本，保留了原始石刻的雕刻风格的字迹风貌。为了节约版面，我们删掉了重复的或者略有差异的字形。

第三，词语典型规范。

数据库中第 5 列选用了《大佛顶陀罗尼》中的典型词语，并采用 “悉昙—罗马转写—汉译”三行对照，符合传统古籍整理的规范。第 6 列给出了该词语在拓本中的序号和页码，便于查询。

第四，释义规范。

数据库第 7 列选用了《梵和大辞典》中的释义，个别未收录词语则选用《佛光词典》的解释，便于对照学习。

由于笔者学识有限，对词语、辨字、校勘、释义等领域缺乏研究，特别是对随函音义、《玄应音义》（玄应）①、《一切经音义》②（慧琳）之类文献研究不足，因此在本数据库中尚有大量需要完善的内容，期待后续的研究中能得到圆满的解决。

① 玄应：《一切经音义》，《影印高丽大藏经》第 32 册，韩国东国大学校译经院 1994 年版。
② 释慧琳：《正续一切经音义》，上海古籍出版社 1986 年版。

表 3–15　楞严咒中的悉昙字对照表(部分)

汉译	石刻拓本	悉昙	罗马转写	例句（悉昙回译、罗马转写、汉译）	序号、页码	释义
				A		
恶			a	 akṣabhya 恶屈 茛二合毗夜二合引	50　p003	akṣobhya （名，男）： 不動，阿楚鞞，無怒 （梵 P. g. 6） akṣobhyāya （名，男，為，單）： 向 不動無怒 詳見： 《阿閦佛國經》、《法華經》卷三、《悲華經》卷四載
恶			a	 akṣi 恶乞史二合	421　p016	akṣi （名，中）： 眼 （梵 P. g. 6） akṣi　rogaṃ 眼病
阿上			a	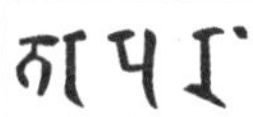 aparā 阿上跛囉引	113　p005	異常的 （梵 P. g. 83）
阿上			a	 aparājitaṃ 阿上跛囉引尒擔	0　p001 90　p005	aparājita （形）： 無能勝，無能超勝，莫能壞，無能動 （梵 P. g. 83） aparājitaṃ （形，業，單）： 無能勝（被動）

本章小结

本章以《大佛顶陀罗尼》中的缺字为研究对象，通过原始的语料数据库的创建、完善中的具体流程与环节的详尽细致的分析，试图为古籍数字化项目的规范与流程管理提供一些可以借鉴的思路。

名词与术语

罗拉·比哈特(Saroja Bhate) 杉浦康平 道格拉斯·C. 麦克默蒂

尉迟治平 刘根辉 李晶 赵彤 王宁 吕敬人 永本 韩小荆 方广锠 林光明 季羡林

释智果 欧阳询 黄自元 包世臣 刘熙载 玄奘 智广 空海 安然 义净 小野妹子

澄禅 净严 慈云 坂井荣信 田久保周誉 圆行

GB2312 GB18030 《方正兰亭》字库 SuperCJK 超大字符集 今昔文字镜

中易 华康 汉仪 文悦科技

台湾“中央研究院” 中华电子佛典协会（CBETA）

文悦古典明朝体 华康 Monospace 系列 康熙字典体 方正宋刻本 罗马体 歌德体 手书体 Serif 系列 Sans-serif 系列 Minion 系列 Optima 系列 Calibri 系列 Cursive 系列 Fantasy 系列 Frutiger Bodoni 印地文（Hinda） 伽罗斯底（Kharosthi） 婆罗米（Brahmi）笈多文 夏拉达文 天城文 悉昙文 加拉文 奥里亚文 兰札体

《通用规范汉字表》 ISO10646 字符国际编码标准 Unicode 7.0 标准 Unicode 8.0 标准 Unicode 统一编码 阿育王摩崖敕令

Microsoft Acess Ftrack

缺字 字体 九宫法 活中宫

《心称颂》《三十六法》《间架结构九十二法》《亚洲之书文字与设计：杉浦康平与亚洲同人的对话》《可洪音义》《悉昙字记》《悉昙字母释义》《悉昙藏》《梵语千字文》法隆寺贝叶本《悉昙字记》《景祐天竺字源》《大正藏》《梵字悉昙字母并释义》

《悉昙藏》《梵字大鉴》

《梵字悉昙习字帖》《梵字悉昙》

Monier-Williams Sanskrit-English Dictionary 梵和大辞典《说文解字》

第四章　大佛顶陀罗尼中的梵汉对音研究

> 密咒不能意译，只能音译……发音必须绝对准确……必须严格选择最恰当的字音，保证丝毫不走样，以使不懂梵文的人依照汉字念诵，也能发出正确的语音。①
>
> ——华中科技大学教授　尉迟治平

在大佛顶陀罗尼（楞严咒）的研究中，我们发现如果从音韵学的角度出发，可以从反切、借音等视角对咒语中的词语进行解读。这些独特的注音方式不仅与现代罗马表示法相得益彰，而且对考察和完善梵汉对译中的用词规范具有重要的参考意义。因此，从注音入手，是对石刻研究的第二步。

本章主要从三个不同视角来进行分析，一是音韵学视角，从楞严咒中出现的大量的拟音和标注（上、引、二合、三合、反、转舌、鼻）、新造的很多带有“口”字表示转舌弹舌，以及借音等方法着手，了解梵汉对音的规范；二是数据库视角，将大佛顶陀罗尼中的词汇分离出来，按照研究视角（如二合、三合、借音、口、转舌、省略、异体同音、异音同体、混用等）分解，组建一个个小型的梵汉对照数据库，供后续的研究进行查询；三是项目管理视角，分析数字资产管理与项目流程管理平台在上述两个目标中的应用。

①尉迟治平：《对音还原法发凡》，《南阳师范学院学报》（哲学社会科学版）2002 年第 1 期。

第一节　大佛顶陀罗尼的译音用字初探

> 原始佛教采取了放任的语言政策，一方面它不允许利用婆罗门教的语言梵文；另一方面，也不把佛所利用的语言摩揭陀语神圣化，使它升为经堂语而定于一尊。它允许比丘们利用自己的方言俗语来学习、宣传佛教教义。[①]
>
> ——北京大学　季羡林

从历史上看，中国古代最早接触到的梵文字母主要是“四十二字门”及其后的“五十字”（或称“十四音”）。十六国时，悉昙拼音系统传入中土，随即引起了中土人士的关注。刘宋年间谢灵运、释慧睿、梁武帝萧衍都对元音进行了探讨，唐代释慧琳著《一切经音义》[②]进一步深入梵语辅音部分。

中古音研究内容与样本主要在各种字书、韵书、音义、注疏、韵图、对音、方音中，中日僧人的悉昙学著作比较集中地收录在《大正藏》“悉昙部”里，这 11 部文献中大量涉及悉昙字母起源、读音、意义和字母拼合及汉字对音等内容和讨论。学界通过这些材料可以对译音现象、借音现象、借音条例等展开研究。

在整理大佛顶陀罗尼的过程中，我们注意到汉字中有大量的注音符号，从理论上说，透过这些拟音和标记可以在最大程度上还原出“唐音”、“河洛音”，甚至是古代的“梵音”。

一　大佛顶陀罗尼中的反切

1. 悉昙文字拼合规则

悉昙章有十八章，除第一章将 34 体文与 12 韵字辗转相拼外，其余都是以二合、三合、四合的方式拼合。《悉昙字纪》[③]、《悉昙藏》（日本释安然）等诸多著作中均对该拼合规则进行了说明。

常见的悉昙拼音 47 音系统包括 12 个摩多母音，35 个体文子音（也叫辅音，又

---

① 季羡林：《原始佛教的语言问题》，中国社会科学出版社 1985 年版，第 15 页。

② 释慧琳：《正续一切经音义》，上海古籍出版社 1986 年版。

③ 《悉昙字记》，又名《南天竺般若菩提悉昙》（据书名下的小注），一卷。唐山阴沙门智广撰，撰地五台山。收入《大正藏》第五十四卷。《悉昙字记》未署撰时。

称纽)，体文相当于汉字无韵尾的反切上字，韵字类似汉字零声母的反切下字，覃勤认为“体文和韵字相拼就成为一种最佳的反切状态”[①]。

以悉昙 18 章第一章为例，来看 34 体文与 12 韵字如何拼合(见表 4-1)。

表 4-1　悉昙文字拼合规则示例

	阿 𑖀 a	阿引 𑖁 ā	伊 𑖂 i	伊引 𑖃 ī	邬 𑖄 u	乌引 𑖅 ū
迦𑖎ka	迦 𑖎 ka	迦引 𑖎𑖯 kā	机 𑖎𑖰 ki	机引 𑖎𑖱 ki	矩 𑖎𑖲 ku	矩引 𑖎𑖳 kū
	翳 𑖊 e	爱 𑖋 ai	污 𑖌 o	奥 𑖍 au	暗 𑖀𑖽 aṃ	恶 𑖀𑖾 aḥ
	酰 𑖎𑖸 ke	吤 𑖎𑖹 kai	部 𑖎𑖺 ko	娇 𑖎𑖻 kau	剑 𑖎𑖽 kaṃ	脚 𑖎𑖾 kaḥ

从表 4-1 可见，体文 ka 依次与 12 韵字相拼，体文取声，韵字取韵，得到 12 个新字。整个悉昙 18 章都是按照这个规律来造字和拼读的。孙伯君认为：“佛典密咒的对音中，常会遇到用汉字无法准确对译的梵语音节，译师们遂硬性地找两个当用汉字左右并列拼合成一字，左字表声，右字表韵。”[②]虽然反切只能求出语音的类别，不能构拟音值，但是在当时也不失为一种较好的拟音办法。

在悉昙学里，两个都带音首辅音的音节拼合，采用的是“二合”的形式。《悉昙藏》卷：“注二合者，两字连声读之。” “二合”就是两个音节连读。《悉昙要诀》(日本明觉）卷二里说：“梵文作法，诸二合三合字或直呼上或直呼下，或上下俱呼之。𑖂𑖡𑖿𑖟𑖿𑖨(indra)直云印者呼𑖡 (na)字略𑖟𑖿𑖨(dra)也，云因陀罗者俱呼之也。”

① 覃勤：《悉昙文字与反切起源》，《广西师范学院学报》(哲学社会科学版)2006 年第 27 卷第 3 期。

② 孙伯君：《西夏佛经翻译的用字特点与译经时代的判定》，《中华文史论丛》2007 年第 2 期。

2. 大佛顶陀罗尼中的二合与三合案例

表 4-2　大佛顶陀罗尼中的二合词汇(部分)

词语	例句	页码	释义
	k		
	kṛ		
訖嘌 二合	 kṛtāṃ 訖嘌二合擔引尾	237 p010	kṛta （過受分→形）：造，作（梵 P. g. 368） kṛtaṃ （形，中，主，單）：造作（主動）
	kta		
訖得 二合	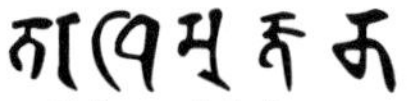 adhi-muktaka 阿上地穆訖得二合迦	28　p002	adhi-mukta （過受分→形）：好，樂（梵 P. g. 35） adhi-muktaka （形）：好，樂
	kpra		
鉢囉 二合	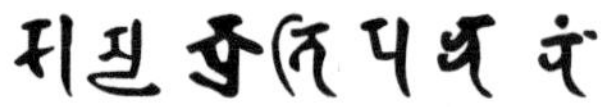 samya-kprati-pannanāṃ 三藐鉢囉二合底丁以反半曩引南上引	11　p001	samyak-pratipanna （過受分→形）：勤修正行的（梵 P. g. 1437） samyak-pratipannānāṃ （形，屬，複）：勤修正行（們）的
	kra		
羯囉 二合	 para-cakra 跛囉斫羯囉二合	193　p008	para-cakra （名，中）：敵兵，怨敵（梵 P. g. 736）
	kya		
枳野 二合	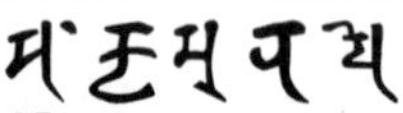 śākya-munaye 舍引枳野二合母曩曳引	62　p006	śākyamuni （名，男）：釋迦牟尼（梵 P. g. 1320） śākyamunaye （名，男，為，單）：向 釋迦牟尼

表 4-3 大佛顶陀罗尼中的三合词汇(部分)

			kṣmī
乞讖弭 三合	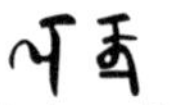 lakṣmī 落乞讖弭三合	21 p002	lakṣmī （名，女）： 吉祥，福德，功德，富（梵 P. g. 1141），这里是指大吉祥天女，大財富天女。
			trūṃ
訥嚕唵 三合引	 trūṃ 訥嚕唵三合引	135 p006	“大佛頂雲 Bhrūṃ 跋林二合，字經雲咄嚕吽二合者恐作 Trūṃ 歟。可雲 bha, ta 相濫也。” (大正藏第 84 本，P. g. 537，編號：2706) 《房山石经版楞严咒》是 Trūṃ，大正藏 944A 是 Bhrūṃ。(彭伟洋)
	 trūṃ 訥嚕唵三合引	480 p018	

二　关于借音现象的案例

梵汉对音中，为了简化读音，古人还采用相近的发音，并加上“反”、“鼻”之类的标注进行拟音。即“或有直當梵音之漢字，或有依無相當字借他音字令知梵音。”“拏字文殊童子經云拏（文）。故知與儜音少同歟。”“ka 迦(纪伽反，梵音以哥字上声稍轻呼之)。kha 怯(郁迦反，梵音可。但喉中稍重声呼之)。ga 伽(巨迦反，梵音亦伽，但喉中稍轻呼之)。gha 呕(其证反，梵音以伽字去声稍重呼之)。矗 a 俄(疑怯反，梵音我不轻不重呼之)。”(《悉昙藏》卷五)，括号内均为音注。

最常见的借音办法是“凡真言中有平聲字，皆稍上聲呼之（文）。故知不論漢字本聲，見梵字凡第一轉音皆可上聲呼之。”（《悉昙要诀》（日本明觉）卷二）唐·杜行顗译《佛顶尊胜陀罗尼经》中给出了更加具体的读法：“注平上去入者，四聲法借音讀；注半音者，半聲讀；注二合者，上字連聲讀；注重者，喉聲重讀；注長者，長聲讀；注反者，反借音讀；羅、利、盧、栗、黎、藍等字傍加口者，轉聲讀。”

（T0968.V19.P0354）[①]该方法总结了绝大多数佛经汉译的注音方法，值得参考。

表 4-4 是几种典型的借音方法。

表 4-4　常见借音方法

原读音	借音法	案例
平声	上声	阿（烏何反）、荼（宅加反）、迦（居伽反）、伽（求伽反）、多（得阿反）、他（詑何反）、陀、娑（索何反）、波（博何反）、婆（薄波反）、我（五歌反）、那（諾何反）、羅、摩（莫可反）、磨、奢（式車反）、遮（上奢反）、沙（所加反）、叉車（昌遮反）、惹（如奢反）、拏（女加反）
上声	上声	跛（布火反）、頗（普可反）、左（作可反）、麼、野也（以者反）、者、捨（書冶反）、舍社、惹（如奢反）、若（人者反）、攘（如兩反）、仰（魚兩反）、曩（奴朗反）。
去声	上声	呵、賀（伽箇反）、馱（唐佐反）、和（胡過反）、邏（盧箇反）、吒（涉詆反）、夜等。
入声	上声	腳虐等

表 4-5　大佛顶陀罗尼中的借音案例(部分)

汉译	例句（悉昙回译、罗马转写、汉译）	序号、页码	其他
		k	
		ki	
儗 **霓以反**	 pratyaṅkirāṃ 鉢囉二合底孕二合儗霓以反嚂　引	**73 004**	Prati （副詞）： 對，各各 （梵 P. g. 828），against, back aṅgira （名，男）： 具力 （梵 P. g. 13）， 為調伏之咒法 —《佛光字典》。 prati- aṅgira → praty- aṅgira （名，男）： 惡魔之調伏對治咒法 praty- aṅgiraṃ （名，男，業，單）： 惡魔之調伏對治咒法（被動）

① 大正藏文献格式，遵照学界标准：引文后括号内标注的是引文所处的册数、卷数、页码和栏数。字母“T”代表《大正藏》的经号，“V”代表卷数，“a，b，c”分别代表表上、中、下 3 栏，“X”代表该页的校勘序列号。2135指经书编号，出自第 5 卷第1230页的上栏。

续表

汉译	例句（悉昙回译、罗马转写、汉译）	序号、页码	其他
	kī		
枳 雞以反	 kīla 枳雞以反攞	235　p010	Kīla （名，男）： 釘，楔 （梵 P. g. 351）
	ku		
崫 俱律反	 kurvantu 崫俱律反嘌挽二合下無滿反覩	129　p006	Kurvantu （第 8 種動詞，命令法，為他，第 3 人稱）： 作，為（金胎兩部真言解記 P. g. 321）
禁 俱反	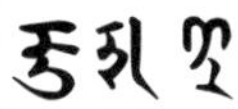 kumbhaṇḍa 禁俱反畔拏	396　p021	kumbhâṇḍa： 形如瓶的惡鬼 （梵 P. g. 359）。 意譯為甕形鬼、冬瓜鬼、厭魅鬼。 ——「佛光字典」
禁 俱淦反	 kuṃbhāṇḍa 禁俱淦反畔拏	210　p009	

三　大佛顶陀罗尼中的卷舌

北周阇那耶舍说：“呪文中字口傍作者皆转舌读之。”（T0993. V19. P0509b）唐代菩提流志、唐代道世、唐代宝四惟等人都对部分加口旁译音字的发音方法进行了说明，不过略为遗憾的是汉字系统中本来就有大量的口旁字，古代典籍中标注方法有限，该方法有时不免会带来混淆。大佛顶陀罗尼中也有一些带有“口”字的文字，我们可以把它当作新增的汉字。

表 4–6　大佛顶陀罗尼中的用“口”标注的卷舌音(部分)

汉译	例句	序号、页码	其他
	ṛ		
哩	 ṛkṣa 哩乞灑二合	456　p017	ṛkṣa （名，男）：熊（梵 P. g. 288）

续表

汉译	例句	序号、页码	其他
kṛ			
訖哰 二合	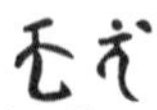 kṛtāṃ 訖哰二合擔引尾	237 p010	kṛta （過受分→形）：造，作（梵 P. g. 368） kṛtaṃ （形，中，主，單）：造作（主動）
kra			
羯囉 二合	 para-cakra 跛囉斫羯囉二合	193 p008	para-cakra （名，中）：敵兵，怨敵（梵 P. g. 736）

梵汉对译中也用“转舌”、“弹舌”、“卷舌”等标注带有𑖨（ra）的读音。如，“𑖨（ra）啰曷力下反，三合，卷舌呼啰”。“全真云𑖨（ra）啰（罗字上声兼弹舌呼之）。又他处云𑖠（dha）达（转舌呼之）𑖦（ma）麼（文）。”（《悉昙字记》）

对于卷舌或弹舌的读音方法，“先以舌付上腭舒舌折上腭放之出声，故云转舌欤。弹舌义同。宝月三藏之传以𑖘（ṭa）𑖙（ṭha）等五字亦云弹舌，彼字亦以舌拄上腭磨之后舒舌，其义一同也。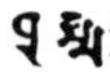达麽韈帝等亦舌付上腭スリノフ，故云转舌云弹舌欤。卷舌文可案之。又《摄真实经》①有反舌之文，‘怛刺吒三合反舌’‘迦宅下字反舌’‘吒反舌呼’‘发吒反舌大呼’‘那反舌呼’等。此等字卷舌向本出声，故云反舌欤。卷舌同事欤”。[《悉昙要诀》（日本明觉）]

表 4-7　大佛顶陀罗尼中用“转舌”的转舌音

汉译	例句	页码	其他
ro			
嚧 轉舌	 vairocanā 吠引嚧轉舌左曩	119 p06	Vairocana （形）： 太陽的，遍照，普照（梵 P. g. 1284）

① 通常所讲的《真实摄经》多唐天宝十二年至十四年（753—755）不空所译三卷本，称《金刚顶一切如来真实摄大乘现证大教王经》。

续表

汉译	例句	页码	其他
	rpa		
轉舌 跛	 vaisarpa 薩轉舌跛	445　p017	Vaisarpa （名，男）：火蒼（梵 P. g. 1286） Vaisarpā （名，女）：火蒼
轉舌 跛	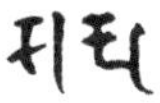 sarpa 薩轉舌跛	454　p017	Sarpa （名，男）：蛇（梵 P. g. 1440）
	rma		
轉舌 沫	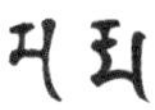 marma 沫轉舌麽	429　p016	Marman （名，中）：關節（梵 P. g. 1008）
	rla		
轉舌 稜 上	 dur-laṅghite 訥轉舌稜上祇去帝	335　p013	dur-laṅghita （名，中）：誤想過，誤戒過（梵 P. g. 595） dur-laṅghitebhyas （名，中，為，複）：向誤想過眾

从表 4-7 可以看到，大佛顶陀罗尼的部分词语也采用了“转舌”的标注，比如第119 句中的“嚧轉舌”（ ro）。比较独特的是，有些句子的“转舌”写在词语的前面，如 445 句和 454 句中的“轉舌跛”（ rpa）、第 429 句中的“轉舌麽”（ rma）、第 335 句中的“轉舌稜上”（ rla）。

四　大佛顶陀罗尼中的省略

需要注意的是，梵语汉译时，有的翻译师会略去这个词中的某些音节不译，只读其中一部分，但也有全部读出来的，这种现象在同一部经文或同一个译师的作品中都能看到。如果采用从汉字回译梵文，则很可能导致错误。

其省略和全称的形式在佛经里都可以见到，但是这只能算是一种猜测。同一部经咒中，后续的词语注音出现省略才具有说服力。下面略举数例加以说明。

(kumbhaṇḍa)

完整应该读成“禁槃荼”，但很多佛经译成“俱槃荼”，省略了第二个词形的上部音节(ma)，而在大佛顶陀罗尼中，甚至出现了两种不同的汉译。

kuṃbhāṇḍa	kumbhaṇde	kumbhaṇḍa
禁俱$_{\text{渿　反}}$畔拏	禁畔妳$_{\text{引}}$	禁俱$_{\text{反}}$畔拏
210　p009	**332　p13**	**396　p021**

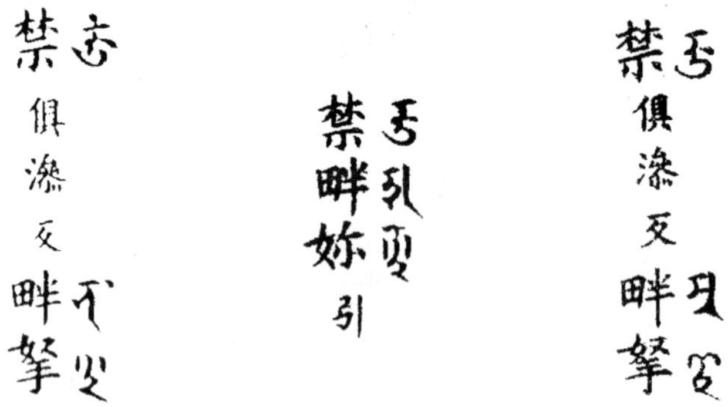

图 4–1　大佛顶陀罗尼中的“禁槃荼”

从罗马转写上看，两词含义一样，但是从悉昙字形上看，210 句的组合次序为（kuṃ）+（bhā）+（ṇḍa），392 句为（ku）+（mbha）+（ṇde），396 句为（ku）+（mbha）+（ṇḍa），该词是否有两种不同的写法？从译音上看，从“禁俱$_{\text{渿　反}}$畔拏”到“禁畔妳$_{\text{引}}$”到“禁俱$_{\text{反}}$畔拏”，在 600 多个悉昙字中，这个单词占用了 9 个，可见古人也担心后人难以核准该词的读写，因此特意全部标注上了悉昙文字。

(pra)

在很多佛经中(pra)读“波罗”，甚至只读上部“直呼云波”，大佛顶陀罗尼中统一为“鉢囉$_{\text{二合}}$”等。但是我们在拓本第 1 面的第 11 句中看到：

samya-kprati-pannanāṃ

三藐鉢囉$_{\text{二合}}$底$_{\text{丁以反}}$半曩$_{\text{引}}$南$_{\text{上引}}$

kpra 也被翻译为鉢囉$_{\text{二合}}$，石刻中为了明确区别，特意标出了悉昙，便于后续的查证。

(praty-aṅgire)

石刻拓本第 177 句为“鉢囉二合底孕二合儗研以反𠰘引”，到了拓本第 349 句，则省略了标注，变成了“鉢囉二合底孕儗𠰘”。

(kīla)

拓本第 235 句为“枳雞以反攞”，到了第 239 句，则省略了标注，变成“枳引攞”。

(kaumarī)

拓本第 114 句为“矯魚矯反引”，到了第 347 句，则省略了标注，变成“矯”。

(aparājitaṃ)

拓本第 72 句为“尒自以反”，到了第 90 句，则省略了标注，变成“尒”。

(prabha)

拓本第 123 句为“婆去”，到了第 127 句，是“婆去蒲憾反”，第 302 句，是“婆去”。

(sahīyāya)

拓本第 19 句为“呬馨異反引”，第 252 句省略了标注，变成“呬去引”，257、270、275 句，进一步变成“呬引”。

五　大佛顶陀罗尼中的一些疑难读音

对音中，由于没有统一的规范，同一个梵音在不同译师、不同时代往往有不同的读音。比如，弥勒佛的巴利音为 Metteyya，大量文献中分别被音译作“昧怛耶”、“昧怛隶野”、“弥帝隶”、“弥勒”、“每怛哩”、“昧怛曳”[1]。这些同音异体字在梵文中占有极大篇幅，这些异体字成因不一，除了少数由于书法家或僧人运笔风格所致之外，更多是因为时代流传中字形自身演变所造成的细微差异累积的偏差所致，此外也不排除佛经文本在传抄过程中的讹误等。

异体字所导致的字形混淆在古代也已经引起了学者们的注意，如《三密钞》（日

① 马乾：《佛经译音字用字研究》，《唐山学院学报》2014 年第 2 期。

本净严）中指出："：计、继、繄、蓟、髻、鸡、稽、罽、荆（字记）。"（T2710. V84. P0741c）这些异体字都是""（ke）之译音字。这种译音字异文现象给后续的研究带来诸多不便。从大佛顶陀罗尼看，梵文词语与汉字译音还没有达到现代英汉词典之类能够使用统一的规范的一个词语来对应，这也许是早期梵汉对音中的不成熟现象。带来的问题就是，除非标注了悉昙，这种看似随意的标注可能会引起读音上的混淆。下面结合是一些不能一一对应的例子。

1. 梵语对汉语的异体同音现象

由于汉语词语极其丰富，同音字特别多，对于同一个梵文字符，采用不同的汉字来对译，古代诗文常见的异体字现象出现在佛经中特别是咒语中会带来极大的困惑。下面举例说明。

（a）

akṣabhya	**恶**屈 茎二合呲夜二合引	50	p003
aparā	**阿**上跛囉引	113	p005
arhanta	**遏**囉罕二合多	283	p011

上述的三个词语，分别用三个不同的汉字"**恶**"、"**阿**上"、"**遏**"等表示梵文的""，而且石刻中都标注有对应的悉昙梵文。需要注意的是，这个""在流传中字形变化，演化成今天的悉昙字库中的""。

（u）

uttaraṇīṃ	**唱**跢囉 捉 溛二合	89	p005
udaka	**鄔**娜迦	189	p008
ojā	**鄔**惹引	220	p009
udara	**鄔**娜囉	432	p016
udaka	**塢**娜迦	448	p017

上述五个词语，分别用"唱"、"鄔"、"塢"三个汉字表示梵文的""。石刻中第 432 句还给出了一个悉昙字""，因为不是在全咒中第一次出现，我们在整理的悉昙文中除 432 句外仍然采用""字。

2. 汉字对梵语的异音同体现象

在大佛顶陀罗尼中，同一个汉字有时用来表示不同的读音，排除标注省略等原因，这些“一对多”的同体异音如果不附加悉昙原文，就很难读准词语。下面举例说明。

鄔

	ojā	**鄔**惹引	220 p009
	udara	**鄔**娜囉	432 p016

上述两个词语，“”与“”在翻译成汉音时，使用了同一个词“鄔”。而且432句给出了对应的悉昙。

蘖

	gajja	**蘖** 惹自攞反	40 p002
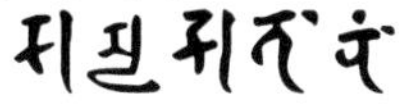	samyaggatānāṃ	三去藐**蘖** 跢引南上引	10 p001

上述两个词语，“”与“”在翻译成汉音时，使用了同一个词“**蘖**”。两个字都有对应的悉昙石刻。

馱

	buddha	沒**馱**	1 p001
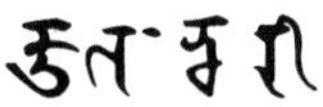	kulāndharī	矩 **嬾馱**哩引	114 p006
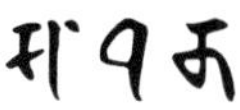	sādhaka	娑去引**馱**迦	266 p011

上述三个词语，“”“”“”在翻译成汉音时，使用了同一个词“馱”。三个字都有对应的悉昙石刻。

3. 混用现象

梵汉对译中，有一种很常见的错误，就是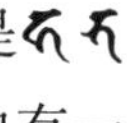、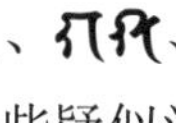、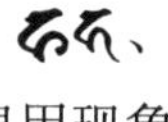、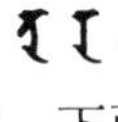、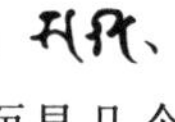、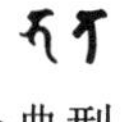因形似而常被混淆的情况。大佛顶陀罗尼中也有一些疑似混用现象。下面是几个典型的例子。

設

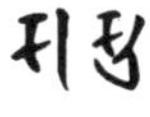	sastra	**設**娑怛囉三合	89 p005

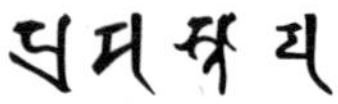	pra-śastāya	鉢囉二合**設**娑跢二合野	**132 p006**

上述两个词语，“”“”在翻译成汉音时，使用了同一个词“設”。两句都有对应的悉昙石刻。

塞訖嚟三合

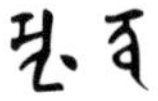	śkṛtva	塞訖嚟三合怛嚩二合	**69 p004**
	skṛtāya	塞訖嚟三合跢引野	**354 p014**

上述两个词语，“”“”在翻译成汉音时，使用了同一个词“塞訖嚟三合”。两句都有对应的悉昙石刻。注意 69 句的悉昙是 śkṛ，然而 Monier-Williams Sanskrit- English Dictionary、梵和词典并无此词，只有 Kṛtvan：活動的，作著的（梵 P. g. 372），在此，我们尽量保留石刻字体，不做校勘。

《悉昙藏》卷五共记录了空海、全真、义净、法宝、惠远、吉藏、梁武帝、玄应、智广等 23 家的悉昙字母的汉字对音。对音材料弥补了利用反切和韵脚材料的某些局限。但是，因为“梵汉对音并不是记录整理完整的音系，译经也不是语言学著作，不可能细致地描写语音的每一细节，同时译经对音可能有疏误，笔录钞缮可能有错漏，传写刻印流传过程中更是什么情况都可能发生”①，字音不可能完全准确，需要谨慎使用对音还原法。“梵汉对音的各种语音材料，其价值各不相同，使用时必须加以比较鉴别，区别对待。密咒可靠性高，涉及的音节类型丰富，字数多，是考订音系的基本材料。译名的使用应该慎重，首先必须进行甄别，弄清是初译还是后译，是旧译还是新译，性质不明的宁缺毋滥，只有确信能忠实反映当时汉语的实际语音时，方能使用。但译名用字的字种比较广泛，可济梵咒之穷，补充其不足。悉昙著作和译经音注，由于是一种有关语音分析的材料，所以在音值研究上价值极高，特别是译经音注中那些关于特殊语音的说明和描写，在解决一些疑难问题时有其特殊价值，缺点是数量不多，如果作音系考订，还得依靠其他对音语料。”②

下面看几个典型的疑难案例：

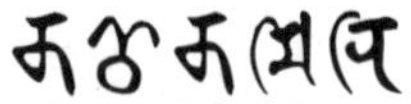	kaṇṭhakamini ·	建姹迦弭顊	**219 p009**
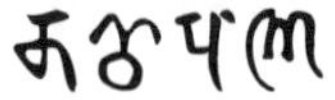	kaṇṭhapāṇi ·	建姹 **播** 引抳	**407 p016**

① 尉迟治平：《对音还原法发凡》，《南阳师范学院学报》2002 年第 1 卷第 1 期。

② 同上。

kaṇṭha（形，男）：頸、喉、項、咽喉（梵 P. g. 310）；

kāminī（形，女）：婦人、少女（梵 P. g. 338）為惱亂童子之十五鬼神中的迦彌尼。

kaṇṭhapāṇi：乾吒婆尼，為惱亂童子之十五鬼神之一，常遊行於世間，驚嚇孩童。

十五鬼神指惱亂童子之十五鬼神。常遊行於世間，驚嚇孩童。即彌酬迦（梵 mañjuka）、彌迦王（梵 mṛgarāja）、騫陀（梵 skanda）、阿波悉魔羅（梵 apasmāra）、牟致迦（梵 muṣṭikā）、魔致迦（梵 mātrikā）、閻彌迦（梵 jāmikā）、迦彌尼（梵 kāminī）、黎婆坻（梵 rewatī）、富多那（梵 pūtana）、曼多難提（梵 mātṛnāndā）、舍究尼（梵 śakunī）、幹吒婆尼（梵 kaṇṭhapaṇinī）、目佉曼荼（梵 mukhamaṇḍitikā）、藍婆（梵 alambā）。詳見《護諸童子陀羅尼經》。[①]

kaṇṭhapāṇini-grahā[②]

上面的 219 句的翻译中，蔡文端先生将“建姹迦弭顊”翻译为 “kaṇṭhapāṇini”，普明、果滨、郭火生等人翻译为“kaṇṭhakamini”。

	vidhvasana	尾特吻二合娑曩	86 p004
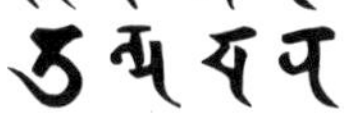	utsadana	嗢蹉去引娜曩	171 p007

石刻第 4 页第 86 句，拓本上标注的梵文“”与汉译“尾特吻二合娑曩”并不匹配，而与后面的第 7 面的第 171 句拓本汉译“嗢蹉去引娜曩”才是最佳匹配。可见，石刻拓本中也出现了误写的情形。我们根据其他版本中的梵文校正了这个地方的错误，更正为正确的“”（尾特吻二合娑曩）。

从另一个角度看，采用上面多种注音方式能够准确还原出最初的梵语，有的学者认为“陀罗尼字门尽管与梵文的语音系统及其字母不无关系，但其自身却并不具有语言学的意义，完全建立在语文记忆形式下的宗教教义基础之上。建立陀罗尼字门的最初目的也在于记忆经文，并宣传其教义，而不是相反，像辞书一样试图说明梵文的语音及其字母和词语的意义，这样就不可能按语音的顺序去排列字母，只能按记忆经文的实际需要来规定其顺序”[③]。

① 普明：《大佛顶陀罗尼注解》2008 年 5 月 12 日。

② 蔡文端：《一切如来白伞盖 大佛顶陀罗尼一卷》，房山石经——感字号，十四经十八卷同帙，一百零三石，一百九十九张，第 390—395 页。

③ 吕建福：《陀罗尼字门及其相关问题研究》，《宗教学研究》2015 年第 1 期。

第二节　项目管理在梵汉对音中的应用研究

"Southpaw技术已经提供了一流的帮助，不仅在他们的产品的实现上，而且在创造更多的创新性、集成的流程上，对我们的资产和跨大陆的资产创造商来说都是独一无二的。"

——宝洁公司

在整理大佛顶陀罗尼的过程中，我们将拓本中的注音符号进行归类整理，试图在最大程度上还原出"唐音"、"河洛音"，甚至是古代的"梵音"。我们也将一些现代梵文学者对该咒语的梵音按照单词进行切割和分类。上述文本与音频的汇合，最终会引导我们对准确梵音的更多思考。

一　基本框架与模块

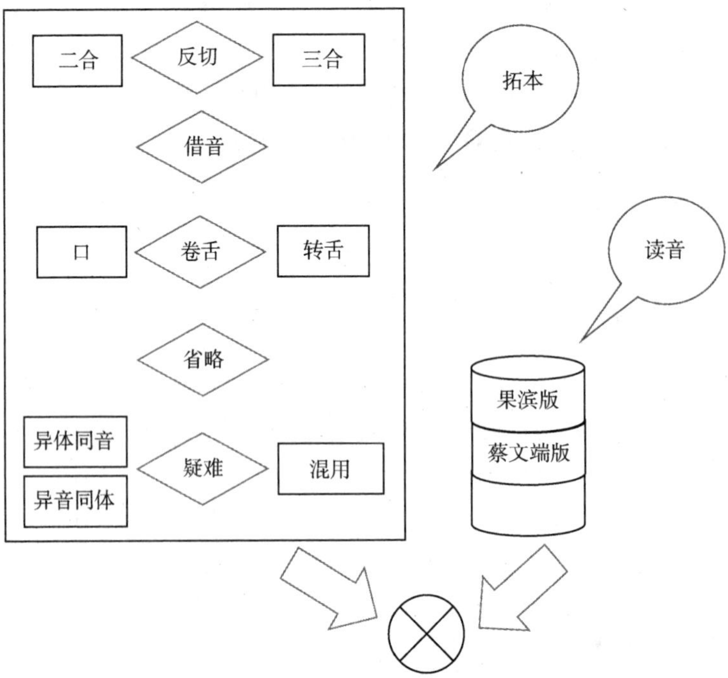

图4-2　大佛顶陀罗尼读音研究的基本框架

图 4-2 中，我们主要从两个角度研究读音，即从文本内容分析与语料库分析。对于文本内容，我们从梵汉翻译中的五个关键（反切、借音、卷舌、省略、疑难）的一般规则或方法入手，分别结合大佛顶陀罗尼的具体案例，从九个角度（二合、三合、借音、带有“口”字的卷舌、标注有“卷舌”的卷舌、省略、同音异体字、异音同体字、多种异体字混用）进行具体分析。对于语料库部分，我们从果滨居士、简丰祺居士（法丰法师）等人的梵音教念版本出发，将单词用混音软件提取出来，然后按照“namo_001_p001_G.wav”的格式保存为词库。

二 文本内容分析中的项目管理

从项目管理的角度看，我们采用开源项目管理软件 Tactic，将工作目标分解为三大任务：Rules_Siddham、Pronunciation_Classification、Pronunciation_Records 等(见图 4-3)。

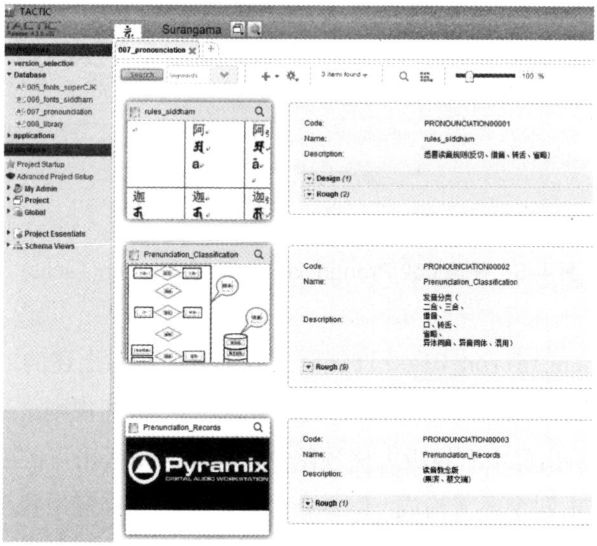

图 4-3 大佛顶陀罗尼读音研究的基本任务(Tactic)

任务一：Rules_siddham。主要是项目小组成员通过商议，就梵汉对译中的一些基本规则进行简明扼要的归纳，并提出其基本规则。这个任务由四个环节构成：Case，是小组成员讨论，指出学界现有研究成果和给出一些具有代表性的论文或文献，供后续研究进行探讨。如第一节中提到的“运用日本悉昙文献材料进行对音的原则”、“日传悉昙文献与汉语中古音研究”、“对音还原法发凡”，以及大正藏的相关文献等。

Rough 和 Design，提出“悉昙文字拼合规则”、“常见借音方法”等发音规则，并商议出一个简单的样本供团队成员进行参考。

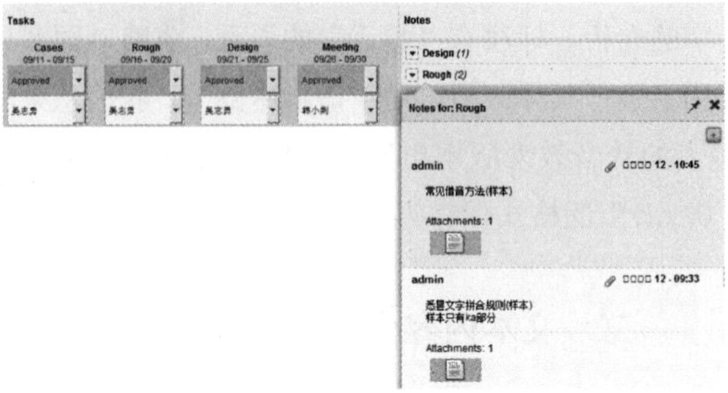

图 4-4　任务 001 Rules_Siddham(Tactic)

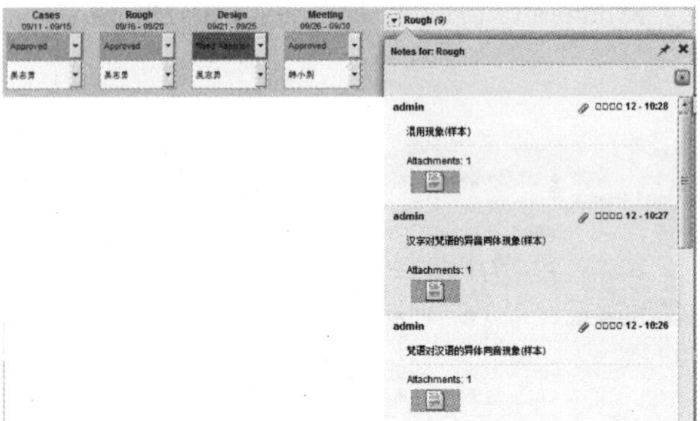

图 4-5　任务 002 Pronunciation_Classification(Tactic)

任务二：Pronunciation_Classification 部分，则对上述的二合等九个角度进行具体分析，从大佛顶陀罗尼中提取相关案例，既能对上述规则进行验证，也能从一些细微的差异，分析出房山石经版大佛顶陀罗尼在翻译中所出现的独特性标注方法或读音。这个任务也由四个环节构成：Case，是从大正藏悉昙部中找出相关的案例，用来与后续的大佛顶陀罗尼中进行对照研究。Rough 和 Design 则是从第三章中的梵汉对照数据库中提炼出相关内容，按照上述的九个角度进行研究，力求尽可能细致地展现出具体内容。

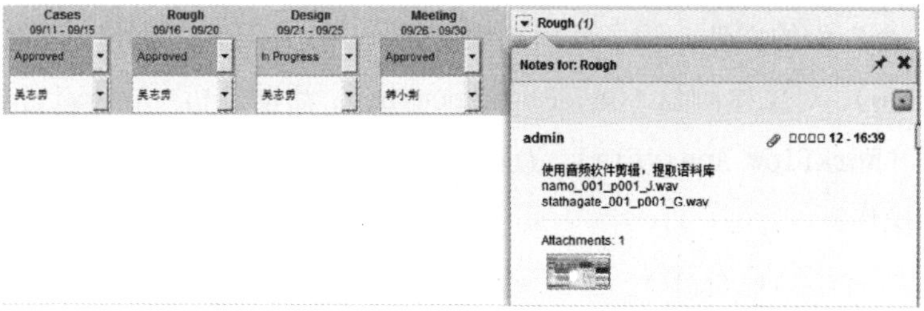

图 4-6 任务 003 Pronunciation_Records(Tactic)

Pronunciation_Records 部分，则首先规范语料库的基本格式，即文件命名严格按照“罗马转写_句_页_录音人”的规范来，然后采用 Merging 公司的 Pyramix 音频工作站编辑软件将果滨居士以及其他法师所念诵的 487 句版本的大佛顶陀罗尼的语音逐词进行切割，得到一个完整的语料库。这个任务也由四个环节构成：Case，是研究 Merrian-Webster、牛津在线词典等案例，了解现代英汉词典的在读音部分的用户体验设计。Rough 和 Design 则是创建和管理语料库，为后续的梵汉词典作数字资产准备(见图 4-7)。

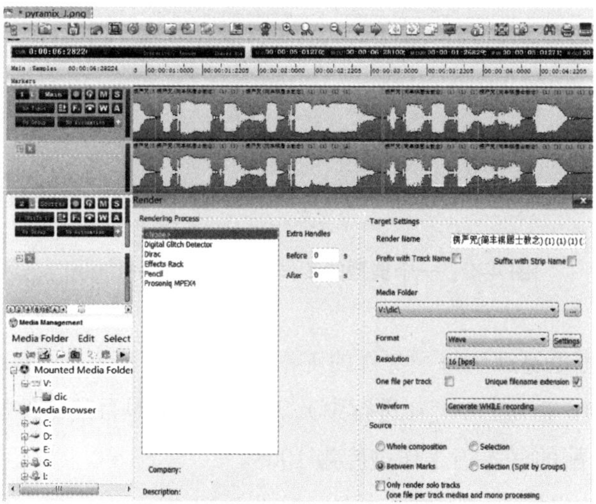

图 4-7 音频剪辑与语料库创建(Pyramix)

从资产管理的角度看，语音研究中主要的音频与文本资源是表格、音频两大类。因此，我们采用 Alienbrain 对所有的文件进行跟踪。确保在小组内正确的文件版本被下载、修改、标注、上传。如图 4-8 所示，我们从左侧的资源管理器（Tree view 视图）中可以看到“002 大佛顶陀罗尼中的案例”任务，主要由 9 个子任务构成。这个资源管理器界面与功能几乎与 windows 操作系统自带的资源管理器一样。文件夹

“002001 二合”中的文件，除了使用列表显示（List View）以外，还能通过下面的预览（Preview）、对象检测器（Object Inspector）、活动分析（Activity Analysis）、工作流分析（Workflow Analysis）、查找（Search）、历史记录（History）6 个面板进行对应的操作。

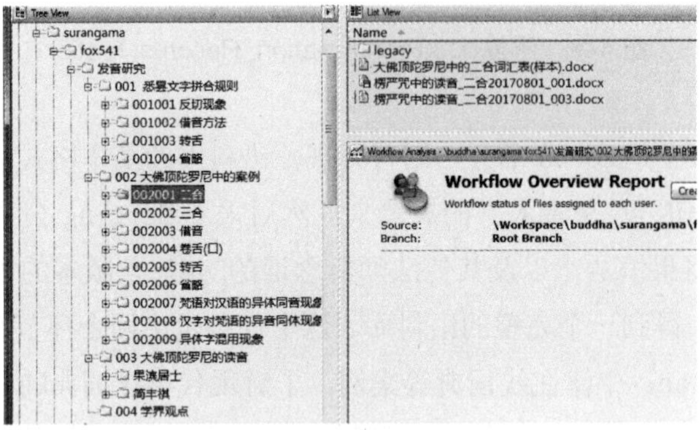

图 4-8　大佛顶陀罗尼中的资源管理(文件部分)

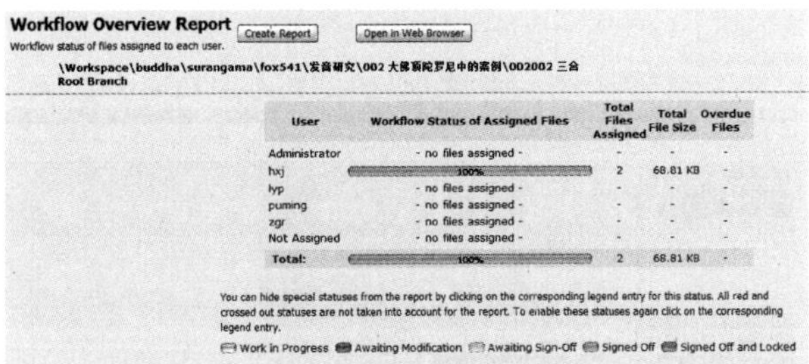

图 4-9　一个典型的工作流程管理(Alienbrain)

Alienbrain 可以追踪到每个文件的工作状态，即“Not In Workflow”（不在工作流中）、“Work In Progress”（进行中）等。图 4-9 即为某文件的完成状态，用户 hxj 已经完成所分配的任务，工作进度为 100%。

Alienbrain 的文件标记功能很强大，如图 4-10 所示，上述音频文件通过客户端/服务器上传下载后，文件通过 Pyramix 软件进行编辑完成后，可以将已经完成的文件更改工作状态（Change Status）、设置版本（Version Control），以及其他更加人性化的设置。

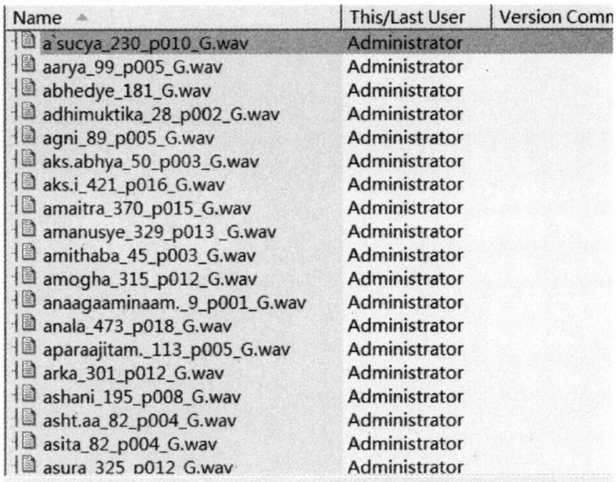

Name	This/Last User	Version Comm
a`sucya_230_p010_G.wav	Administrator	
aarya_99_p005_G.wav	Administrator	
abhedye_181_G.wav	Administrator	
adhimuktika_28_p002_G.wav	Administrator	
agni_89_p005_G.wav	Administrator	
aks.abhya_50_p003_G.wav	Administrator	
aks.i_421_p016_G.wav	Administrator	
amaitra_370_p015_G.wav	Administrator	
amanusye_329_p013 _G.wav	Administrator	
amithaba_45_p003_G.wav	Administrator	
amogha_315_p012_G.wav	Administrator	
anaagaaminaam._9_p001_G.wav	Administrator	
anala_473_p018_G.wav	Administrator	
aparaajitam._113_p005_G.wav	Administrator	
arka_301_p012_G.wav	Administrator	
ashani_195_p008_G.wav	Administrator	
asht.aa_82_p004_G.wav	Administrator	
asita_82_p004_G.wav	Administrator	
asura_325_p012_G.wav	Administrator	

图 4-10　大佛顶陀罗尼中的音频资源管理(Alienbrain)

本章小结

本章通过音韵学视角、语料库视角、项目管理视角对大佛顶陀罗尼的梵汉对照版进行了研究与梳理。通过对拟音和标注的了解，试图分析梵文翻译为汉音的规律，建立一个庞大的梵汉对照语料库，通过数据库分析为石刻拓本中缺失的梵文获取提示信息，从而为完美还原梵本提供必要的资料积累。在海量文献整理中，现代项目管理系统极大加速了工作的进程，实现了工作环节的透明、可视化管理。

名词与术语

谢灵运　释慧睿　梁武帝萧衍 释慧琳　杜行顗　阇那耶舍　菩提流志　道世宝四惟

季羡林　尉迟治平　覃勤　孙伯君　马乾　吕建福

蔡文端　普明　果滨　郭火生

净严　宝洁公司

《一切经音义》《大正藏》《悉昙字纪》《悉昙藏》《悉昙要诀》《摄真实经》《三密钞》

Merrian-Webster　梵和大词典

Tactic　Alienbrain

应 用 篇

第五章　悉昙—汉语对照版大佛顶陀罗尼研究

卷中神咒，刻本音字，率多讹舛。盖华音梵呗，隔越川岳，非唇齿喉舌所能同耳。译释既误，鱼鲁因生，致诵习相沿，莫能究证。乾隆十年，复位楞严法忏时，咨之普善广慈大国师章嘉喇嘛，细加校勘。用音法悉依西梵正传，舌上莲华，顿尔重开真面目也。

——乾隆《御书楞严经》

文字在排版设计中，不仅仅局限于信息传达意义上的概念，更是一种高尚的艺术表现形式。文字是任何版面的核心，也是视觉传达最直接的方式。运用经过精心处理的文字材料，完全可以制作出效果很好的版面，而不需要任何图形。因此，文字设计是增强视觉传达效果，提高作品的诉求力，赋予版面审美价值的一种重要构成技术。在大佛顶陀罗尼（楞严咒）的拓本研究中，我们发现该石刻的排版与早期佛经文字版式编排具有密切的联系。

本章主要从两个不同视角来进行分析，一是版式设计视角，从大佛顶陀罗尼的版式设计着手，了解唐代佛经石刻文字编排的一些特征，并据此对大佛顶陀罗尼的文本规范进行探讨；二是项目管理视角，分析数字资产管理与项目流程管理平台在还原悉昙梵文—汉语版的陀罗尼咒语中的应用。

第一节　悉昙—汉语对照版大佛顶陀罗尼

书之章法有大小，小如一字及数字，大如一行及数行，一幅及数幅，皆须有相避相形、相呼相应之妙。

——(清)刘熙《书概》

一　版式设计

版式设计是对信息传播的载体进行艺术加工，使其鲜明、生动、高效地实现信息传达的一种艺术设计，是一种重要的视觉传达语言，要求合理地组织不同的构成元素表达特定的视觉主题。版式设计从大约 1500 年前的雏形至今经过千余年的发展，已经成为一门成熟的独立学科，在这个过程中东西方各个国家都对版式设计的发展起到了重要的促进作用。在现如今的新媒体时代，互动版式设计变成了新的研究热点，现在的设计工作者也需要将自己的作品按照时代特征加以改进。

版式设计的内涵和外延随着社会文化和思想观念的的变更在不断拓展中，对其概念的把握有助于我们认识当今版式设计的特点，从而确立起准确的版式设计观。《辞海》认为，版即破开的木片或草片。修业不息版（《管子·宙合》），这里的版与“牍”含义一致。现代英汉综合大辞典中，版式的英译为“Layout/Format”，意指在一个平面上开展和调度。现在一般意义上认为，版式指书刊等的版面格式，版面指的是报刊、书籍的整页。版面与版式在中英文表达中指代的含义是相近的，都有规划，设计，编排事物形态的含义。本书采纳《著作权法》中的版式设计概念，即是指对图书和期刊的版面格式的设计，包括对版心、排式、用字、行距、标题、引文以及标点符号等版面布局因素的安排。

范德格拉夫原理

范德格拉夫原理重构了曾经用于书籍设计中将页面划分为较为舒适比例的方法（见图 5-1）。这一原理也被称为“秘密原理”，用于许多中世纪的手稿和古板书中。这一原理适用于任何比例的纸张。使用这一原理可以构造出具有纸张大小 1/9 和 2/9

的美观实用的空白边界。设计的结果是内部边界是外部的一半，并且当纸张比例为 2:3 时边界具有比例 2:3:4:6(内:上:外:下）（更一般的情况是纸张比例为 1:R,边界比例为 1:R:2:2R ）。这一方法由范德格拉夫发现，被 Tschichold 和其他当代的设计师使用；他们猜测这一方法可能已经过时。纸张的比例可以改变，但最常用的纸张比例是 2:3，用这一原理文字区域和纸张具有相同的比例，并且文字区域的高度等于纸张的宽度。这一原理被 Jan Tschichold 广泛推广。后来在文艺复兴时期，排版采取更加均衡的页面并且文字区域的比例页有所不同。[①]

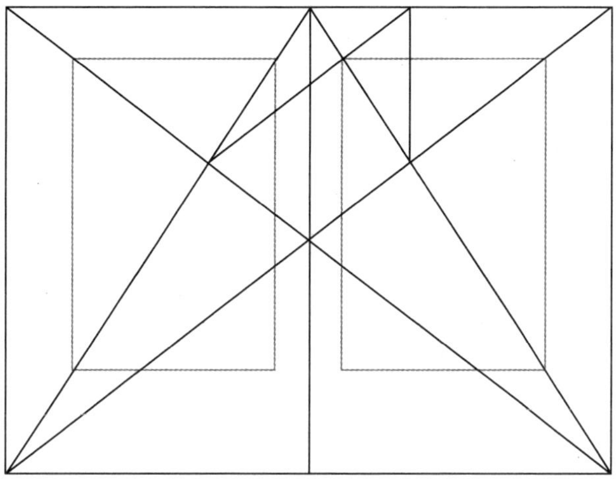

图 5-1　范德格拉夫原理

在版式设计中，文字在轻重、强弱、大小的节奏中，不同程度地体现严谨与理性，曲线与散点的结构表现自由、轻快、热情和浪漫。在编排创意中，图形创意、文字的创意编排、装饰底纹的创意编排、细节等，都会引起读者的关注和认同。日本设计师内田广由纪认为，读者期望的好版面，既不是知名度，也不是高水平的设计，而是能否愉悦地向受众传达信息。为了形成好感，必须要有认同感、欢迎感、高品质感。三感中即使两感完备，欠缺一感也难以形成好感。三感中最难表现的，也是最重要的，是认同感。为此，他还就版式设计中的一些点线面等要素进行了详细分析（见表 5-1）。[②]网格、段落、字体、色彩、图片、封面、细节的创意相结合会产生不同的视觉节奏和韵律美，配合上图文的互动，即文字图形化、文字群的象形化，以及对文字特殊的设计能让编排极富创意，从而使版面更加活泼生动、耐人寻味，达

① 参见 Tschichold, Jan, The Form of the Book., Hartley & Marks, 1991。

② 内田广由纪、刘观庆、刘星:《简明版面设计》，中国建筑工业出版社 2005 年版。

到良好的品质。

表 5-1 版式设计的制约因素

类别 项目	Useful Taste （实用性格调） 实用性、没有浪费、商业	Casual Taste （随和性格调） 开放性、轻松、自由	Spiritual Taste （精神性格调） 适合特定人群、感染力、趣味、精神性、内向性
Element1 版面式样	网格 硬网格型 软网格型 均等型	网格自由 方版市场型 自由市场型 软市场型	对称型 流水型 破对称型 卫星型 全照片型 白底大照片型 偏侧型 对照型
Element2 版面信息量	占据纸面整体的信息量（图、文） 大	占据纸面整体的信息量（图、文） 中	占据纸面整体的信息量（图、文） 小
Element3 静动性	照片的外形 小方版 照片的内容 垂直	照片的外形 抠底版 照片的内容 倾斜	照片的外形 出血版、羽化版 照片的内容 倾斜、水平
Element4 图文率	图文比率 文中心	图文比率 各半	图文比率 图中心
Element5 跳跃率	标题大小 中	标题大小 大	标题大小 小

版式设计具有悠久的历史，平面设计领域的每一次运动以及重要的思潮、流派的形成，都或多或少对版式设计有直接或间接的影响。表 5-2 中对一些重大里程碑事件进行了概括。

表 5-2　版式设计里程碑事件

时间	地点	里程碑事件	特征	代表作品
1500 年前			“六法”之一的“经营位置”道出了构图在绘画中的重要性	南齐谢赫《古画品录》
19 世纪			促进了“印象派”画家对光色的分析和表现	黑格尔《美学讲演录》
第二次世界大战后	瑞士	国际主义平面设计风格	创造了“公式”——网格构成	
19 世纪下半叶		工艺美术设计运动	以“精美”霸道着西方	威廉·莫里斯《占奥弗雷·乔叟作品集》《坎特伯雷故事》
19 世纪末	法国	新艺术运动、象征主义	对工业机械化的反感和对传统设计的思维的否定为构成的萌芽提供了思想和技术上的准备	
20 世纪初	俄国	前卫艺术运动	向往创作、设计的自由和摆脱脱离现实的纯艺术，以及在理念上否定个人的、无实用性的艺术，在绘画和设计上主张抽象形式，放弃传统的具象写实，主张把功能作用视作创作的依据，强调形式受功能的制约，努力创造“社会主义建筑”模式，追求造型的社会性。	
20 世纪 20 年代	欧洲			王受之《世界现代设计史》
1913—1917 年	俄国	塔特林提出“构成”的概念	艺术是创造形式的过程，是对形态、材料、空间的整体感受	
1919 年 4 月	德国	国立魏玛建筑学校	首先开发出了具有现代构成课程特点的基础训练课程	
1922 年		构成主义思想体系		阿列克塞·甘《构成主义》
20 世纪 60 年代中期			社论版和各消息的次序都还由印刷工人来完成	《泰晤士报》
1963 年		模块式世纪理论	以网络体系为基础，每篇稿件形成一个规则的矩形，用围框或空白将之与其稿件分开，读者在阅读过程中就不会发生串行、误读的现象，极大地方便了读者的阅读	彼得·帕拉佐《纽约先驱论坛报》
20 世纪 70 年代		构成的理论	所有的形体都是由柱体、圆体、方体、锥形等四五个基本形体构成，造型语言彻底独立	
20 世纪 70 年代		重新设计理论		《纽约时报》

续表

时间	地点	里程碑事件	特征	代表作品
20 世纪 70 年代	日本	构成学系及相关的构成研究机构	对最基本的视觉元素进行了科学化，理性化的分析与研究，揭示了事物形态的各种构成关系、组合规律及美学法则，将客观事物的本质要素抽象出来，按照美学规律和构成原理，重新解构、整合，创造出新的理想的形态及组合方式，并且注重不同材质的表现力	
20 世纪 80 年代	中国	各大艺术院校都将构成教学看成现技术基础体系	学科系统化的训练方法，纯粹的现代设计基础体系，现代设计教育从工艺美学的“装饰主义”风格中摆脱出来	

数字出版、电子出版极大解放了艺术与设计的空间，更便捷的出版方式与传播方式不断推陈出新。数字出版行业的繁荣，推动着更多优秀的版式设计作品以更高效率、更便捷的方式发布出来。

二　大佛顶陀罗尼的版式设计

20 世纪 30 年代，在设计领域，特别是建筑设计中，网格得到普遍关注。运用数字精准规划比例，把版面划分成统一的网格，将文字和图片等视觉元素放置其中后，抽掉网格使其整体感觉秩序化、条理化，保持版面的整洁性。普林斯顿建筑出版社畅销的西方简明设计系列丛书中，金伯利・伊拉姆的《栅格系统与版式设计》[①]以理论与实践相结合的方法，从简・奇尔切奥得的《新版式》到包豪斯的《平面设计教育》等，对栅格系统进行了详细解说。

《永乐大典》的版式设计

《永乐大典》中的文字按照 8 段，16 行，每行 28 个字进行排列，版心宽高比为 0.626，版面的文字群以 3 毫米为一个单位。有序的设定、科学的比例和逻辑的分割、带来极佳的阅读和审美功能。

房山石经的版式大致为左中右三栏划分区域，见表 5-3 和图 5-3 所示。

左边为石刻头部经题区，基本是经题（如“释教最上乘秘密藏陀罗尼”）、卷次（如“卷第三十”）、页数（如“十二”，大佛顶陀罗尼共有十八页）、帙号（如“密”，这是按照千字文顺序编目，各朝代基本依据此标准进行）。由于石刻所依据的底本不一，

① 金伯利・伊拉姆、KimberlyElam、伊拉姆等：《栅格系统与版式设计》，上海人民美术出版社 2006 年版。

因此在这一部分出现了多种不同的组合，如“摩诃般若波罗蜜经雨不和合品第四十七卷第二十一咸后秦三藏鸠摩罗什译”、“摩诃般若波罗蜜经卷第三十六 河 后秦三藏鸠摩罗什译 摩诃般若波罗蜜经善达品第七十九”、“摩诃般若波罗蜜经卷第九 薑 摩诃般若波罗蜜经发趣品第二十 后秦三藏鸠摩罗什译”等。①

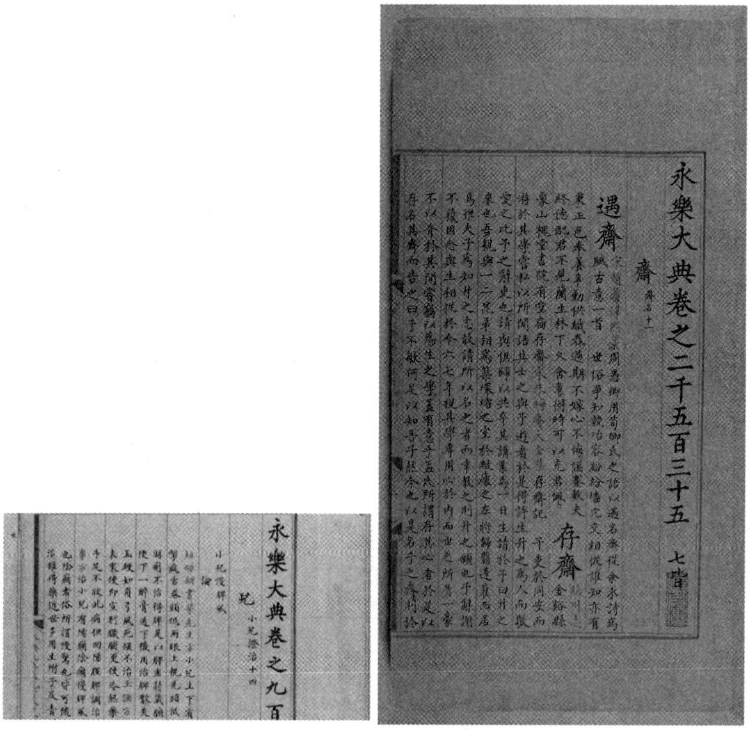

图 5–2　永乐大典(明)

中间区域为主要区域，刻写的咒语编排比较复杂。基本采用对照方式进行竖排，汉译读音采用标注进行拟音（如大量的“二合”、“上”、“引”等），每一句咒语均有序号（如“一”、“二”、“四百八十七”等）。这些标注均采用小一号的字体进行镌刻。比较有趣的是，虽然绝大多数小写的标注采用双排并列，但是仍有个别标注为单行，而且几乎每个页面都有这种“浪费”版面空间的现象，不知道是何缘故（图 5-4 并排的标注与单行的标注）。

右边区域为题记区域。辽金刻经的最大特点是经末多刻有题记，举凡提点官吏、校勘僧众、施主姓名、刻造年月、写经人、刻经人、施金多少、刻石几片、几卷、几

① 何梅：《房山石经与〈随函录〉·〈契丹藏〉·〈开元录〉的关系之探讨》，《佛学研究》1996 年第 5 期。

部均有记录，有的连每石刻字多少都有明确的记载。[①]例如“耶律佶”、“梁颖”等人是当时辽代政治上的重要人物，又是房山石经镌造事业的热心支持者，《辽史》无传，但在房山石经大安二年(1086)刻《持世经》卷第一，盖字帙、条第一、背面题记刻有他们两人的全衔职称。

从房山云居寺所收藏的石经来看，各时期在版式上特征不同。房山石经刻经跨度时间久，先后使用了唐开元年间《开元录》[②]本（金仙长公主奏赐的4000余卷精校宫廷写本）和官刻《契丹大藏经》[③]作为底本进行镌刻，因此在版式设计上均有两者共同的一些特点。根据日本《东文选》卷一一二载录的高丽僧释宓庵《丹本大藏庆赞疏》中的记载，以及应县木塔中首次发现的带有《千字文》编号的辽代刻12卷经本来看，《契丹藏》是有其固定的版式的，虽与《开宝藏》[④]同为卷轴本，但不同于《开宝藏》的每版23行，每行14字的格式，而采用每纸27行，每行17字的格式。[⑤] 这种典型的唐人写本藏经的每行17字的刻板格式，为其后历代木刻折装本大藏经所沿用。辽大安九年(1093)，名僧通理大师举行传戒法会，获施钱万余镪，继续刻造石经。同时在经版形式方面改大碑为小碑，“面背俱用，镌经两纸”，也就是说，经碑的一面，与雕版印刷的刻本一致(见表5-3)。

表 5-3　房山石经的碑文版式

时期	版式	尺寸	文字	题记
隋唐	碑式 与《开元录》本类似		正反两面连续镌刻，很多都是刻满正面，再在背面镌刻	书者、施者、镌者时有时无
辽金	小碑经版与《契丹藏》在版式类似，只是从卷轴式改为石经版	中碑经版 （莱—可） （1059—1094） 宽65厘米 高160厘米 小碑经版 宽76—80厘米 高30—40厘米	两面刻字，每面行数、字数大体相同，大致为每纸27行或28行，每行17字	石刻头部经题区： 经题、卷次、页数、帙号、 石刻尾部题记区： 数量、时间、 作者、镌者等

① 黄炳章：《房山石经辽金两代刻经概述》，《法音》1987年第5期。

②《开元录》全称《开元释教录》，唐长安西祟福寺沙门智升撰于唐玄宗开元十八年（730）。

③《契丹藏》又称《辽版大藏经》、《辽藏》。官版，辽国兴宗敕令雕印。刻经时间为兴宗重熙初年（1032—1054），完成于道宗清宁九年（1063）。主持人为总秘大师、燕京圆福寺僧人觉苑。

④《开宝藏》约在宋太宗太平兴国八年（983）前完成，全藏收经1085部，5048卷，480帙。其后至宋徽宗大观二年（1108年）百余年间的三次增补，收经总数有1560余部、近7000卷。

⑤ 徐自强、吴梦麟、任继愈：《中国的石刻与石窟》，商务印书馆1996年版。

总的来说，房山石经的版式设计吸收了雕版印刷刻本的优点，同时也尽可能地在简化版本的同时保留了原版的精华，版式简洁大方、风格统一。

从书法艺术的角度看，房山石经的文字融入了隋唐书法艺术的精髓，具有极高的成就。清查礼的《游题、上方二山日札》中对石经书法的记载中写道："石经洞宽广如殿，中供石佛，四壁皆碑石垒砌，即隋静琬法师所刻佛经也。字画端好，有欧褚楷法，无一笔残缺。"写经多以端正的小楷字体，北京市文物研究所馆员楼朋林认为："初唐时期是继承了隋代清秀修长的书体风格，如故宫博物院藏国铨所书的《善见律》，楷法遒媚有褚、薛遗风趋清瘦修长。到开元天宝年间，笔画渐趋润厚，如索洪范造《金刚般若波罗蜜经》和《大般涅槃经》、《妙法莲华经》等风格基本一致。至晚唐文宗时期，写经书体渐趋肥厚，结构形体由修长逐渐变宽，如乾宁四年国福所书发愿文，端严清润，还有智僧大和尚在佛坛讲学的稿本有王羲之、智永一脉相传的遗范，笔法精到，与一般写经中规中矩严谨端庄的作风不同。"[①]可见，刻经的字体也具有鲜明的时代特色(见图 5-3、图 5-4)。

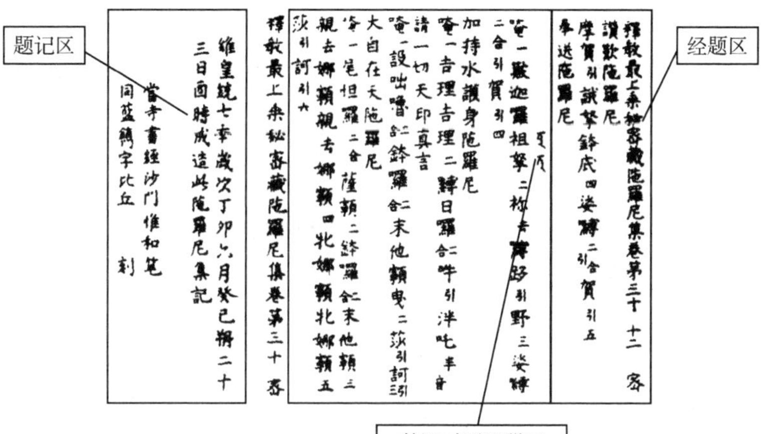

图 5-3　房山石经的版式设计

① 楼朋林：《北京房山石经与隋唐书法艺术》，《北京市房山区召开纪念房山石经开洞拓印 55 周年暨房山石经研讨会主题发言》，2011 年 4 月 21 日。

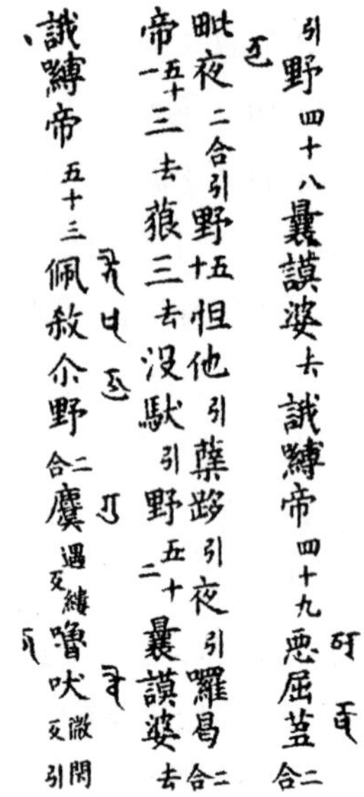

图 5-4　并排的标注与单行的标注

第二节　项目管理视野下的梵汉对照版式设计研究

一　基本框架与模块

从图 5-5 中，可以看到在研究成果的呈献上，主要采用两种方式：

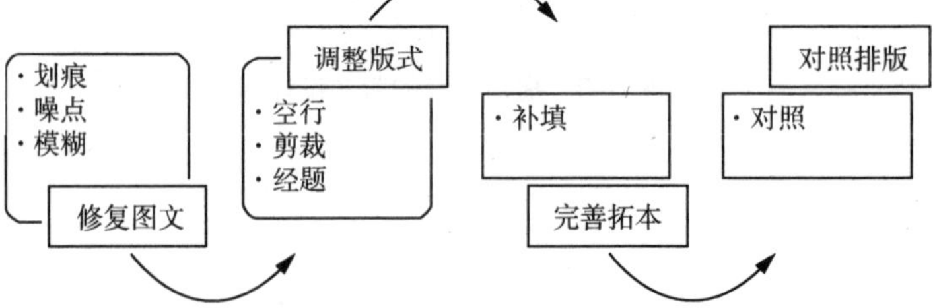

图 5-5　梵汉对照版研究的基本流程

方式一，遵循古本，严格按照原始拓本的编排规则，在行琳大师所集的不空大师译的“大佛顶大陀羅尼”的原稿影印的基础上，将经题、内容进行适当调整，将图文进行修复，将新造的悉昙字体填充到原有拓本中的空白位置。

方式二，遵循惯例，严格按照现代梵汉校勘版的排版规则，将悉昙梵文和汉语进行上下行对照排版，采用四种梵文记录方式（悉昙梵文（新造悉昙字）、悉昙梵文、罗马转写、汉字译音）将该咒语内容编排。

二　项目管理视野下的梵汉对照研究

图 5-6　梵汉对照版研究的基本流程(Tactic)

通过对大佛顶陀罗尼的相关研究，我们已经能够对石刻的拓本中所缺乏的悉昙梵文进行补充完整。从项目管理的角度看，我们采用开源项目管理软件 Tactic，将工作目标分解为四大任务。

任务一，Pic_Inpainting（修复图文，见图 5-7）。

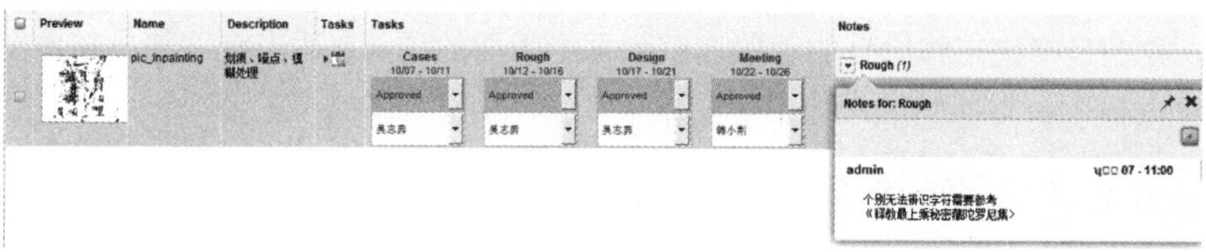

图 5-7　任务一

主要是将 17 张拓本图片上的划痕以及噪点进行处理，将不清晰的字体用清晰的字体替换，我们采用 Adobe Photoshop 软件完成了上述任务。

这个任务主要包括四个环节：Cases，是小组成员讨论，指出学界现有研究成果，给出一些具有代表性的论文或文献，供后续研究进行探讨，主要是收集一些石刻古籍修复整理的案例。Rough 和 Design，主要是提出修复整理的具体目标（划痕、噪点、模糊等）、操作方法以及修复建议等。

这里有一个特别需要提出的是，石刻第 4 页第 86 句，拓本上标注的梵文“[梵文]”与汉译“尾特吻二合娑曩”并不匹配，而与后面的第 7 面的第 171 句拓本汉译“嗢蹉去引娜曩”才是最佳匹配。可见，石刻拓本中也出现了误写的情形。我们根据其他版本中的梵文校正了这个地方的错误，更正为正确的“[梵文]”（ 尾特吻二合娑曩）。

任务二，Pic_Layout，调整版式(见图 5-8)。

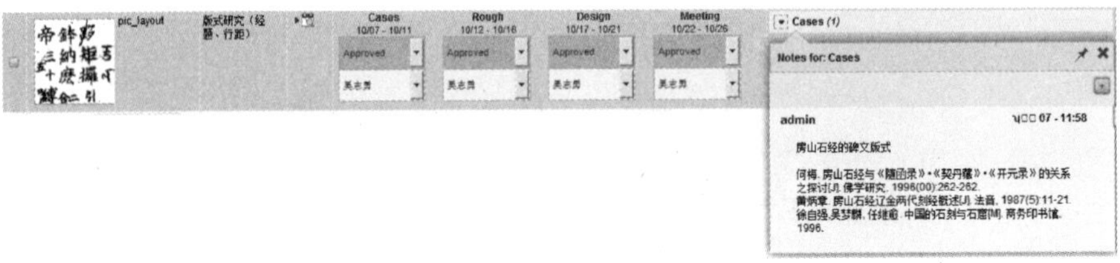

图 5-8 任务二

主要是将修复好的 17 张拓本图片重新进行版式设计。

这个任务也分为四个环节：Cases，是小组成员讨论，收集古籍版式设计，以及现代版式设计的一些较好案例，供后续研究。Rough 和 Design，主要是提出版式设计的具体目标（经题设计、行距设计、内容设计等）以及操作规范等。拓本中绝大多数音译采用了对照的办法，预留了悉昙梵文刻字，但是也有少量没有留出空行的段落，因此，我们采用 Adobe Photoshop 软件，将这部分密集的文字中插入空行，作为后续的增补空行。此外，由于新增了空行，因此部分页面版面不够，甚至出现行数不一的问题，我们最终决定将原有的经题调整到每个版面的顶部，适当收缩部分拓本图片大小，确保原有的页面都能在一个版面排下。

任务三，Pic_Supplement，完善拓本(见图 5-9)。

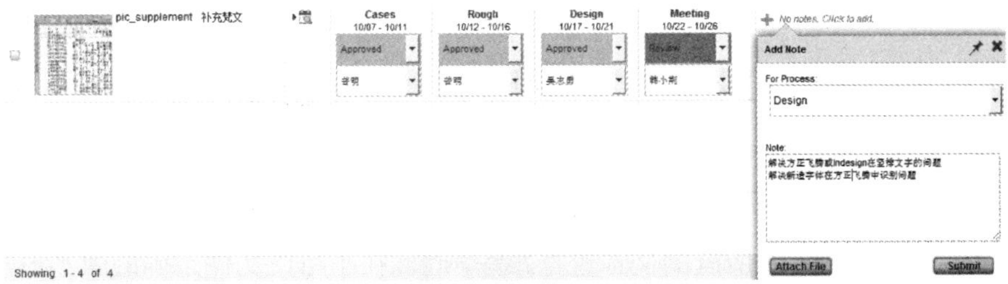

图 5-9　任务三

主要是将新造的悉昙字符填入所对应的位置，形成悉昙—汉字对照的风格，保存为 pdf 文件。这样，既能保留原始的石刻风格，又填补了所缺乏的悉昙文字，从而形成一个完整的版本。

这个任务也分为四个环节：Cases，主要是小组成员讨论，收集竖排文字排版的案例，供后续研究。Rough 和 Design，主要是提出拓本中悉昙文字填充的一些目标和操作规范。由于方正飞腾软件不能很好地识别新造的悉昙文字，因此最后我们采用 Adobe Indesign 来完成。由于目前暂时只计划在原有的拓本图片上面直接填充新的文字，如果在未来，可能会直接在文本排版软件中进行竖排，所以我们还就此问题进行了一些技术可行性测试。

任务四，Pic_Comparision，对照排版(见图 5-10)。

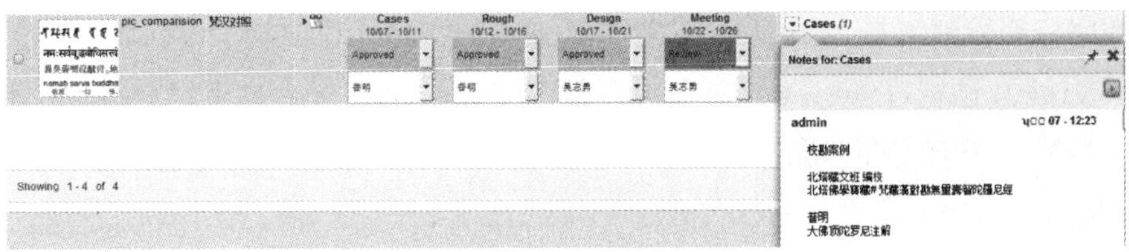

图 5-10　任务四

主要是根据前面所整理的内容，将悉昙梵文（新造悉昙字）、悉昙梵文、罗马转写、汉字译音、句子简释 5 行文字进行上下对照排版，形成一个梵—汉对照版，便于后期校勘和研究。

这个任务也分为四个环节：Cases，主要是小组成员讨论，收集佛经校勘的一些案例，供后续研究，如“朱竞旻、马艳编校的《梵藏漢對勘無量壽智陀羅尼經》”之类单行本材料。Rough 和 Design，主要是提出拓本中梵汉对照校勘本一些目标（版本来源、校勘凡例、正文版式）和操作规范。

三　数字资源管理在梵汉对照中的应用研究

从资产管理的角度看，梵汉对照研究中主要的资源是图片、文档两大类。因此，我们采用 Alienbrain 对所有的文件进行跟踪，确保在小组内文件正确的版本被下载、修改、标注、上传。如图 5-11 所示。

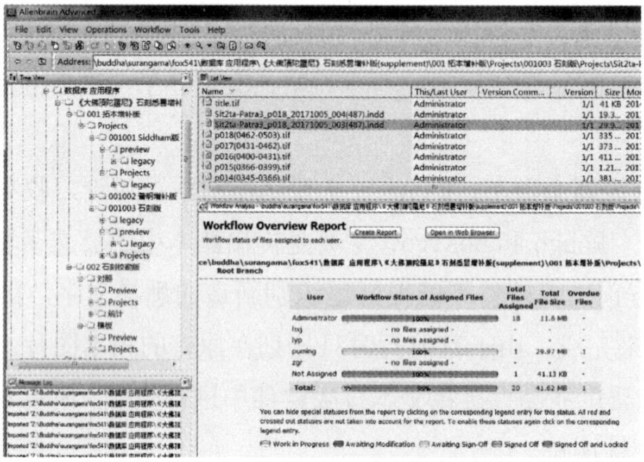

图 5-11　数字资产管理与流程管理(Alienbrain)

数字资产管理工具 AlienBrain 提供了强大的资源管理功能，可以通过列表显示（List view)、预览(Preview)、对象检测器(Object Inspector)、活动分析(Activity Analysis)、工作流分析（Workflow Analysis)、查找（Search)、历史记录（History）7 个面板进行对应的操作。

从左侧的资源管理器树形图（Tree View）可以看到，本项目主要包括两个核心的任务：001 拓本增补版，即在原始的拓本上面将新造的悉昙文字补全；002 石刻校勘版，即使用当前通用的梵汉对照校勘本的模式将大佛顶陀罗尼的 487 句进行排版。

001 拓本增补版中也有三个小型的项目：001001 Siddham 版，即将拓本中欠缺的悉昙文字填补完整，采用的是嘉丰出版社的 Siddham.ttf 字体，该版本制作了 4 页后，经过讨论，大家认为采用现代悉昙字体不能体现出石刻的原始风貌，因此该项目被冻结；001002 普明增补版，即在普明整理的 pdf 版本基础上，在原始的城体基础上增加悉昙字体，经过讨论后，该项目也被冻结。001003 石刻版，即将拓本中欠缺的悉昙文字填补完整，采用的是根据石刻已有悉昙字体基础上新造的 600 多个 siddham 字体。

所有的项目均采用 Project（当前工程）、Preview（预览与审核文件）、Legacy（历史文件）三个文件夹。文件名也严格按照“文件—改动—日期—版本”的方式进行，以确保文件的唯一性和易读性，如“楞严咒（房山行琳大师本 石刻悉昙造字与新增_对照）_ya yaa_20171004_002.docx”等。

Alienbrain 提供了一个工作流分析工具，能够记录小组成员对文件的处理进度。和 Tactic 的简单的分配任务功能相比，采用进度条的方式更加直观。

本章小结

本章通过版式设计视角和项目管理视角对大佛顶陀罗尼的梵汉对照版进行了研究与梳理。从版式设计的角度来看，大佛顶陀罗尼的拓本文字、段落编排吸收了雕版印刷本的优点，简洁大方，镂刻技术精湛，书法秀丽严谨。在拓本悉昙新造字增补版与校勘版制作过程中，现代项目管理系统、流程管理系统、资产管理系统的介入，极大推动着古籍数字化的进程。

名词与术语

静琬　金仙长公主　释宓庵　通理大师　刘熙　查礼

徐自强　楼朋林

内田广由纪

版式设计　范德格拉夫原理

《游题、上方二山日札》

《著作权法》《栅格系统与版式设计》《永乐大典》《契丹大藏经》《开元录》《丹本大藏庆赞疏》《开宝藏》

Merrian-Webster　梵和大词典

Tactic　Alienbrain

案例篇

附1　梵汉对照数据库汉字检索表和梵汉对音表

在整理《大佛顶陀罗尼》的过程中，我们发现，尽管由于诸多原因，不能百分百还原摩揭陀国当年的梵音，但是从众多悉昙文献来看，佛咒用字是很严格的，研究梵汉对音的意义在于：其一，有助于快速从数据库中查询相关词语；其二，有助于为后续的梵汉词典提供直接的检索表；其三，有助于为后续的词频统计提供样本；其四，有助于讨论"不空学派"的译音规律，从而在后续梵汉对音中能更准确地还原原始梵音。如台湾的万金川[①] 分析房山石经版心经出自不空之手的可能性似乎是高于石室抄本，施向东[②③]、刘昀[④] 通过比较敦煌石室本《心经》与玄奘法师翻译其他经文的用字方法推断出敦煌石室本应该是不空(学派)的手笔。

一　按悉昙18章次序排列

汉字	恶 阿上 遏	阿去引	印 伊上	印	鄔 塢引 嗢	汙	哩	曀	鄔
罗马	a	ā	i	ī	u	ū	ṛ	e	o
页码	149	154	154	155	157	157	157	157	158

① 万金川：《石室〈心经〉音写抄本校释初稿之二》，《圆光佛学学报》2005年第9期。
② 施向东：《音史寻幽——施向东自选集》，南开大学出版社2009年版。
③ 施向东：《古音研究存稿》，南开大学出版社2013年版。
④ 刘昀：《不空译〈心经〉梵汉对音及相关问题研究》，《古汉语研究》2017年第1期。

汉字	建 建引 羯 迦	迦	枳引 緊	枳引 枳難以反	崫俱律反 矩 禁 禁俱反 禁俱淥 反	計引	句引	矯 矯 魚矯反引	劒
罗马	ka	kā	ki	kī	ku	ke	ko	kau	kaṃ
页码	158 159	161	162	162	163	165	165	165	190
汉字	謇	佉							
罗马	kāṃ	kha							
页码	162	206							
汉字	迦 蘖 誐 巘 引	誐引	麌遇縷反 麌入	霓去 藝引	儼	伽去	具		
罗马	ga	gā	gu	ge	gaṃ	gha ghā	gho		
页码	166	150	168	204	213	152 174	169		
汉字	拶 賛 左 斫 佐引	唧	載 載引 際 引	祖去引					
罗马	ca cā	ci	ce	co					
页码	170	171	172	172					
汉字	惹	惹引 穰引 惹准上	尒自以反 尒	尒引	尒自異反 薺自曳反	孺 乳引	染 染自攬反		
罗马	ja	jā	Ji	jī	je	jo	jaṃ jāṃ		
页码	174	174 212	175 190	175	176 212	157 180	175 180		
汉字	吒	致上	致引						
罗马	ṭa ṭā	ṭi	ṭī						
页码	159	162	165						
汉字	拏 拏引 拏去引	呅尼古反	茶去						
罗马	ḍa	ḍū	ḍha						

页码	177	222	178						
汉字	拏鼻	拏 拏引 拏鼻音	抳 抳尼整反 掜	抳	妳鼻引 妳	喃上引 嘞引			
罗马	ṇa	ṇā	ṇi	ṇī	ṇe	ṇāṃ			
页码	193	166 167 180	191 203 159	185	197 225	169			
汉字	多 跢 怛 妬引	多 多引 跢 跢引	底 底准上 底丁以反 底丁逸反	頓 覩 咄	妬引	帝引	擔	擔 擔引	他去引 他引
罗马	ta	tā	ti tī	tu	to	te	taṃ	tāṃ	thā
页码	178	179	179 190 184	179 198 170	178	180	150	190 192	235
汉字	娜 難上 乃	娜	你泥以反	捻 奴揖反	耨 訥 弩	妳引 祢去	難上	馱引	地
罗马	da	dā	di	dī	du	de	dāṃ	dha dhā	dhi
页码	182 239	182	183	183	183	166 184	164 182	185	150
汉字	度								
罗马	dhu								
页码	*203*								
汉字	諾 曩 難上	曩引	[illegible]	[illegible]引	甯 寧引	弩鼻音	南上引 難上		
罗马	na	nā	ni	nī	ne	nu	nāṃ		
页码	186	187	188	177	188 193	204	150 237 226		
汉字	半 鉢 跛 播 播引	播引 迦	比	補	布引	背	唪補敢反 半	頗 登	
罗马	pa	pā	pi	pu	pū	pai	paṃ	pha	
页码	189	191 159	192	192	192	193	189 213	195	
汉字	滿 麼	穆 沒	冐引	婆去 婆去蒲憾反 薄	婆去引 畔	牝	步引 部	部 部引	陛

罗马	ba	bu	bo	bha	bhā	bhi	bhu	bhū	bhe
页码	196	197	197	198 193	150 164	199	200	201	199
汉字	佩								
罗马	bhai								
页码	199								
汉字	麽鼻引 麽 摩 滿 沫 莫引 穆	麽	謎引	弭	母 捫 穆	每	麽引 莫 謨	莾引	𤚥引
罗马	ma	mā	me	mi	mu	mai	mo	maṃ	māṃ
页码	203	207	208	150	208	153	208	206	155 207
汉字	藥 演 野 夜 曳	夜 夜引 野引	庾引	曳 曳引					
罗马	ya	yā	yo	ye					
页码	209	209	210	210					
汉字	囉	咯 囉	哩	嚕	嚕引	𡃤 𡃤引	嚧引 嚕	嘮 嘮引	囕 嚂
罗马	ra	rā	ri rī	ru	rū	re	ro	rau	raṃ
页码	211	212	191	212	213	213	213	214	169
汉字	囕引								
罗马	rāṃ								
页码	194								
汉字	落 嚹 攞引 剌 覽 虜	嚹 剌引 攞引	理 陵上	理引	路引	礼 黎 隣上	路引	藍 藍上 攬	攬引
罗马	la	lā	li	lī	lu	le	lo	laṃ	lāṃ
页码	215	163 164 220	215	161	215	153 232	215	150 176 225	196
汉字	嚩	嚩	尾	尾引	吠引	吠	鑁		

汉字	嚩引 挽無滿反	嚩引		味引 吠	吠微閉反 吠引	吠微閉反引 吠引			
罗马	va	vā	vi	vī	ve	vai	vaṃ		
页码	216 218	218	218	221	222	222	198		
汉字	設 灑 扇 餉 捨	捨 舍引	始	試 試引 施引	戍引				
罗马	śa	śā	śi	śī	śū				
页码	223 221	192 224	224	170 193 225 221 229	225				
汉字	殺 灑	灑引	史	秫	釤 釤引	釤			
罗马	ṣa	ṣā	ṣi	ṣu	ṣaṃ	ṣāṃ			
页码	199 219		214		155 231	180			
汉字	颯 三 三去 娑 設 薩	娑引 娑去引	悉 枲 枲星以反	枲星異反	素 蘇上 戍上 蘇	細 細引	掃去引	僧去 三去	
罗马	sa	sā	si	sī	su	se	so	saṃ	
页码	226	232	233 218	233	234	234	234	232	
汉字	賀 伽	賀	呬	呬引 呬去引 呬馨異反引	係引	護	憾		
罗马	ha	hā	hi	hī	he	ho	haṃ		
页码	237	238	157	228 229	239	204	167		
汉字	乞灑 二合 乞刹 二合 乞叉 二合 屈葚 二合 乞葚 二合	乞史 二合	乞史 二合引	乞曬 二合	乞鏟 二合	三去			

罗马	kṣa	kṣi	kṣī	kṣe	kṣaṃ	ksaṃ			
页码	157 186 149	149	165	209	211	227			
汉字	枳野 二合	紫野 二合	尒野 二合	掜野 二合	致上	底孕 二合 底野 二合	底曳 二合	底庾 二合	
罗马	kya	cya	jya	ṇyā	ṇyī	tya	tye	tyu	
页码	224	152	199		159	188 194	155	150	
汉字	你野 二合	你也 二合引 你野 二合	祢	你聿 二合	你琰 二合引	理野 二合引	辮去 毗夜 二合引	毗喻 二合	毗藥 二合
罗马	dya	dyā	dye	dyu	dyaṃ	nya	bhya	bhyo	bhyaḥ
页码	179	219	151	220	219	206	149 201	202	201
汉字	猿 弭野 二合	尾野 二合引	曬	寫	呬野 二合				
罗马	mya	vyā	ṣye	sya	hya				
页码	234 227	223	153	232	168				
汉字	屹囉 二合	竭囉 二合	日囉 日囉 二合 日囉 二合引	日嚧 二合引	捺囉 二合引	捺哩 二合	訥嚕 二合引	訥嚕 二合引	怛囉 二合引 怛囉 二合
罗马	gra	ghra	jra	jro	dra drā	drī	dro	drū	tra
页码	168	223	216	217	154 208	214	239	182	153
汉字	羯囉 二合	怛囉 二合引	咄嚕 二合	怛㘑 二合 怛㘓 二合	怛㘓 二合引	怛嚂 二合 怛囕 二合	鉢囉 二合	畢㘑 二合	沒囉 二合
罗马	kra	trā	trū	tre	trai	traṃ	pra	pre	bra
页码	191	180	223	188 189	181	189	193	195	197
汉字	勃囉 二合	沒囉 二合	室囉 二合	始㘑 二合	秫嚕 二合	娑囉 二合	素嚕 二合		
罗马	bhra	vra	śra	śre	śru	sra	sro		
页码	200	191	225	226	220	229	237		
汉字	入嚩	怛嚩	怛吠	納嚩	你吠	特吻	特吻	尾	濕嚩

汉字	二合	二合	微𨵗反二合引	二合	二合	二合	無肯反二合		二合
罗马	jva	tva	tve	dva	dve	dhva	dhvaṃ	mvi	śva
页码	176	179	197	184	184	218	218	215	187
汉字	濕吠 二合	娑嚩 二合	賀嚩 二合						
罗马	śve	sva	hva						
页码	226	237	175						
汉字	始 𠿒 二合 澁弭 二合	怛麼 二合引	荅麼 二合	納麼 二合	納𢡟 上二合	濕麼 二合	娑麼 二合引	憾麼 二合	乞讖弭二合
罗马	ṣmi	tma	tmā	dma	dmaṃ	sma	smā	hma	kṣmī
页码	226	157	156	190	190	236	152	197	215
汉字	屹曩 二合	儗 𩕳 二合	屹 𩕳 二合	娜 曩引	𩕳	怛曩 二合	鉢曩 二合		
罗马	gna	gni	gnī	nna	nni	tna	pna pnā		
页码	186	151	151	162 237	232	212	183		
汉字	囉迦 二合	喇拏 二合	哩 抳 二合	闥 囉他 二合 喇他 二合 他上 嘌他 二合	嘌體 町以反二合	囉馱 二合	跛	婆去引 薄	婆去引
罗马	rka	rṇa	rṇi	rtha	rthī	rdha	rpa	rbha	rbhā
页码	214	160	234	164 231 170 228	179	154	223	166 170	166
汉字	蹦	麼	哩野 二合	哩曳 二合	稜上	嚩 嘌挽 二合下無滿反 冈無肯反	嚩引	吠引	嘌史 二合
罗马	rbhi	rma	rya	rye	rla	rva	rvā	rve	rṣi
页码	183	206	154	171	184	229 163	231	231	184
汉字	嘌𪉖 二合引	囉罕 二合 囉 曷 二合							

罗马	rṣe	rha							
页码	225	154 214							
汉字	囉濕嚩二合								
罗马	rśva								
页码	191								
汉字	嘌底 二合								
罗马	rtni								
页码	224								
汉字	迦	儗霓以反	誐	儗 儗研以反 儗你 二合	伽去	祇去	左	涅哩 二合	姹
罗马	ṅka ṅkā	ṅki	ṅga	ṅgi	ṅghā	ṅghi	ñca	nṭa	ṇṭha
页码	224 170	194	194	194	174	184	189	155	159
汉字	拏	膩寅 二合 膩引	妳引	拏尼固反	喃上引	跢 怛 多 多上	跢引	底	覩
罗马	ṇḍa	ṇḍī ṇḍīṃ	ṇde	ṇḍu	ṇḍāṃ	nta	ntā	nti	ntu
页码	164	171 179	164	159	171	218 201 154 182	159	174	233
汉字	擔引	娜	你泥以反	馱 鄧 達	馱引	婆去 畔			
罗马	ntāṃ	nda	ndi	ndha	ndhā	mbha			
页码		173	187	163 196 167		235 164			
汉字	訖嘌 二合	日啉 二合	紇哩 二合 紇嘌 二合	底哩 二合 底唎 二合引	你哩 二合	鉢哩 二合	勃哩 二合 勃陵 二合	沒嘌 二合 蜜嘌 二合	勿嘌 二合
罗马	kṛ	jṛ	hṛ	tṛ	dṛ	pṛ	bhṛ	mṛ	vṛ
页码	164	198	239	179 203	178	193	200	150	222
汉字	塞訖嘌二合								
罗马	skṛ								

页码	235								
汉字	塞謇 二合	瑟吒 二合	瑟姹 二合	瑟努 尼古反二合	娑怛 二合 娑多 二合 娑擔 二合	娑哆 二合 娑哆 二合引	悉底 二合 悉底 二合丁逸反	窣覩 二合	娑普 二合
罗马	ska	ṣṭā	ṣṭha	ṣṇu	sta	stā	sti	stu	sphu
页码	234	151	193	222	235 237	194 237	217 237	236	236
汉字	哆引	鉢擔 二合	哆 哆引 多						
罗马	ptā	ptaṃ	tta ttā						
页码	226	183	156 172						
汉字	訖得 二合	勒迦 二合引	荅 播 二合引	蹉 去引					
罗马	kta	lkā	tpā	tsa					
页码	150	156	157	156					
汉字	蹉引 蹉去引	砌	親去	馱 馱引	馱引	殿	惹自攞反 惹引	蘖	左
罗马	ccha cchā	cche	cchi	ddha	ddhā	ddhya	jja	gga	cca
页码	173	173	173	197 227	227	233	166 206	227	171
汉字	僧星孕反	瑟吒 二合 瑟吒 二合引	抳 濘 二合引	哩寅 二合引	𩕳寅 二合引	砧去引			
罗马	siṃ	viṃ	ṇīṃ	rīṃ	nīṃ	ṭīṃ			
页码	233	151	156	161	173	200			
汉字	怛囉 二合	捺囉 二合	娑怛囉 二合	娑怛 囒 三 合	鉢囉 二合	澁 畢嚟 三合			
罗马	ntra	ndra	stra	strai	kpra	ṣpre			
页码	205	232	228	236	227	184			
汉字	澁 播 二合	澁 畢 二合	瑟 抳 二合引 瑟抳 二合引						
罗马	ṣpā	ṣpi	ṣṇī						

页码	192	192	155 217						
汉字	唵引	遜 蘇㴲反	吽引	豽嚕唵三合 引					
罗马	oṃ	suṃ	huṃ	trūṃ					
页码	158	164	238	181					

二 汉字检索

（按 Monier-Williams Sanskrit-English Dictionary 次序排列）

Vowels

a	ā	i	ī	u	ū
ṛ	ṝ	ḷ	ḹ		
e	ai	o	au		

Consonants

k	kh	g	gh	ṅ
c	ch	j	jh	ñ
ṭ	ṭh	ḍ	ḍh	ṇ
t	th	d	dh	n
p	ph	b	bh	m

Semi-vowels

y	r	l	v

Sibilants & Aspirate

ś	ṣ	s	h

汉字	恶 阿上 遏	阿去引	印 伊上	印	鄔 塢引 嗢	汙	哩	曀	鄔
罗马	a	ā	i	ī	u	ū	ṛ	e	o
页码	149	154	154	155	155	157	157	157	158
汉字	唵引								
罗马	oṃ								
页码	158								
汉字	建 建引 羯 迦	迦	劒	謇	枳引 緊	枳引 枳雞以反	崫俱律反 矩 禁 禁俱反	禁 俱㴲反	訖㗚 二合
罗马	ka	kā	kaṃ	kāṃ	ki	kī	ku	kuṃ	kṛ
页码	158 159	161	190	162	162	162	163	164	164
汉字	計引	句引	矯 矯 魚矯反引	訖得 二合	鉢囉 二合	羯囉 二合	枳野 二合	乞灑 二合 乞刹 二合 乞叉 二合 屈葚 二合 乞葚	乞鏟 二合

汉字								二合	
罗马	ke	ko	kau	kta	kpra	kra	kya	kṣa	kṣaṃ
页码	165	165	165		227		224	157 186 149	211
汉字	乞史 二合	乞史 二合引	乞讖弭二合	乞曬 二合	三去 三				
罗马	kṣi	kṣī	kṣmī	kṣe	ksaṃ				
页码	149	165	215	209	227				
汉字	佉								
罗马	kha								
页码	206								
汉字	迦 蘖 誐 巘引	誐引	儼	麌遇縷反 麌入	霓去 藝引	蘖	屹曩 二合	儗 囊 二合	屹 囊 二合
罗马	ga	gā	gaṃ	gu	ge	gga	gna	gni	gnī
页码	166	150	213	168	204	227	186	151	151
汉字	屹囉 二合								
罗马	gra								
页码	169								
汉字	伽去	具	竭囉 二合						
罗马	gha ghā	gho	ghra						
页码	152 174	169	223						
汉字	迦	儗霓以反	誐	儗 儗研以反 儗你 二合	伽去	祇去			
罗马	ṅka ṅkā	ṅki	ṅga	ṅgi	ṅghā	ṅghi			
页码	224 170	194	194	194	174	184			
汉字	拶 賛 左 斫	唧	載 載引 際引	祖去引	左	蹉引 蹉去引	砌	親去	紫野 二合

汉字	佐引								
罗马	ca cā	ci	ce	co	cca	ccha cchā	cche	cchi	cya
页码	170	171	172	172	171	173	173	173	152
汉字	惹	惹引 穰引 惹准上	染 染自攬反	尒自以反 尒	尒引	日啉 二合	尒自異反 薺自曳反	孹 乳引	惹自攞反 惹引
罗马	ja	jā	jaṃ jāṃ	Ji	jī	jṛ	je	jo	jja
页码	174	174 212	175 180	175 190	175	198	176 212	157 180	166 206
汉字	尒野 二合	日囉 日囉 二合 日囉 二合引	日 嚧 二合引	入嚩 二合					
罗马	jya	jra	jro	jva					
页码	199	216	217	176					
汉字	左								
罗马	ñca								
页码	*189*								
汉字	吒	致上	致引	砧去引					
罗马	ṭa	ṭi	ṭī	ṭīṃ					
页码	159	162	165	200					
汉字	拏 拏引 拏去引	呅尼古反	你哩 二合	茶去					
罗马	ḍa	ḍū	dṛ	ḍha					
页码	177	222	178	177					
汉字	拏鼻	拏 拏引 拏鼻音	喃上引 噉 引	抳 抳 尼整反 抳	抳	抳 淫 二合引	妳鼻引 妳	姹	拏
罗马	ṇa	ṇā	ṇāṃ	ṇi	ṇī	ṇīṃ	ṇe	ṇṭha	ṇḍa
页码	193	166 167 180	169	191 203 159	185	156	197 225	159	164
汉字	腻寅 二合 腻引	拏尼固反	妳引	喃上引	抳 野 二合	致上			

罗马	ṇḍī ṇḍīṃ	ṇḍu	ṇde	ṇḍāṃ	ṇyā	ṇyī			
页码	171 179	159	164	171	238	159			
汉字	多 跢 怛 妬引	擔	多 多引 跢 跢引	擔 擔引	底 底准上 底丁以反 底丁逸反	頓 覩 咄	底哩二合 底唎二合引	帝引	妬引
罗马	ta	taṃ	tā	tāṃ	ti tī	tu	tṛ	te	to
页码	178	190	179	190 192	179 190 184	179 198 170	179 203	180	178
汉字	跢 跢引 多	怛曩二合	荅播二合引	怛麽二合引	荅麽二合	底孕二合 底野二合	底曳二合	底庾二合	怛囉二合引 怛囉二合
罗马	tta ttā	tna	tpā	tma	tmā	tya	tye	tyu	tra
页码	156 172	212	157	157	156	188 194	155	150	153 180
汉字	怛囉二合引	怛囕二合 怛嚂二合	咄嚕二合	豽嚕唵二合引	怛嚟二合 怛𡅅二合	怛𡅅二合引	怛嚩二合	怛吠微閇反二合引	蹉去引
罗马	trā	traṃ	trū	trūṃ	tre	trai	tva	tve	tsa
页码	180	189	223	181	188	181	179	197	156
汉字	他去引 他引								
罗马	thā								
页码	235								
汉字	娜 難上 乃	娜	難上	你泥以反	捻奴揖反	耨 訥 弩	妳引 祢去	馱 馱引	馱引
罗马	da	dā	dāṃ	di	dī	du	de	ddha	ddhā
页码	182 239	182	164 182	183	183	183	166 184	197 227	227
汉字	殿	納麽二合	納幪上二合	你野二合	你也二合引 你野二合	祢	你聿二合	你琰二合引	捺囉二合引
罗马	ddhya	dma	dmaṃ	dya	dyā	dye	dyu	dyaṃ	dra drā

页码	233	190	190	179	219	151	220	219	154 208
汉字	捺哩 二合	訥嚕 二合引	訥嚕 二合引	納嚩 二合	你吠 二合				
罗马	drī	dro	drū	dva	dve				
页码	214	239	182	184	184				
汉字	馱引	地	度	特吻 二合	特吻 無肯反二合				
罗马	dha dhā	dhi	dhu	dhva	dhvaṃ				
页码	185	150	203	218	218				
汉字	諾 曩 難上	曩引	南上引 難上	𩕳	𩕳引	𩕳寅 二合引	弩	甯 寧引	涅哩 二合
罗马	na	nā	nāṃ	ni	nī	nīṃ	nu	ne	nṭa
页码	186	187	150 237 226	188	177	173	204	188 193	155
汉字	跢 怛 多 多上	跢引	底	覩	擔引	怛囉 二合	娜	你泥以反	馱 鄧 達
罗马	nta	ntā	nti	ntu	ntāṃ	ntra	nda	ndi	ndha
页码	218 201 154 182	159	174	233		205	173	187	163 167 196
汉字	馱引	捺囉 二合	娜 曩引	𩕳	理野 二合引				
罗马	ndhā	ndra	nna	nni	nya				
页码		232	162 237	232	206				
汉字	半 鉢 跛 播 播引	㗶補敢反 半	播引 迦	比	補	布引	鉢哩 二合	背	鉢擔 二合
罗马	pa	paṃ	pā	pi	pu	pū	pṛ	pai	ptaṃ
页码	189	189 213	181 159	192	192	192	193	193	183
汉字	跢引	鉢曩 二合	鉢囉 二合	畢𠽌 二合					
罗马	ptā	pna pnā	pra	pre					

页码	226	183	193	195					
汉字	頗 登								
罗马	pha								
页码	195								
汉字	滿 麼	穆 沒	冐引	沒囉二合					
罗马	ba	bu	bo	bra					
页码	196	197	197	197					
汉字	婆去 婆去蒲憾反 薄	婆去引 畔	牝	步引 部	部 部引	陛	勃哩二合 勃陵二合	佩	辮去 毗夜二合引
罗马	bha	bhā	bhi	bhu	bhū	bhe	bhṛ	bhai	bhya
页码	198	150 164	199	200	201	199	200	199	149 201
汉字	毗喻二合	毗藥二合	勃囉二合						
罗马	bhyo	bhyaḥ	bhra						
页码	202	201	200						
汉字	麼鼻引 麼 摩 滿 沫 莫引 穆	莽引	麼	[illegible]引	弭	母 捫 穆	沒嘌二合 蜜嘌二合	謎引	每
罗马	ma	maṃ	mā	māṃ	mi	mu	mṛ	me	mai
页码	203	206	207	155 207	150	208	150	208	153
汉字	麼引 莫 謨	婆去 畔	狼 弭野二合	尾					
罗马	mo	mbha	mya	mvi					
页码	208	235 164	234 227	215					
汉字	藥 演 野 夜 曳	夜 夜引 野引	庾引	曳 曳引					

罗马	ya	yā	yo	ye					
页码	209	209	210	210					
汉字	囉	嚂 囕	啰 囉	嚂引	哩	哩寅 二合引	噜	噜引	𠾈 𠾈引
罗马	ra	raṃ	rā	rāṃ	ri rī	rīṃ	ru	rū	re
页码	211	169	212	194	191	161	212	213	213
汉字	嚧引 噜	唠 唠引	囉迦 二合	喇拏 二合	哩 抳 二合	嘌底 二合	闌 囉他 二合 喇他 二合 他上 嘌他 二合	嘌體 町以反二合	囉馱 二合
罗马	ro	rau	rka	rṇa	rṇi	rtni	rtha	rthī	rdha
页码	213	214	214	160	234	224	164 231 170 228	179	154
汉字	跛	婆去引 薄	婆去引	躃	麽	哩野 二合	哩曳 二合	稜上	嚩 嘌挽 二合下無滿反
罗马	rpa	rbha	rbhā	rbhi	rma	rya	rye	rla	rva
页码	223	166 170	166	183	206	154	171	184	163 229
汉字	嚩引	吠引	囉濕嚩二合	嘌史 二合	嘌矖 二合引	囉罕 二合 囉 曷 二合			
罗马	rvā	rve	rśva	rṣi	rṣe	rha			
页码	231	231	191	184	225	154 214			
汉字 汉字	落 嬾 攞引 剌 覽 虜	藍 藍上 攬	嬾 剌引 攞引	攬引	理 陵上	理引	路引	礼 黎 隣上	路引
罗马	la	laṃ	lā	lāṃ	li	lī	lu	le	lo
页码	215	150 176 225	163 164 220	196	215	161	215	153 232	215
汉字	勒迦								

汉字	二合引								
罗马	lkā								
页码	156								
汉字	嚩 嚩引 挽無滿反下同	鑁	嚩 嚩引	尾	尾孕 二合	尾引 味引 吠	勿哩 二合	吠引 吠微閉反 吠引	吠 吠微閉反引 吠引
罗马	va	vaṃ	vā	vi	viṃ	vī	vṛ	ve	vai
页码	216 218	198	218	218	151	221	222	222	222
汉字	尾野 二合引	沒囉 二合							
罗马	vyā	vra							
页码	223	191							
汉字	設 灑 扇 餉 捨	捨 舍引	始	試 試引 施引	戍引	室囉 二合	始 囇 二合	秫嚕 二合	濕嚩 二合
罗马	śa	śā	śi	śī	śū	śra	śre	śru	śva
页码	223 221	192 224	224	170 193 225 221 229	225	225	226	220	187
汉字	濕吠 二合								
罗马	śve								
页码	226								
汉字	敎 灑	釤 釤引	灑引	釤	史	秫	瑟 抳 二合引 瑟抳 二合引	瑟吒 二合	瑟姹 二合
罗马	ṣa	ṣaṃ	ṣā	ṣāṃ	ṣi	ṣu	ṣṇī	ṣṭa	ṣṭha
页码	199 219	155 231		180	214		155 217	151	193
汉字	瑟努 尼古反二合	澁 播 二合	澁 畢 二合	澁 畢囇 二合	澁弭 二合	曬			
罗马	ṣṇu	ṣpā	ṣpi	ṣpre	ṣmi	ṣye			
页码	222	192	192	184	226	153			
汉字	颯 三	僧去	娑引 娑去引	悉 枲	僧星孕反	枲星異反	素 蘇上	遜 穌漆 反	細 細引

汉字	三去 娑 設 薩 散 塞			枲星以反			戍上 蘇		
罗马	sa	saṃ	sā	si	siṃ	sī	su	suṃ	se
页码	226	232	232	233 218	233	233	234	164	234
汉字	掃去引	塞謇 二合	塞訖哹二合	娑怛 二合 娑多 二合 娑擔 二合	娑跢 二合 娑跢 二合引	悉底 二合 悉底 二合丁逸反	窣覩 二合	娑怛囉 三合	娑怛 囇 三合
罗马	so	ska	skṛ	sta	stā	sti	stu	stra	strai
页码	234	234	235	235 237	194 237	217 237	236	228	236
汉字	娑普 二合	濕麼 二合	娑麼 二合引	寫	娑囉 二合	素嚕 二合	娑嚩 二合		
罗马	sphu	sma	smā	sya	sra	sro	sva		
页码	236	236	152	232	229	237	237		
汉字	賀 伽	憾	賀	呬	呬引 呬去引 呬馨異反引	吽引	紇哩 二合 紇哹 二合	係引	護
罗马	ha	haṃ	hā	hi	hī	huṃ	hṛ	he	ho
页码	237	167	237	157	228 229	238	239	239	204
汉字	憾麼 二合	呬野 二合	賀嚩 二合						
罗马	hma	hya	hva						
页码	197	168	175						

注：本检索表为了减轻数据库内容，我们遵照常见词典编撰标准，只按照单词中的第一个字录入数据库，如羯囉二合应该在单词 para-cakra 中的 pa 部分查询。此外，在梵汉对照数据库中，我们尽量收录单词的原型，而不是单词的各种变化，如擔引所在的单词 arhantāṃ 为 arhanta，数据库中只保留了 arhanta，在检索时候如果使用 ntāṃ 可能会检索不到，此时请使用 nta 就能找到正确的单词。

附 2　大佛顶陀罗尼梵汉对照数据库

汉译	石刻拓本	悉昙	罗马转写	例句（悉昙回译、罗马转写、汉译）	序号、页码	释义
			A			
悪			a	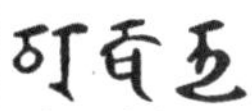 akṣabhya 悪屈 菎 二合毗夜二合引	**50　p003**	Akṣobhya （名，男）： 不動，阿楚鞞，無怒 （梵 P. g. 6） Akṣobhyāya （名，男，為，單）： 向 不動無怒 詳見： 《阿閦佛國經》、《法華經》卷三、《悲華經》卷四載
悪			a	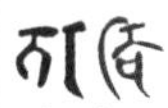 akṣi 悪乞史二合	**421　p016**	akṣi （名，中）： 眼 （梵 P. g. 6） akṣi　rogaṃ 眼病
阿 上			a	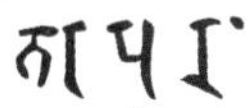 aparā 阿上跛囉引	**113　p005**	異常的 （梵 P. g. 83）

阿 上			a	aparājitaṃ 阿上跛囉引佘擔	0 p001 90 p005	Aparājita （形）： 無能勝，無能超勝，莫能壞，無能動 （梵 P. g. 83） Aparājitaṃ （形，業，單）： 無能勝（被動）
阿 上			a	anāgāmināṃ 阿上曩引誐弭南上引	9 p001	Anāgamī （形）： 阿那含，不還 Anāgamīnāṃ （形，屬，複）： 阿那含們的
阿 上			a	adhi-muktaka 阿上地穆訖得二合迦	28 p002 365 p014	Adhi-mukta （過受分→形）： 好，樂 （梵 P. g. 35） Adhi-muktaka （形）：好，樂， 注：在梵文裡，ka 加在後面不會影響字的原意
				dhipati 地跛底	292 p011	Adhipati 主，君，王 （梵 P. g. 34） Guhyakâdhipati （名，男）： 密主 （梵 P. g. 431）
阿 上			a	amitābhā 阿上弭路引婆去引	46 p003	Amitābha （名，男）： 無量光，阿彌陀 （梵 P. g. 120） Amitābhāya （名，男，為，單）： 向 無量光
阿 上			a	akālaṃ mṛtyu 阿上迦引藍沒嘌二合底庾二合	76 p004	Akāla-mṛtyu （名，男）： 夭死 （梵 P. g. 3） Akāla-mṛtyo （名，男，呼，單）： 夭死啊！
				akāla-mṛtyu 阿上迦覽蜜嘌二合底庾二合	196 p008	
					450 p017	

				akālaṃ-mṛtyu 阿迦引藍上沒嘌二合底庚二合		
阿 上			a	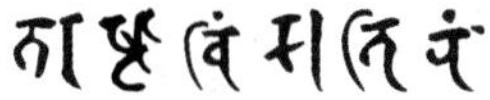 aṣṭā-viṃsatināṃ 阿上瑟吒二合引尾孕二合設底難上	82　p004	Aṣṭa （數，男又中又女）： 八（梵 P. g. 162），eight Viṃśati （數，女）：二十 （梵 P. g. 411），twenty Viṃśatīnāṃ （數，女，屬，複）： 二十個（們）的 Aṣṭa-viṃśatīnāṃ （數，女，屬，複）： 二十八個（們）的
				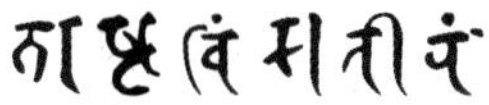 aṣṭā-viṃsatīnāṃ 阿瑟吒二合尾孕二合設底引難上引	164　p007	
阿 上			a	 aṣṭanāṃ 阿上瑟吒二合難上引	85　p004	Aṣṭa （數，男又中又女）： 八 （梵 P. g. 162），eight Aṣṭānāṃ （數，男又中又女，屬，複）： 八個（們）的
				 aṣṭānāṃ 阿上瑟吒二合南上引	169　p007	
阿 上			a	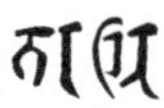 agni 阿上儗 顭 二合	89　p005 190　p008 448　p017	Agni （名，男）： 火，火災 （梵 P. g. 8） Agnī （名，女）： 火天（女性） Agniye （名，女，為，單）： 向 火天（女性） 火天，護持佛法之十二天尊之一 ——《佛光字典》
				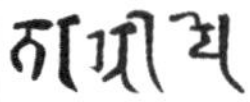 agnīye 阿屹 顭 二合曳	357　p014	
阿 上			a	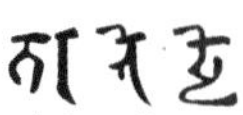 abhedye 阿上陛祢	181　p008	Abheda （名，男）： 不壞 （梵 P. g. 114） Abhede （名，男，於，單）： 在不壞中

阿 上		𑖀	a	𑖀𑖫𑖡𑖰 aśani· 阿上捨顊	195 p008	Aśani （名，女）： 雷電 （梵 P. g. 157）
阿 上		𑖀	a	𑖀𑖢𑖭𑖿𑖦𑖯𑖨 apasmāra 阿跛娑麼二合引囉	214 p009	Apasmāra： 顛狂病 （梵 P. g. 88） Apasmārebhyas （名，男，為，複）： 向 顛狂病鬼眾 為惱亂童子之十五鬼神之一，常遊行於世間，驚嚇孩童 ——《佛光字典》
阿 上		𑖀	a	𑖀𑖢𑖭𑖿𑖦𑖯𑖨 apasmāra 阿上鉢娑麼二合引囉	400 p015	
				𑖀𑖢𑖭𑖿𑖦𑖯𑖨𑖸 apasmāre 阿上跛娑麼二合引 囃	338 p013	
阿 上		𑖀	a	𑖀𑖫𑖲𑖓𑖿𑖧 aśucya 阿上秫紫野二合	230 p010	Aśuci （名，女）： 不淨 （梵 P. g. 158）dirt Aśucyā （名，女，具，單）： 以不淨， by dirt， 指以不淨為體的東西
阿 上		𑖀	a	𑖀𑖭𑖰𑖝 asita 阿上臬星以反路	301 p012	Asita （形）： 黑（梵 P. g. 171）
阿 上		𑖀	a	𑖀𑖦𑖺𑖑𑖯 amoghā 阿上謨引伽去	315 p012	Amogha （名，男）： 不空（梵 P. g. 122）
阿 上		𑖀	a	𑖀𑖢𑖿𑖨𑖝𑖰𑖮𑖝 apratihata 阿鉢囉二合底賀多	316 p012	Apratihata （過受分→形）： 無礙，無惱害 （梵 P. g. 94） Apratihata （形，呼，單）： 無惱害者呀
阿 上		𑖀	a	𑖀𑖭𑖲𑖨 asura 阿蘇上囉	318 p012	Asura （名，男）： 非人（阿修羅） （梵 P. g. 172） Asurebhyas （名，男，為，複）： 向 阿修羅眾
				𑖀𑖭𑖲𑖨𑖸 asure 阿上素 囃	325 p012	

阿 上			a	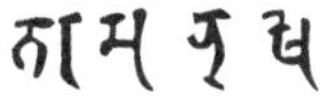 amanuṣye 阿上麽弩曬	329　p013	Amanuṣa （名，男）： 非人 注：「a」的意思是「非，無，不」 （梵 P. g. 120） Amanuṣebhyas （名，男，為，複）： 向非人眾 根據 sandhi rules， Sarva-amanuṣebhyaḥ 應變成 Sarvāmanuṣebhyaḥ，但是為了念誦方便，羅馬字不跟從
阿 上			a	 amaitra 阿上每怛囉二合	370　371 p15	Amitra （名，男）： 怨，逆 （梵 P. g. 120） 根據 sandhi rules， dveṣa-amitra 應變成 dveṣāmitra，但是「房山石經版楞嚴咒」是 dveṣa-amitra 所以不跟從 sandhi rules
阿 上			a	 arocaka· 阿上嚧引左迦	420　p16	Rocaka （形，男）： 食慾很好 （梵 P. g. 1137） Arocaka （形，男）： 食慾不振 注： 在梵文文法裡，a 是「不」，「無」的意思 Arocakā （形，女）： 食慾不振 Arocakās （形，女，業，複）： 眾 食慾不振（被動）
阿 上			a	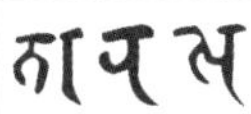 anale 阿上曩黎	473　p018	Anala （名，男）： 火 （梵 P. g. 45），fire Anale （名，男，於，單）： 在火中，in the fire

遏		𑖀	a	𑖀𑖨𑖿𑖮𑖡𑖿𑖝 arhanta 遏囉罕二合多	283 p011	Arhanta （名，中）: 阿羅漢 （梵 P. g. 134， arhanta-saṃmata）
遏		𑖀	a	𑖀𑖨𑖿𑖠 ardha 遏囉馱二合	419 p010	Ardha （名，男又中）: 半，中 （梵 P. g. 131） Ardha-ava-bādhakā （名，女）: 半下身體的苦痛 注：根據 sandhi rules，Ardha-ava-bādhakā 應變成 Ardhāva-bādhakā。但為了方便念誦，羅馬字不跟從，而悉曇字跟從 Ardha- ava-bādhakās （名，女，業，複）: 眾 半下身苦痛（被動）

ā

阿 去引		𑖁 𑖁	ā	𑖁𑖨𑖿𑖧 ārya 阿去引哩野二合	99 p005 111 p005	Ārya （形，男）: 聖，聖者 （梵 P. g. 208） Ārya-tārā （名，女，主，單）: 聖救度母

I

汉译	石刻影印	悉昙	罗马转写	例句 （悉昙回译、罗马转写、汉译）	序号、页码	其他
印		𑖂	i	𑖂𑖡𑖿𑖟𑖿𑖨𑖧 indraya· 印捺囉二合野	16 p002	Indra （名，男）: 帝釋天，因陀羅 （梵 P. g. 227） 注：也就是「玉皇大帝」 Indrāya （名，男，為，單）: 向 帝釋天

印			ī	īnṭaye 印涅哩二合曳	360　p014	
伊			i	imāṃ 伊上𡀔引	70　p005	Imān 「idaṃ 的 （男，業，複）」： 這些（被動），these
伊			i	ityete 伊上底曳二合帝	127　p006	Iti（副詞）： 如是，前說 （梵 P. g. 225） iti-ete　ityete： 如是。

U

鄔			u	uṣṇīṣaṃ	0　p001	uṣṇīṣa （名，男又中）： 頂髻，最勝頂相 （梵 P. g. 284）
				uṣṇīṣa 鄔瑟 抳二合引灑	120　p006	uṣṇīṣas （名，男，主，單）： 頂髻（主動）
鄔			u	udaka 鄔娜迦	189　p008	Udaka （名，中）： 水 (梵 P. g. 249)， 指水災
塢				udaka 塢娜迦	448　p017	
鄔			u	udara 鄔娜囉	432　p016	Udara （名，中）： 肚，腹 （梵 P. g. 251）

塢			u	 uma 塢麽	19 p002	Umā （名，女）： 烏摩天后 （梵 P. g. 281）， 佛光字典是指「大自在天」之妻 Umā-pati-sahâyāya （名，男，為，單）： 向烏摩天后主及眷屬
塢引			u	 uru 塢引嚕	435 p017	Ūru （名，男）： 腿 （梵 P. g. 285）
嗢			u	 uttaraṇīṃ 嗢跢囉 抳 淫二合	89 p005	Ut-taraṇa （形，男）： 通過，救渡，救濟 （梵 P. g. 244） Taraṇī （名，女）： 小舟 （梵 P. g. 531） Ut-taraṇī （形，女）： 舟渡 Ut-taraṇyāṃ （形，女，於，單）： 在舟渡中
嗢			u	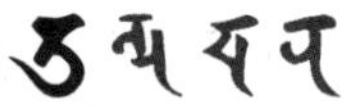 utsadana 嗢蹉去引娜曩	171 p007	Utsādana （名，中）： 中止，破坏 （梵 P. g. 248）
嗢			u	 ulkā 嗢勒迦二合引	198 p008	Ulkā （名，女）： 流星 （梵 P. g. 282） Ulkā-pāta （名，男）： 流星崩落 （梵 P. g. 282）
嗢			u	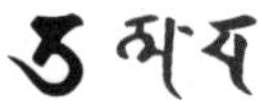 utmāda 嗢荅麽二合娜	215 p009	Unmāda （名，男）： 狂病 （梵 P. g. 260） 烏摩，又作憂摩陀鬼。或謂醉鬼，或謂食精鬼 ——《佛光字典》

				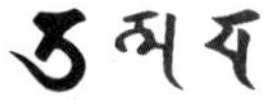 utmada 嗢怛麼二合引娜	**398　p015**	Unmādebhyas （名，男，為，複）： 向狂病鬼眾 注： 根據 sandhi rules, Sarva-unmāda 應變成 Sarvonmāda。但因為大正藏 944A 及「房山石經版楞嚴咒」是 Sarva-unmāda，所以羅馬字不跟從，而悉曇字也不跟從
				 utmade 嗢荅麼二合祢去	**341　p013**	
嗢			u	 utpāda 嗢荅 播 二合引娜	**372　p015**	Utpāda-yanti （第四種動詞，使役法，為他，第 3 人稱，單）： 令生，發 （梵 P. g. 730）

ū

汙			ū	 ūjo 汙 聁	**376　p015**	Ojas （名，中）： 精氣 （梵 P. g. 303）

ṛ

哩			ṛ	 ṛkṣa 哩乞灑二合	**456　p017**	Ṛkṣa （名，男）： 熊 （梵 P. g. 288）

E

曀			e	 ekahikā 曀迦呬迦	**408　p016**	Ekāhika （名，男）： 一日疫，一日熱病 （梵 P. g. 297） Ekāhikā （名，女）： 一日熱病 Ekāhikās （名，女，業，複）： 眾 一日熱病（被動）

O

o

鄥			o	 ojā 鄥惹引	220 p009	Ojas （名，中）： 精，精氣 （梵 P. g. 303），energy

oṃ

唵			oṃ	 oṃ 唵引	131 p006 184 p008 472 p018	oṃ 由“a”、“u”、“ṃ”三個音所組成，《守護國界主陀羅尼經・陀羅尼功德軌儀品第九》（唐般若共牟尼室利譯）言：善男子，陀羅尼母所謂“唵”（oṃ）字，所以者何？三字和合為唵字故。謂：婀（a）、烏（u）、莽（ṃ）。一婀（a）字者，是菩提心義是諸法門義，亦無二義亦諸法果義，亦是性義是自在義，猶如國王黑白善惡隨心自在，又法身義；二烏（u）字者，即報身義；三莽（ṃ）字者，是化身義。以合三字共為唵（oṃ）字，攝義無邊故為一切陀羅尼首，與諸字義而作先導！(普明)

k

ka

迦			ka	 ka 迦	28 p002	在梵文裡，ka 加在後面不會影響字的原意 Adhi-mukta （過受分形）： 好，樂 （梵 P. g. 35）
					365 p014	Adhi-muktaka （形）： 好，樂

					419　p010	Bādha（名，男）： 苦痛 （梵 P. g. 920） Bādhaka（名，男）： 苦痛
建			ka	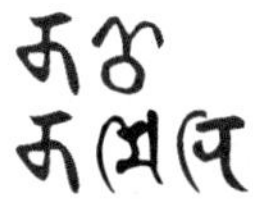 kaṇṭha-kamini · 建姹迦弭顊	219　p009	Kaṇṭha（形，男）： 頸、喉、項、咽喉 （梵 P. g. 310）； Kaṇṭhapaṇinī： 乾吒婆尼，為惱亂童子之十五鬼神之一 ——《佛光字典》 《護諸童子陀羅尼經》
				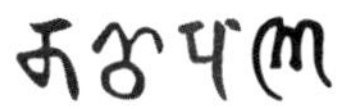 kaṇṭha-pāṇi · 建姹 播引抳	407　p016	
建			ka	 kaṇyī 建致上	433　p017	Kaṭi （名，女）： 腰 （梵 P. g. 309）
建 引			kā	 kāṇḍu 建引拏尼固反	443　p017	Kaṇḍu （名，女）： 疥蒼 （梵 P. g. 310） Kaṇḍūs （名，女，業，複）： 眾 疥蒼（被動）
建 引			kā	 kāntāra 建引跢引囉	449　p017	Kāntāra （名，男又中）： 險難，險路 （梵 P. g. 335）
羯			ka	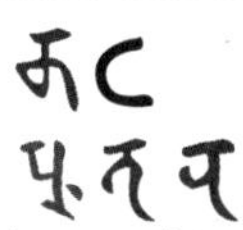 kaṭa-pūtana 羯吒布引怛曩	212　p009	K aṭapūtana： 極臭鬼 （梵 P. g. 308）
				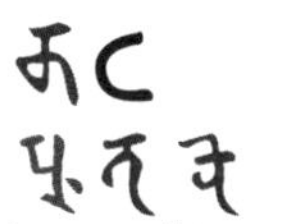 kaṭa-pūtane 羯吒布引多寧去	334　p013	

羯			ka	 karṇa 羯喇拏二合	426 p016	Karṇa （名，男）： 耳 （梵 P. g. 321）
迦			ka	 kanaka 迦曩迦	122 p006	Kanaka （名，中）： 黃金，金色 （梵 P. g. 313）
迦			ka	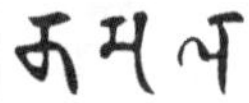 kamala 迦麼鼻攞引	126 p006	Kamala （形）： 淡紅色的 （梵 P. g. 316）
迦			ka	 kara 迦囉	136 139 p006 142 145 148 152 156 161 166 171 p007 265 p011	Kara （形）： 作，發，生 （梵 P. g. 317）
迦			ka	 kara 迦囉	136 139 p006 142 145 148 152 156 161 166 171 p007	Kara （形）： 作，成，令 （梵 P. g. 317） Jaya-kara （形）： 作勝 （梵 P. g. 493） Kāra （名，男）： 作者，作製者 （梵 P. g. 339） Kārāya （名，男，為，單）： 向 作製者 Karaṇī （形，女）： 作，成，令 （梵 P. g. 318） Karaṇyāṃ
				 kara 迦囉引	265 p011	
				 karā	343 p013	

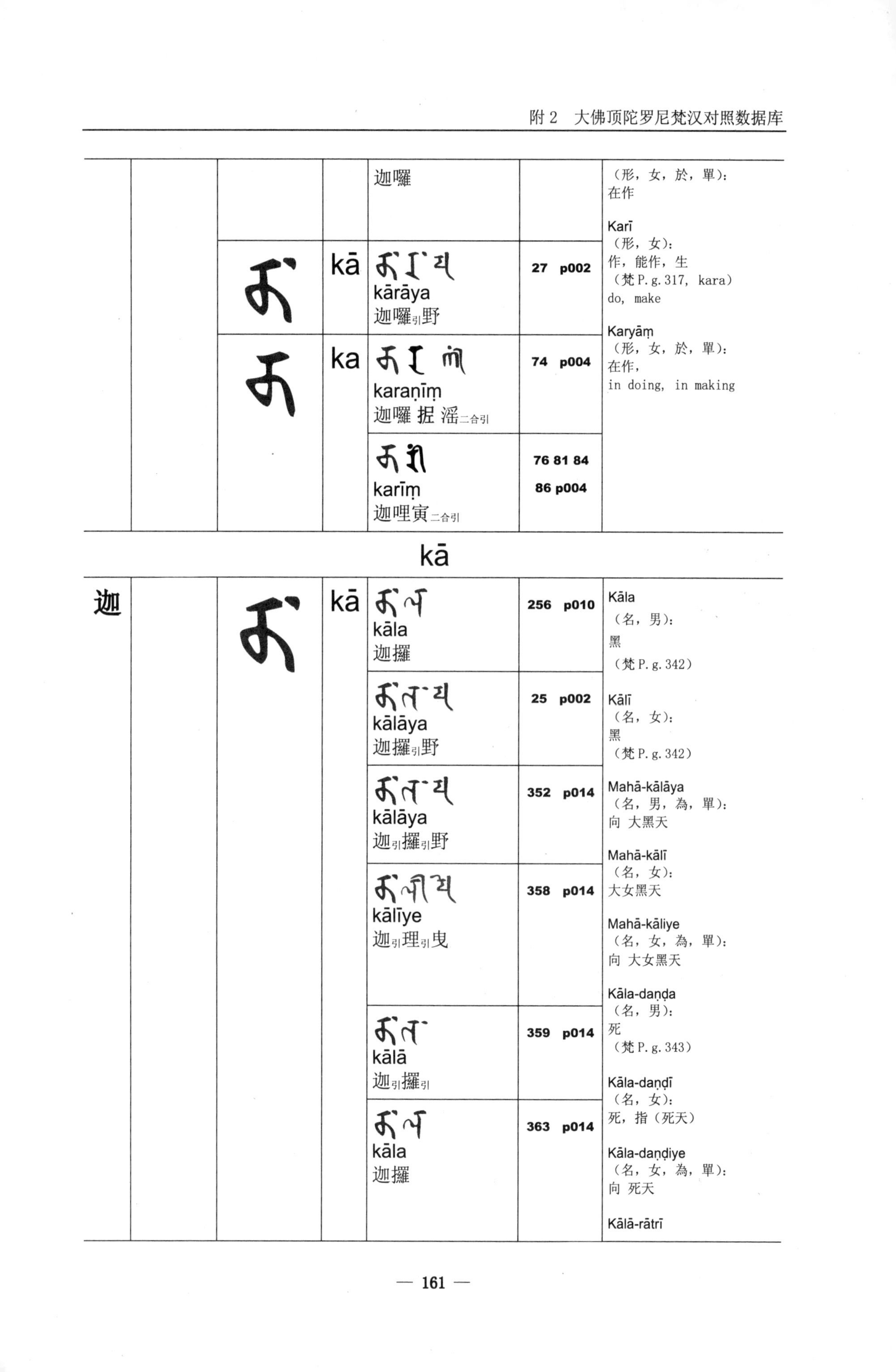

				迦囉		（形，女，於，單）： 在作 Karī （形，女）： 作，能作，生 （梵 P. g. 317, kara） do, make Karyāṃ （形，女，於，單）： 在作， in doing, in making
			kā	kārāya 迦囉引野	27　p002	
			ka	karaṇīṃ 迦囉 抳 滛二合引	74　p004	
				karīṃ 迦哩寅二合引	76 81 84 86 p004	

kā

迦			kā	kāla 迦攞	256　p010	Kāla （名，男）： 黑 （梵 P. g. 342） Kālī （名，女）： 黑 （梵 P. g. 342） Mahā-kālāya （名，男，為，單）： 向 大黑天 Mahā-kālī （名，女）： 大女黑天 Mahā-kāliye （名，女，為，單）： 向 大女黑天 Kāla-daṇḍa （名，男）： 死 （梵 P. g. 343） Kāla-daṇḍī （名，女）： 死，指（死天） Kāla-daṇḍiye （名，女，為，單）： 向 死天 Kālā-rātrī
				kālāya 迦攞引野	25　p002	
				kālāya 迦引攞引野	352　p014	
				kālīye 迦引理引曳	358　p014	
				kālā 迦引攞引	359　p014	
				kāla 迦攞	363　p014	

						（名，女）： 黑夜天，又稱黑暗天、暗夜天。 ——《佛光字典》 Kālā-rātriye （名，女，為，單）： 向 黑夜天
迦			kā	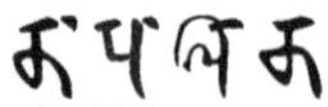 kāpālika 迦引播引理迦	261 p010	Kāpālika （名，男）： 骷髏外道 （梵 P. g. 335）
				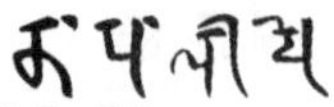 kāpālīye 迦 播 引理曳	364 p014	

kāṃ

謇			kāṃ	 kāṃcana 謇左曩	117 p006	Kāñcana （名，中）：黃金 （梵 P. g. 333）

ki

枳 引			ki	 kiṭibha 枳致上婆去	444 p017	Kiṭibha （名，男）： 小痘疹 （梵 P. g. 348） Kiṭibhā （名，女）： 小痘疹 Kiṭibhās （名，女，業，複）： 眾 小痘疹（被動）
緊			ki	 kinnare· 薩嚩緊娜 嚹	326 p013	Kiṃnara （名，男）： 人非人 （梵 P. g. 348） Kiṃnarebhyas （名，男，為，複）： 向 人非人眾

kī

枳 雞以反			kī	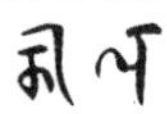 kīla 枳雞以反攞	235 p010	Kīla （名，男）： 釘，楔 （梵 P. g. 351）

枳 引				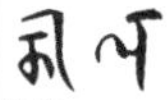 kīla 枳引攞	239 243 247 251 255 260 p010 264 269 273 278 282 286 290 295 p011 373　p015	Kīlayāmi （第 7 種動詞，使役法，為他，第 1 人稱，單）：使我釘住 Kīlayanti （第 7 種動詞，使役法，為他，第 3 人稱，複）： 使釘住

ku

崫 俱律反			ku	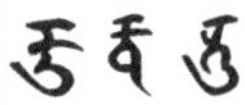 kurvantu 崫俱律反嘌挽二合下無滿反覩	129　p006	Kṛ （第 8 種動詞）： 作，為 （梵 P. g. 366） Kurvantu （第 8 種動詞，命令法，為他，第 3 人稱）： 作，為（金胎兩部真言解記 P. g. 321）
矩			ku	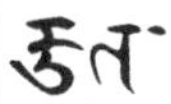 kulān 矩 嬾	114　p005	Kula（名，中）： 群，部 （梵 P. g. 360） Kulaṃ （名，中，業，單）： 部（被動） Kulaṃ-dharī （名，女）： 持部女 Vajra-kaumārī-kulaṃ （名，中，業，單）： 金剛嬌麼哩部（被動） Kulāya （名，中，為，單）： 向……部
				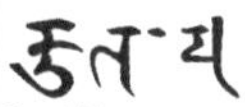 kulāya 矩攞引野	32 p002	
					34 36 38 40 p002	
				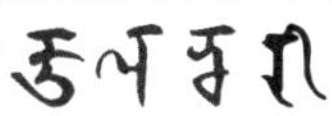 kulandharī 矩 嬾 馱哩	347　p014	

矩			ku	 kulārthadāṃ 矩剌引闥難上	120 p008	Artha （名，男又中）： 利益，財產，財，富 （梵 P. g. 129） Arthānāṃ （名，男，屬，複）： 諸利益的
矩			ku	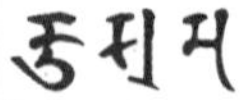 kusuma 矩素麼	66 p002	Kusuma （名，中）： 花 （梵 P. g. 364） Ratna-kusuma-ketu-rājāya （名，男，為，單）： 向寶花幢王
矩			ku	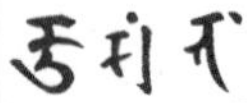 kusuṃbhā 矩遜蘇滲反婆去引	118 p6	Kusumbha （名，男）： 紅 （梵 P. g. 364）
禁			ku	 kumbhaṇde 禁畔妳引	332 p13	Kumbhâṇḍa： 形如瓶的惡鬼 （梵 P. g. 359） 意譯為甕形鬼、冬瓜鬼、厭魅鬼 ——《佛光字典》
禁 俱反				 kumbhaṇḍa 禁俱反畔拏	396 p021	
禁 俱滲反			ku ṃ	 kuṃbhāṇḍa 禁俱滲反畔拏	210 p009	
訖 哩 二合			kṛ	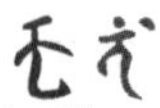 kṛtāṃ 訖哩二合擔引	237 p010	Kṛta （過受分→形）： 造，作 （梵 P. g. 368） Kṛtaṃ （形，中，主，單）： 造作（主動）
訖 哩 二合					241 245 249 253 258 262 p010 267 271 276	

					280 284 288 293 p011	

ke

計			ke	 ketu 計引覩	66　p002	Ketu （名，男）： 光明，幢，炬 （梵 P. g. 377） Ratna-kusuma-ketu-rājāya （名，男，為，單）： 向寶花幢王

ko

句			ko	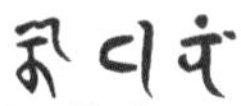 koṭīnāṃ 句引致引南上引	4　p001	Koṭi （名，女）： 俱胝，千萬 （梵 P. g. 380） Koṭīnāṃ （名，女，屬，複）： 俱胝們的 Koṭi-śata-sahasra-netrāis （名，男，具，複）： 用百千萬億諸眼
				 koṭī 句致引	180　p008	

kau

矯 魚矯反 引			ka u	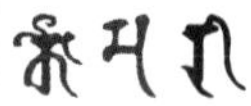 kaumarī 矯魚矯反引麼鼻引哩	114　p006	Kaumārī （名，女）： 少女 （梵 P. g. 382）， 童女
矯				 kaumārī 矯麼哩	347　p014	Kaumārī （名，男）： 軍神之女性勢力 （梵 P. g. 383）。 指焰摩天或大黑天之眷屬，為七女鬼。又作七摩怛里天、七母女天、七姊妹、七母 Vajra-kaumārī-kulaṃ （名，中，業，單）： 金剛嬌麼哩部（被動）

kṣī

乞 史			kṣī	 kṣī 乞史二合引	126　p006	Akṣa （名，男又中）： 面，感覺器官 （梵 P. g. 5）

二合 引						Akṣī （名，女）： 面，感覺器官 注： 根據 sandhi rules, kamala-akṣī 應變成 kamalākṣī。但為了方便念誦，羅馬字不跟從，而悉曇字跟從

G

ga

蘖			ga	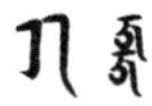 gajja 蘖 惹自攞反	40 p002	Gaja （名，男）： 象 （梵 P. g. 410）
蘖			ga	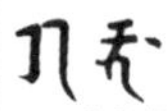 garbhā 蘖 婆去	221 p009	Garbha （名，男）： 胎，胎兒 （梵 P. g. 420）
				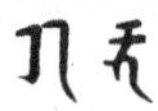 garbha 蘖 婆去引	377 p15	
蘖			ga	 garude 蘖 嚕妳引二合	323 p012	Garuḍa （名，男）： 金翅鳥 （梵 P. g. 419） Garuḍebhyas （名，男，為，複）： 向 金翅鳥眾
誐			ga	 gaṇā 誐拏鼻音	29 p002 353 p014	Gaṇa （名，男）： 群眾，部眾，從者 （梵 P. g. 410） Mātṛ-gaṇa （名，男）： 神母之集合 （梵 P. g. 1029）

誐			ga	 gaṇā 誐拏	257 p13	Gaṇa （名，男）: 群眾，部眾，從者 （梵 P. g. 410） Mātṛ-gaṇa （名，男）: 神母之集合 （梵 P. g. 1029）
誐			ga	 garuḍa 誐嚕拏	252 p010	Garuḍa （名，男）: 金翅鳥 （梵 P. g. 419）
誐			ga	 gaṇā 誐拏引	128 p006 132 p006 275 p011	Gaṇa （名，男）: 大眾，社會，聚，徒眾 （梵 P. g. 410） Gaṇas （名，男，主，單）: 徒眾 Mudra Gaṇa Ṛṣi gaṇa 仙人大眾，神仙大眾 Gaṇa-pati （名，男）: 集團之首領 （梵 P. g. 411） 象頭神，為印度教所信奉之智慧神，乃將人與象之智慧相結合，尤為濕婆教與毘濕奴教所崇奉 ——《佛光字典》
巘 引			ga	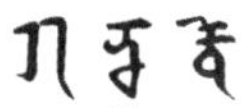 gandharve 巘 引達吠引	324 p012	Gandharva （名，男）: 尋香 （梵 P. g. 415） Gandharvebhyas （名，男，為，複）: 向 尋香眾
誐			ga	 gala-grahaṃ · 誐攞屹囉二合憾	425 p016	Gala-graha （名，男）: 咽喉緊縮 （梵 P. g. 422） Gala-graha （名，男，業，單）: 咽喉緊縮 （被動）

誐			ga	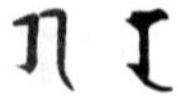 gara 誐囉	447　p016	Saṃ-gara （名，男）： 戰爭 （梵 P. g. 1384） 注： 「房山石經版楞嚴咒」及大正藏 944A，都是是 sa-gara，彭偉洋認為是 saṃ-gara 的錯寫。 Saṃ-gara （名，男，呼，單）： 戰爭啊！

gu

麌 遇縷反			gu	 guru 麌遇縷反嚕	54　p006	Guru 本师, 法师 （梵 P. g. 429）
麌			gu	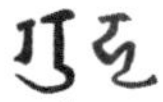 guhya 麌入呬野二合	292　p011	Guhya （名，男）： 秘密，神秘 （梵 P. g. 431） Guhyakâdhipati 密主 （梵 P. g. 431）

gra

屹 囉 二合			gra	 graha 屹囉二合賀	14　p001 74 80 p004 160　p007 391 392 393 394 395 396 397 398 399 p015 400 401 402 403 404 405 406 407 p016	Graha （名，男）： 鬼魅，惡星 （梵 P. g. 443） Grahā （名，女）： 鬼魅，惡星 Grahās （名，女，業，複）： 惡星眾 （被動） Bhūta-graha （名，男）： 鬼病，鬼所魅 （梵 P. g. 968） Nāga graha 龍病，龍所魅

				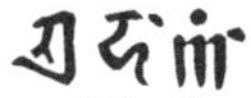 grahāṇāṃ 屹囉二合賀 [illegible]	85　p004	Grahānāṃ （名，男，屬，複）: 惡星們的
				 grahāṇāṃ 屹囉二合賀引 喃引	155　p007	
				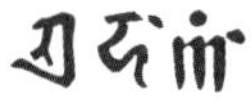 grahāṇāṃ 屹囉二合賀喃 引	170　p007 233　p010	
屹 囉 二合			gra	 grahā 屹囉二合賀引	203　p008	
				 grahā 屹囉二合賀引	204 205 206 207 208 209 210 211 212 213 214 215 216 217 218 219　p009	

Gh

gho

具			gho	 ghoraṃ 具 嚧	88　p005	Ghora （名，中）: 恐怖，魔法，咒法 （梵 P. g. 450）， 魔咒法 Ghorā （名，女）: 女魔咒法 Ghorāṃ （名，女，業，單）: 女魔咒法（被動）
				 ghoraṃ 具引嚧 引	90　p005	

ṅ

ṅka

迦			ṅka	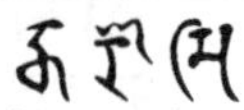 ṅkaromi 迦嚧弭	464 p018	Kṛ （第一種動詞）： 作，為 （梵 P. g. 366） Karomi （第一種動詞，現在法，為他，第一人稱）： 我今作之
					465 p018	

C

ca

拶	 		ca	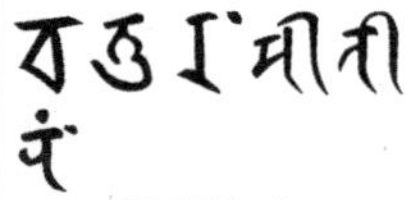 caturāśītīnāṃ 拶覩囉試引底引南上引	79 p04 159 p007	Catur-aśīti （數，女）： 八十四 （梵 P. g. 456）， eighty four Catur-aśītīnāṃ （數，女，屬，複）： 八十四個（們）的
拶			ca	 caturbhagni 拶咄薄儗 顊	270 p011 346 p017	Catur （數，男又中）： 四 （梵 P. g. 455） Bhaginī （名，女）： 姐妹，天女 （梵 P. g. 943） Catur-bhaginībhyas （名，女，為，複）： 向 四姐妹眾
拶			ca	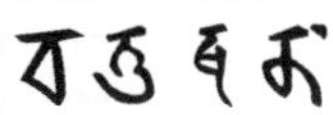 caturthakā 拶咄他上迦	411 p010	Catur （數，男又中）： 四 （梵 P. g. 455） Cāturthaka （名，男）：

						四日熱病 （梵 P. g. 465） Cāturthakā （名，女）： 四日熱病 Cāturthakās （名，女，業，複）： 眾 四日熱病 （被動）
賛			ca	caṇḍāṃ 賛喃上引	92 p005	Caṇḍā （形，女）： 暴戾可畏的 （梵 P. g. 454） Caṇḍāṃ （形，女，業，單）： 暴戾可畏的（被動），令人覺得暴戾可畏的
			cā			
左			cā	cārye 左哩曳二合	342 345 p013	Ūcārya （名，男）：師，教師 （梵 P. g. 184） Vidyā-ācāryebhyas （名，男，為，複）： 向 咒師眾 注： 根據 sandhi rules，vidyā-ācāryebhyaḥ 應變成 vidyâcāryebhyaḥ。但為了方便念誦，羅馬字不跟從，而悉曇字跟從。
佐 引			cā	cāmuṇḍīye 佐引捫膩引曳	362 p014	Cāmuṇḍā （名，女）： 左悶拏，七母天之一。是焰摩天或大黑天之眷屬 ——《佛光字典》 Cāmuṇḍī （名，女）： Cāmuṇḍā Cāmuṇḍiye （名，女，為，單）： 向 左悶拏天
			ci			
唧			ci	cicca 唧左	231 p10	Cicca 心转 （梵 p. g. 469）

唧			ci	 citta 唧多	366 p15	Citta （名，中）： 心 （梵 P. g. 469） Cittā （名，女）： 心 Cittās （名，女，業，複）： 諸心（被動） Duṣṭa-Citta 瞋恚心 Pāpa-Citta 罪惡心 Ye ke Citta 任何心 Raudra-Citta 兇暴心 Vi-dveṣa Amitra-Citta 嫉妬怨逆心
唧			ci	 cittā· 唧多	367 368 369 371 p015	
唧			ci	 citta 唧跢引	388 p015	
				 citta 唧跢	390 p015	

ce

載			ce	 ceva 載嚩	101 p005 113 p005	ca： 及，與 （梵P. g. 451） iva： 猶如 （梵P. g. 230） ewa： 即、而、唯、但、如是、已（梵 P. g. 299），根據梵文規則（sandhi rules）a + e=ai，所以 ca - ewa 變成 caiwa：及如是。 （普明）
				 ceva 載引嚩引	105 p005	

co

祖 去引			co	 cora 祖去引囉	188 p008	Cora （名，男）： 賊，盜人 （梵 P. g. 480）

ccha

蹉 引			ccha	cchaya 蹉引野	399 p015	Chāya （名，男）： 陰，影 （梵 P. g. 484） Chāyā （名，女）： 陰，影
蹉 去引			cchā	cchāyā 蹉去引夜	216 p009	

cche

砌			cche	cchedanīṃ 砌娜 顊 寅二合引	75 p004	Chedanī （形，女）： 斷，消滅 Chedanyāṃ （形，女，於，單）： 在斷中，在消滅中

cchi

親 去			cchi	cchinda 親去娜	234 238 242 246 250 254 259 p010 263 268 272 277 281 285 289 294 p011	Chid （第 7 種動詞）： 斷除（梵 P. g. 484） Chedayati （第 7 種動詞，使役法，為他，第 3 人稱，單）： 使斷除 （梵 P. g. 485） Chedayāmi （第 7 種動詞，使役法，為他，第 1 人稱，單）： 使我斷除 注： 在大正藏 944A 及「房山石經版楞嚴咒」，都是 Chidayāmi 筆者相信 Chedayāmi 在古印度是和 Chidayāmi 相通的。(彭伟洋)
親 去			cchi	cchinda 親去娜	309 p012	Chidā （名，女）： 切斷 （梵 P. g. 485） Chida （名，男）： 切斷

						Chida（名，男，呼，單）：切斷啊

J

ja

惹			ja	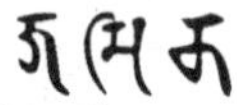 jamika 惹弭迦	218 p009 403 p016	Jāmikā：閻彌迦，為惱亂童子之十五鬼神之一，常遊行於世間，驚嚇孩童 ——《佛光字典》
惹			ja	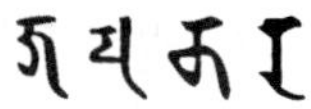 jaya-kara 惹野迦囉引	265 p011	Jaya-kara（形）：作勝（梵 P. g. 493）
				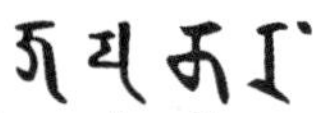 jaya-karā 惹野迦囉	343 p013	
惹			ja	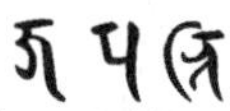 japanti · 惹半底	375 p015	Japati（第 1 種動詞，現在法，為他，第 3 人稱，單）：誦（梵 P. g. 492） Japanti（第 1 種動詞，現在法，為他，第 3 人稱，複）：今誦
惹引			jā	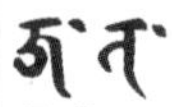 jātā 惹引多	222 p009	Jāta（名，男）：子息（梵 P. g. 498）
				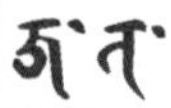 jātā 惹引路引	381 p015	
穰引			jā	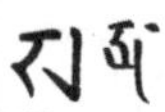 jāṅghā 穰引伽去	436 p017	jāṅghā 脛

jaṃ

染			ja ṃ	 jaṃmbhana 染婆去曩	136　p006	Jaṃbhana （形，男）： 破碎 （梵 P. g. 493）

Ji

尒			Ji	 jihva 尒賀嚩二合	104　p005	Jihva （名，男）： 舌 （梵 P. g. 504） Vajra-jihvas （名，男，主，單）： 金剛舌
尒			Ji	 jīva 尒嚩	458　p017	Jīv （第 1 種動詞）： 活命，生存 （梵 P. g. 505） Jīvati （第 1 種動詞，現在法，為，第 3 人稱，單）： 今活命之，今生存之 Jīva （第 1 種動詞，命令法，為他，第 2 人稱，單）： 請您一定要活命之

jī

尒 引			jī	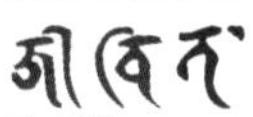 jīvitā 尒引尾路引	382　p015	Jīvita （名，中）： 壽，身命 （梵 P. g. 507） Jīvita āhārās 食壽命鬼
尒			jī	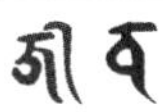 jīva 尒嚩	458　p017	Jīv （第 1 種動詞）： 活命，生存 （梵 P. g. 505） Jīvati （第 1 種動詞，現在法，為他，第 3 人稱，單）： 今活命之，今生存之 Jīva

						（第 1 種動詞，命令法，為他，第 2 人稱，單）： 請您一定要活命之

je

尒 自異反			je	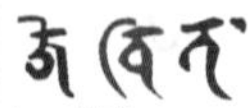 jevitā 尒自異反尾多	223 p009	Jīvita （名，中）： 壽，身命 （梵 P. g. 507）
尒引				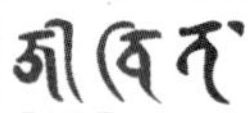 jīvitā 尒引尾跢引	382 p015	

jva

入 嚩 二合			jva	 jvalaṃ 入嚩二合 攬	96 p005	Jvala （名，男）： 焰 （梵 P. g. 515） Jvalaṃ （名，男，業，單）： 焰（被動）
入 嚩 二合			jva	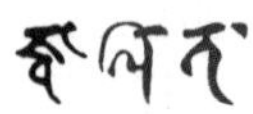 jvalitā 入嚩二合理多引	181 p008	Jvalita （名，中）： 光輝，照耀 （梵 P. g. 515）
入 嚩 二合			jva	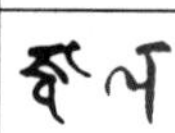 jvala 入嚩二合攞	304 p012	Jvala （名，男）： 光明，熾盛 （梵 P. g. 515） Jvala （名，男，呼，單）： 光明啊！熾盛啊
入 嚩 二合			jva	 jvarā 入嚩二合囉引	412 p016	Jvara （名，男）： 苦痛，熱惱 （梵 P. g. 514） Jvarā （名，女）： 苦痛，熱惱

						Jvarās （名，女，業，複）： 眾苦痛（被動），眾熱惱（被動） Nitya-jvarās （名，女，業，複）： 眾 恆常的熱惱（被動） Viṣama-jvarās （名，女，業，複）： 眾 極險的熱惱（被動） Jvarebhyas （名，男，為，複）： 向 瘟疫鬼眾 Jvarebhyas 根據 sandhi rules 應變成 Jvarebhyaḥ，下同。
				 jvarā 入嚩二合囉	413 p016 417 p016	
				 jvare 入嚩一合 曘 引	337 p013	
				 Jvara 入嚩二合囉	408 p016 442 p017	

ḍ

ḍa

拏 引			ḍa	 ḍaka—ḍakinī · 拏引迦拏枳 顊 引	401 p016 441 p017	Ḍāka： 荼加 （梵 P. g. 517） Ḍākinī： 荼加女 （P. g. 517） 空行母。夜叉鬼之一類，有自在之通力。
拏 去引			ḍā	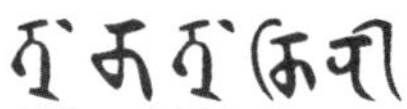 ḍāka-ḍākinī 拏去引迦拏引枳引 顊	240 p010	

ḍha

茶去			ḍha	 dṛḍha-śūra 你哩二合茶去戍引囉	42 p002	Dṛḍha-sūra （名，男）： 堅猛 （梵 P. g. 603）

T

ta

怛			ta	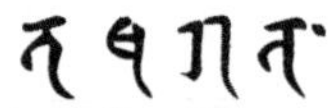 tathāgatā 怛他去引蘖路	32 p002	Tathāgata （名，男）： 如來 （梵 P. g. 522）
				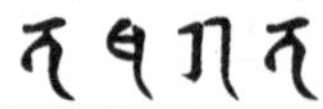 tathāgata 怛他去引蘖妬引	133 p006	Tathāgatāya （名，男，為，單）： 向 如來 to Tathāgata
				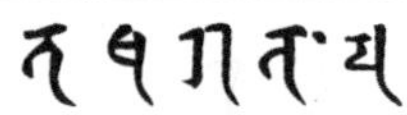 tathāgatāya 怛他引蘖路引野引	43 47 51 55 59 63 67 p003	Tathāgatoṣṇīṣaṃ （名，男又中，業，單）： 如來頂髻（被動） Tathāgata-uṣṇīṣas （名，男，主，單）： 如來頂髻 （主動）
怛			ta	 taṭaka 怛吒迦	181 p008	Taṭa （名，男）： 邊，岸 （梵 P. g. 519） Taṭaka （名，男）： 邊，岸 Ataṭaka （名，男）： 無邊，無岸 注：根據 sandhi rules，jvalita-ataṭaka 應變成 jvalitātaṭaka，但為了念誦方便，羅馬字不跟從，梵文跟從

怛			ta	tatva 怛怛嚩二合	252　p010	Tattva （名，中）： 真，實，真實 （梵 P. g. 520）
怛			ta	tadyathā 怛你野二合他去引	471 p018	Tadyathā： 所謂 （梵 P. g. 524） （注：玄奘法師翻譯成「即說咒曰」）

tā

跢引			tā	tathāgatāya 怛他引蘖 跢引野引	47　p003	Tathāgata （名，男）： 如来 （梵 P. g. 522）
跢			tā	tārā 跢囉引	99　p005 111　p005	Tārā （名，女）： 救度母 （梵 P. g. 536） Ārya-tārā （名，女，主，單）： 聖救度母

ti

底			ti	tirthīke 底丁逸反嘌體町以反二合計	340　p013	Tīrthika （名，男）： 外道師 （梵 P. g. 542） Tīrthikebhyas （名，男，為，複）： 向外道師眾

tu

頓			tu	tuṇḍī 頓膩寅二合	124　p006	Tuṇḍī （名，女）： 嘴，啄 （梵 P. g. 543） Tuṇḍī （名，女，主，單）：嘴

tṛ

底哩二合			tṛ	tṛpura 底哩二合補囉	26　p002	Tripura （名，中）： 三之城，三重之城 （梵 P. g. 557）

底哩二合			tṛ	tṛbhuvana 底哩二合部嚩曩	183 p008	Tri-bhuvana （名，中）： 三有，三界 （梵 P. g. 557）

te

帝			te	teṣāṃ 帝釤	69 p004	Teṣāṃ （人稱代名詞，男又中，屬，複）： 彼們的，他們的（金胎兩部真言解記 （P. g. 301） their
				teṣāṃ 帝釤引	232 p010 459 p017	
帝			te	tejāṃ 帝引染自攬反	94 p005	Teja （名，男）： 銳利 （梵 P. g. 550） Tejaṃ （名，男，業，單）： 令人覺得銳利的 Mahā-tejaṃ （名，男，業，單）： （是）大銳利的
帝			te	tejo 帝引乳引	467 p018	Tejas （名，中）： 威神力 （梵 P. g. 550）

tra

怛囉二合引			tra	trasa 怛囉二合	446 p017	Trāsa 驚怖 （梵 P. g. 554）

trā

怛囉二合引			trā	trāṇā 怛囉二合引拏	76 p004	Trāṇa （名，中）： 救濟，救護 （梵 P. g. 554）

trūṃ

㖿嚕唵 三合引			tr ū ṃ	trūṃ 㖿嚕唵三合引	135 p006	大佛顶雲 Bhrūṃ 跋林二合，字經雲咄嚕吽二合者恐作 Trūṃ 歟。可雲 bha, ta 相濫也 (大正藏第 84 本，p. g. 537，編號：2706) “房山石經版楞嚴呪”是 Trūṃ，大正藏 944A 是 Bhrūṃ。(彭伟洋)
				trūṃ 㖿嚕唵三合引	138 p008 141 144 147 150 154 158 163 168 173 p007	
				trūṃ 㖿嚕唵三合引	480 p018	

trai

怛囒 二合			tr ai	traibuka 怛囒二合引穆迦	451 p017	Try-ambuka （名，男）：土蜂 （梵 P. g. 561） 注：《梵和大辭典》只有 Try-ambuka，此處不做修正。
怛囒 二合			tr ai	trai-laṭaka 怛囒二合引攞吒迦	452 p017	Trai-lāṭa （名，男）：馬蜂 （梵 P. g. 560） Trai-lāṭaka （名，男）：馬蜂

D

da

娜			da	 dara 娜囉	307　p012	Dara （形）： 裂開，粉碎 （梵 P. g. 569） split
難 上			da	 daṇḍīṃ 難上膩寅二合	106　p005	Daṇḍa （名，男又中）： 棒，仗，柄，棍 （梵 P. g. 565） Daṇḍī （名，女）： 棒 Vajra-daṇḍī （名，女，主，單）： 金剛杵
上			da	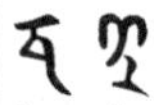 daṇḍa 囉引惹難上拏	199　p009	Daṇḍa （名，男又中）： 仗，刀仗 （梵 P. g. 565）
捺			da	 dadrū 捺訥嚕二合	443　p017	Dadru （名，女）： 皮膚發疹 （梵 P. g. 567） Dadrūs （名，女，業，複）： 眾 皮膚發疹（被動）
難 上			da	 danta 難上多上	427　p016	Danta （名，男又中）： 牙 （梵 P. g. 568）

dā

娜			dā	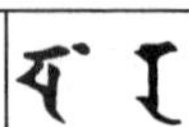 dāra 娜引囉	182　p008	Udāra（形）： 微妙，殊妙，廣大 （梵 P. g. 252） 根據梵文規則（sandhi rules）： a+ u = o 所以 vajra+udāra 應變成 vajrodāra 金剛殊妙 (普明)

			di			
你 泥以 反			di	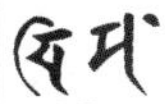 diśā 你泥以反捨	465 p018	Diśā （名，女）： 方向，方角 （梵 P. g. 584）
			dī			
捻 奴揖 反			dī	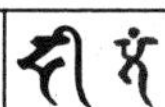 dīptaṃ 捻奴揖反鉢擔二合	93 p005	Dīpta （過受分→形）：燃，暉耀 （梵 P. g. 585） Dīptaṃ （形，業，單）：暉耀如燃火的（被動），令人覺得暉耀如燃火的
			du			
耨			du	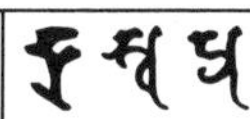 dusvapna 耨娑嚩二合鉢曩二合	78 p004	Duḥ-svapna （名，男）： 惡夢 （梵 P. g. 600） Duḥ-svapnā （名，女）： 惡夢 Duḥ-svapnānāṃ （名，女，屬，複）： 惡夢（們）的
耨				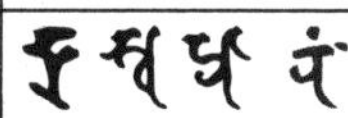 dusvapnānāṃ 耨娑嚩二合鉢曩二合難上	88 p005	
訥			du	 dusta 訥瑟吒二合	78 p004 367 p015 389 p015	Duṣṭa （過受分→形）： 瞋恚，恚恨 （梵 P. g. 598） Duṣṭānāṃ （形，屬，複）： 瞋恚們的
				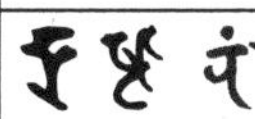 duṣṭānāṃ 訥瑟吒二合難上	151 p007	
訥			du	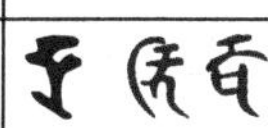 durbhikṣa 訥蹦乞叉二合	194 p008	Dur-bhikṣa （名，中）： 飢饉，飢災 （梵 P. g. 594）

訥			du	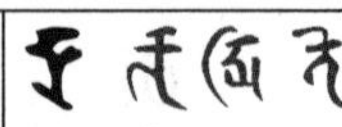 durlaṅghite 訥轉舌稜上祇去帝	335 p013	Dur-laṅghita （名，中）：誤想過，誤戒過 （梵 P. g. 595） Dur-laṅghitebhyas （名，中，為，複）：向誤想過眾
弩			du	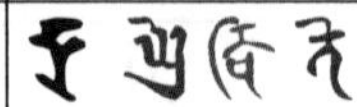 duṣprekṣite 弩澁畢 嚓三合 乞史二合帝	336 p013	Duṣ-prekṣita （名，中）：漲眼法，懊見過 （梵 P. g. 599）

de

祢			de	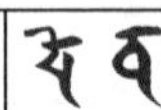 deva 祢去嚩	203 p008	Deva （名，男）：天，天神 （梵 P. g. 607），天人 Devebhyas （名，男，為，複）：向 天人眾，for deva s Devebhyas ——根據 sandhi rules Devebhyaḥ，下同。
				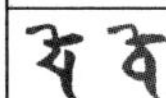 deve 祢去吠引	319 p012	
祢去			de	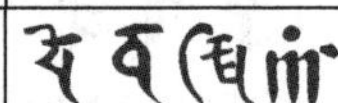 devarṣiṇāṃ 祢去嚩哩史二合喃上引	12 p001	Devarṣi （名，男）：天仙，神仙 （梵 P. g. 609） Devarṣīnāṃ（名，男，屬，複）：天仙們

dva

納嚩二合			dva	 dva-daśa 納嚩二合娜捨	463 p018	Dvādaśa （形，男）：十二 （梵 P. g. 622）

dve

你吠二合			dve	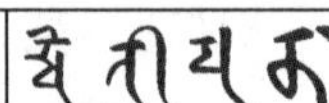 dvetīyakā 你吠二合引底丁以反野迦	409 p016	Dvaitīyaka （名，男）：二日熱病 （梵 P. g. 627） Dvaitīyakā （名，女）：二日熱病 Dvaitīyakās

						（名，女，業，複）： 眾 二日熱病 （被動）

Dh

dha

馱			dha	 dharaṇi 馱引囉 抳	197　p008	Dharaṇi （名，女）： 大地 （梵 P. g. 630）
馱			dha	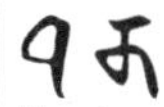 dhaka 馱迦	305　p012	Dhakk （第 10 種動詞）： to destroy （去破壞） 《A Sanskrit English Dictionary》（P. g 508） Dhakka （名或形）： 破壞
馱			dhā	 dhārarṣiṇāṃ 馱引囉嘌 史二合喃上引	13　p001	Siddha-vidyā-dhara（名，男）： 仙人，神仙，仙 （梵 P. g. 291） Rṣiṇāṃ （名，男，屬，複）： 仙人們 的
馱			dhā	 dhāre 馱 嚟 二合	475　p018	Dhara （名，男）： 持 （梵 P. g. 630） Vajra-dhare （名，男，於，單）： 在金剛持中
馱			dhā	 dhāraṇī	0　p000	Dhāraṇī （名，女）： 總持、能持、能遮。 （梵 P. g. 642）

N

諾			na	nakṣatraṇāṃ 諾乞刹二合怛囉二合引喃引	83 p004	Nakṣatra （名，中）： 星宿，天體，星座 （梵 P. g. 652）
諾				nakṣatrāṇāṃ 諾乞刹二合怛囉二合引喃引	165 p007	Nakṣatrānāṃ （名，中，屬，複）： 星宿（們）的
諾			na	nagna 諾屹曩二合	279 p011	Nagna （名，男）： 裸形者 （梵 P. g. 654）。古印度有裸露身體的修行外道
曩			na	namaḥ 曩莫	127 813 p001 483 p018	Namas （名，中）： 歸命 （梵 P. g. 658） Namas （名，中，業，單）： 歸命 （被動）
				nama 曩莫引	16 p001	Namas-astute （形，中，於，單）： 在歸命稱讚中
				namo 曩莫	9 p001 300 p012	Namas-kṛta （過受分→形）： 禮拜 （梵 P. g. 658）
				namo 曩謨	10 12 p001 15 p002 20 23 24 30 31 33 35 37 39 41 p002 45 49 53 57 61 65 p003 69 p004	Namas-kṛtāya （形，為，單）： 向禮拜……者 Namas-kṛtvā （形，男，主，單）： 作歸命的（主動）

					300　p012 **354　p014**	
曩			na	 nagara 曩誐囉	**26　p002**	Nagara （名，中）： 市，國 （梵 P. g. 653）
曩			na	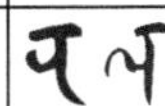 nala 曩剌	**301　p012**	Nala （名，男）： 葦 （梵 P. g. 661） 注： 根據 sandhi rules, nala-arka 應變成 nalārka。但為了方便念誦，羅馬字不跟從，而悉曇字跟從
曩			na	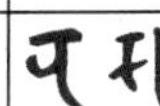 nasa· 曩娑	**422　p016**	Nasa： 鼻 （梵 P. g. 663）
曩			na	 nakula 曩矩攞	**454　p017**	Nakula （名，男）： 大黃鼠 （梵 P. g. 652）
難 上			na	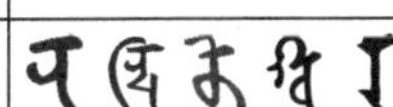 nandi-keśvara 難上你泥以反計濕嚩二合囉	**274　p010**	Nandika （名，男）： 喜，歡喜 （梵 P. g. 656）； īśwara （名，男）： 主，王，自在天 （梵 P. g. 235） 根據梵文規則（sandhi rules）： a + ī = e 所以 nandika-īśwara 變成 nandikeśwara（名，男）：歡喜自在天

nā

曩			nā	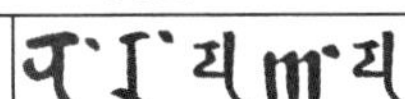 nārāyaṇāya 曩引囉演拏鼻音野	**20　p002**	Nārāyaṇa （名，男）： 那羅延天，人種神 （梵 P. g. 669）
				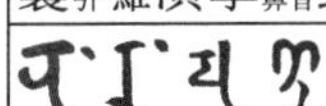 nārāyaṇḍa 曩囉引演拏引	**248　p010**	Nārāyaṇāya （名，男，為，單）： 向 那羅延天

曩			nā	nāśanīṃ 曩引設顊淫二合	88 p05	Nāśanī （形，女）： 消失，捨 （梵 P. g. 670） Nāśanyāṃ （形，女，於，單）： 在消失
曩			nā	nāga 曩引誐	201 p008 204 p009	nāga （名，男）： 龍 （梵 P. g. 664）
				nāge 曩引霓去	320 p012	Nāga Bhayā 龍怖畏 Nāgebhyas （名，男，為，複）： 向 龍眾
				ni		
顊			ni	nigraha 顊屹囉二合賀	74 p004	Nigraha （名，男）： 降，伏 （梵 P.g. 673）， 投降
顊			ni	ni-vāraṇīṃ 顊嚩引囉 抳 淫二合引	78 p004	Nivāraṇa （形，中）： 防止，禁止，停止 （梵 P.g. 696） Nivāraṇī （形，女）： 防止，禁止，停止
					87 p005	
顊			ni	nitya 顊 底野二合	412 p016	Nitya （形）： 常常，恆，常 （梵 P. g. 674） Nitya-jvarās （名，女，業，複）： 眾 恆常的熱惱（被動）
				ne		
寗			ne	netre 寗怛 囒 二合	180 p008	Netra （名，男）： 目，眼 （梵 P. g. 712） koṭī-sata-sahasra-netre koṭi-śata-sahasra-netrāis （名，男，具，複）： 用百千萬億諸眼

P

pa

半			pa	pañca 半左	22 p001	Pañca （形）： 五 （梵 P. g. 721） Pañca Mahā Mudrā 五大印 Bhrātṛ （名，男）： 兄弟 （梵 P. g. 981） Pañcama （形，男）： 五，第五 （梵 P. g. 722）
半			pa	pañcama 勃囉二合底哩二合半左麼	270 p11	
半			paṃ	paṃca 半左	248 p10	
半			pa	paṇḍara-vāsinī 半拏囉嚩引臬頻引	98 p005	Pāṇḍara-vāsinī （名，女）： 白衣 （梵 P. g. 772），white cloth Pāṇḍara-vāsinyāṃ （大正藏 944A）
鉢			pa	patra 鉢怛囉二合	176 p007	Ā-tapatra （名，中）： 傘蓋 （梵 P. g. 187） Sita-ā-tapatra （名，中）： 白傘蓋 Sita-ā-tapatraṃ （名，中，業，單）： 白傘蓋（被動） 注： 根據 sandhi rules, Sita-ā-tapatraṃ 應變成 Sitâ-tapatraṃ。但為了方便念誦，羅馬字不跟從，而悉曇字跟從
				patre 鉢怛 嚟 二合	303 p012	
				patrāṃ 鉢怛囕二合	0 p001 299 p012	
				patrāṃ 鉢怛 囕 二合	71 p004	
				patraṃ 鉢怛 囕 二合	460 p017	

鉢			pa	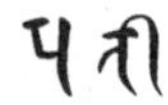 pati 鉢底准上	19 p002	Pati（名，男）： 主，司，官 （梵 P. g. 728） Umā-pati-sahâyāya （名，男，為，單）： 向烏摩天后主及眷屬 Paśupati （名，男）： 畜主，獸主 （梵 P. g. 768） Gaṇa-pati （名，男）： 集團之首領 （梵 P. g. 411）。 象頭神 ——《佛光字典》
				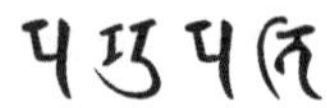 paśu-pati 鉢戍上跛底	244 p010	
鉢			pa	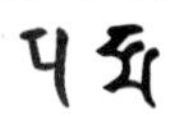 padma 鉢納麽二合	34 p002	Padma （名，男又中）： 蓮花 （梵 P. g. 733） Padmaka （名，男）： 蓮花 （梵 P. g. 733） Padmakaṃ （名，男，業，單）： 令人覺得如蓮花般的
				 padmaṃkaṃ 鉢納幪上二合劒	103 p005	
跛			pa	 paṇā 跛拏	27 p002	Āpaṇa （名，男）： 市肆，邸店，商賈，市場 （梵 P. g. 197）
播引			pa	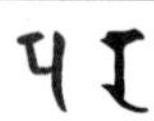 para 播引囉	466 p018	Para （副詞）： 最勝，利 （梵 P. g. 735）
跛				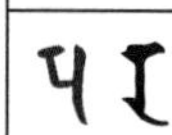 para 跛囉	148 p007	Aparājita （形）： 無能勝，無能超勝，莫能壞，無能動 （梵 P. g. 83）
跛				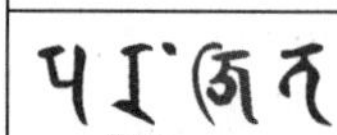 parājita 跛囉引尒多	105 p005	Aparājitaṃ （形，業，單）： 無能勝（被動） Para-vidyā （名，女）： 最胜咒语
				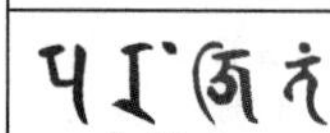 parā-jitaṃ 跛囉引尒自以反擔	72 p004	

跛			pa	para 跛囉	75　p004 449　p017 193　p008	Para-vidyā （名，女）： 仇敌恶咒 Para-cakra （名，中）： 敵兵，怨敵 （梵 P. g. 736）
跛			pa	pari-trāṇā 跛哩怛囉二合引拏	76　p004	Pari-trāṇa （名，中）： 救濟，救護 （梵 P. g. 749）
跛			pa	pari-vrajāka 跛哩沒囉二合惹引迦	236　p010	Pari-vrājaka （名，男）： 出家外道，梵志 （梵 P. g. 757）
跛			pa	pāpa 播 跛	368　p015	Pāpa （形，男）： 罪惡 （梵 P. g. 776）
				pāpa 播 引跛	388　p015	Pāpa Citta 罪惡心
播				pāpa 播 跛	368　p015	
播 引				pāpa 播 引跛	388　p015	

pā

播 引			pā	pāta 播引多	198　p008	Pāta （名，男）： 崩，落，堕 （梵 P. g. 773）
播 引			pā	pārśva 播引囉濕嚩三合	430　p016	Pārśva （名，中）： 肋骨部 （梵 P. g. 781）
播 引			pā	pāṇi 播引抳	291　p011 477　p018	Vajra-pāṇi （名，男）： 金剛手，執金剛神，金剛密跡 （梵 P. g. 1166）

播引			pā	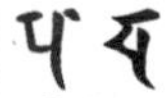 pāda 播引娜	438 p017	Pāda （名，男）： 腳 （梵 P. g. 774）
				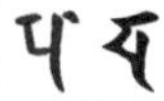 pāda 播 娜	469 p018	

pi

比			pi	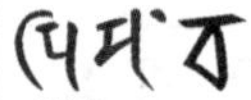 piśāca 比舍引左	208 p009 394 p015	Piśāca： 食血肉鬼 （梵 P. g. 787）
				 piśāce 比舍引際 引	331 p013	Piśācebhyas （名，男，為，複）： 向 食血肉鬼眾

pu

補			pu	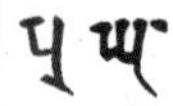 puṣpā 補澁 播 二合	385 p015	Puṣpa （名，中）： 花 （梵 P. g. 799）
補			pu	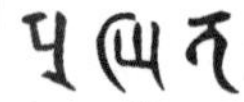 puṣpita 補澁 畢 合多上	58 p003	Puṣpita （名，男）： 開敷蓮花 （梵 P. g. 801） Puṣpitā （名，女）： 開敷蓮花

pū

布			pū	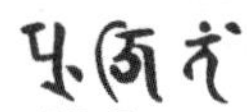 pūjitāṃ 布引尒擔引	108 p005	Pūjita （過受分→形）： 所奉，供養 （梵 P. g. 802） Pūjitān （形，業，複）： 諸供養（被動）
布			pū	 pūtana 布引怛曩	211 p009	Pūtana： 臭鬼 （梵 P. g. 802） 為鬼神之一種。意譯作臭鬼、臭餓鬼。 ——《佛光字典》

				 pūtane 布引多寧引	333 p013	

pṛ

鉢 哩 二合			pṛ	 pṛṣṭha 鉢哩二合瑟姹二合	431 p016	Pṛṣṭha （名，中）： 背 （梵 P. g. 812）

pai

背			pai	 paittikā 背底迦	414 p016	Paittika （形，男）： 膽汁質的 （梵 P. g. 814）， 指膽汁病 Paittikā （形，女）： 膽汁病

pra

鉢 囉 二合			pra	 pra-haraṇa 鉢囉二合賀囉拏鼻囉引	42 p002	Pra-haraṇa （名，中）： 爭斗 （梵 P. g. 882）
鉢 囉 二合			pra	 prabha 鉢囉二合婆去	123 p006 302 p012	Prabha （名，男）： 光，光明 （梵 P. g. 861） Prabha Sphuṭa 光明普照 Śaśi-prabha （形，男）： 月的光輝 （梵 P. g. 1318） Śaśi-prabhas （形，男，主，單）： 月的光輝 Bhaiṣajya-guru-vaiḍūrya-prabha（名，男）： 藥師琉璃光 （梵　P. g. 977）
				 ṣaśī-prabha 設試鉢囉二合婆去蒲憾反	127 p006	

鉢囉二合			pra	 pra-sādana 鉢囉二合娑引娜曩	84 p004 166 p007	Pra-sādana （名，中）： 清淨，能清淨，生歡喜 （梵 P. g. 878）
鉢囉二合			pra	 pra-śastāya 鉢囉二合設娑跢二合野	132 p006	Pra-śasta （過受分→形）： 讚嘆，讚美 （梵 P. g. 875） Pra-śastāya （形，為，單）： 去讚嘆，to pra-śasta
鉢囉二合			pra	 prada 鉢囉二合娜	317 p012	Prada （形）： 與，施 （梵 P. g. 856）
鉢囉二合			pra	 pratyaṅgira 鉢囉二合底孕二合儗你二合	351 p014	Prati （副詞）： 對，各個 （梵 P. g. 828）， against, back Aṅgira ＝aṅgiras （名，男）： 具力（梵 P. g. 13），為調伏之咒法 ——《佛光字典》。 Prati- aṅgira → Praty- aṅgira （名，男）： 惡魔之調伏對治咒法 Praty- aṅgiraṃ （名，男，業，單）： 惡魔之調伏對治咒法（被動） Praty- aṅgiraṃ （名，男，主，單）： 惡魔之調伏對治咒法（主動）
				 pratyaṅgire 鉢囉二合底孕二合儗研以反嚟引	177 p007 349 p014	
				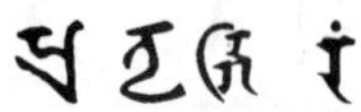 praty-aṅgiraṃ 鉢囉二合底孕二合儗嚂	0 p001 462 p018	
				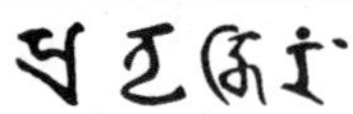 pratyaṅkirāṃ 鉢囉二合底孕二合儗霓以反囕引	73 p004	
鉢囉二合			pra	 pratyaṅga 鉢囉二合底孕二合誐	439 p017 470 p018	Aṅga-pratyaṅga （名，中）： 肢節，肢體 （梵 P. g. 12）

Pre

畢嚩二合			pre	 preta 畢嚩二合多	207 p009	Preta：惡靈，餓鬼（梵 P. g. 898），為六道之一。
				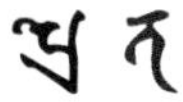 preta 畢嚩二合多	393 p015	

Ph

Pha

頗			pha	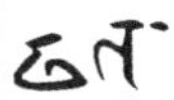 phalā 頗攞引	386 p015	Phala（名，中）：果（梵 P. g. 903）
登			pha	 phaṭ 登 吒	312 p012	Phaṭ 降伏，摧滅之意。 彭伟洋先生認為是裂開的聲響。
					316 p012	
					318 p012	
					314–325 p012 326—344 p013 345—365 p014 478 481 p018	

B

Ba

滿			ba	bandhana 滿馱曩	77 p004	Bandha （名，男）： 結，縛 （梵 P. g. 909） Bandha （名，男，呼，單）： 縛結啊 Bandhanī （形，女）： 縛，結 （梵 P. g. 909） Bandhani （形，女，呼，單）： 縛結啊 Bandhana （名，中）： 縛，結，禁閉 （梵 P. g. 910） Bandhaṃ （名，男，業，單）： 結（被動）
				bandha 滿鄧	464 p018	
				bandha 滿鄧	465 p018	
				bandha 滿鄧	466 p018	
				bandha-bandhani 滿馱滿馱顊	476 p18	
麽			ba	balāṃ 麽攬 引	91 p005	Bala （名，中）： 大力，大勢 （梵 P. g. 912） Balā （名，女）： 大力，大勢 Balāṃ （名，女，業，單）： 大力（被動）， 大勢（被動）
				balā 麽攞引	97 p005	
				bala 麽攞	112 p005	

u

穆			bu	 traibuka 怛囒二合引穆迦	451　p017	Try-ambuka （名，男）： 土蜂 （梵 P. g. 561） 注： 《梵和大辭典》只有 Try-ambuka，此處不做修正
沒			bu	 buddha 沒馱	1　p001	Buddha （名，男）： 佛，佛陀 （梵 P. g. 926）

Bo

冒 引			bo	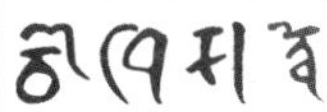 bodhi-satve 冒引地薩怛吠微閉反二合引	1　p001	Bodhi-sattva （名，男）： 菩薩 （梵 P. g. 934） Bodhi-sattvebhyas （名，男，為，複）： 向 菩薩們

bra

沒 囉 二合			bra	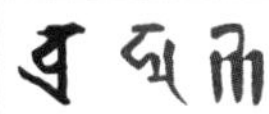 brahmaṇe 沒囉二合憾麼二合妳鼻引	15　p001	Brahman （名，中）： 梵天 （梵 P. g. 935，brahma） Brahmane （名，中，為，單）： 向 梵天
沒 囉 二合			bra	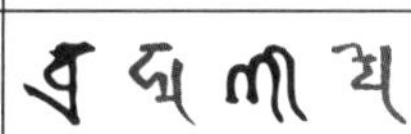 brahmaṇīye 沒囉二合憾麼二合 抳曳	356　p014	Brāhmaṇī （名，女）： 梵天（女性） （梵 P. g. 939） Brāhmaṇiye （名，女，為，單）： 向 梵天（女性）

bha

婆 去			bha	𑖥𑖐𑖪𑖝𑖸 bhagavate 婆去誐嚩帝引	17 p002	Bhagavat （形）： 尊敬的，著名的 （梵 P. g. 943）， 這裡是指「著名的」
				𑖥𑖐𑖪𑖝𑖸 bhagavate 婆去誐嚩帝引	24 31 33 35 37 41 p002 45 49 53 57 61 65 p003	Bhagavate （形，為，單）： 向 著名的
				𑖥𑖐𑖪𑖝𑖸 bhagavate 婆去誐嚩帝引	187 p008	
				𑖥𑖐𑖪𑖝 bhagavata 婆去誐嚩多	70 p004 297 p011	
				𑖥𑖐𑖪𑖽 bhagavaṃ 婆去誐鑁	175 p007	
婆 去			bha	𑖪𑖰𑖕𑖴 𑖥 vi-jṛbha 尾日啉二合婆去	121 p006	Vi-jṛmbha （名，男）： 眉開展的 （梵 P. g. 1208）
婆 去			bha	𑖥𑖪𑖝𑖲 bhavatu 婆二合去嚩覩	185 p008	Bhū （第一種動詞）： 發生，生起，成，作，為 （梵 P. g. 966） Bhavatu （第一種動詞，命令法，為他，單，第三人稱）： 一定要作
去			bha	𑖥𑖧𑖯 bhayā 婆去夜引	187 p008	Bhaya （名，中）： 怖，畏，恐怖 （梵 P. g. 947） Bhayā

					188 188 189 190 191 192 193 194 195 196 197 198 199 200 201 p008 202 p008	（名，女）： 怖，畏，恐怖 Bhayās （名，女，業，複）： 諸怖畏（被動） Bhayās 根據 sandhi rules 應變成 Bhayāḥ Vidyut-bhaya— 根據 sandhi rules 應變成 Vidyud-bhaya
薄			bha	 bhakṣaṇa 三去薄乞灑二合	148 p007	Saṃ： 一同，together Bhakṣaṇa （名，中）： 食，殘害 （梵 P. g. 942）

bhai

佩			bhai	 bhaiṣajya 佩 敘 尒野二合	54 p006	Bhaiṣajya 治疗，药物或医学 (**Monier-Williams Sanskrit-English Dictionary**) Bhaiṣajya-guru-vaiḍūrya-prabha（名，男）： 藥師琉璃光 （梵 P. g. 977）

bhe

陛			bhe	 bhedakā 陛娜迦	419 p016	Bādha （名，男）： 苦痛 （梵 P. g. 920） Bādhaka （名，男）： 苦痛 Bādhakā （名，女）： 苦痛

bhi

牝			bhi	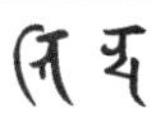 bhinda 牝娜	310 p012	Bhidā （名，女）： 破裂 （梵 P. g. 961） Bhida

						（名，男）： 破裂 Bhida （名，男，呼，單）： 破裂啊

bhra

勃 囉 二合			bhr a	 bhratṛ 勃囉二合底哩二合	270　p11	Bhrātṛ （名，男）： 兄弟 （梵 P. g. 981） Pañcama （形，男）： 五，第五 （梵 P. g. 722）

bhṛ

勃 哩 二合			bhṛ	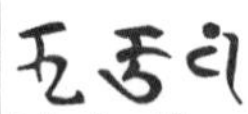 bhṛkuṭīṃ 勃哩二合矩砧去引	100　p05	Bhṛ-kuṭī （名，女）： 忿怒母，忿怒 （梵 P. g. 974） Bhṛ-kuṭīṃ （名，女，業，單）： 令人覺得忿怒的樣子
勃 陵 二合			bhṛ	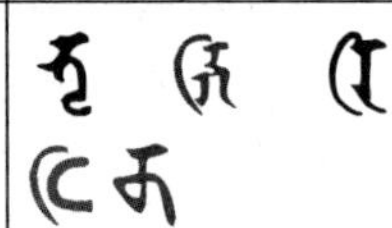 bhṛṅgiriṭika 勃陵二合儗哩致上 迦	274　011	Bhṛṅgi-riṭi （名，男）： Śiva 神之從者之名 （梵 P. g. 975） Bhṛṅgi-riṭika （名，男）： Śiva 神之從者之名。 注：梵文中常有 ka 隨後，但不影響原字的意思

bhu

步 引			bhu	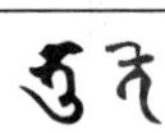 bhute 步引帝	330 p013	Bhūta （名，男）： 精靈，幽靈，妖魅 （梵 P. g. 968） Bhūtebhyas （名，男，為，複）： 向 幽靈眾
部			bhu	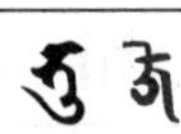 bhuje 部薺引自曳反	178 p008	Bhuja （名，男）： 臂 （梵 P. g. 964） Bhuje （名，男，於，單）： 在臂上， on hand

部			bhū	 bhūta 部多	74 p004	Bhūta-graha （名，男）： 鬼病，鬼所魅 （梵 P. g. 968）
					209 p009	
					395 p015 440 p017	
部 引			bhū	 bhūmi-kaṃpa 部引弭劒播 引	197 p008	Bhūmi-kaṃpa 地震 （梵 P. g. 971）

bhya

辮			bhy a	 bhyantareḍa 辮去怛 喻 拏	463 p018	Abhy-antara （名，中）： 內，中 （梵 P. g. 114） Abhy-antarena （名，中，具，單）： 以……為內

bhyaḥ

毗 藥 二合			bhy aḥ	 bhyaḥ 毗藥二合	1 p001	Bodhi-sattvebhyas （名，男，為，複）： 向 菩薩們 Devebhyas 向 天人眾，for deva s
毗 藥 二合					319 p012	Devebhyas ——根據 sandhi rules Devebhyaḥ，下同
					320 321 322 323 324 325 p012 326 327 328 329 330 331	Bhūtebhyas （名，男，為，複）： 向 幽靈眾 Asurebhyas （名，男，為，複）： 向 阿修羅眾 Kiṃnarebhyas （名，男，為，複）： 向 人非人眾 Unmādebhyas （名，男，為，複）：

					332 333 334 335 336 337 338 339 340 341 342 343 p013 345 346 349 p014	向狂病鬼眾 Vidyā-ācāryebhyas （名，男，為，複）： 向 咒師眾 Garuḍebhyas （名，男，為，複）： 向 金翅鳥眾 Dur-laṅghitebhyas （名，中，為，複）： 向誤想過眾 Duṣ-prekṣitebhyas （名，中，為，複）： 向漲眼法眾 Jvarebhyas （名，男，為，複）： 向 瘟疫鬼眾 Manuṣebhyas （名，男，為，複）： 向 人眾 Amanuṣebhyas （名，男，為，複）： 向非人眾 Gandharvebhyas （名，男，為，複）： 向 尋香眾 Apasmārebhyas （名，男，為，複）： 向 顛狂病鬼眾 Mahoragebhyas （名，男，為，複）： 向 大蟒蛇眾 Rākṣasebhyas （名，男，為，複）： 向 羅刹眾
毗藥 二合					344 p013	Sarva-artha-sādhakebhyas （形，男，為，複）： 向 成諸事者眾

bhyo

喻 二合			bhyo	 bhyo 毗喻二合	348 p014	Dharī-vidyā-rājebhyas （名，男，為，複）： 向受持大咒王眾

m

ma

麼			ma	matṛ 麼底哩二合	29　p002	Mātṛ （名，女）： 母，神母 （梵 P. g. 1028） Mātṛ-gaṇa （名，男）： 神母的部眾
					257 p13	
					353 p014	
麼			ma	maṇi 麼 抳 尼整反	38　p002	Maṇi （名，男）： 寶 （梵 P. g. 986）
麼			mā	mālā 麽引攞引	105　p005	Mālā （名，女）： 鬘，瓔絡 （梵 P. g. 1037） Mālā （名，女，主，單）： 鬘，瓔絡
麼			ma	mama 麼麼	129　p006 186　p008 366　p015	Mama （代名詞，屬，單）： 我的 （梵 P. g. 1005），my
麼			ma	madhu 麼度	265　p011	Madhu （名，男）： 蜜 （梵 P. g. 993）， 佛光字典是指“金剛鬘”。又稱“金剛食” Madhu-kara （名，男）： 作蜜
沫					343　p013	

麽			ma	 mahorage 麽護囉藝引	327 p013	Mahoraga （名，男）： 大腹行 （大蟒蛇） （梵 P. g. 1025） Mahoragebhyas （名，男，為，複）： 向 大蟒蛇眾
麽			ma	 manuṣye 麽弩曬	328 p013	Manuṣa （名，男）： 人 （梵 P. g. 999） Manuṣebhyas （名，男，為，複）： 向 人眾 Manuṣebhyas ——根據 sandhi rules 應變成 Manuṣebhyaḥ，下同
摩			ma	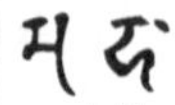 mahā 摩賀引	22 p001 25 p002 85 p004 90 94 95 96 97 110 112 p005 116 p006 170 176 177 p007 244 248 256 p010 348 349 351 352 358 p014 461 p017 462 p018	Mahā （形）： 大 （梵 P. g. 1012） Pañca Mahā Mudrā 五大印 Mahā Kāla 大黑 Mahā-Kālāya （名，男，為，單）： 大黑天 Mahā-Kāliye （名，女，為，單）： 大女黑天 Mahā Grahānāṃ 大惡星們的 Mahā Ghorāṃ 大女魔咒法（被動） Mahā-Tejaṃ （是）大銳利的 Mahā śvetāṃ 大白的（被動） Mahā Jvalaṃ 大焰 Mahā Balā 大力，大勢 Mahā Vidyā

						大咒術，大咒法 Mahā-Vidyā-Rājebhyas 向受持大咒王眾 Mahā-Vajro-Ṣñīṣa 大金剛髻 Mahā Vajrodāra 大金剛殊妙 Mahā Prati-Aṅgire 在大調伏反擊咒法中 Mahā Sahasra 大千 Mahā Paśupati 大畜主，獸主 Mahā Mātṛ-Gaṇa 大神母之集合
滿			ma	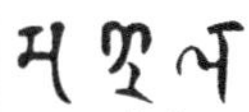 maṇḍala 滿拏攞	183　p008	Maṇḍala （名，中）： 壇场 （梵 P. g. 987）
滿			ma	 mantra 滿怛囉二合	374　p015	Mantrayati （名動詞，為他）： 熟慮，忠告 （梵 P. g. 1002） Mantrayanti （名動詞，為他，複）： 熟慮，忠告
滿			ma	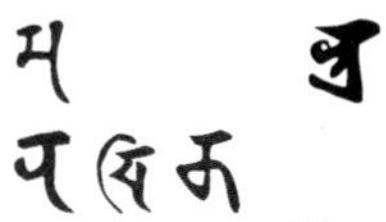 mantra--nadika · 滿怛囉二合難上你泥以反迦	405　p016	Mātṛnāndā （名，男）： Mātṛnāndi （名，女）： 曼多難提 ——《佛光字典》
滿			ma	 mantra-pada 滿怛囉二合跛娜	486　p018	Mantra-pada （名，中）： 咒句 （梵 P. g. 1002） Mantra-padā（名，女）： 咒句 Mantra-padās （名，女，業，複）： 眾咒句（被動）

沫			ma	 marthana 沫他去曩	**145 p007**	Mathana （形，男）： 破壞 （梵 P. g. 990）
沫			ma	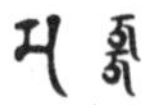 majja 沫惹引	**228 p009**	Majjā （名，女）： 髓，骨 （梵 P. g. 985）
					**380 p015**	
沫			ma	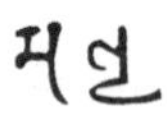 manya 沫理野二合引	**383 p015**	Mālya （名，中）： 花鬘 （梵 P. g. 1038）
沫 轉舌			ma	 marma 沫轉舌麽	**429 p016**	Marman （名，中）： 關節 （梵 P. g. 1008）
莫			ma	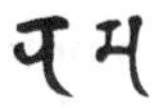 nama 曩莫	**69 p004**	Namas （名，中）： 歸命 （梵 P. g. 658） Namas （名，中，業，單）： 歸命（被動）
穆			ma	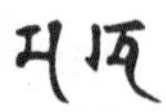 makha 穆佉	**423 p016**	Makha （名，中）： 口 （梵 P. g. 1046）

maṃ

莽 引			mamṃ	 maṃsa 莽引娑	**226 p009**	Māṃsa （名，中）： 肉，身肉 （梵 P. g. 1026）

mā

麽			mā	māleti 麽礼底	**102　p005**	Mala （名，中）： 垢穢，污物 （梵 P. g. 1009） Iti （名，女）：行 （梵 P. g. 226） Mala-iti maleti （名，女）： 垢穢行女
麽鼻引			mā	malikā 麽鼻引理迦引	**117　p006**	Mallikā （名，女）： 鬘花 （梵 P. g. 1010） Mallikās （名，女，主，複）： 鬘花們
麽			mā	māṇā 麽拏引	**121　p006**	Māna （名，男）： 形，相似 （梵 P. g. 1031） Mānā （名，女）： 形，相似
麽			mā	mātṛ--gaṇā 麽底哩二合誐拏鼻音	**353　p014**	Mātṛ-gaṇa （名，男）： 神母之集合 （梵 P. g. 1029）

māṃ

鋡			māṃ	māṃ 鋡麽麽	**186　p008**	Māṃ （代，單，業）： 我（被動），指念誦者 Mama （代，屬，單）： 我的 （梵 P. g. 1033） Māṃ （代，單，業）： 我（被動），指念誦者
鋡			maṃ	maṃ· 鋡引	**174　p007**	

鋡			māṃ	 māṃ· 鋡引	296 p011	

mu

母			mu	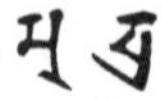 mudra 母捺囉二合	22 p001	Mudrā （名，女）： 印，封印 （梵 P. g. 1050）
					248 p10	
母			mu	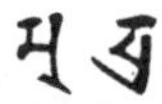 mudra 母捺囉二合引	128 p006	

謎引			me	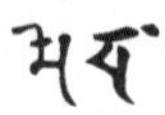 medā 謎引娜引	227 p009	Medha （名，男）： 肉汁 （梵 P. g. 1064）

mo

謨			mo	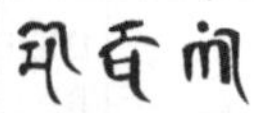 mokṣaṇīṃ· 謨乞灑二合抳 滛二合	77 p004	Mokṣaṇa （名，中）： 解，脱 （梵 P. g. 1067） Mokṣaṇī （名，女）： 解，脱 Mokṣaṇyāṃ （名，女，於，單）： 在解脱中
謨			mo	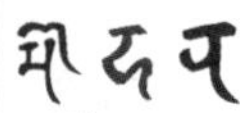 mohana 謨引賀曩	142 p007	Mohana （形，男）： 失去知覺，作昏 （梵 P. g. 1068）

Y

ya

藥			ya	 yakṣa 藥乞灑二合	**155　p007**	Yakṣa （名，中）： 夜叉 （梵 P. g. 1071） Yakṣebhyas （名，男，為，複）： 向 夜叉眾
					**205　p009** **391　p015**	
				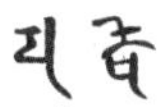 yakṣe 藥乞曬二合	**321　p012**	
演			ya	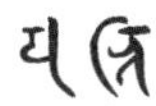 yanti· 演底	**372　p015**	Yanti （第四種動詞，使役法，為他，第 3 人稱，單）： 令生，發 （梵 P. g. 730） Utpāda-Yanti 令生，發 Kīla-yanti 使釘住 Mantrayati 熟慮，忠告 （梵 P. g. 1002）
					373　374 **p015**	

yā

野 引			yā	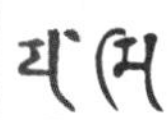 yāmi· 野引弭	**235 239** **243 247** **251 255** **p010** **264 269** **273 278** **282 286** **290 295** **p011**	Kīla （名，男）： 釘，楔 （梵 P. g. 351） 注： 在大正藏 944A 及《房山石經版楞嚴咒》，絕對是 Kīlayāmi。但在《梵和辭典》中，沒有這動詞。筆者相信是《梵和辭典》的缺漏（彭伟洋） Kīlayāmi （第 7 種動詞，使役法，為他，第 1 人稱，單）： 使我釘住

夜			yā	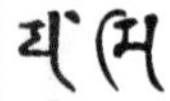 yāmi 夜弭	234 238 242 246 250 254 259 p010 263 268 272 277 281 285 289 294 p011	chedayati （第 7 種動詞，使役法，為他，第 3 人稱，單）： 使斷除 （梵 P. g. 485） Chedayāmi （第 7 種動詞，使役法，為他，第 1 人稱，單）： 使我斷除 注： 在大正藏 944A 及「房山石經版楞嚴咒」，都是 Chidayāmi。筆者相信 Chedayāmi 在古印度是和 Chidayāmi 相通的 (彭伟洋)
夜			yā	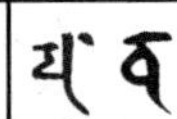 yāva 夜嚩	463 p018	Yāvat （形）： 所有 （梵 P. g. 1093）

ye

曳			ye	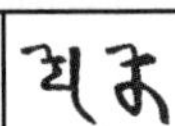 yeke 曳計引	366 p15	Ye （代名詞，男，主，複）： who, which, what Ye ke： any person whatsoever 《Sanskrit-English Dictionary》 P. g. 240， 任何人的任何（東西） Ye ke Citta 任何心

yo

庾 引			yo	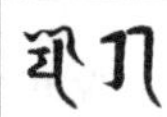 yoga 庾引誐	447 p016	Yoga （名，男）： 咒術 （梵 P. g. 1100） Viṣa-Yoga （名，男）： 毒咒 Viṣa-Yoga （名，男，呼，單）： 毒咒啊

庾			yo	𑖧𑖺𑖕𑖡 yojana 庾惹引曩	463　p018	Yojana （名，中）： 由旬 （梵 P. g. 1102）

R

ra

囉			ra	𑖨𑖎𑖿𑖬𑖭 rakṣasa 囉乞灑二合娑去	155　p007	Rākṣasa （名，男）： 羅刹 （梵 P. g. 1119） Rākṣasebhyas （名，男，為，複）： 向 羅刹眾
			rā	𑖨𑖯𑖎𑖿𑖬𑖭 rākṣasa 囉引乞灑二合娑	392　p015	
				𑖨𑖯𑖎𑖿𑖬𑖭𑖸 rākṣase 囉乞刹二合細	322　p012	
喀				𑖨𑖯𑖎𑖿𑖬𑖭 rākṣasa 喀乞灑二合娑	206　p009	
囉			ra	𑖨𑖎𑖿𑖬 rakṣa 囉乞灑二合	174　p007 296　p011	Rakṣ （第一種動詞）： 護，守護，救護 （梵 P. g. 1105） Rakṣaṃ （名，男，業，單）：守護（被動） Kṛ （第 8 種動詞）： 作，為 （梵 P. g. 366）

				𑖨𑖎𑖿𑖬𑖽 rakṣaṃ	129　p006	

				囉乞鏟二合		
喇			ra	 ratna 喇怛曩二合	66 p002 118 p006	Ratna （名，中）： 寶 （梵 P. g. 1110） Ratna-kusuma-ketu-rājāya （名，男，為，單）： 向寶花幢王

rā

			rā	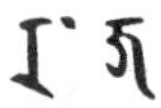 rāja 囉引惹	187 p008 199 p009	Rāj （名，男）： 王 （梵 P. g. 1120） Rāja （名，男）： 王 （金胎兩部真言解記一吉田惠弘 （P. g. 298） Rājāya （名，男，為，單）： 向 王，to the king Vidyā-rāja （名，男）： 咒王 Sālendra-Rāja （名，男）： 娑羅樹王 （梵 P. g. 1466）
				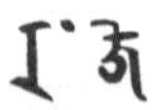 rāje 囉薺自曳反	348 p014	
				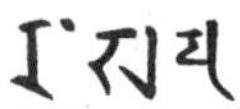 rājāya 囉引惹准上野	42 p003	
				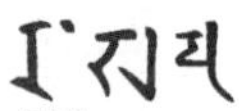 rājāya 囉引惹引野	54 58 66 p003 351 p014	

ru

嚕			ru	 rudraya 嚕捺囉二合引野	18 p002	Rudra （名，男）： 嵐之神，暴惡 （梵 P. g. 1131）， 佛光字典是指「大自在天」 Rudrāya （名，男，為，單）： 向 大自在天

嚕			ru	rudra 嚕捺囉二合	244　p010	Rudra （名，男）： 嵐之神，暴惡 （梵 P. g. 1131）， 佛光字典是指「大自在天」
嚕			ru	rudhirā 嚕地囉引	224　p009 378　p015	Rudhira （名，男）： 血 （梵 P. g. 1132）

rū

嚕 引			rū	rūpaṃ 嚕引唪補敢反	109　p005	Rūpa（名，中）：形貌，形相，色相 （梵 P. g. 1134） Rūpaṃ （名，中，業，單）： 形相（被動）

re

嚓			re	revatī 嚓 嚩引底	217　p009	Revatī： 奎宿，大水 （梵 P. g. 1136） 為惱亂童子之十五鬼神之一，常遊行於世間，驚嚇孩童 ——《佛光字典》
				revatī 嚓 引嚩底	402　p016	

ro

嚧 引			ro	rogaṃ· 嚧 引儼	422　p016	Roga （名，男）： 病 （梵 P. g. 1137） Rogaṃ （名，男，業，單）： 病（被動） akṣi rogaṃ： 眼病
					423　p016	

噜				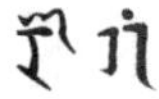 rogaṃ· 噜引儼	421 p016	

rau

嘮 引			rau	 raudrīye 嘮引捺哩二合曳	361 p014	Raudrī （名，女）： 咾捺哩，七母天之一，是焰摩天或大黑天之眷屬 ——《佛光字典》 Raudriye （名，女，為，單）： 向 咾捺哩天
嘮			rau	 raudra· 嘮捺囉二合	369 p015 390 p015	Raudra （形，男）： 兇暴 （梵 P. g. 1139）

rka

囉 迦 二合			rka	 rka 囉迦二合	301 p012	Arka （名，男）： 火，日，日光 （梵 P. g. 128） 注： 根據 sandhi rules, nala-arka 應變成 nalārka。但為了方便念誦，羅馬字不跟從，而悉曇字跟從

ṛṣi

乙 嘌 二合			ṛ	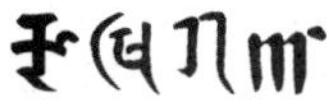 ṛṣi-gaṇā 乙嘌二合史誐拏	132 p006	Ṛṣi （名，男）： 仙，仙人，神仙 （梵 P. g. 291） Ṛṣi gaṇa 仙人大眾，神仙大眾
囉 曷 二合			rha	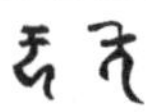 rhate 囉 曷 二合帝	43 47 51 55 63 67 p003 484 p018	Arhat （名，男）： 應供 （梵 P. g. 133） Arhate （名，男，為，單）： 向 應供，to Arhat

L

la

落			la	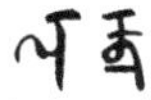 lakṣmī 落乞讖弭三合	**21 p002**	Lakṣmī （名，女）： 吉祥，福德，功德，富 （梵 P. g. 1141） 这里是指《大吉祥天女》，《大財富天女》。
			la	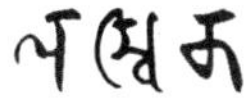 lamvika 覽尾迦	**406 p016**	Lambā： 藍婆 ——《佛光字典》
虜			la	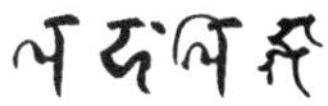 lahā--liṅga 虜賀引陵上誐	**445 p017**	Loha-liṅga （名，男）： 疔蒼 （梵 P. g. 1161） Loha-liṅgā （名，女）： 疔蒼 Loha-liṅgās （名，女，業，複）：眾 疔蒼（被動）

lu

路 引			lu	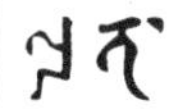 lutā 路引多	**444 p017**	Lūtā （名，女）： 一種皮膚病 （梵 P. g. 1155） Lūtās （名，女，業，複）： 眾 皮膚病（被動）

lo

路 引			lo	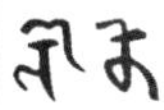 loke 路引計	**6 p001**	Loka （名，男）： 世間 （梵 P. g. 1156） Loke （名，男，於，單）： 於世間，在世間
路 引					**10 p001**	

路 引			lo	 locana 路引左曩	**123 p006**	Locana （名，中）： 眼 （梵 P. g. 1159） Locanā （名，女）： 眼 Locanā （名，女，主，單）： 眼
V						
va						
嚩			va	 vajra 嚩日囉二合	**36 p002** **102 p005** **104 p005** **350 p014** **114 p006** **347 p014** **115 p006** **291 p011** **477 p018**	Vajra （名，男又中）： 金剛 （梵 P. g. 1165） Vajra-Maletis （名，女，主，單）： 垢穢行女金剛 Vajra-Jihvas （名，男，主，單）： 金剛舌 Vajra-Saṃkalā （名，女，主，單）： 金剛鎖 Vajra-Kaumārī-Kulaṃ （名，中，業，單）： 金剛嬌麼哩部（被動） Vajra-Kaumārī-Kulaṃ （名，中，業，單）： 金剛嬌麼哩部（被動） Vajra-Hastā （名，女，主，單）： 金剛手 Vajra-Pāṇi （名，男）： 金剛手，執金剛神，金剛密跡 （梵 P. g. 1166）

嚩		𑖪	va	𑖪𑖕𑖿𑖨 vajra 嚩日囉二合引	106　p005 124　p006	Vajra （名，男又中）： 金剛 （梵 P. g. 1165） Vajra-Daṇḍī （名，女，主，單）： 金剛杵 Vajra Tuṇḍī 金剛嘴 Vajra-Dhare （名，男，於，單）： 在金剛持中 Vajra Udāra 金剛殊妙 根據梵文規則（sandhi rules）：a + u = o 所以 ajra + udāra 應變成 Vajrodāra 金剛殊妙(普明) Uṣṇīṣa （名，男又中）： 髻 （梵 P.g.284） Vajra-Uṣṇīṣaṃ 根據 sandhi rules 應變成 Vajroṣṇīṣaṃ （名，中，主，單）： 金剛髻（主動）
				𑖪𑖕𑖿𑖨 vajra 嚩日囉	475　p018	
				𑖪𑖕𑖿𑖨 vajra 嚩日囉二合	122　p006	
				𑖪𑖕𑖿𑖨𑖺 vajro 嚩日嚧二合引	182　p008	
				𑖪𑖕𑖿𑖨𑖺𑖬𑖿𑖜𑖱𑖬 vajro-ṣñīṣa 嚩日嚧二合引瑟抳二合引灑	176　p007	
				𑖪𑖕𑖿𑖨𑖺𑖬𑖿𑖜𑖱𑖬𑖽 vajro-ṣñīṣaṃ 嚩日合瑟抳二合引釤	461　p017	
嚩		𑖪	va	𑖪𑖭𑖯 vasā 嚩娑引	225　p009 379　p015	Vasā （名，女）： 腦 （梵 P. g. 1183）
嚩		𑖪	va	𑖪𑖨 vara 嚩囉	317　p012	Vara （名，男）： 願望，所願 （梵 P. g. 1174）
嚩		𑖪	va	𑖪𑖭𑖿𑖝𑖰 vasti 嚩悉底二合	434　p017	Vasti （名，男）： 膀胱 （梵 P, g. 1184）

挽			va	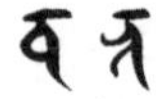 vanta· 挽無滿反下同路	229 p010	Vānta （過受分→形）： 吐，唾 （梵 P. g. 1192）

vā

嚩			vā	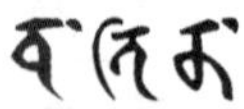 vātikā 嚩底迦引	414 p016	Vātika （形，男）： 風病者，風病 （梵 P. g. 1191） Vātikā （形，女）： 風病者，風病 Vātikās （形，女，業，複）： 眾 風病（被動）
嚩			vā	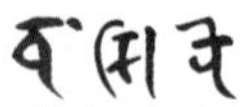 vāsine 嚩枲星以反寧引	28 p002	Vāsin （形）： 居住者 （梵 P. g. 1197），someone living
				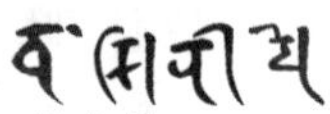 vāsinīye 嚩引枲 顊 曳	365 p014	Vāsini （形，於，單）： 居住者（在），someone living at Vāsinī （形，女）： 居住 Vāsiniye （形，女，為，單）： 向 居住

vi

尾			vi	 vidrā 尾捺囉二合	27 p002	Vidrā （第二種動詞）： 逃走，向相反方向逃離 （梵 P. g. 619，drā）， run apart
尾			vi	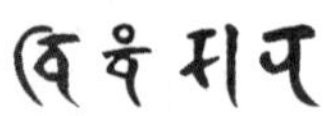 vidhvasana 尾特吻二合娑曩	81 p004 86 p004 161 p007	Vi-dhvaṃsana （名，中）： 降伏，破壞，摧，敗壞 （梵 P. g. 1219）
				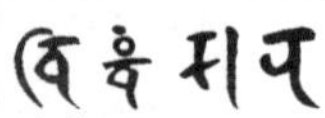 vidhvaṃsana 尾特吻無肯反二合 娑曩	156 p007	

尾			vi	vidyā 尾你也二合引	13 p001 75 p004 342 p013 348 p014 466 p018	Vidyā （名，女）： 咒術，咒禁 （梵 P. g. 1215），咒語 Para-Vidyā （名，女）： 最勝咒術 Vidyā-Rāja （名，男）： 咒王 Dharī-Vidyā-Rājebhyas （名，男，為，複）： 向受持大咒王眾
				vidyā 尾你野二合引	116 p006 148 p007	
				vidyaṃ 尾你琰二合引	234 237 241 245 249 253 258 p010 262 267 271 272 276 280 284 288 293 p011	
尾			vi	viṣa 尾灑	89 p005 191 p008 447 p016	Viṣa （名，中）： 毒，毒物，毒害 （梵 P. g. 1253） Viṣa-Yoga （名，男）： 毒咒 Viṣa-Yoga （名，男，呼，單）： 毒咒啊！
尾			vi	vijaya 尾惹野	101 p005	Vijaya （形）： 最勝，勝利 （梵 P. g. 1207）

尾			vi	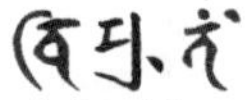 vi-śrutāṃ 尾秫噜二合擔	**102** **p005**	Vi-Śruta （名，中）： 名聲，善聞，美名稱 （梵 P. g. 1251） Vi-Śrutā （名，女）： 名聲，善聞，美名稱 Vi-Śrutāṃ （名，女，業，單）： 令人覺得有美名稱的
尾			vi	 viśālā 尾舍引攞引	**107 p05**	Viśāla （形，中）： 廣大，闊，修高的 （梵 P. g. 1247） Viśālā （形，女）： 廣大，闊，修高的
尾			vi	 vi-jṛbha 尾日啉二合婆去	**121** **p006**	Vi-Jṛmbha （名，男）： 眉開展的 （梵 P. g. 1208） Māna （名，男）： 形，相似 （梵 P. g. 1031）
尾			vi	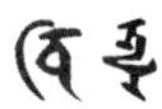 vidyut 尾你聿二合	**202** **p008**	Vidyut （形，女）： 電光，電 （梵 P. g. 966）
尾			vi	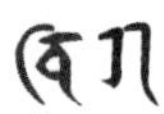 viga 尾迦	**303** **p012**	Vi-Kas （第一種動詞）： 伸開，開 （梵 P. g. 331）
尾			vi	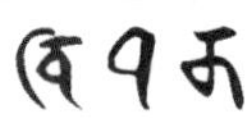 vidhaka 尾馱迦	**306** **p012**	Vi （副詞）： 動詞之結合之前置詞 （梵 P. g. 1198），apart Vi-Dhakka （形）： 破壞開來，destroy apart Vi-Dhakka （形，呼，單）： 破壞開來啊

尾			vi	 vidara 尾娜囉	308 p012	Vi-Dara （形）： 裂開 （梵 P. g. 1214） split apart，裂開來 Vi-Dara （形，呼，單）： 裂開來啊
尾			vi	 vidrapaka 尾捺囉二合跛迦	318 p012	Vidāraka （形）： 裂開，切裂 （梵 P. g. 1214） Vidāraka （形，呼，單）： 切裂呀 注： 在大正藏 944A 中，是 vidrāpakāya。但「梵和辭典」找不到 vidrāpaka。
尾			vi	 vi-dveṣa 尾你吠二合灑	370 371 p15	Vi-Dveṣa （名，男）： 嫉妬 （梵 P. g. 1217）
尾			vi	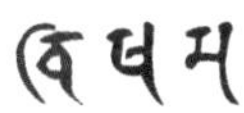 viṣama 尾灑麼	413 p016	Viṣama （形）： 危，險，極險 （梵 P. g. 1253） Viṣama-Jvarās （名，女，業，複）： 眾 極險的熱惱（被動）
尾			vi	 viśade 尾捨祢引	474 p018	Viśada （形）： 白輝，明輝 （梵 P. g. 1247） Viśade （形，於，單）： 在白輝中，在明輝中

vī

味引			vī	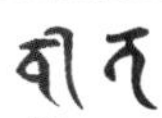 vīta 味引多	287 p011	Vīta-Rāga （形）： 離欲，斷愛，無漏 （梵 P. g. 1261）指“修離欲梵行者”
吠			vī	 vīra 吠囉	475 p018	Vīra （名，男）： 勇猛 （梵 P. g. 1262）

vṛ

勿嚟二合			vṛ	 vṛścika 勿嚟二合室止二合迦	453 p017	Vṛscika （名，男）： 蝎（梵 P. g. 1272） Vṛscika （名，男，呼，單）： 蝎啊

ve

吠微閉反			ve	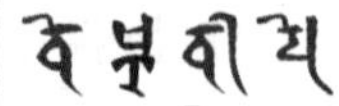 veṣṇuvīye 吠微閉反瑟弩尼古反二合尾引曳引	355 p014	Viṣṇu （名，男）： 毘紐天 （梵 P. g. 1256） 意譯遍人天、遍淨天等。乃印度教三主神之一。 ——《佛光字典》 Viṣṇave （名，男，為，單）： 向 毘紐天
吠			ve	 vetaḍa 吠引跢引拏	440 p017	Vetāḍa （名，男）： 起屍鬼 （梵 P. g. 1275）

vai

吠微閉反引			vai	 vaiḍūrya 吠微閉反引呅尼古反哩野二合	54 p003	Vaiḍūrya： mf($\bar{a}$)n. made of cat's-eye gems MBh. R. &c **《Monier-Williams Sanskrit-English Dictionary》**
吠			vai	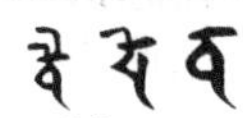 vaideva 吠祢去嚩	107 p005 108 p005	Vaidehaka （形）： 勝身 （梵 P. g. 1281） Vaideha （形）： 勝身
吠引			vai	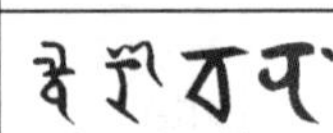 vairocanā 吠引嚧舌左曩	119 p06	Vairocana （形）： 太陽的，遍照，普照 （梵 P. g. 1284）
吠			vai	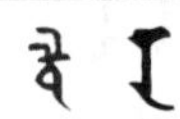 vaira 吠引囉	449 p017	Vaira （名，中）： 怨敵，怨仇 （梵 P. g. 1283）

						Vaira （名，中，呼，單）： 怨敵啊
吠引			vai	 vaisarpa 吠引薩轉舌跛	445 p017	Vaisarpa （名，男）： 火蒼 （梵 P. g. 1286） Vaisarpā （名，女）： 火蒼 Vaisarpās （名，女，業，複）： 眾 火蒼（被動）

vyā

尾野二合引			vyā	 vyāghra 尾野二合引竭囉二合	455 p017	Vyāghra （名，男）： 虎 （梵 P. g. 1295） Vyāghra （名，男，呼，單）： 虎啊

śa

設			śa	 śatrū 設咄嚕二合	87　p005	Śatru （名，男）： 怨家，怨敵 （梵 P. g. 1309）
設			śa	 śaśī 設試	127　p006	Śaśi-Prabha （形，男）： 月的光輝 （梵 P. g. 1318） Śaśi-Prabhas （形，男，主，單）： 月的光輝
扇			śa	 śanta 扇跢	107　p005	Śānta （過受分→形，中）： 寂，靜，無熱 （梵 P. g. 1322） Vaidehaka （形）： 勝身 （梵 P. g. 1281） Vaideha （形）： 勝身 注： 在梵文的文法中，ka 可加

						在後面，但不影響本來的意思
餉			śa	śaṅkalā 餉迦攞引	113 p006	Saṃkala （名，中）： 鎖 （梵 P. g. 1380） Saṃkalā （名，女）： 鎖 Saṃkalā （名，女，主，單）： 鎖 Vajra-saṃkalā （名，女，主，單）： 金剛鎖
餉			śa	śaṅkalāya· 餉迦攞引野	350 p014	
爍			śa	sakuni 爍矩 顊	404 p017	Śakunī： 舍究尼，為惱亂童子之十五鬼神之一，常遊行於世間，驚嚇孩童 ——《佛光字典》

śā

舍 引			śā	śāpānu 舍引播引努鼻音	14 p001	Śāpa （名，男）： 咒人，對人惡口 （梵 P. g. 1322） 是指“降頭”（黑法之類），bad magic Anu （副詞）： 隨 （梵 P. g. 54） after, following
舍 引			śā	śākya-munaye 舍引枳野二合母曩曳引	62 p006	Śākyamuni （名，男）： 釋迦牟尼 （梵 P. g. 1320） Śākyamunaye （名，男，為，單）： 向 釋迦牟尼

śi

始			śi	śirortni 始嚕引嘌底二合	418 p016	Śiro'rti （名，女）： 頭痛 （梵 P. g. 1331） Śiro'rtīs （名，女，業，複）： 眾 頭痛（被動）

śī

施 引			śī	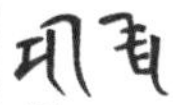 śīrṣe 施引嘌囇二合引	179　p008	Śīrṣa （名，中）： 頭，首，head （梵 P. g. 1335） Śīrṣe （名，中，於，單）： 在頭上，on the head

śū

戍 引			śū	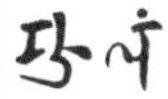 śūlaṃ 戍引藍上	426 p016	Śūla （名，男又中）： 痛苦 （梵 P. g. 1345） Śūlaṃ （名，男，業，單）： 痛苦（被動）
					427　428 429 430 p016 431 432 433 434 435 436 437 438 439 p017	
戍 引				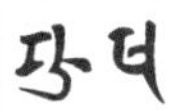 śūṣa 戍引灑	446　p017	Śūṣa 乾消 （梵 P. g. 1350）

śra

室 囉 二合			śra	 śramaṇa 室囉二合麽拏鼻	279　p011	Śramaṇa （名，男）： 苦行者 （梵 P. g. 1353）， 沙門之古譯 ——《佛光字典》 Śramaṇebhyas （名，男，為，複）： 向 苦行者眾
				 śramaṇe 室囉二合麽鼻音妳	339　p013	

śrā

室 囉 二合			śrā	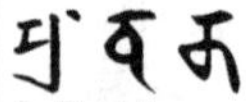 śrāvaka 室囉二合嚩迦	5 p001	Śrāvaka （名，男）： 弟子，聲聞 （梵 P. g. 1354）

śre

始 㘑 二合			śre	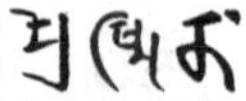 śreṣmikā 始 㘑 二合澁弭二合迦	415 p010	Ślaiṣmika （形，男）： 痰 （梵 P. g. 1361），指痰病 Ślaiṣmikā （形，女）： 痰病 Ślaiṣmikās （形，女，業，複）： 眾 痰病（被動）

śve

濕 吠 二合			śve	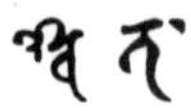 śvetā 濕吠二合跢引	110 p005 125 p06	Śveta （形）： 白，輝 （梵 P. g. 1363） Vetā （形，女）： 白，輝 Śvetāṃ （形，女，業，單）： 輝白（被動），令人覺得輝白的
				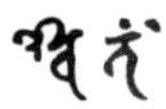 śvetāṃ 濕吠二合擔引	95 p005	

S

sa

颯			sa	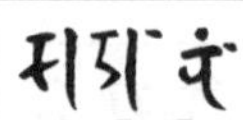 saptānāṃ 颯跢引南上引	2 p001	Sapta （數，男又中又女）： 七 （梵 P. g. 1406） Saptānāṃ （數，男又中又女，屬，複）： 七個的

塞		𑖭	sa	sakṛdāgāmināṃ · 塞訖嘌二合娜引誐引弭南上引	8 p001	Sakṛdāgamī （形）： 須陀含，一來，二果 Sakṛdāgamīnāṃ （形，屬，複）： 須陀含們的
三去		𑖭	sa	samyak-saṃbuddha 三去藐三去沒馱	3 p001	Samyak-saṃbuddha （名，男）： 正编知 （梵 P. g. 1438）
				samyak-saṃbuddhaya 三去藐三沒馱引野	44 p003	
					48 52 56 60 64 68 p003	
				samyak-saṃbuddhāya 三去藐三沒馱引野	485 p18	
三去		𑖭	sa	samyaggatānāṃ 三去藐蘖 跢引南上引	10 p001	Samyag-Gata （形）： 正行，正道 （梵 P. g. 1438） Samyag-Gatānāṃ （形，屬，複）： 正行（們）的
三		𑖭	sa	samya-kprati-pannanāṃ 三藐鉢囉二合底丁以反半曩引南上引	11 p001	Prati-panna 修行者 （梵 P. g. 833） Samyak-pratipanna （過受分→形）： 勤修正行的 （梵 P. g. 1437） Samyak-pratipannānāṃ （形，屬，複）： 勤修正行（們）的

娑		𑖭	sa	𑖭 sa 娑	122 p006	Sa （接頭詞）： 結合，共有，同等 （梵 P. g. 1366） Sa-śrāvaka-saṃ-ghān āṃ （名，男，屬，複）： 結合聲聞僧伽眾的
三去		𑖭	sa	𑖭𑖽 saṃ 三去	148 p007	Saṃ： 一同，together Saṃ- Bhakṣaṇa 齊令殘害 Saṃ-puṣpitā （名，女）： 蓮花一起開敷
設		𑖭	sa	𑖭𑖭𑖿𑖝𑖿𑖨 sastra 設娑怛囉三合	89 p005	Śastra （名，中）： 刀，兵器，箭，刀兵 （梵 P. g. 1318）
					192 p008	
設		𑖭	sa	𑖭𑖝 sata 設多上	180 p008	Śata （數，男又中）： 一百 （梵 P. g. 1307） Koṭi-Śata-Sahasra-Netr āis （名，男，具，複）： 用百千萬億諸眼
娑		𑖭	sa	𑖭𑖦𑖨𑖿𑖞𑖡𑖯𑖽 samarthanāṃ 娑上沬嘌他二合南上引	14 p001	Samartha （名，中）： 資格，能用，堪能 （梵 P. g. 1415） Samarthānāṃ （名，中，屬，複）： 有能力者們的
娑		𑖭	sa	𑖭𑖮𑖱𑖧𑖯𑖧 sahīyāya 娑上呬馨異反引夜引野	19 p002	Sahâya （名，男）： 伴，眷屬 （梵 P. g. 1454）

				sahīyāya 娑呬去引夜引野	252　p010	Sahâyāya （名，男，為，單）： 向 眷屬 大正藏 944A 是 Sahâya
				sahīyāya 娑呬引夜野	257　p010 270　p011	
				sahīya 娑呬引野	275　p011	
娑			sa	sahasra 娑賀娑囉二合	178　p008 180　p008	Sahasra （數，男又中）： 千 （梵 P. g. 1453）， thousand
				sahasrāṇāṃ 娑賀娑囉二合[illegible]引	80　p004	Mahā-sahasra-bhuje （名，男，於，單）： 在大千臂上
				sahasrāṇāṃ 娑賀娑囉二合喃引上	160　p007	koṭī-sata-sahasra-netre koṭi-śata-sahasra-netrā is （名，男，具，複）： 用百千萬億諸眼
				sahasra-śīrṣe 娑賀娑囉二合施引嘌囇二合引	179　p008	Sahasra-śīrṣe （名，中，於，單）： 在千頭上
薩			sa	sarva 薩嚩	1 p001 74 77 78 p004 87 p005 130 133 p006 151 155	Sarva （形，男，複）： 一切的 （梵 P. g. 1441）， all 例句： Sarva Deve 一切的天人眾 Sarva Nāge 一切的龍眾 Sarva Yakṣe 一切的夜叉眾 Sarva Rākṣase 一切的羅刹眾

					p007 233 p010 319 320 321 322 323 324 325 p012 326 327 328 329 330 321 322 323 324 325 326 327 328 329 330 331 332 333 334 335 336 337 338 339 340 341 342 345 p013 417 p016 470 p018	Sarva Garude 一切的金翅鳥眾 Sarva Gāndharve 一切的尋香眾 Sarva Asure 一切的阿修羅眾 Sarva Kin-nare 一切的人非人眾 Sarva Mahorage 一切的大蟒蛇眾 Sarva Manuṣye 一切的人眾 Sarva Amanuṣye 一切的非人眾 Sarva Bhūte 一切的幽靈眾 Sarva Piśāce 一切的食血肉鬼眾 Sarva Kumbhaṇde 一切的形如缾的惡鬼眾 Sarva Pūtane 一切的臭鬼 Sarva Kaṭa--pūtane 一切的極臭鬼 Sarva Dur-laṅghite 一切的誤想過眾 Sarva Duṣ-Prekṣite 一切的漲眼法，懊見過 Duṣ-Prekṣita 一切的漲眼法眾 Sarva Jvare 一切的瘟疫鬼眾 Sarva Apasmāre 一切的顛狂病鬼眾 Sarva Śramaṇe 一切的苦行者眾 Sarva Tīrthīke 一切的外道師眾 Sarva Utmade 一切的一切的狂病鬼眾 Sarva Vidyācārye 一切的呪師眾 Sarva-Aṅga-Pratyaṅga

						一切的肢體 Sarva Duṣṭānāṃ 一切的瞋恚們 Sarva Yakṣa Rakṣasa 一切的夜叉，羅刹 Sarva Grahāṇāṃ 一切的惡星們
				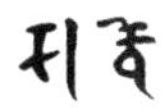 sarve 薩吠引	129　p006	Sarve （形，男，主，複）： 一切的
				 sarveṣaṃ· 薩吠釤引	232　p010	Sarvaṃ （代名詞，中）： 一切的，all Sarveṣāṃ （代名詞，中，屬，複）： 一切們的
				 sarveṣaṃ· 薩吠釤	459　p017	
薩			sa	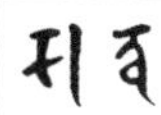 satvā 薩怛嚩二合	366　p015	Sattva （名，男）： 眾生，有情 （梵 P. g. 1391）
				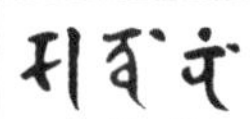 satvānāṃ 薩怛嚩二合引難上	130　p006	Sattvānāṃ （名，男）： 諸有情的
薩			sa	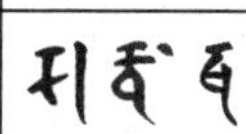 sarvārtha 薩嚩引囉他二合	266　p011	Sarvārtha （形）： 諸事 （梵 P. g. 1447）。 注： 這裡的「事」是指不好的惡事
				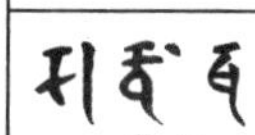 sarvārtha 薩嚩喇他二合	344　p013	
娑			sā	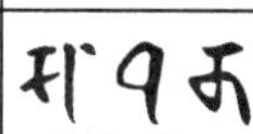 sādhaka 娑去引馱迦	266　p011	Sādhaka 女（ikā） 修法者，成办者，助手 （梵 P. g. 1458）
				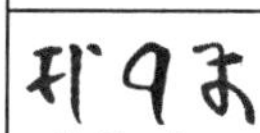 sādhake 娑引馱計引	344　p013	

薩			sa	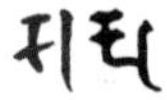 sarpa 薩轉舌跛	454 p017	Sarpa （名，男）： 蛇 （梵 P. g. 1440）
娑			sa	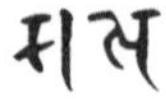 salendra 娑上隣上捺囉二合	58 p003	sālendra-rāja （名，男）： 娑羅樹王 （梵 P. g. 1466）
薩			sa	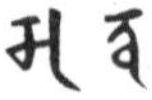 satva 薩怛嚩二合	366 p015	Sattva （名，中）： 存在，實在，有 （梵 P. g. 1391）
薩			sa	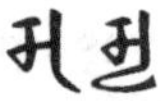 sasya 薩寫	387 p015	Sasya （名，中）： 穀物 （梵 P. g. 1450）
散			sa	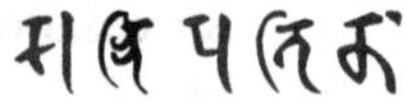 sannipatikā 散 額 跛底迦	416 p016	Sāṃ-nipātika （形，男）： 和合，身體和合不調 （梵 P. g. 1461） Sāṃ-nipātikā （形，女）： 身體不調病 Sāṃ-nipātikās （形，女，業，複）： 眾 身體不調病（被動）

saṃ

僧去			saṃ	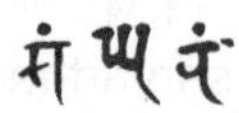 saṃghanāṃ 僧去伽去南上引	5 p001	Saṃ-gha （名，男）： 群，眾，僧伽 （梵 P. g. 1385） Saṃ-ghānāṃ （名，男，屬，複）： 僧伽眾的

sā

娑去引			sā	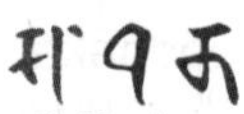 sādhaka 娑去引馱迦	266 p011	sādhaka 女（ikā） 修法者，成办者，助手 梵 P. g. 1458）
				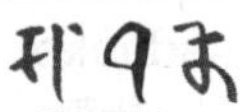 sādhake 娑引馱計引	344 p013	

si

悉			si	 sitāta 悉跢多	**71　p004**	Sita （形）: 白 （梵 P. g. 1469） Sita-Ā-Tapatra （名，中）: 白傘蓋 Sita-Ā-Tapatraṃ （名，中，業，單）: 白傘蓋（被動） 注: 根據 sandhi rules, Sita-Ā-Tapatraṃ 應變成 Sitâ-Tapatraṃ 但為了方便念誦，羅馬字不跟從，而悉曇字跟從。
					**176　p007**	
悉			si	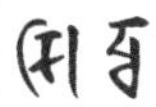 siddha 悉馱	**13　p001**	Siddha 成就 Siddhā-Vidyā-Dhara 仙人，神仙，仙 （梵 P. g. 291）
悉			si	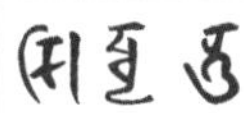 siddhyantu 悉殿覩	**486　p018**	Sidh （第 4 種動詞）: 成就 （梵 P. g. 1471） Sidhyantu （第 4 種動詞，命令法，為他，第 3 人稱，複）: 命之成就

siṃ

僧 星孕反			siṃ	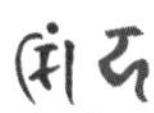 siṃha 僧星孕反伽	**455　p017**	Siṃha （名，男）: 獅子 （梵 P. g. 1467） Siṃha （名，男，呼，單）: 獅子啊

sī

枲 星以 反			sī	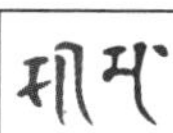 sīmā 枲星異反麽引	**464　p018**	Sīmā （名，女）: 界 （梵 P. g. 1472）

su

素			su	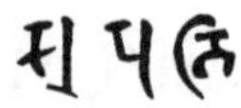 suparṇi 素鉢哩 抳二合	200 p008	Suparṇī （形，女）： 大猛禽，禿鷹 （梵 P. g. 1482）
蘇			su	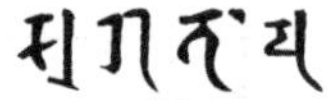 su-gatāya 蘇 蘖 多夜引	484 p018	Sugata （名，男）： 善逝 （梵 P. g. 1476） Sugatāya （名，男，為，單）： 向 善逝, to Sugata

se

細引			se	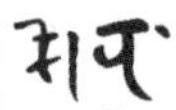 senā 細引曩	42 p002	Senā （名，女）： 部隊，軍隊 （梵 P. g. 1502）

掃 去引			so	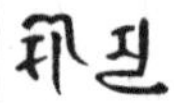 somya 掃去引弭野二合	109 p005	Saumī （名，女）： 月光 （梵 P. g. 1507） saumyā （名，女，具，單）： 和月光
					232 p010	

ska

塞 謇 二合			ska	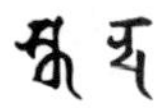 skanda 塞謇二合娜	213 p009	skanda： 軍神 （梵 P. g. 1508）。
					397 p015	

skṛ/śkṛ

塞訖嘌 三合			skṛ	 skṛtāya 塞訖嘌三合路引野	354　p014	Namas-kṛta （過受分→形）： 所禮敬，所恭敬 （梵 P. g. 658）， 這裡是指“所歸命的” Namas-Kṛtāya （形，為，單）： 向禮拜……者
				 skṛtāya 塞訖嘌三合路野	23 30 p002	
塞訖嘌 三合			śkṛ	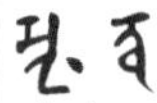 skṛtva 塞訖嘌三合怛嚩二合	69　p004	Kṛtvan （形，男）： 活動的，作著的 （梵 P. g. 372） Kṛtvā （形，男，主，單）： 作著的（主動） Namas-Kṛtvā （形，男，主，單）： 作歸命的（主動）

sta

娑怛			sta	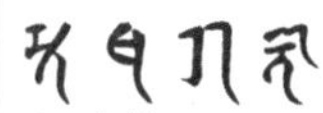 stathāgato 娑怛二合他去引 蘗 姤引	70　p004	Tathāgata （名，男）： 如來 （梵 P. g. 522） Tathāgatoṣṇīṣaṃ （名，男又中，業，單）： 如來頂髻（被動） Tathāgata-Uṣṇīṣas （名，男，主，單）： 如來頂髻 （主動） Tathāgatāya （名，男，為，單）： 向 如來，to Tathāgata
				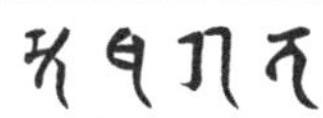 stathāgata 娑怛二合他去引 蘗 姤引	175　p007 298　p012	
				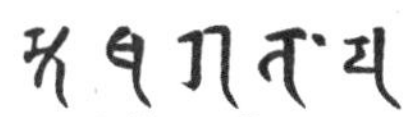 stathāgatāya 娑怛二合他引 蘗 多引野	483　p018	
娑擔 二合			sta	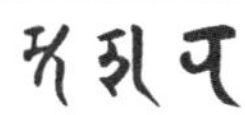 stambhana 娑擔二合婆去	139　p006 152　p007	Stambhana （形，男）： 禁伏，降伏 （梵 P. g. 1511）

			stu			
窣覩 二合			stu	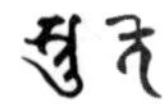 stute 窣覩二合帝	300 p012	Astuta （過受分→形）： 稱讚 （梵 P. g. 173） Namas-Astute （形，中，於，單）： 在歸命稱讚中
			strai			
娑怛囒 三合			strai	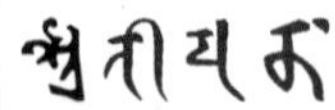 straitīyakā 娑怛 囒 三合底引野迦	410 p010	Traitīyaka （名，男）： 三日熱病 （梵 P. g. 560） Traitīyakā （名，女）： 三日熱病 Traitīyakās （名，女，業，複）： 眾 三日熱病（被動）
			hu			
娑普 二合			sphu	 sphuṭa 婆去娑普二合吒	302 p012	Sphuṭa （形）： 普照 （梵 P. g. 1526） Prabha Sphuṭa 光明普照
			sma			
濕麼 二合			sma	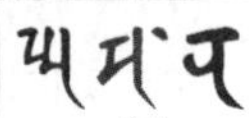 smaśāna 濕麼二合舍引曩	28 p002	Śmaśāna （名，中）： 墓地，塚墓 （梵 P. g. 1351）
	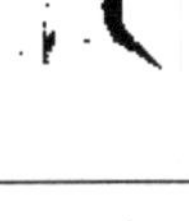			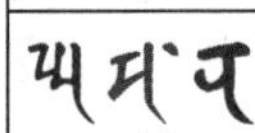 smaśāna 濕麼二合舍曩	365 p014	

sro

素嚕二合			sro	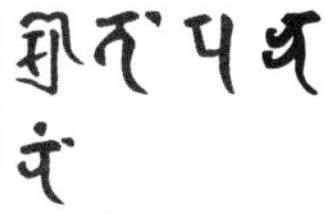 srotāpannanāṃ 素嚕二合跢引半曩引南上引	7　p001	Srota-āpanna （形）： 須陀洹，初果 （梵 P. g. 1531） Srota-āpannānāṃ （形，屬，複）： 須陀洹們的

sva

娑嚩二合			sva	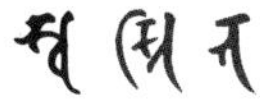 svastir 娑嚩二合悉底二合丁逸反嘌	185　p008	Svastī （名，女）： 福祉，好運，吉，福 （梵 P. g. 1541） Svastīs （名，女，業，複）： 福們（被動）
娑嚩二合			sva	 sva-para 娑嚩二合跛囉	458　p017	Sva-Para： 自他 （梵 P. g. 1534）
娑嚩二合			sva	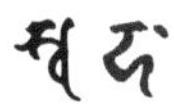 svāhā 娑嚩二合引賀引	313　p012 482 487　p018	Svāhā （不變詞）： 祈禱之終的用詞 （梵 P. g. 1544）

H

ha

賀			ha	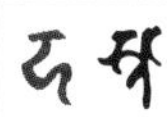 hastā 賀娑跢二合引	115　p006	Hasta （名，男）： 手 （梵 P. g. 1552）
				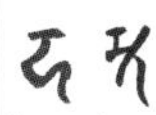 hasta 賀娑多二合	437　p017 468　p018	Hastā （名，女，主，單）： 手 Vajra-Hastā （名，女，主，單）： 金剛手

賀			ha	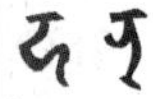 hanu 賀努	407 p016	Hatnu （形）： 致命的 （梵 P. g. 1546）

hā

賀			hā	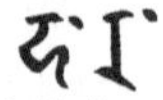 hārā · 賀引囉引	376-387 p015	Āhārā （名，女）： 食，所食 （梵 P. g. 221），指“食鬼” Āhārās （名，女，業，複）： 食鬼眾（被動）
賀			hā	 hāriṇyā 賀哩 抳 野二合	220 221 222 223 224 225 226 227 228 p009 229 230 231 p010	Ā-hārī （形，女）： 食，所食 （梵 P. g. 221） Ā-hārīn （形，男）： 食 注： 梵文常有這樣的變化，比如 pāṇin＝pāṇi （P. g. 772） Ā-hārīnī（形，女）： 食 注： 《金胎兩部真言解記》P. g. 293 解釋 kiraṇin（名，男）可變成 kiraṇinī（名，女） Ā-hārīnyā （形，女，具，單）： 以…..為食，eat with

huṃ

吽引			huṃ	 huṃ 吽引	134 p006	Hūṃ ＝ Huṃ （梵 P. g. 1560） Huṃ （間投）： 雷或牛的聲響 （梵 P. g. 1560） Hūṃ：

					137　p006 140 143 146 149 153 157 162 167 172 p007 311　p012 479　p018	疑惑、承諾、忿怒、摧破、恐怖等義。

hṛ

紇哩 二合			hṛ	 hṛdrogaṃ· 紇哩二合訥嚕二合引儼	424　p016	Hṛd （名，中）： 心臟 （梵 P. g. 1563） Rogaṃ （名，男，業，單）： 病（被動）
紇嘌 二合			hṛ	 hṛdaya· 紇嘌二合乃野	428　p016	Hṛdaya （名，中）： 心 （梵 P. g. 1563）

he

係 引			he	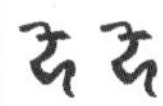 hehe 係引係引	314	Hehe： 彭伟洋認為是氣喘時發出的聲響。

附 3　悉昙—汉语对照版 大佛顶陀罗尼增补版

说明：

底　　本：《房山石经》原稿影印第二十七册 390 页上
（中国佛教协会编，华夏出版社 2000 年版）

增补部分：根据上下文已有悉昙文字造字补缺

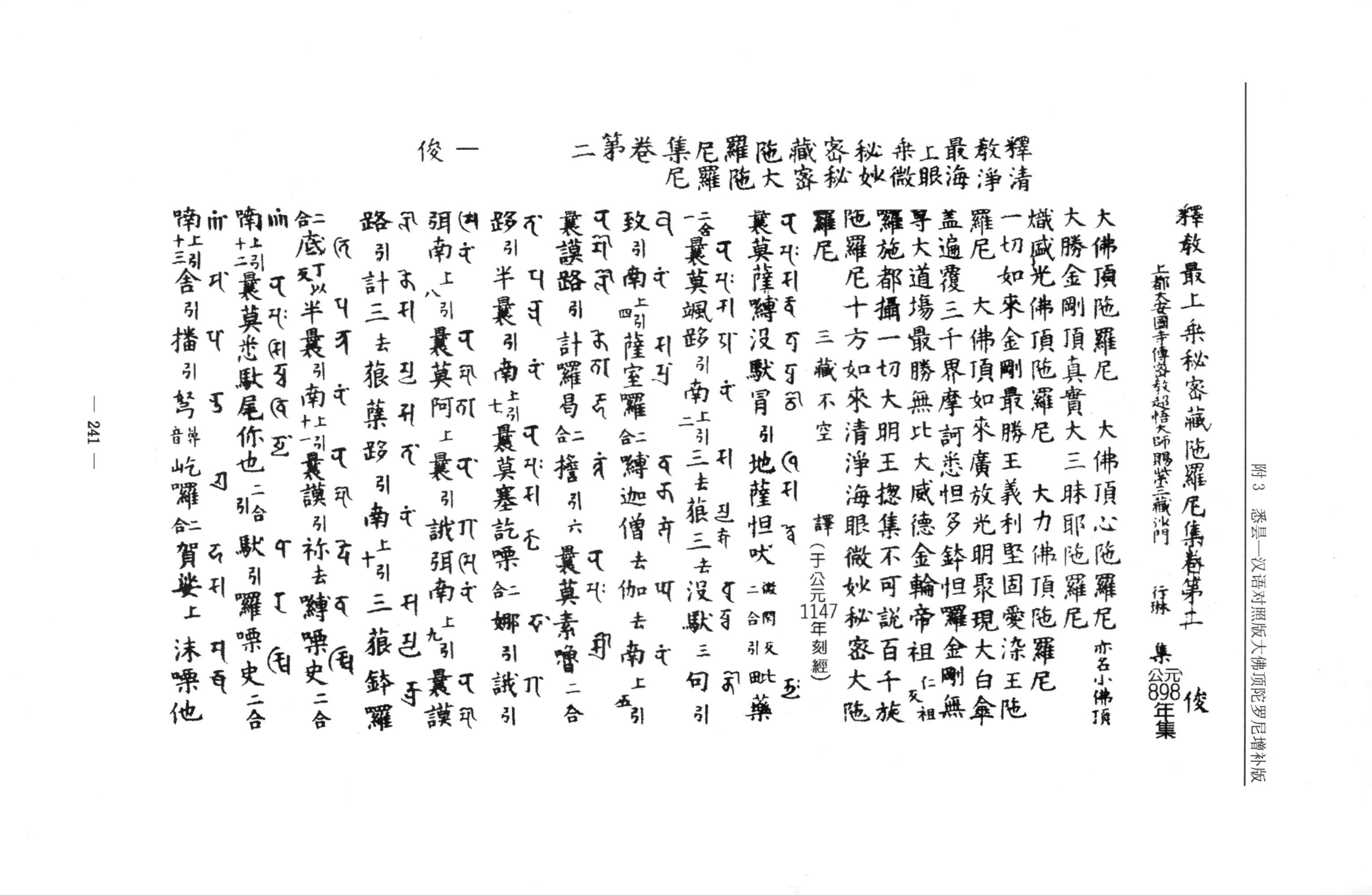

釋教最上乘秘密藏陀羅尼集卷第十
上都大安國寺傳密教超悟大師賜紫三藏沙門　行琳　集（公元898年集）　俊

大佛頂陀羅尼　大佛頂心陀羅尼　亦名小佛頂
大勝金剛頂真實大三昧耶陀羅尼
熾盛光佛頂陀羅尼　大力佛頂陀羅尼
一切如來金剛最勝王義利堅固愛染王陀
羅尼　大佛頂如來廣放光明聚現大白傘
蓋遍覆三千界摩訶悉怛多鉢怛羅金剛無
㝵大道場最勝無比大威德金輪帝祖（仁叉祖）無
羅施都攝一切大明王揔集不可說百千旋
陀羅尼十方如來清淨海眼微妙秘密大陀
羅尼　三藏不空　譯（于公元1147年刻經）

釋教最上乘秘密藏陀羅尼集卷第二　俊一
清淨海眼微妙秘密大陀羅尼

曩莫薩嚩沒馱冐引地薩怛吠二合微引毗藥
一曩莫颯跢引南上引二三去藐三去沒馱句引三
致引南上引四薩室羅二合嚩迦僧去伽去南上引五
曩謨路引計囉曷二合擔引六曩莫素嚕二合
路引半曩引南上引七曩莫塞訖嘌二合娜引誐引
弭南上八引曩莫阿上曩引誐弭南上九引曩謨
路引計三去藐路引南上引十三藐鉢囉
二合底丁以半曩引南十一上引曩謨引祢去嚩嘌史二合
喃上引十二曩莫悉馱尾你也二合引馱引囉嘌史二合
喃上引十三舍引播引弩音弩屹囉二合賀娑上沫嘌他

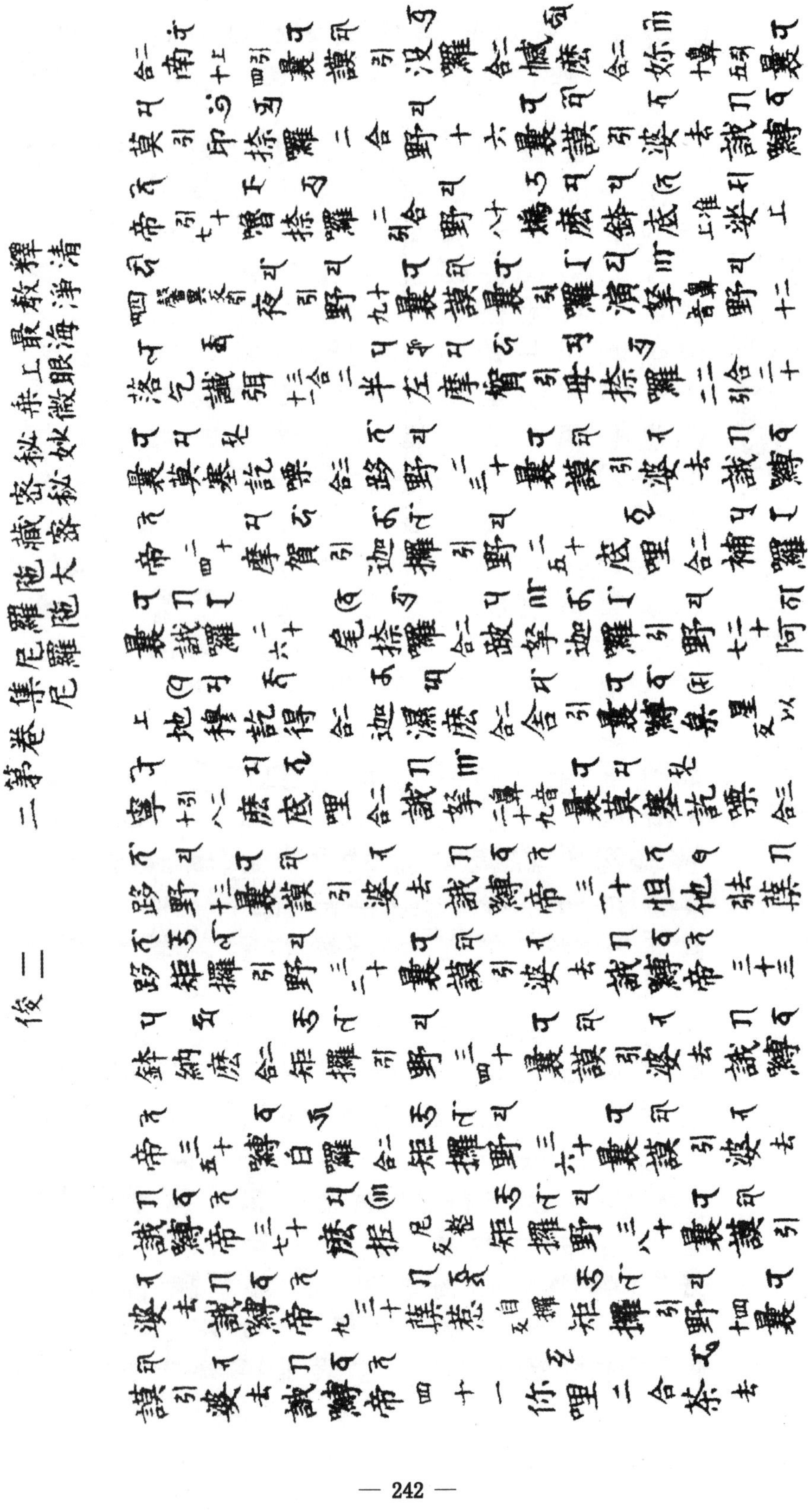
釋教最上乘秘密藏陀羅尼集卷第二
清淨海眼微妙秘密大陀羅尼
佼二

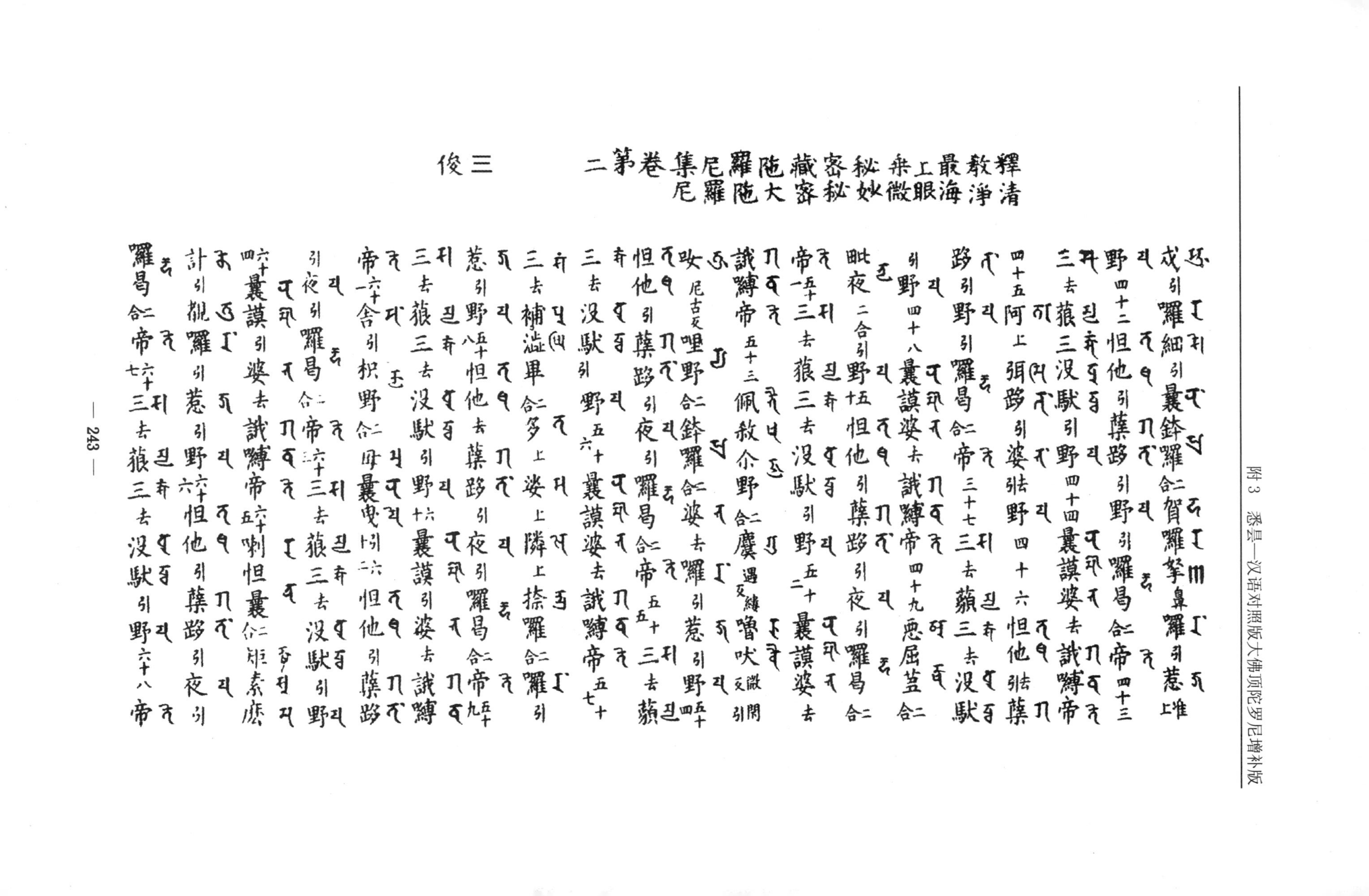

釋教最上乘秘密藏陀羅尼集卷第二　　三俊
清淨海眼微妙秘密大陀羅尼

戍引囉細引曩鉢囉合二賀囉拏鼻囉引惹上准
野四十二怛他引蘖路引野引囉曷合二帝四十三
三去藐三沒馱引野四十四曩謨婆去誐嚩帝
四十五阿上弭路引婆引去野四十六怛他引去蘖
路引野引囉曷合二帝三十七三去藐三去沒馱
引野四十八曩謨婆去誐嚩帝四十九惡屈芻合二
毗夜二合引野五十怛他引蘖路引夜引囉曷合二
帝一五十三去藐三去沒馱引野五十二曩謨婆去
誐嚩帝五十三佩敎介野合二虞遇反縛嚕吠叉微引閉
吠尼古反哩野合二鉢囉合二婆去囉引惹引野五十四
怛他引蘖路引夜引囉曷合二帝五十五三去藐
三去沒馱引野五十六曩謨婆去誐嚩帝五十七
三去補瀘畢合二多上娑上隣上捺囉合二囉引
惹引野五十八怛他去蘖路引夜引囉曷合二帝五十九
三去藐三去沒馱引野六十曩謨引婆去誐嚩
帝一六十舍引枳野合二母曩曳引六十二怛他引蘖路
引夜引囉曷合二帝六十三三去藐三去沒馱引野
六十四曩謨引婆去誐嚩帝六十五喇怛曩合二矩素麽
計引覩囉引惹引野六十六怛他引蘖路引夜引
囉曷合二帝六十七三去藐三去沒馱引野六十八帝

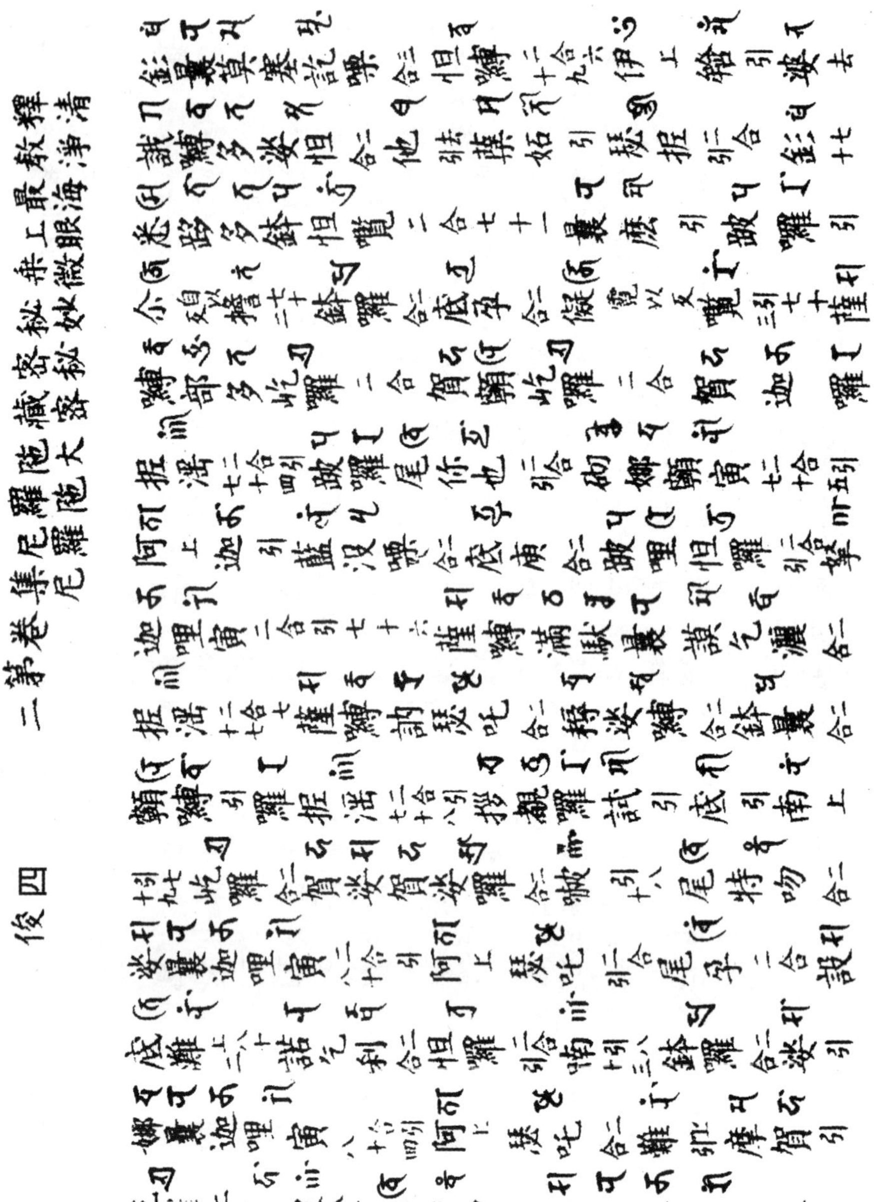
二第卷集尼羅陀藏密秘并上最教釋
尼羅陀大密秘妙微眼海淨清
俊四

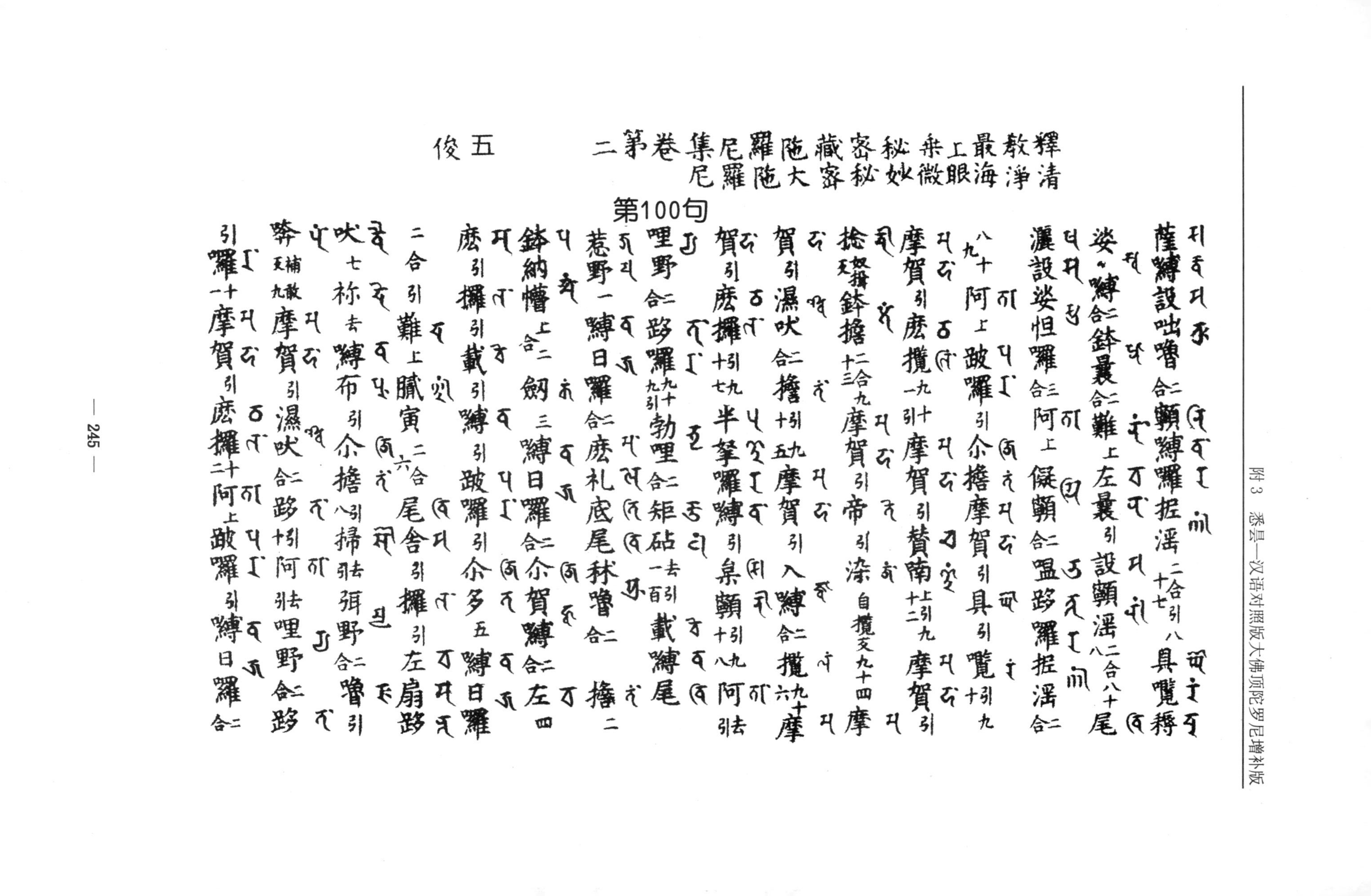

釋教最上乘秘密藏陀羅尼集卷第二　五俊

清淨海眼微妙秘密大陀羅尼

第100句

薩縛設咄嚕合二顛縛囉捉溪二合引八十七具嚫穆
娑縛合二鉢曩合二難上左曩引設顛溪二合八十八尾
灑設娑怛囉合三阿上僁顛合二嗢跢囉捉溪合二
八十九阿上跛囉引尒擔摩賀引具引嚫引十九
摩賀引麽攞九十一引摩賀引贊南上引十二九摩賀引
捻奴擦反鉢擔二合十三九摩賀引帝引滐自攬反九十四摩
賀引濕吠合二擔十引五九摩賀引入縛合二攞九十六摩
賀引麽攞十引七九半拏囉縛引臬顛十引八九阿引去
哩野合二路囉九十九引勃哩合二矩砧一去百引載縛尾
惹野一縛日囉合二麽札底尾秫嚕合二擔二
鉢納懵上合二劍三縛日囉合二尒賀縛合二左四
麽引攞引載引縛引跛囉引尒多五縛日囉
二合引難上臓寅二合六尾舍引攞引左扇路
吠七祢去縛布引尒擔八引掃引去弭野合二嚕引
嗁天補九散摩賀引濕吠合二路十引阿引去哩野合二路
引囉一十摩賀引麽攞二十阿上跛囉引縛日囉合二

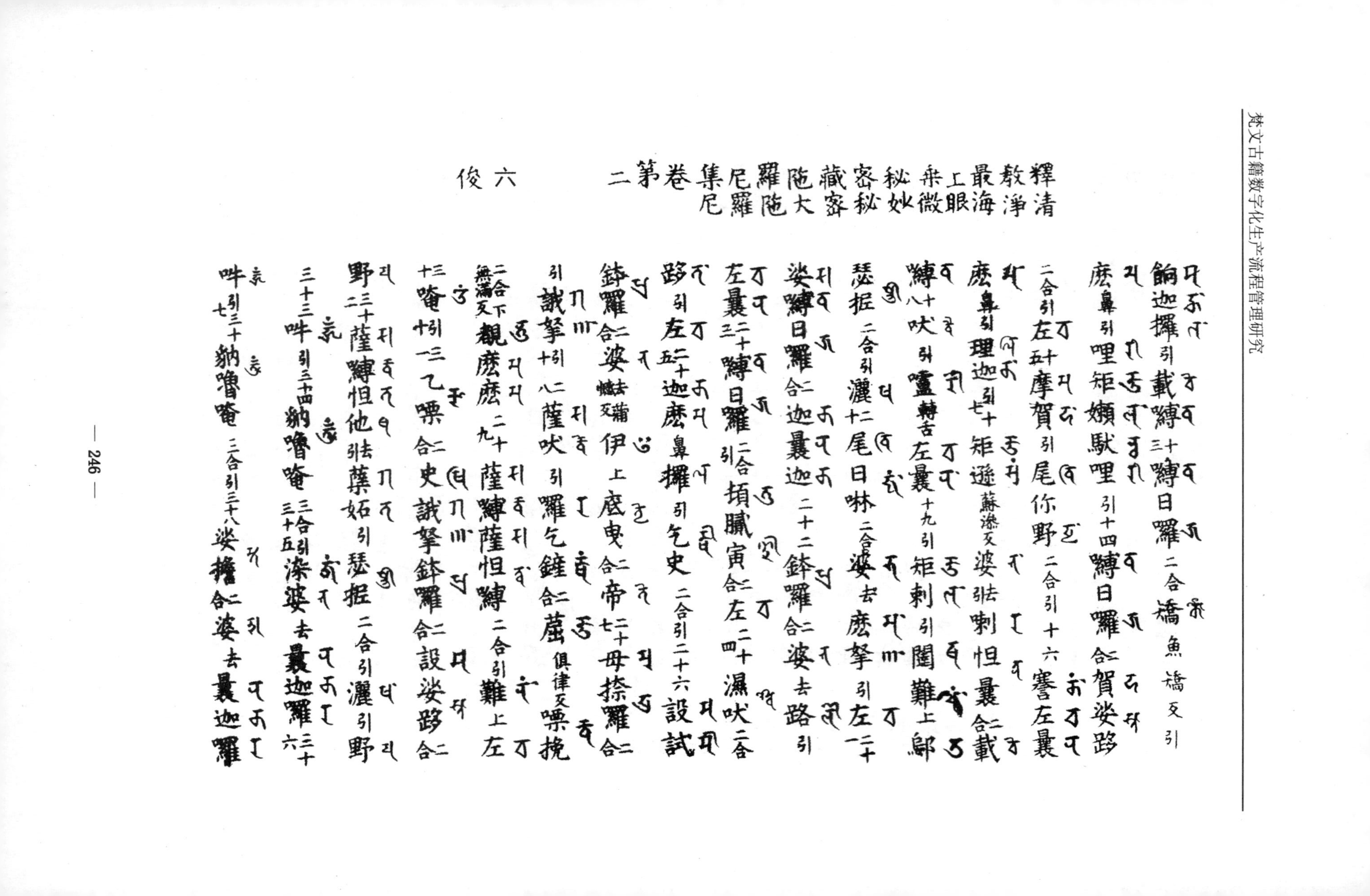

釋教最上乘秘密藏陀羅尼集卷第二　　六俊

清淨海眼微妙秘密大陀羅尼

鉤迦攞引載嚩十三嚩日囉二合嬌魚嬌反引
麽鼻引哩矩嬪馱哩引十四嚩日囉二合賀娑路
二合引左十五摩賀引尾你野二合引十六謇左曩
麽鼻引理迦引十七矩遜蘇遜反娑去嚩刺怛曩二合載
嚩十八吠引嚧轉舌左曩十九引矩刺引闍難上鄔
瑟捉二合引瀧二十尾日啉二合娑去麽拏引左二十一
娑嚩日囉二合迦曩迦二十二鉢囉二合娑去路引
左曩二十三嚩日囉二合引塡臓寅二合左二十四濕吠二合
路引左二十五迦麽鼻攞引乞史二合引二十六設試
鉢囉二合娑去蒲[illegible]反伊上底曳二合帝二十七母捺羅二合
引誐拏引二十八薩吠引羅乞鏟二合藍俱律反嘌挽
二合下無滿反覩麽麽二十九薩嚩薩怛嚩二合引難上左
三十唵引三十一乞嘌二合史誐拏鉢囉二合設娑路二合
野三十二薩嚩怛他引去蘖姤引瑟捉二合引瀧引野
三十三吽引三十四納嚕唵三合引三十五滲娑去曩迦囉三十六
吽引三十七納嚕唵二合引三十八娑擔二合娑去曩迦囉

釋教最上乘秘密藏陀羅尼集卷第二　　七俊

清淨海眼微妙秘密大陀羅尼

三十九吽引四十納噜唵三合引四十一謨引賀曩迦羅四十二
吽引四十三納噜唵三合引四十四沫他去曩迦羅四十五
吽引四十六納噜唵三合四十七跛羅尾儞野合二三去
薄乞灑合二拏鼻迦羅四十八吽引四十九納噜唵三合五十
薩縛訥薩吒二合難上五十一娑擔合二娑去曩迦
羅五十二吽引五十三納噜唵三合五十四薩縛藥乞灑二合
羅乞灑合二娑去屹羅合二賀引喃引五十五尾特吻無背反二合
娑曩迦羅五十六吽引五十七納噜唵三合五十八拶覩羅引
試引底引南上引五十九屹羅二合賀娑賀娑羅合二
喃引上六十尾特吻二合娑曩迦羅六十一吽引六十二
納噜唵三合引六十三阿瑟吒二合尾孕合二設底引難
上引六十四諾乞刹合二怛囉二合喃引六十五鉢囉二合娑引
娜曩迦羅六十六吽引六十七納噜唵三合六十八阿上瑟吒二合
南上引六十九摩賀引屹羅二合賀喃引七十嗢蹉去引
娜曩迦羅七十一吽引七十二納噜唵三合七十三羅乞灑二合
羅乞灑二合鈴引七十四娑去識鏝娑怛合二他去引
蘖姤引瑟捏二合引灑七十五悉路多鉢怛羅二合
摩賀引縛日嚧二合引瑟捏二合引灑七十六摩賀
引鉢羅二合底孕合二儗研以反鑠十引七摩賀引娑

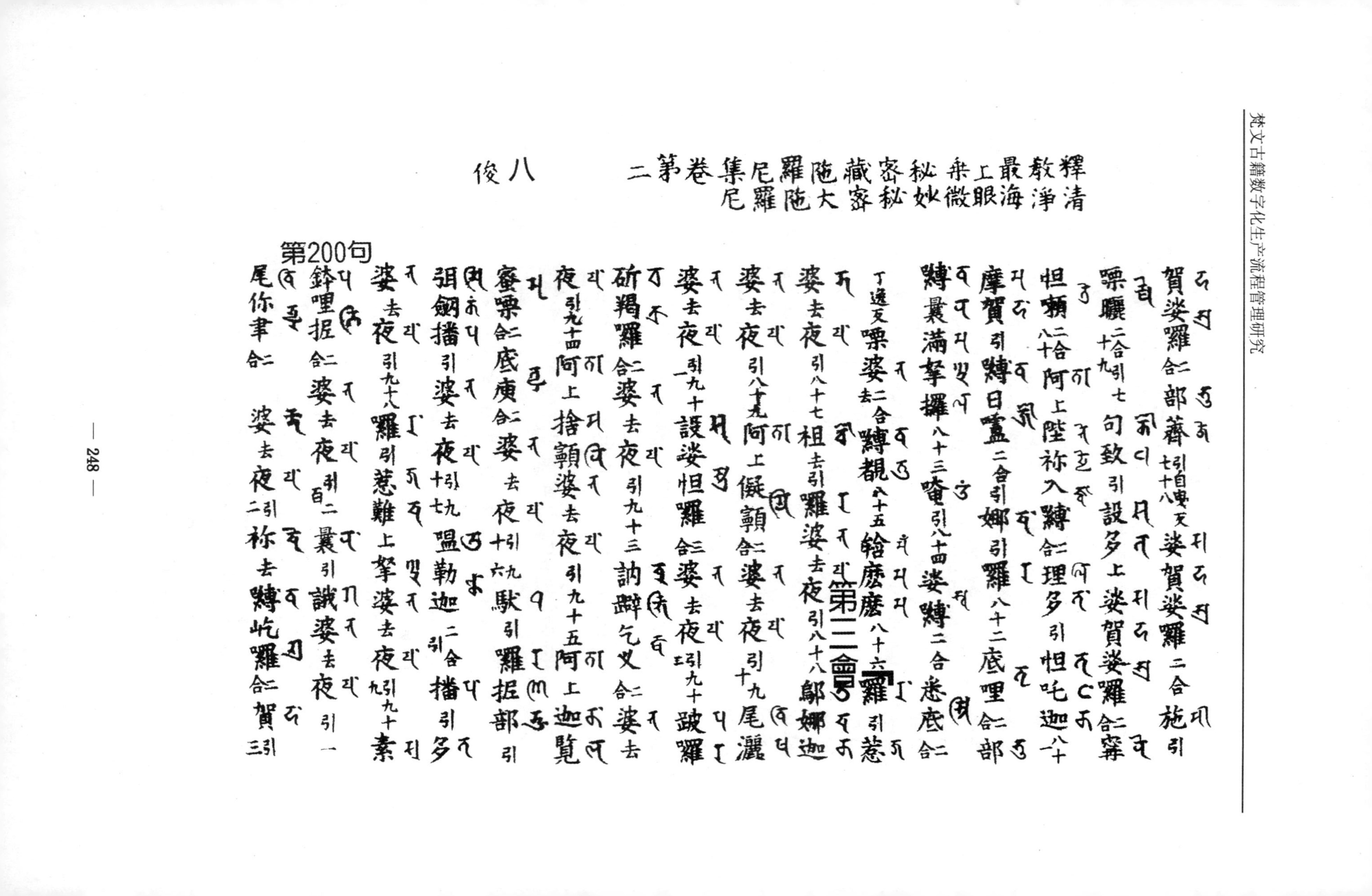

釋教最上乘秘密藏陀羅尼集卷第二
清淨海眼微妙秘密大陀羅尼
八俊

賀娑囉合二部𧄍引七十八娑賀娑囉二合施引
嘌𠼿二合十九引七句致引設多上娑賀娑囉合二穽
怛𠼿二合八十阿上陛祢入𡀔合二理多引怛吒迦八十一
摩賀引𡀔日𠸪二合引娜引羅八十二底哩合二部
𡀔曩滿拏攞八十三唵引八十四娑𡀔二合悉底合二
丁逸反嘌娑二合𡀔覩八十五翰麽麽八十六羅引惹
娑去夜引八十七祖去引羅娑去夜引八十八鄔娜迦
第三會
娑去夜引八十九阿上儗𩕳合二娑去夜引九十尾灑
娑去夜引九十一設娑怛羅合三娑去夜引九十二跛羅
斫羯羅合二娑去夜引九十三訥瑿乞叉合二娑去
夜引九十四阿上捨𩕳娑去夜引九十五阿上迦覧
蜜嘌合二底庾合二娑去夜引九十六馱引羅捉部引
弭鋼播引娑去夜引九十七嗢勒迦二引合播引多
娑去夜引九十八羅引惹難上拏娑去夜引九十九素
第200句
鉢哩捉合二娑去夜引百二曩引誐娑去夜引一
尾你聿合二娑去夜二引祢去𡀔屹囉合二賀三引

释教最上乘秘密陀罗尼集卷第二　　九俊
清净海眼微妙秘密大陀罗尼

釋教最上乘秘密陀羅尼集卷第二　　九俊
清淨海眼微妙秘密大陀羅尼

曩引識屹囉合二賀四引藥乞灑合二屹囉合二賀五引
喀乞灑合二娑屹囉合二賀六引畢隸合二多屹囉合二
賀引七比舍引左屹囉合二賀八引部多屹囉合二
賀九引禁俱滲反畔拏屹囉二合賀十引布引怛
曩屹囉合二賀一引十羯吒布引怛曩屹囉二合
賀二引十塞謇合二娜屹囉合二賀三引十阿跛娑麼二合
引囉屹囉合二賀引十四嗢荅麼合二娜屹囉合二賀
引五十蹉引去夜屹囉合二賀引六十𡅏嚩引底屹囉合二
賀引十七惹弭迦屹囉二合賀引八十建姹迦
弭顊屹囉二合賀引十九鄔惹引賀哩捉野合二
二十蘖婆去賀哩捉野二合二十一引惹引多賀
哩捉野二合二十二引尒自異反尾多賀哩捉野二合二十三
嚕地囉引賀哩捉野二合二十四嚩娑引賀引哩
捉野二合二十五莽引娑賀哩捉野二合二十六引誐娜引
賀哩捉野二合二十七沫惹賀哩捉野二合引二十八撓

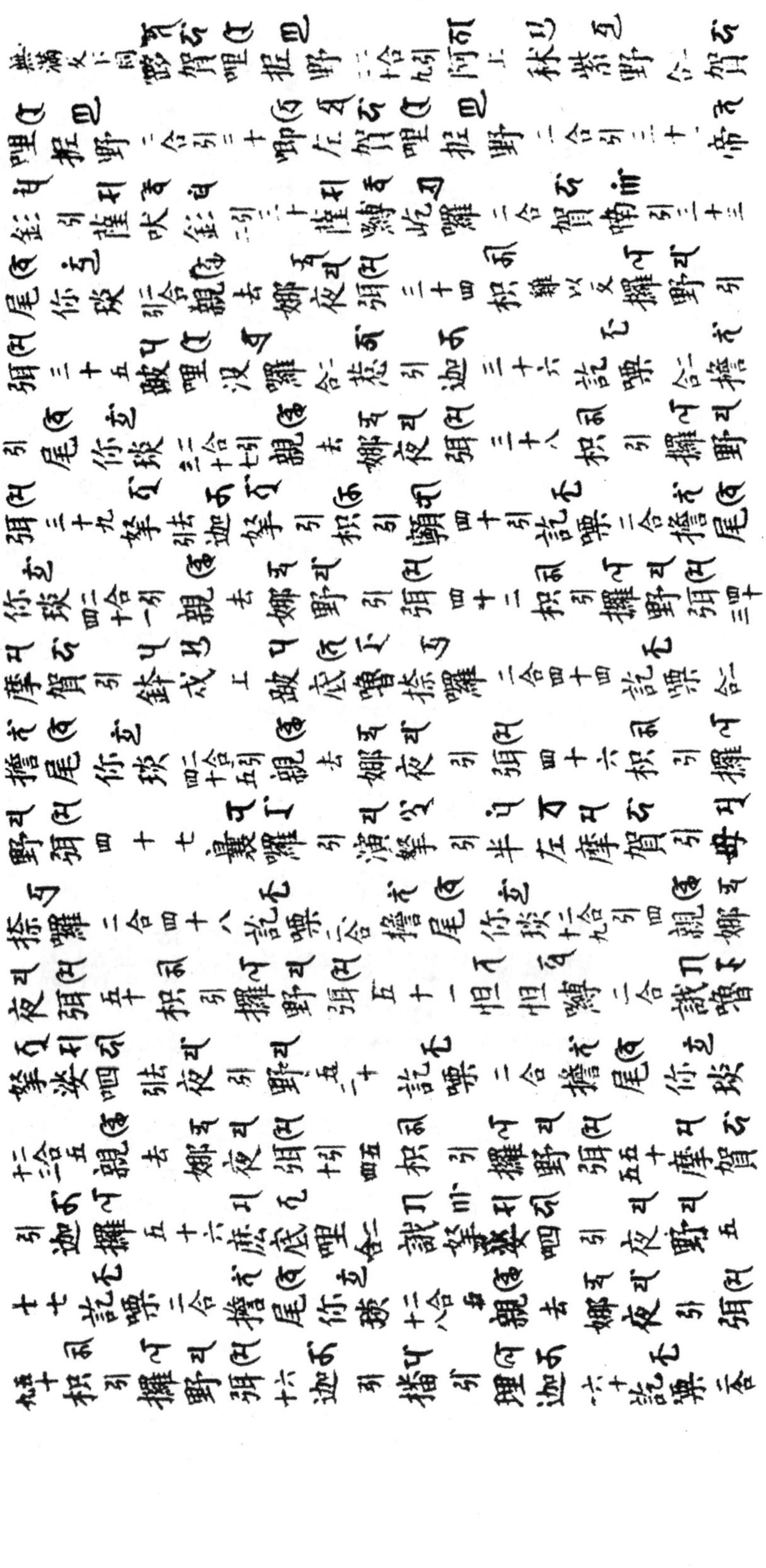

释教最上乘秘密藏陀罗尼集卷第二十

清淨海眼微妙秘密大陀羅尼

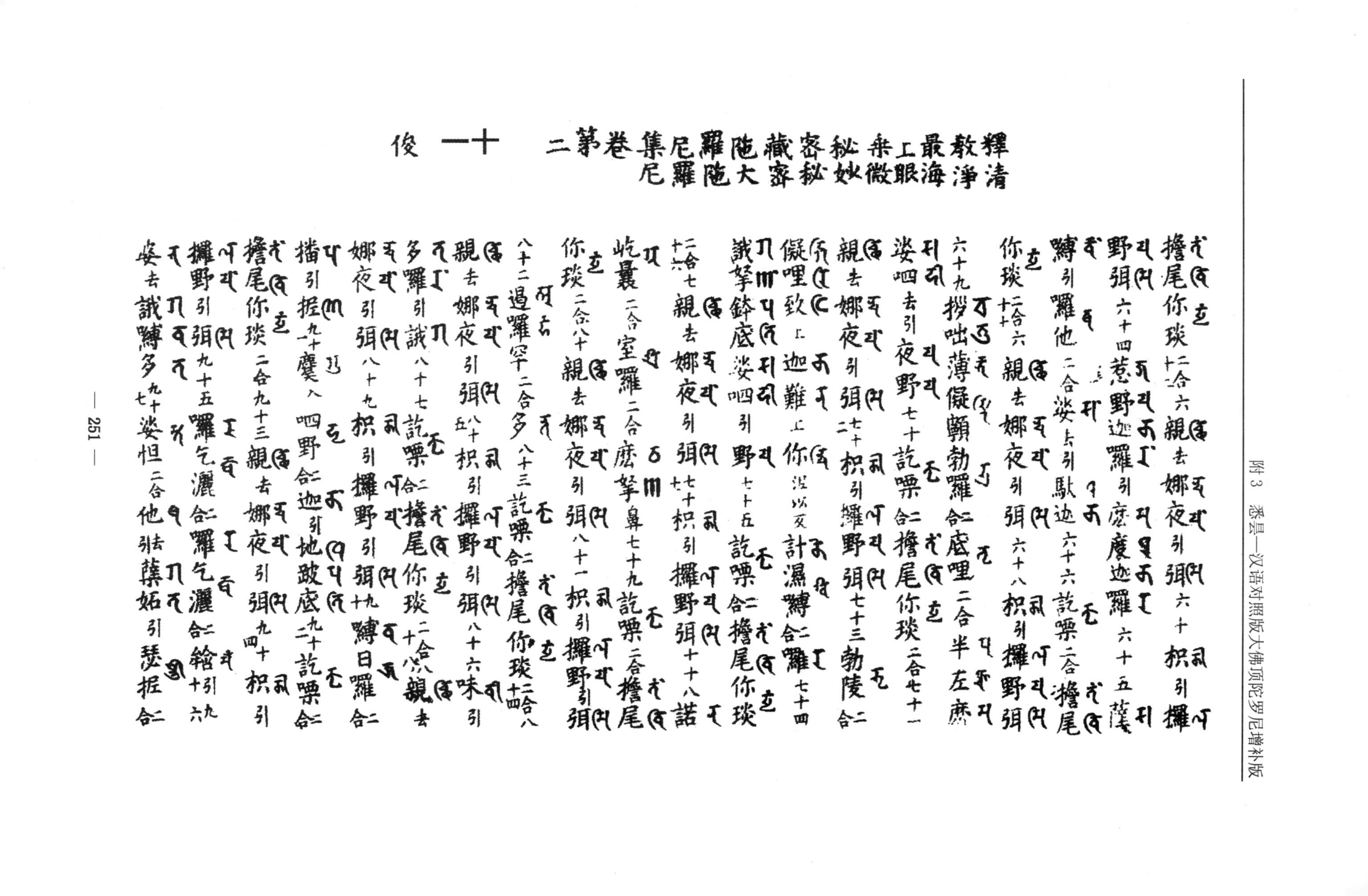

釋教最上乘秘密藏陀羅尼集卷第二　十一後
清淨海眼微妙秘密大陀羅尼

擔尾你琰二合六十六親去娜夜引弭六十枳引攞
野弭六十四惹野迦羅引麼度迦羅六十五薩
嚩引囉他二合娑上引馱迦六十六訖嘌二合擔尾
你琰二合六十六親去娜夜引弭六十八枳引攞野弭
六十九拶咄薄儗顆勃囉合二底哩二合半左蔗
娑呬去引夜野七十訖嘌合二擔尾你琰二合七十一
親去娜夜引弭七十二枳引攞野弭七十三勃陵合二
儗哩致上迦難上你沒以反計濕嚩合二囉七十四
誐拏鉢底娑呬引野七十五訖嘌合二擔尾你琰
二合七十六親去娜夜引弭七十七枳引攞野弭七十八諾
屹曩二合室囉二合麽拏鼻七十九訖嘌二合擔尾
你琰二合八十親去娜夜引弭八十一枳引攞野引弭
八十二遏囉窣二合多八十三訖嘌合二擔尾你琰二合八十四
親去娜夜引弭八十五枳引攞野引弭八十六味引
多囉引誐八十七訖嘌合二擔尾你琰二合八十八親去
娜夜引弭八十九枳引攞野引弭九十嚩日囉合二
播引捉九十一虁八呬野合二迦引地鼓底九十二訖嘌合二
擔尾你琰二合九十三親去娜夜引弭九十四枳引
攞野引弭九十五囉乞灑合二囉乞灑合二鑰引九十六
婆去誐嚩多九十七娑怛二合他引去蘖姤引瑟捉合二

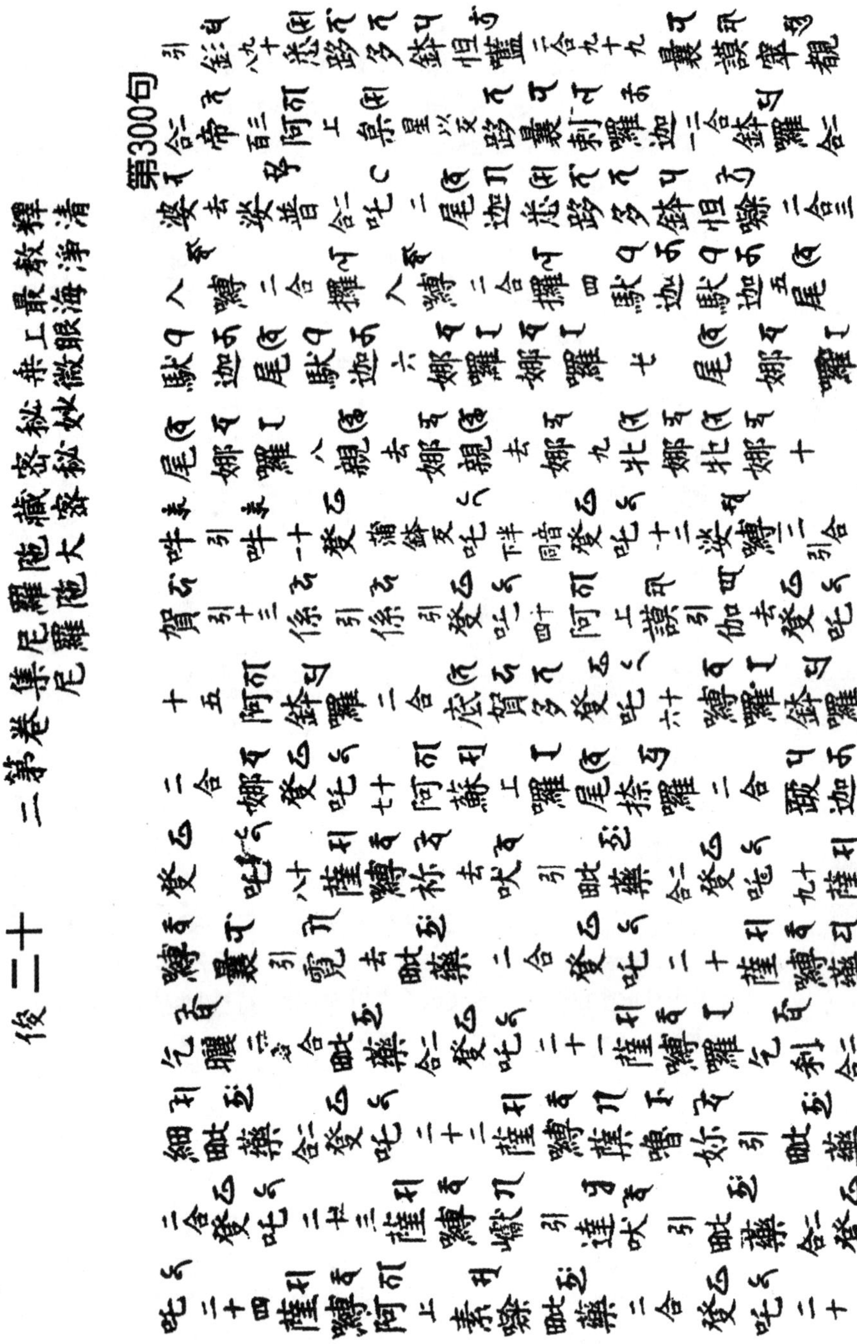
釋教最上乘秘密陀羅尼集卷第二 十二俊
清淨海眼微妙秘密大陀羅尼
第300句

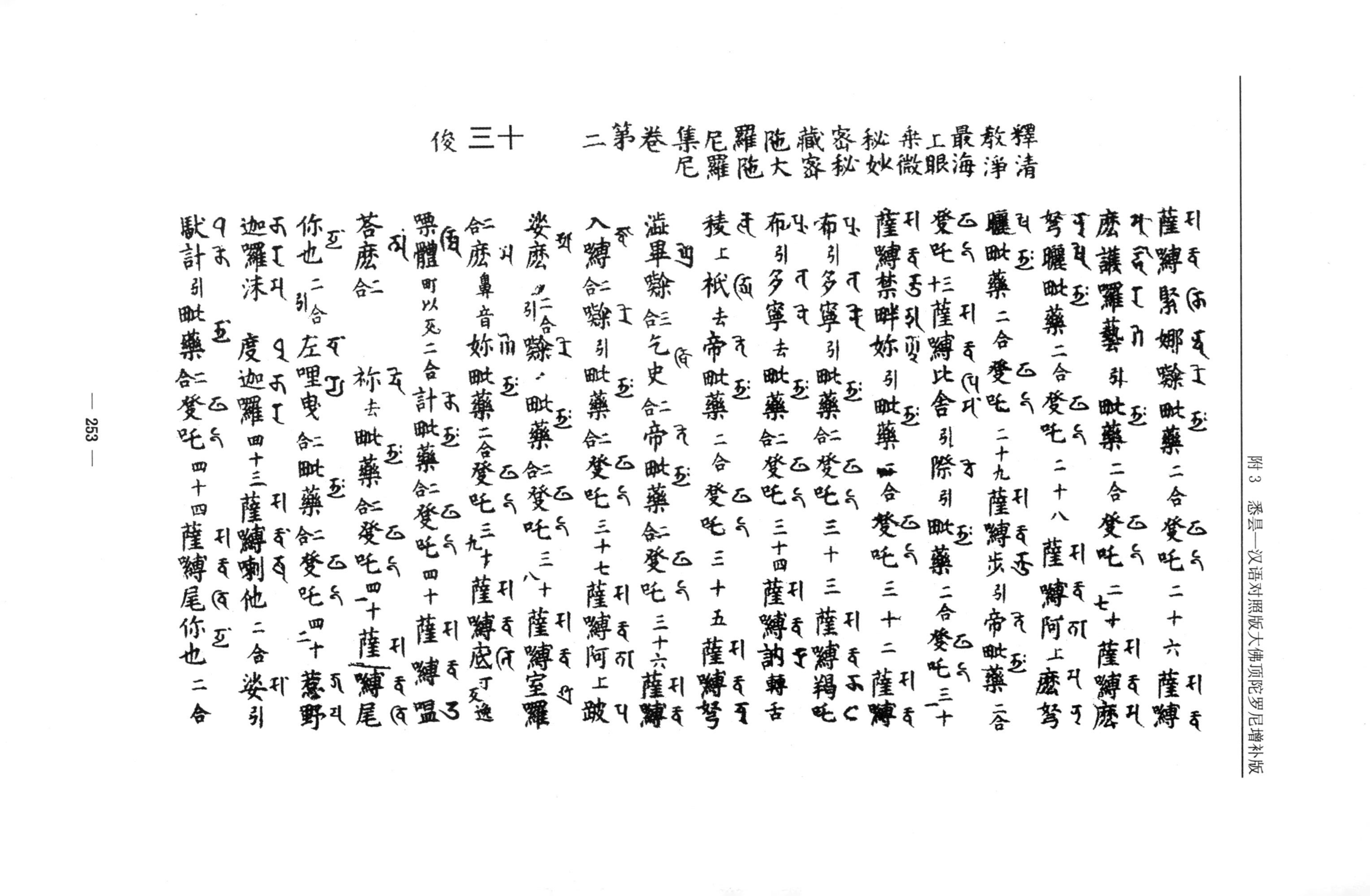

釋教最上乘秘密藏陀羅尼集卷第二　　十三俊

清淨海眼微妙秘密大陀羅尼

薩嚩緊娜嚩毗藥二合發吒二十六薩嚩
麼護羅藝引毗藥二合發吒二十七薩嚩麼
弩曬毗藥二合發吒二十八薩嚩阿上麼弩
曬毗藥二合發吒二十九薩嚩步引帝毗藥二合
發吒三十薩嚩比舍引際引毗藥二合發吒三十一
薩嚩禁畔妳引毗藥二合發吒三十二薩嚩
布引多寧引毗藥二合發吒三十三薩嚩羯吒
布引多寧去毗藥二合發吒三十四薩嚩訥轉舌
稜上祇去帝毗藥二合發吒三十五薩嚩弩
溢畢嚟二合乞史二合帝毗藥二合發吒三十六薩嚩
入嚩二合嚟引毗藥二合發吒三十七薩嚩阿上跛
娑麼二合引嚟、毗藥二合發吒三十八薩嚩室囉
麼二合鼻音妳毗藥二合發吒三十九薩嚩底丁叉逸
栗體可以反二合計毗藥二合發吒四十薩嚩嗢
荅麼二合祢去毗藥二合發吒四十一薩嚩尾
你也二引合左哩曳二合毗藥二合發吒四十二蘗野
迦囉沫度迦囉四十三薩嚩喇他二合娑引
馱計引毗藥二合發吒四十四薩嚩尾你也二合

釋教最上乘秘密藏陀羅尼集卷第二 十四 俊

清淨海眼微妙秘密大陀羅尼

引左哩曳二合畝蘖二合發吒四十五抄咄薄
儗顊二合引畝蘖合二發吒半四十六縛日羅合二矯
麼哩𡀔嬾馱哩四十七摩賀尾你也二合引羅
蕎自曳反畝噜合二發吒四十八摩賀引鉢羅合二底孕
儗𡀔畝蘖合二發吒四十九縛日羅合二餉迦攞引
野發吒五十摩賀引鉢羅合二底孕二合儗你合二
羅引蕯引野發吒五十一摩賀引迦引攞引
野五十二摩賀引麼底哩合二誐拏鼻音五十三曩
莫塞訖㗚合三路引野發吒五十四吠微開反瑟弩
尼古反二合尾引曳引發吒五十五沒囉合二憾麼合二捉
曳發吒五十六阿屹顊二合曳發吒五十七摩賀
引迦引理引曳發吒五十八迦引攞引難上膩引
曳引發吒五十九印涅哩合二曳發吒六十嘮引
捺哩合二曳發吒六十一佐引捫膩引曳發吒六十二
迦攞羅引底剎二合引曳發吒六十三迦播引理
曳發吒六十四阿上地穆訖得二合迦濕麼合二
舍曩縛引梟顊曳發 / / 吒六十五曳計引唧

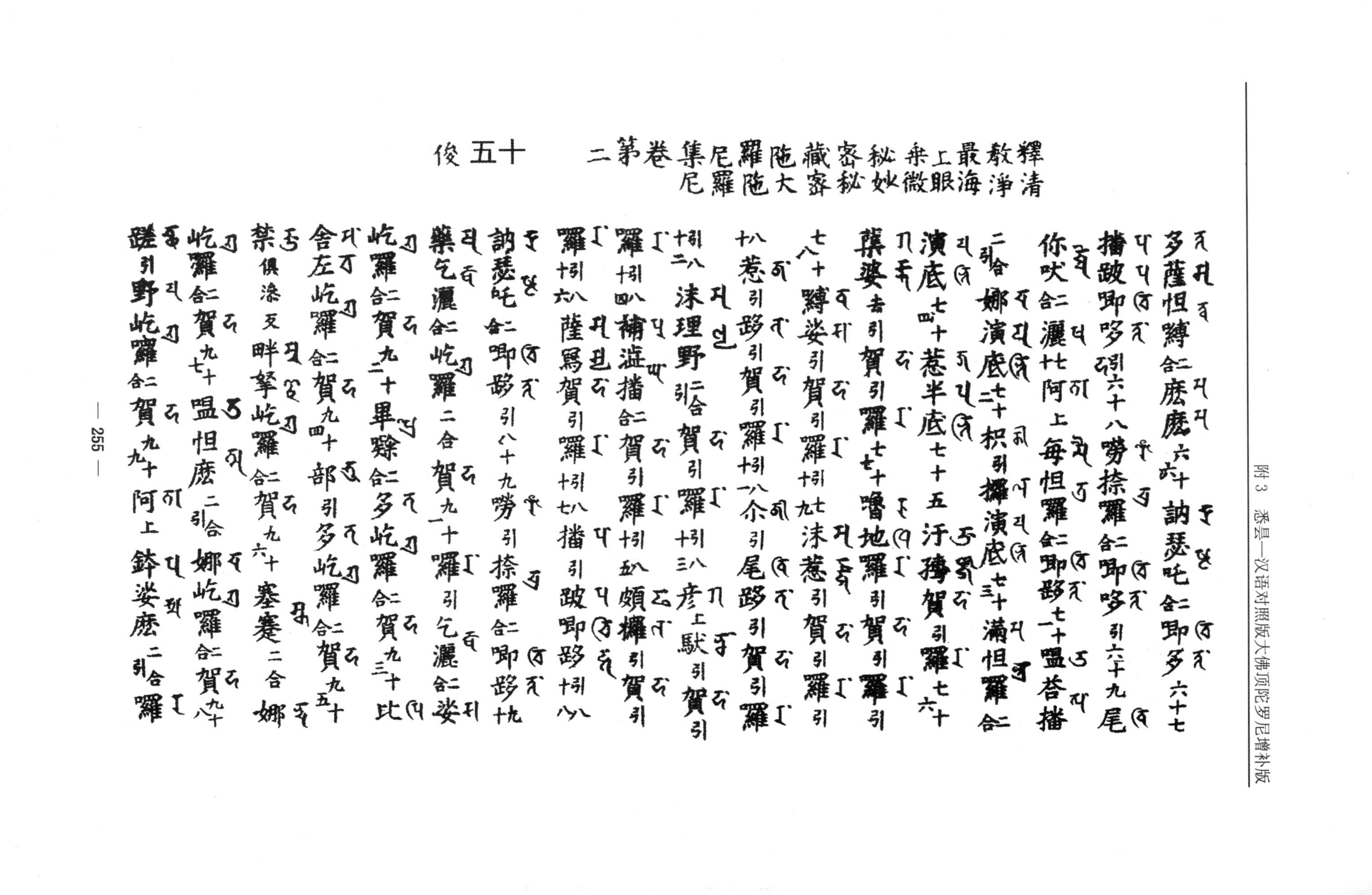

釋教最上乘秘密藏陀羅尼集卷第二　十五俊
清淨海眼微妙秘密大陀羅尼

多薩怛縛合二麼麼六十六訥瑟吒合二耶多六十七
播跛耶哆引六十八勞捺羅合二耶哆引六十九尾
你吠合二灑十七阿上每怛羅合二耶跢七十一嗢沓播
二引合娜演底七十二枳引攞演底七十三滿怛羅合二
演底七十四惹半底七十五汙搏賀引羅七十六
龔婆去引賀引羅七十七嚕地羅引賀引羅引
七十八縛娑引賀引羅引七十九沫惹引賀引羅引
八十惹引跢引賀引羅引八十一尒引尾跢引賀引羅
八十二沫理野二引合賀引羅引八十三彥上馱引賀引
羅引八十四補澁播合二賀引羅引八十五頻攞引賀引
羅引八十六薩寫賀引羅引八十七播引跛耶跢引八十八
訥瑟吒合二耶跢引八十九勞捺羅合二耶跢九十
藥乞灑合二仡羅二合賀九十一囉引乞灑合二娑
仡羅合二賀九十二畢躁合二多仡羅合二賀九十三比
舍左仡羅合二賀九十四部引多仡羅合二賀九十五
禁俱滲叉畔拏仡羅合二賀九十六塞建二合娜
仡羅合二賀九十七嗢怛麼二引合娜仡囉合二賀九十八
蹉引野仡囉合二賀九十九阿上鉢娑麼二引合囉

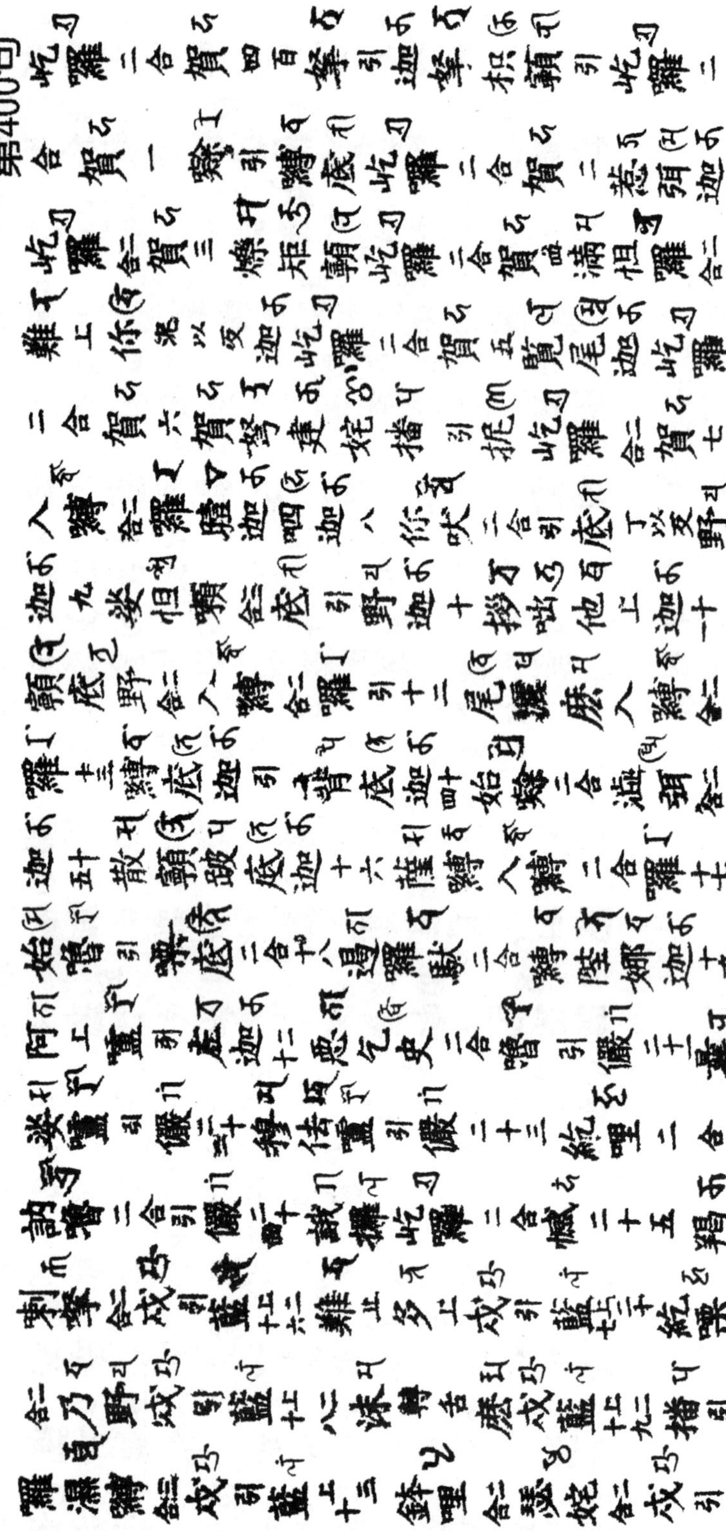

釋教最上乘秘密藏陀羅尼集卷第二　十六俊
清淨海眼微妙秘密大陀羅尼

第400句

屹羅二合賀四百拏引迦拏枳穎引屹羅二
合賀一縈引縛底屹羅二合賀二惹弭迦
屹羅二合賀三爍矩鞨屹羅二合賀四滿怛羅二合
難上你泥以反迦屹羅二合賀五覽尾迦屹羅
二合賀六賀拏建姹播引捉屹羅二合賀七
入縛二合羅嚧迦四迦八你吠二合引底丁以反野
迦九娑怛嚩二合底引野迦十拶咄他上迦十一
穎底野二合入縛二合羅引十二尾攞麽入縛二合
羅十三縛底迦引背底迦十四始嚩二合滿弭二合
迦十五散穎跛底迦十六薩縛入縛二合囉十七
始嚕引票底二合十八遏羅馱二合縛陛娜迦十九
阿上盧引虐迦二十惡乞史二合嚕引儼二十一曩
娑嚧引儼二十二穆佉盧引儼二十三紇哩二合
訥嚕二合引儼二十四誐攞屹羅二合臧二十五羯
剌拏二合戍引藍上二十六難上多上戍引藍上二十七紇嘌
二合乃野戍引藍上二十八沫轉舌麽戍藍上二十九播引
羅濕縛二合三十戍引藍上三十一鉢哩二合瑟姹二合戍引

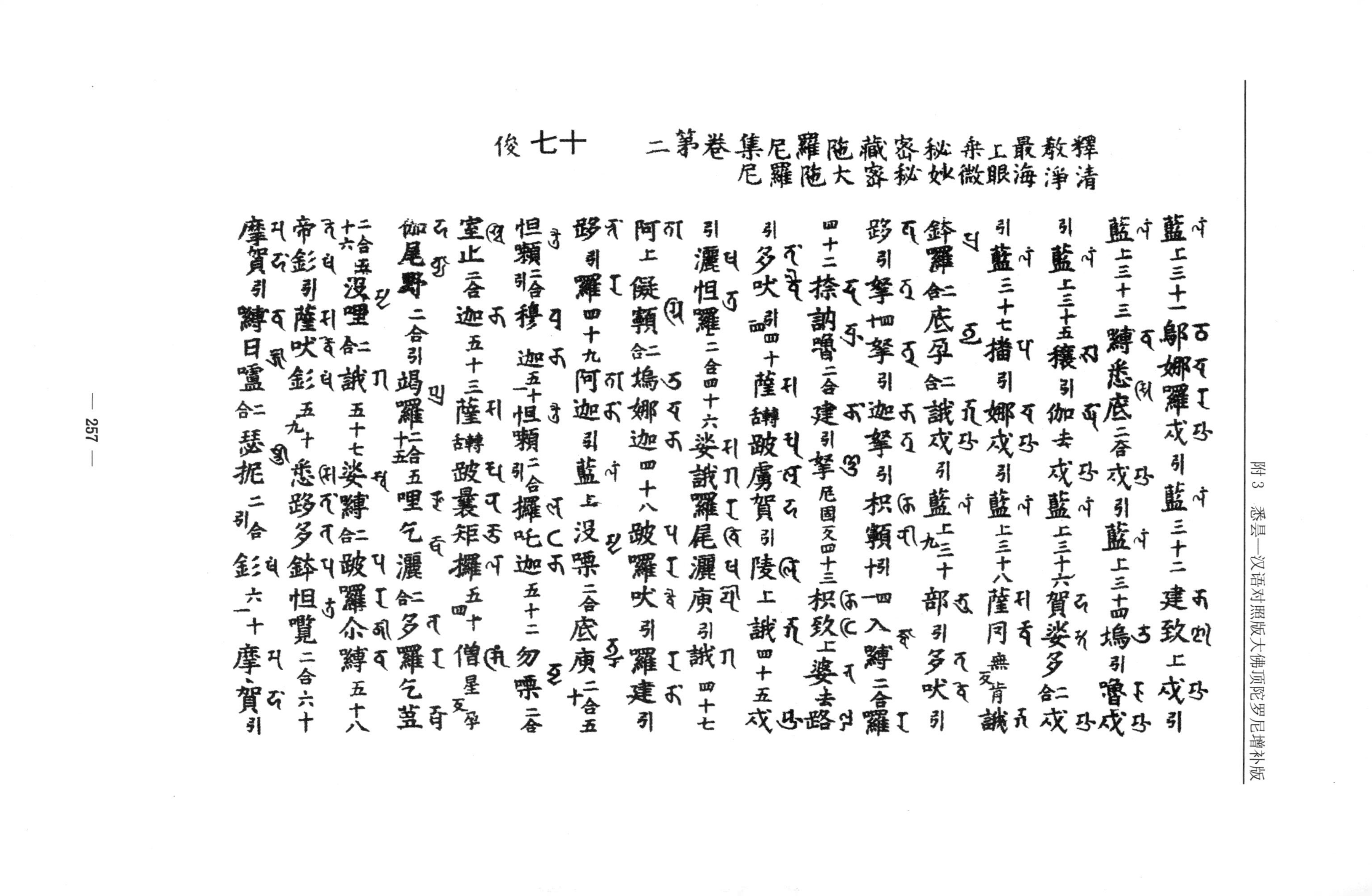

釋教最上乘秘密藏陀羅尼集卷第二　十七　俊
清淨海眼微妙秘密大陀羅尼

藍上三十一鄔娜羅戍引藍三十二建致上戍引
藍上三十三縛悉底二合戍引藍上三十四塢引嚕戍
引藍上三十五穰引伽去戍藍上三十六賀娑多二合戍
引藍三十七播引娜戍引藍上三十八薩同無反肯誐
鉢羅二合底孕二合誐戍引藍上三十九部引多吠引
路引拏四十拏引迦拏引枳頼四十一引入縛二合羅
四十二捺訥嚕二合建引拏尼國反四十三枳致上婆去路
引多吠引四十四薩縛訥敵虜賀引陵上誐四十五戍
引灑怛羅二合四十六娑誐羅尾灑庾引誐四十七
阿上儗頼二合塢娜迦四十八敵羅吠引羅建引
野引羅四十九阿迦引藍上没嘌二合底庾二合五十
怛頼二合引穆迦五十一怛頼二合引擺吒迦五十二勿嘌二合
室止二合迦五十三薩縛訥敵曩矩擺五十四僧星孕反
伽尾野二合引竭羅二合五十五哩乞灑二合多羅乞茎
二合五十六没哩二合誐五十七娑縛二合敵羅尒縛五十八
帝鉢引薩吠鉢五十九悉路多鉢怛覽二合六十
摩賀引縛日嚧二合瑟抳二合引鉢六十一摩賀引

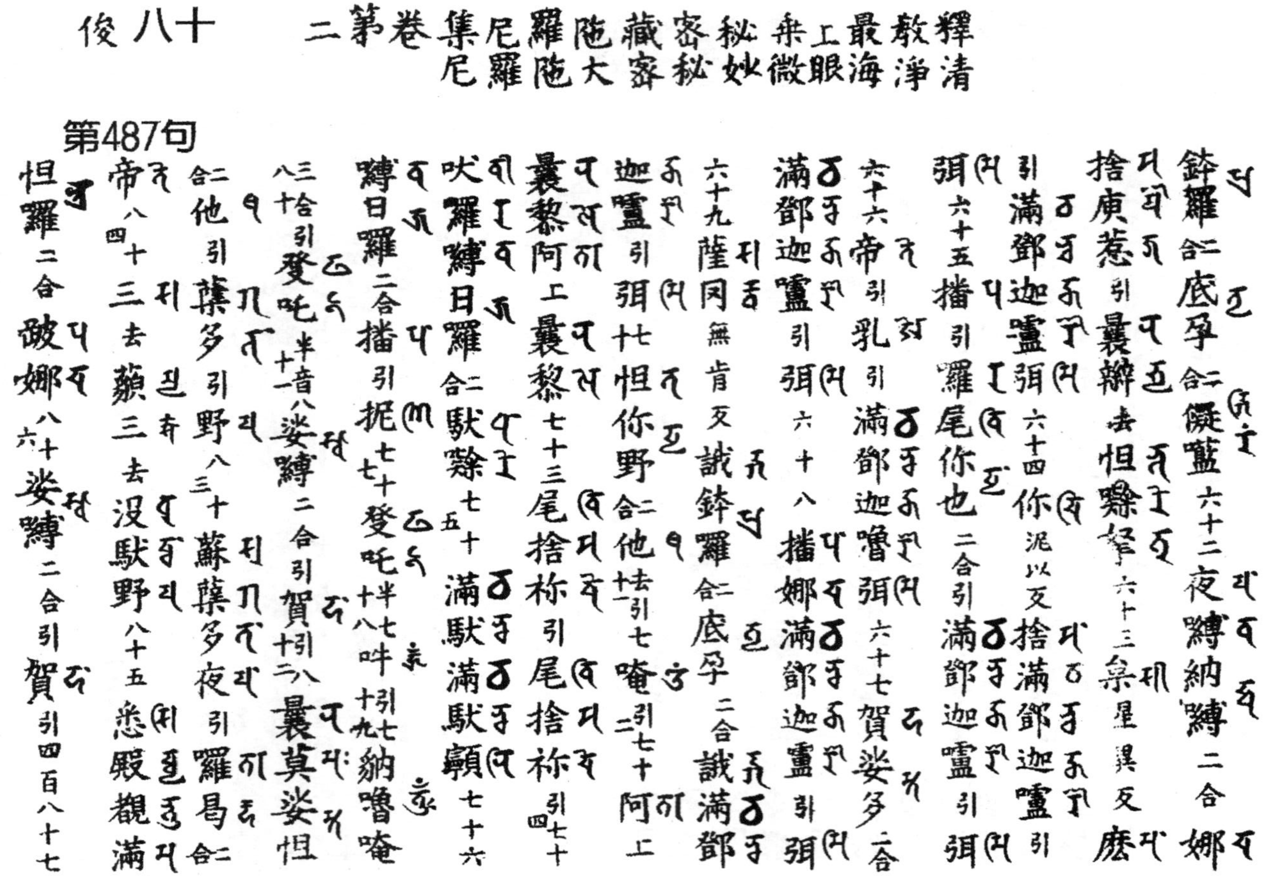

釋教最上乘秘密藏陁羅尼集卷第二　十八　俊

清淨海眼微妙秘密大陁羅尼

第487句

鉢羅二合底孕二合儗藍六十二夜嚩納嚩二合娜

捨庾惹引曩辯去怛縣拏六十三枲星異反麽

引滿鄧迦嚧弭六十四你泥以反捨滿鄧迦嚧引

弭六十五播引羅尾你也二合引滿鄧迦嚧引弭

六十六帝引乳引滿鄧迦嚕弭六十七賀娑多二合

滿鄧迦嚧引弭六十八播娜滿鄧迦嚧引弭

六十九薩囘無肯反誐鉢羅二合底孕二合誐滿鄧

迦嚧引弭七十怛你野二合他去引七十一唵引七十二阿上

曩黎阿上曩黎七十三尾捨祢引尾捨祢引七十四

吠羅嚩日羅二合馱隸七十五滿馱滿馱顊七十六

嚩日羅二合播引抳七十七發吒半音七十八吽引七十九納嚕唵

八十三合引發吒半音八十一娑嚩二合引賀引八十二曩莫娑怛

二合他引蘖多引野八十三蘇蘖多夜引羅曷二合

帝八十四三去藐三去沒馱野八十五悉殿覩滿

怛羅二合皷娜八十六娑嚩二合引賀引四百八十七

附 4　悉昙—汉语对照大佛顶陀罗尼校勘版

从般刺密谛大师到不空金刚三藏法师，大佛顶陀罗尼在流传中先后出现多个不同版本。《房山石经》拓本和开宝四年刻本的完善准确，给后续研究提供了极大参考价值，在本书的最后,我们以“不空”三藏译本为主，将其所对应的梵文进行对照，以还原出该陀罗尼的最初原貌。

版本来源

梵文本：石刻梵文还原版（简称石）

根据石刻汉译还原回译的梵文本，除个别字体外，绝大多数字体均严格根据石刻中原有悉昙字体字符推演,运用造字软件重新造字。该字体名为:楞严咒梵文_siddham字库增补.tff。由于本字体目前只是以大佛顶陀罗尼中的悉昙字体为样本，不能完整覆盖所有的悉昙文字，个别字体仍然使用嘉丰 siddham 字体。这些字体我们将在下一步《释教最上乘秘密陀罗尼》的研究中继续提取字符并增加到后续的字库中。

梵文本：嘉丰 siddham 字体版（简称嘉）

与石刻梵文还原版文字内容一致，只是字体采用现在流行的嘉丰出版社的 siddham.tff 字体。

梵文本：罗马转写版

在梵文回译整理时，主要参考彭伟洋居士（马来西亚）、普明居士、大正藏等整理还原的房山石经版楞严咒。由于每个版本多多少少都有一些细微的小问题，因此，在整理中尽可能按照石刻来进行，由于学识所限，错误之处，敬请雅正。

汉译本：不空大师版（978 年）

来源：中国佛教协会编，释教最上乘秘密藏罗陀罗尼集 卷第二 「俊」帙,房山石经，华夏出版社

题名：大佛顶陀罗尼（四百八十七句）

译者：唐—三藏 不空 译—上都大安国寺传密教超悟大师赐紫三藏沙门 行琳集

翻译本：普明居士版（2008 年）

来源：大佛顶陀罗尼注解,2008

译者：普明

对勘凡例

一、以房山石经拓本梵文本为准，逐段列出以下内容：

①梵文本：石刻梵文还原版（简称石），每一句前标有序号；

②梵文本：嘉丰 siddham 字体版（简称嘉）；

③梵文本：罗马转写版；

④汉译本：不空大师版（978 年），每一句末标有序号；

⑤翻译本：普明居士版（2008 年）

二、梵文版（①②）和罗马转写版（③）大致按照段落进行分组，前面标注“〖礼敬十方诸佛、菩萨及声闻缘觉众〗”等引导信息，便于理解。句子内部的则按照词语或词组拆开

三、拉丁转写体经文，基本依北京大学梵文贝叶经与佛教文献研究所叶少勇老师制定的《梵巴语转写校勘规范》予以处理。[①]

四、汉文经文一律用繁体字给出。

五、段落前的引导信息采用果滨老师整理的楞严咒相关资料。[②]

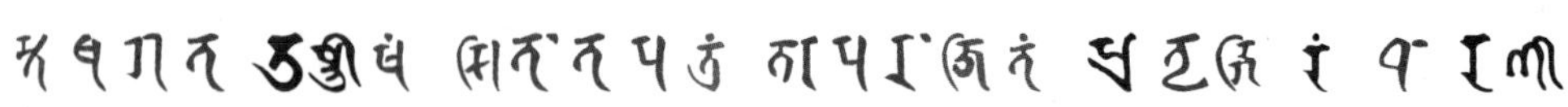(石)

① 叶少勇：《梵巴语论文信息处理与写作规范》，2010 年。

② 果滨：《房山石經「楞嚴咒」咒義略釋》，http://www.ucchusma.net/sitatapatra/index.html，2005。

Stathāgata uṣṇīṣaṃ ·	Sitāta Patraṃ ·	Aparā jitaṃ ·	Praty aṅgiraṃ ·	Dhāraṇī
大佛顶如来顶髻	白伞盖	无有能及	甚能调伏	总持咒

大佛頂如來廣放光明聚現大白傘蓋徧覆三千界摩訶悉怛多鉢怛囉金剛無礙大道場最勝無比大威德

金輪帝祖仁祖反囉施都攝一切大明王摠集不可說百千旋陁羅尼

十方如來清淨海眼微妙秘密大陁羅尼

上都大安國寺傳密教超悟大師賜紫三藏沙門 行琳集

唐 · 大兴善寺三藏沙门 不空大师 Amogha Vajra 金刚上师译

第一会　比卢真法会　金轮佛顶

〖礼敬十方诸佛、菩萨及声闻缘觉众〗

1

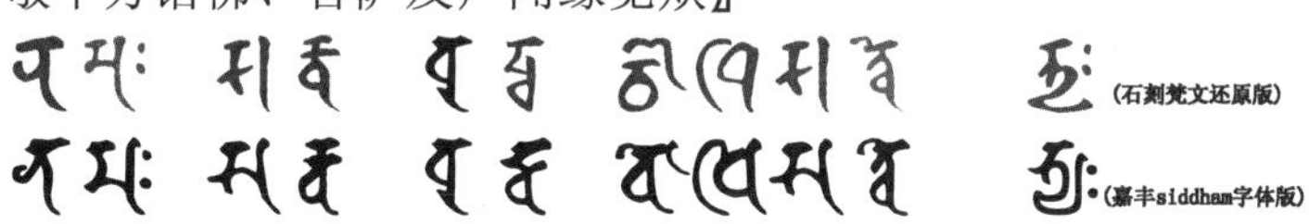

namaḥ	sarva	buddha	bodhisatve	bhyaḥ ·
曩莫	薩嚩	沒 馱	冒引地薩怛吠微閉反二合引	毗藥二合 1
敬禮	一切	佛	菩薩	眾

2

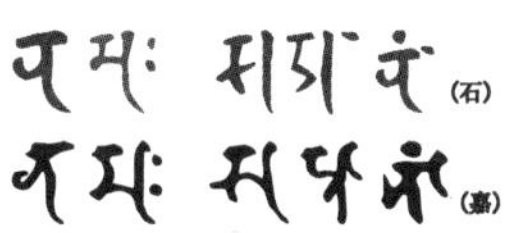

namaḥ　saptānāṃ

曩莫　颯跢引南上引 2

敬禮　七

3

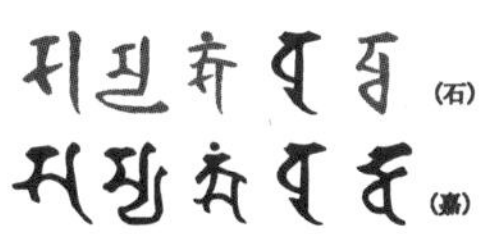

samyak saṃbuddha

三去藐三去沒馱3

正等覺

4

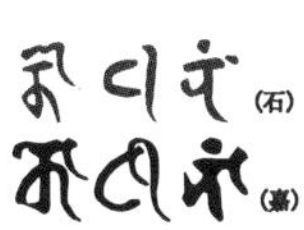

koṭīnāṃ

句引致引南上引 4

俱胝

5

sa	śrāvaka	saṃghanāṃ ·
薩	室囉二合嚩迦	僧去伽去南上引 5
及	聲聞	僧伽眾

【礼敬声闻四果罗汉众】

6
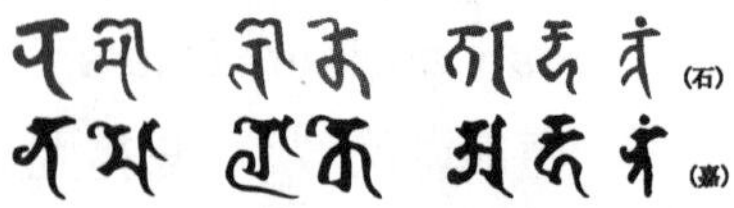

namo	loke	arhantāṃ
曩謨	路引計	囉 曷 二合擔引 6
敬禮	世間	阿羅漢眾

7
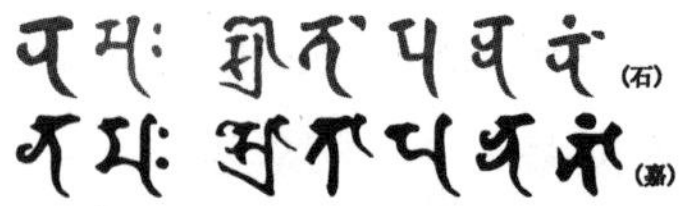

namaḥ	srotāpannanāṃ ·
曩莫	素嚕二合跢引半曩引南上引 7
敬禮	預流眾

8

namaḥ	sakṛdāgāmināṃ ·
曩莫	塞訖㗚二合娜引誐引弭南上引 8
敬禮	一來眾

9
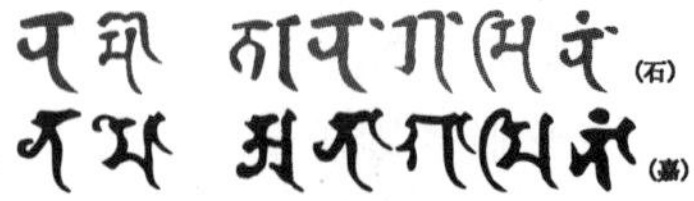

namo	anāgāmināṃ ·
曩莫	阿上曩引誐弭南上引 9
敬禮	不還　眾

10
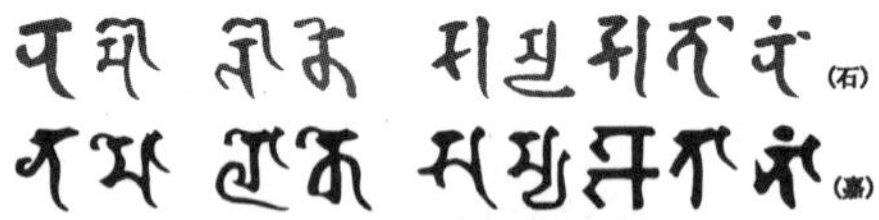

namo	loke	samyaggatānāṃ
曩謨	路引計	三去藐蘖　跢引南上引 10
敬禮	世間	正　至

11
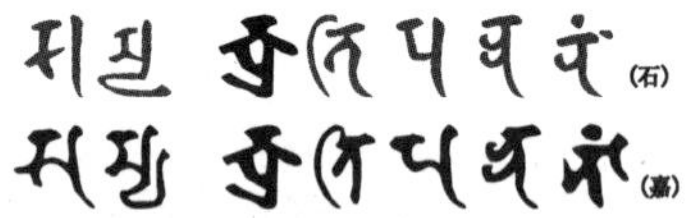

samya	kpratipannanāṃ ·
三藐	鉢囉二合底丁以反半曩引南上引 11
正	行眾

【礼敬四大天仙神众】

12
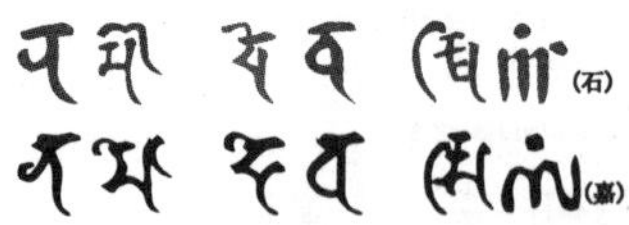

namo	deva	ṛṣiṇāṃ ·
曩謨引	祢去嚩	㗚史二合喃上引 12
敬禮	天	仙　眾

13
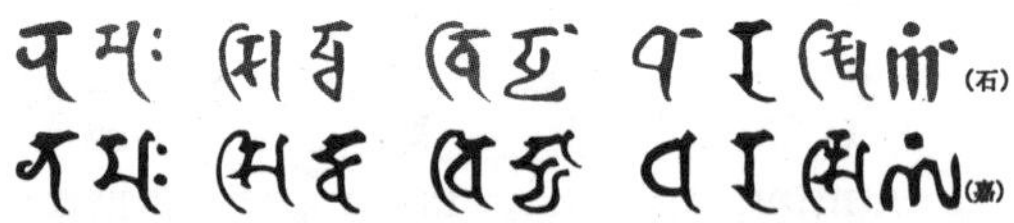

namaḥ	siddha	vidyā	dhārarṣiṇāṃ
曩莫	悉馱	尾你也二合引	馱引囉㗚史二合喃上引 13
敬禮	成就	明咒持	仙眾

14
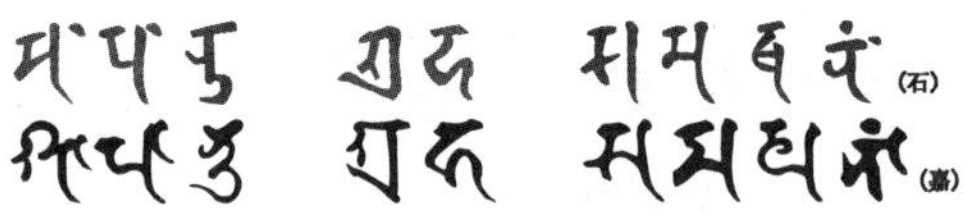

śāpānu	graha	samarthanāṃ ·
舍引播　引弩鼻音	屹囉二合賀	娑上沫㗚他二合南上引 14
惡咒	降伏	堪能　眾

15
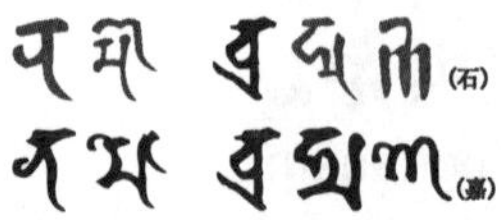

namo	brahmaṇe ·
曩謨引	沒囉二合憾麼二合妳鼻引 15

16
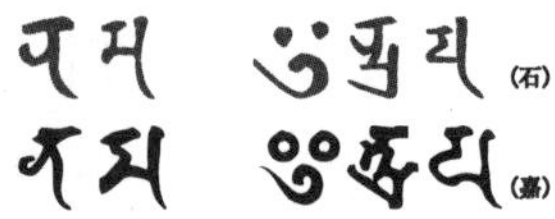

nama	indraya ·
曩莫引	印捺囉二合野 16

敬禮　梵 天　　敬禮　因陁羅

【礼敬三大护法】

17
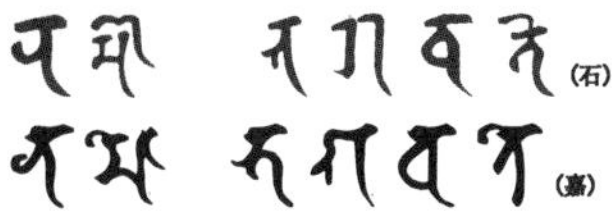

namo　bhagavate
曩謨引　婆去誐嚩帝引 17
敬禮　世主

18
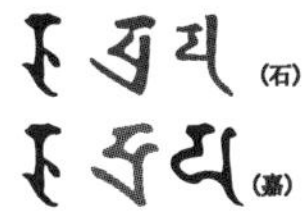

rudraya
嚕捺囉二合引野 18
嚕捺羅天

19

uma　pati　sahīyāya·
塢麼　鉢底准上　娑上呬馨異反引夜引野 19
烏摩　天後　及眷屬眾

20
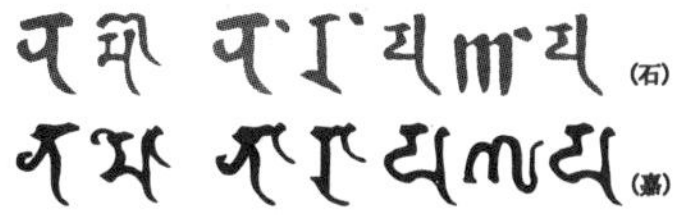

namo　nārāyaṇāya
曩謨　曩引囉演拏鼻音野 20
敬禮　那羅延天

21

lakṣmī
落乞讖弭三合 21
大吉祥天女

22
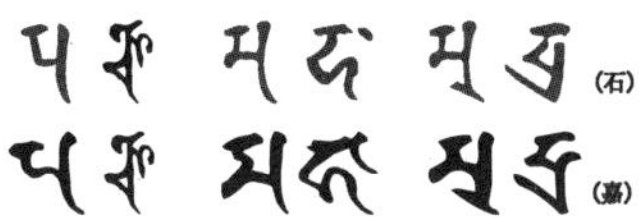

pañca　mahā　mudra
半左　摩賀引　母捺囉二合 22
五　大　印女

23
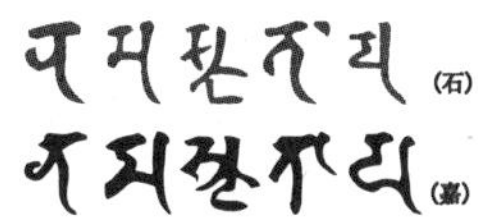

nama skṛtāya·
曩莫塞訖嘌三合跢野 23
所敬禮處。

24
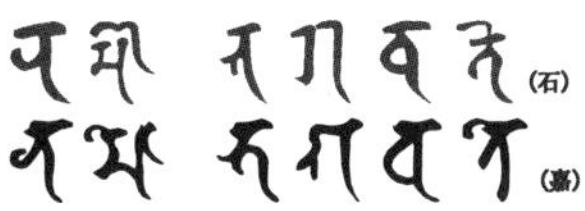

namo　bhagavate
曩謨引　婆去誐嚩帝 24
敬禮　世主

25
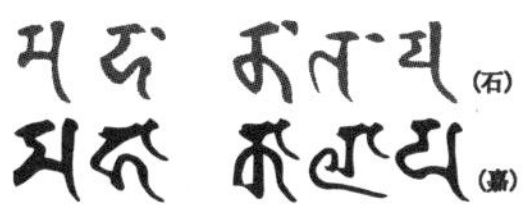

mahā　kālāya
摩賀引　迦攞引野 25
大　黑天

26

tṛpura　nagara
底哩二合補囉　曩誐囉 26
三重　（金、銀、鐵）之城

27
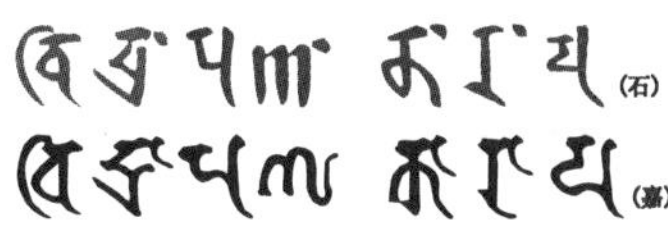

vidrāpaṇā　kārāya
尾捺囉二合跛拏　迦囉引野 27
摧壞　能作

28
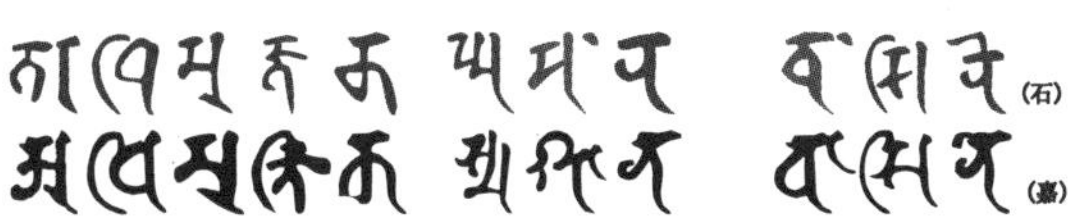

adhimuktika　śmaśāna　vāsine

阿上地穆訖得二合迦 濕麼二合舍引曩 嚩枲星以反寧引 28
樂於 墓塚 居住

29
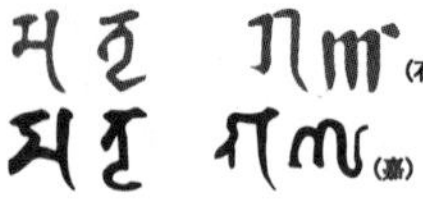
matṛ gaṇā
麼底哩二合 誐拏鼻音 29
鬼母 眾

30

nama skṛtāya
曩莫塞訖哩三合跢野 30
所敬禮處

【礼敬五大部如来世尊众族】

31

namo bhagavate
曩謨引 婆去誐嚩帝 31
敬禮 世尊

32

tathāgatā kulāya
怛他去引跢 矩攞引野 32
如來 部

33
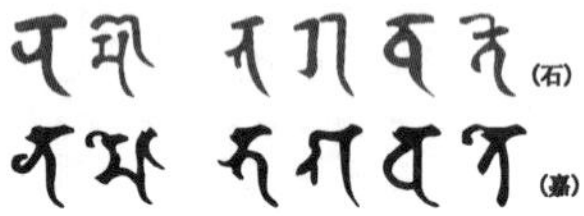
namo bhagavate
曩謨引 婆去誐嚩帝 33
敬禮 世尊

34
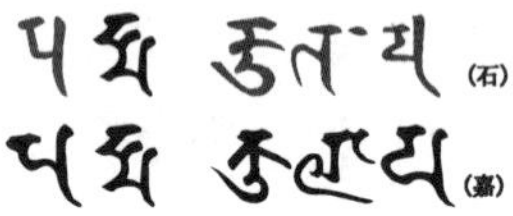
padma kulāya
鉢納麼二合 矩攞引野 34
蓮華 部

35
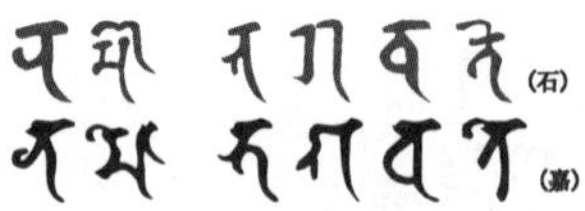
namo bhagavate
曩謨引 婆去誐嚩帝 35
敬禮 世尊

36
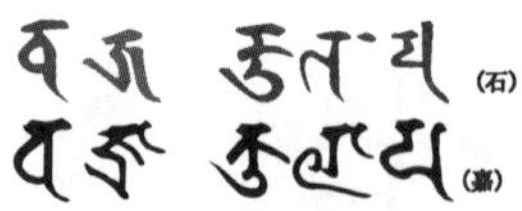
vajra kulāya
嚩日囉二合 矩攞野 36
金剛 部

37
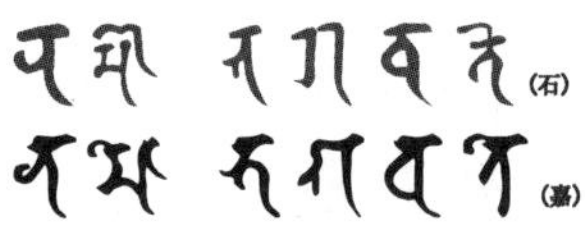
namo bhagavate
曩謨引 婆去誐嚩帝 37
敬禮 世尊

38
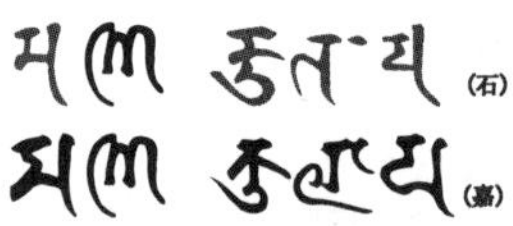
maṇi kulāya
麼 抳 尼整反 矩攞野 38
寶 部

39
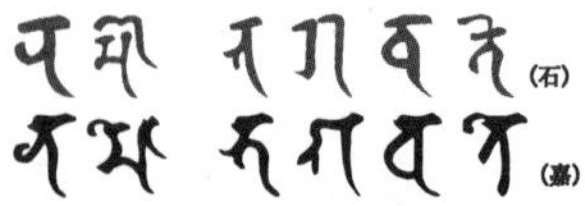
namo bhagavate

40
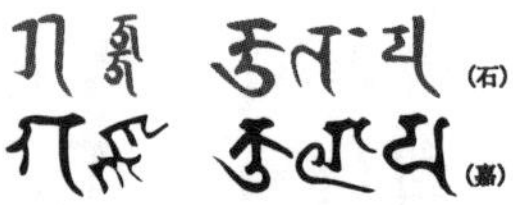
gajja kulāya

曩謨引　婆去誐嚩帝 39
敬禮　世尊

惹自攞反　矩攞引野 40
象　部

【礼敬七大如来世尊】

41
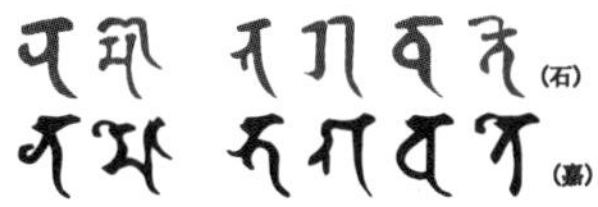

namo　bhagavate
曩謨引　婆去誐嚩帝 41
敬禮　世尊

42
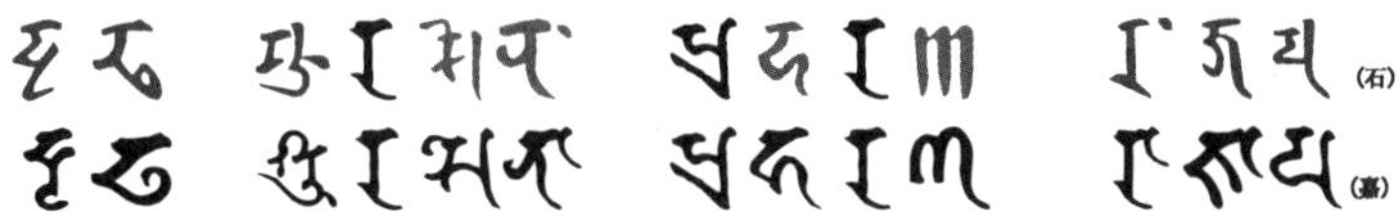

dṛḍha　śūra　senā　praharaṇa　rājaya
你哩二合荼去　戍引囉　細引曩　鉢囉二合賀囉拏鼻　囉引惹准上野 42
勇　猛　軍隊　鬥 戰　王

43
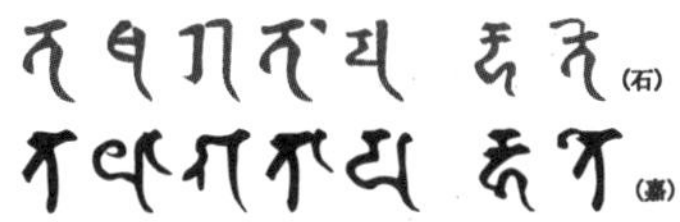

tathāgatāya　rhate
怛他引蘖　跢引野引　囉 曷 二合帝 43
如來　應

44

samyaksaṃbuddhaya ·
三去藐三沒馱引野 44
正等覺

45

namo　bhagavate
曩謨　婆去誐嚩帝 45
敬禮　世尊

46
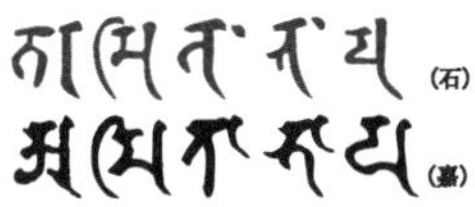

amitābhāya
阿上弭跢引婆去引野 46
無量光

47
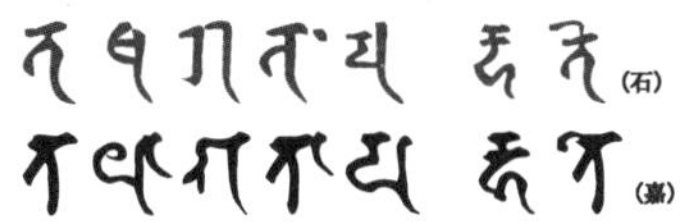

tathāgatāya　rhate
怛他去引蘖　跢引野引　囉 曷 二合帝 47
如來　應

48

samyak saṃbuddhaya ·
三去藐三去沒馱　引野 48
正等 覺

49

50
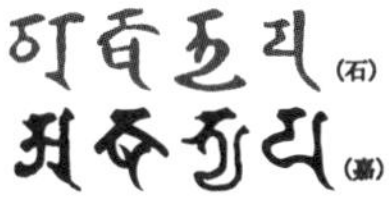

namo bhagavate
曩謨 婆去誐嚩帝 49
敬禮 世尊

akṣabhyaya
悪屈 茎 二合毗夜二合引野 50
不動

51 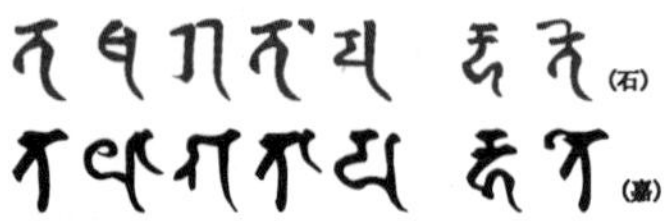

tathāgatāya rhate
怛他引蘖 跢引夜引 囉曷二合帝 51
如來 應

52 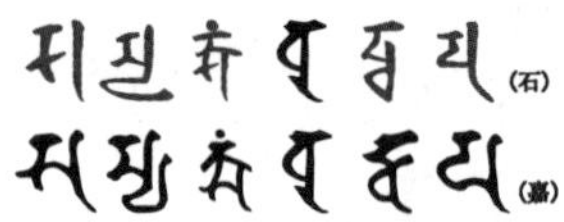

samyak saṃbuddhaya ·
三去藐三去沒馱引野 52
正等 覺

53 

namo bhagavate
曩謨 婆去誐嚩帝 53
敬禮 世尊

54 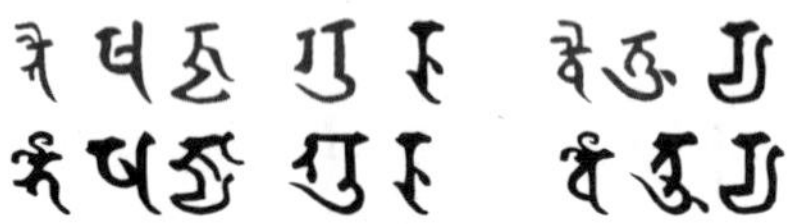 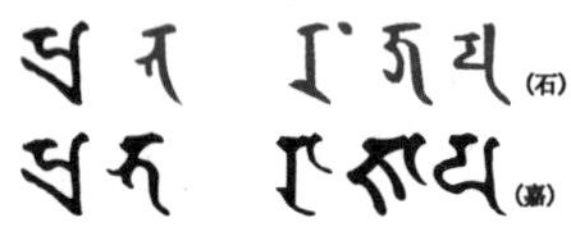

bhaiṣajya guru vaiḍūrya prabha rājaya
佩 敍 尒野二合 麌遇縷反嚕 吠微閉反引呅尼古反哩野二合 鉢囉二合婆去 囉引惹引野 54
藥 師 琉璃 光 王

55 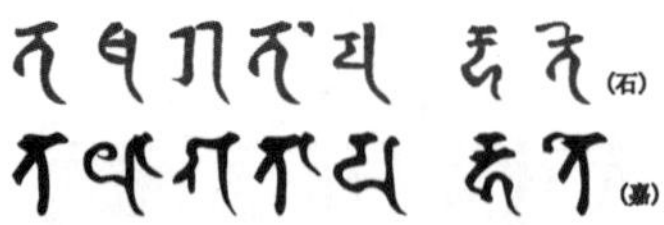

tathāgatāya rhate
怛他引蘖 跢引夜引 囉 曷 二合帝 55
如來 應

56 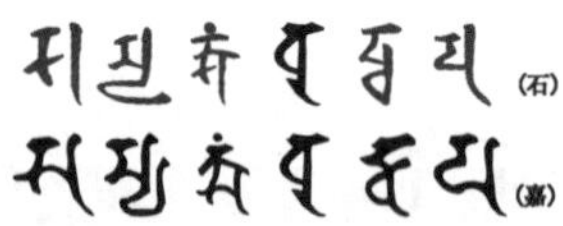

samyak saṃbuddhaya ·
三去藐三去沒馱引野 56
正等 覺

57 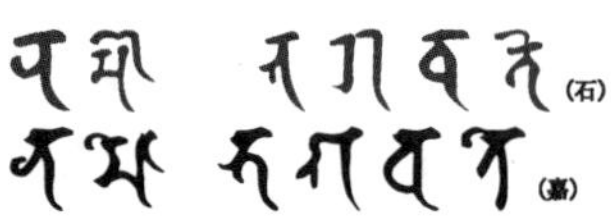

namo bhagavate
曩謨 婆去誐嚩帝 57
敬禮 世尊

58 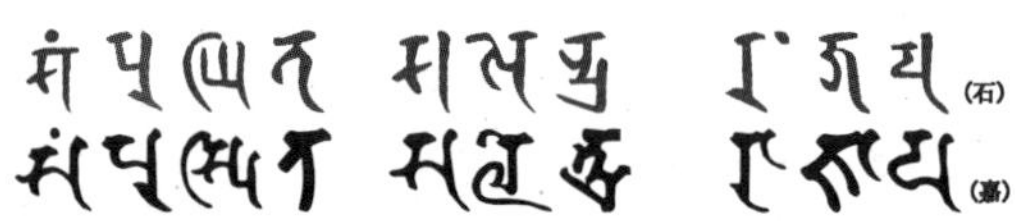

saṃpuṣpita salendra rājaya
三去補澁 畢 合多上 娑上隣上捺囉二合 囉引惹引野 58
開敷蓮華 娑羅樹 王

59 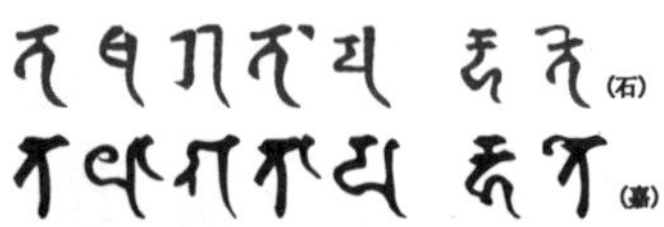

tathāgatāya rhate
怛他去蘖 跢引夜引 囉 曷 二合帝 59

60 

samyaksaṃbuddhaya ·
三去藐三去沒馱引野 60

如來　　應　　正等 覺

61
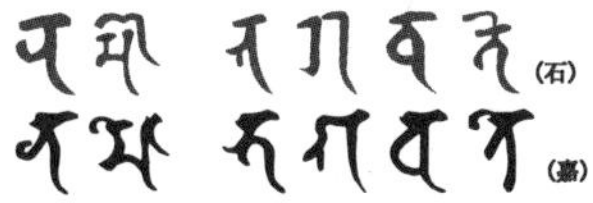

namo　bhagavate

曩謨引　婆去誐嚩帝 61

敬禮　世尊

62
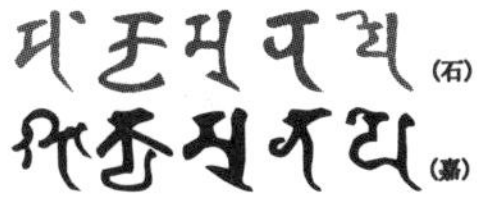

śākya munaye

舍引枳野二合母曩曳引 62

釋迦牟尼

63
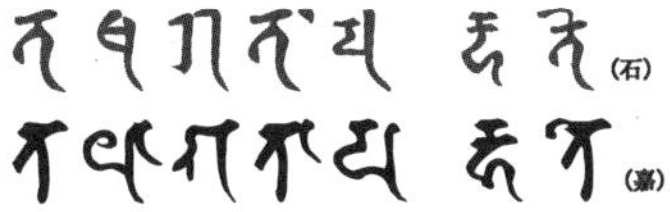

tathāgatāya　rhate

怛他去蘖 跢引夜引　囉 曷 二合帝 63

如來　應

64

samyak saṃbuddhaya ·

三去藐三去沒馱引野 64

正等 覺

65
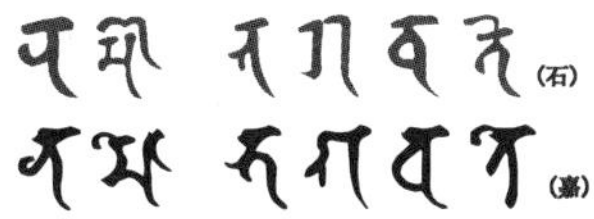

namo　bhagavate

曩謨引　婆去誐嚩帝 65

敬禮　世尊

66
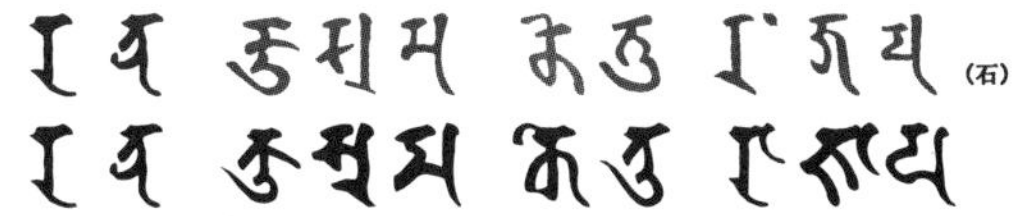

ratna　kusuma　ketu　rājaya

喇怛曩二合　矩素麽　計引覩　囉引惹引野 66

寶　華　幢　王

67
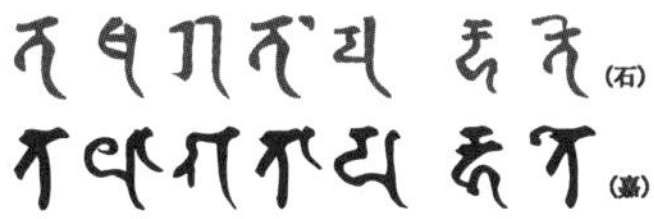

tathāgatāya　rhate

怛他去蘖 跢引夜引　囉 曷 二合帝 67

如來　應

68

samyak saṃbuddhaya ·

三去藐三去沒馱引野 68

正等 覺

69

teṣāṃ　nama śkṛtva

帝釤　曩莫塞訖嚟三合怛嚩二合 69

如是　敬禮已

70

imāṃ　bhagavata　stathagatoṣñīṣaṃ

伊上 翰 引　婆去誐嚩多　娑怛二合他去引 蘖 妬引瑟 抳 二合引釤 70

此　世尊　如來頂髻

71 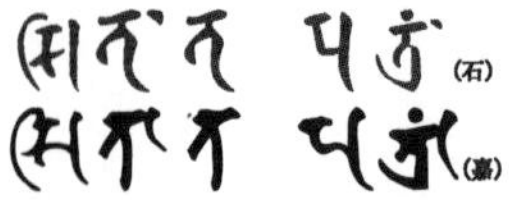

sitāta　patrāṃ

悉跢多　鉢怛 囕 二合 71

白　傘蓋

72 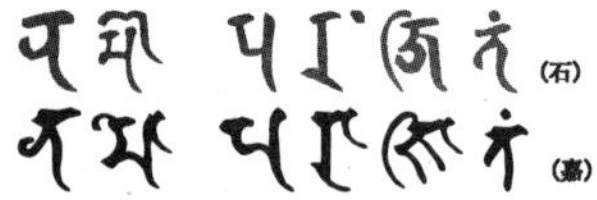

namo　parājitaṃ

曩麼引　跛囉引尒自以反擔 72

名爲　無有能及

73 

pratyaṅkirāṃ·

鉢囉二合底孕二合儗霓以反囕 引 73

甚能調伏

〖本咒十大摧灭与降伏〗

74 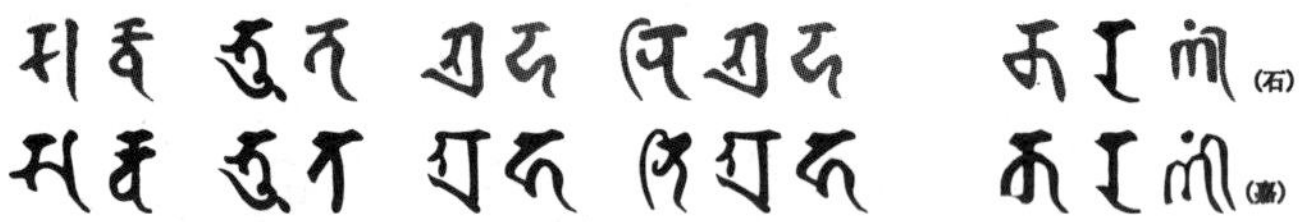

Sarva　bhūta　graha　nigraha　karaṇīṃ·

薩嚩　部多　屹囉二合賀　[illegible]屹囉二合賀　迦囉抳 [illegible]二合引 74

一切　鬼魅　惡星　降伏　能令作

75 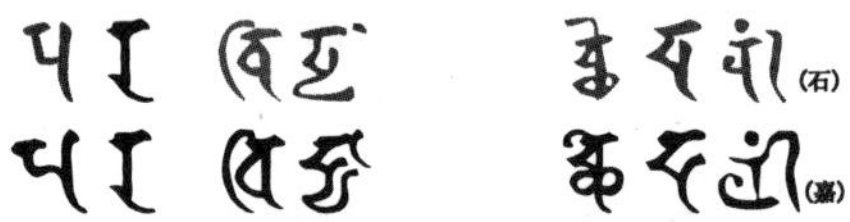

para　vidyā　cchedanīṃ·

跛囉　尾你也二合引　砌娜顊寅二合引 75

仇敵惡　呪　令斷滅

76 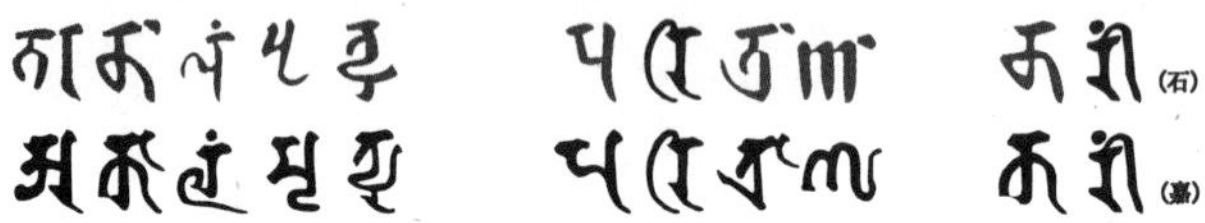

akālaṃmṛtyu　paritrāṇā　karīṃ·

阿上迦引藍沒嘌二合底庾二合　跛哩怛囉二合引拏　迦哩寅二合引 76

夭折橫死　救護　能作

77 

sarva　bandhana　mokṣaṇīṃ·

薩嚩　滿馱曩　謨乞灑二合抳[illegible]二合 77

一切　煩惱縛結　能令解脫

78 

sarva　duṣṭadu　svapna　ni vāraṇīṃ·

薩嚩　訥瑟吒二合耨　娑嚩二合鉢曩二合　𩕳嚩引囉抳滛二合引 78

一切　極惡　夢魘　能令止息

79 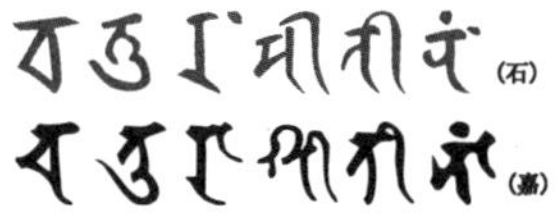

caturāśītīnāṃ 79

搩覩囉試引底引南上引 79

八十四

80 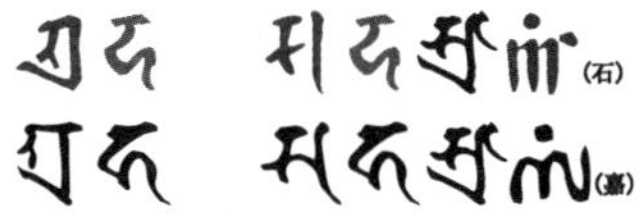

graha　sahasrāṇāṃ 80

屹囉二合賀　娑賀娑囉二合喃引 80

惡星邪魔　千

81 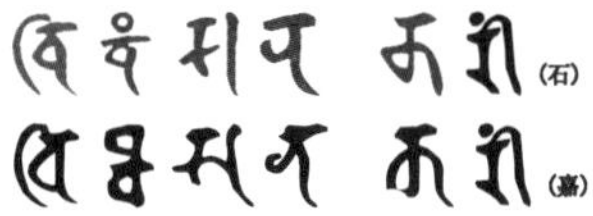

vidhvasana　karīṃ·81

尾特吻二合娑曩　迦哩寅二合引 81

敗壞　能令

82 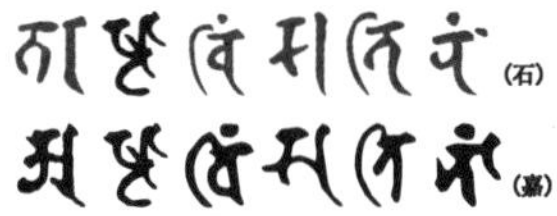

aṣṭāviṃsatināṃ 82

阿上瑟吒二合引尾孕二合設底難上 82

二十八

83 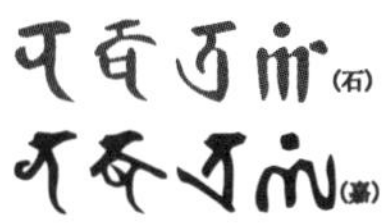

nakṣatraṇāṃ 83

諾乞刹二合怛囉二合引喃引 83

星宿

84 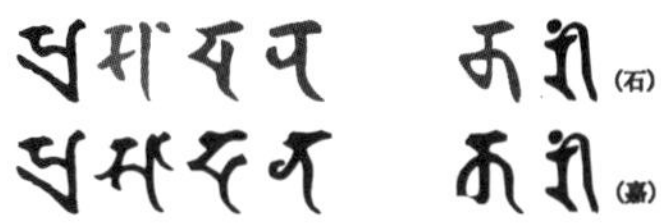

prasādana　karīṃ·84

鉢囉二合娑引娜曩　迦哩寅二合引 84

清淨　能令

85 

aṣṭanāṃ　mahā　grahāṇāṃ

阿上瑟吒二合難上引　摩賀引　屹囉二合賀喃 85

八　大　執曜

86 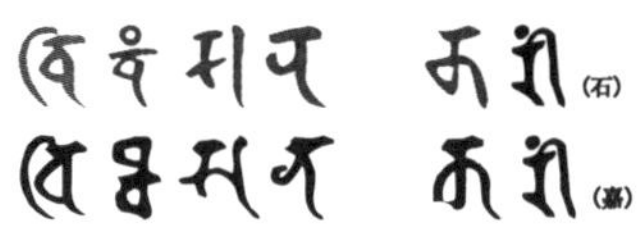

vidhvasana　karīṃ·

尾特吻二合娑曩　迦哩寅二合引 86

摧伏　能令

87 

sarva　śatrū　nivāraṇīṃ·

薩嚩　設咄嚕二合　𩕳嚩囉抳滛二合引 87

一切　怨敵　能令遮止

88 

ghoraṃ dusvapnānāṃ ca nāśanīṃ·
具嚧 耨娑嚩二合鉢曩二合難上 左 曩引設𩕳滛二合88
魔呪法 諸惡夢 及 能令消滅

〖本咒能救三大灾难〗

89 

viṣa sastra agni uttaraṇīṃ·
尾灑 設娑怛囉三合 阿上儗𩕳二合 嗢跢囉抳滛二合89
毒藥 刀兵 火災 能令救護

〖具二十二大持印金刚圣母庇护〗

90 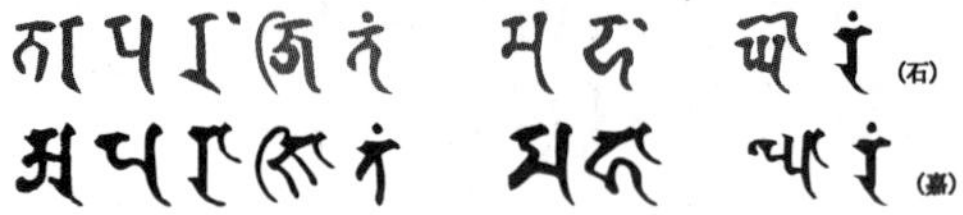

aparājitaṃ mahā ghoraṃ
阿上跛囉引尒擔 摩賀引 具引嚧引90
無有能勝 大 暴惡母

91 

mahā balāṃ
摩賀引 麽攬引91
大 力母

92 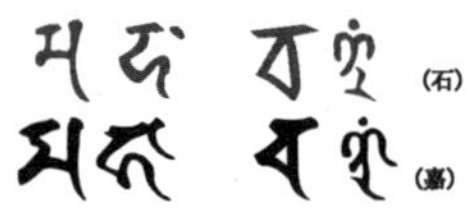

mahā caṇḍāṃ
摩賀引 贊喃上引92
大 可畏 母

93 

mahā dīptaṃ
摩賀引 捻奴揖反鉢擔二合93
大 熾燃 母

94 

mahā tejaṃ
摩賀引 帝引染自攬反94
大 威力 母

95 

mahā śvetāṃ
摩賀引 濕吠二合擔引95
大 白輝 母

96 

mahā jvalaṃ
摩賀引 入嚩二合攬96
大 光焰 母

97 

98 

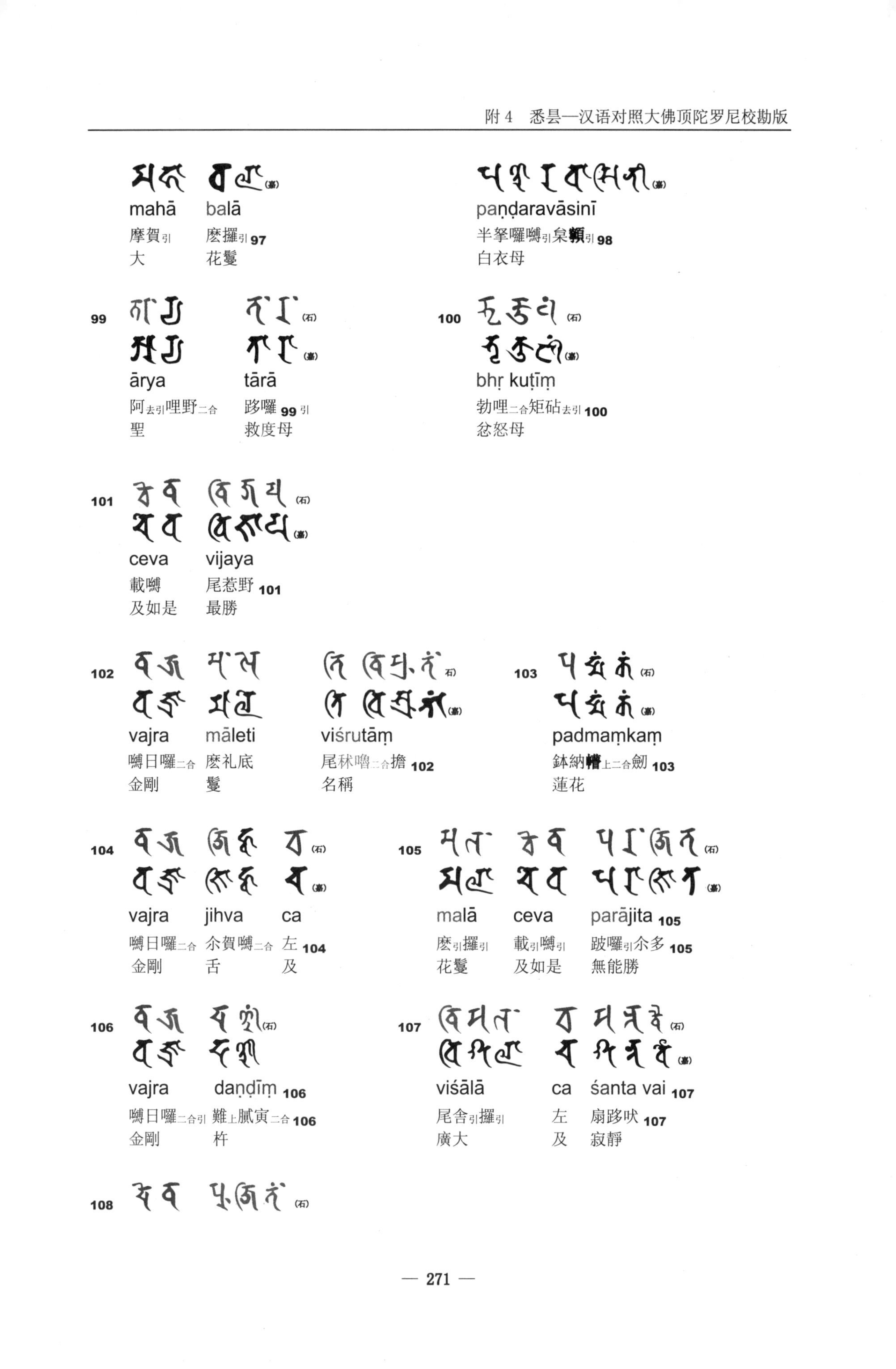

mahā	balā
摩賀引	麽攞引 97
大	花鬘

paṇḍaravāsinī
半拏囉嚩引枲𩕳引 98
白衣母

99

ārya	tārā
阿去引哩野二合	跢囉 99 引
聖	救度母

100

bhṛ kuṭīṃ
勃哩二合矩秥去引 100
忿怒母

101

ceva	vijaya
載嚩	尾惹野 101
及如是	最勝

102

vajra	māleti	viśrutāṃ
嚩日囉二合	麽礼底	尾秫嚕二合擔 102
金剛	鬘	名稱

103

padmaṃkaṃ
鉢納[illegible]上二合劍 103
蓮花

104

vajra	jihva	ca
嚩日囉二合	尒賀嚩二合	左 104
金剛	舌	及

105

malā	ceva	parājita 105
麽引攞引	載引嚩引	跛囉引尒多 105
花鬘	及如是	無能勝

106

vajra	daṇḍīṃ 106
嚩日囉二合引	難上膩寅二合 106
金剛	杵

107

viśālā	ca	śanta vai 107
尾舍引攞引	左	扇跢吠 107
廣大	及	寂靜

108

deva pūjitāṃ 108
祢去嚩 布引尒擔引 108
勝身 諸供養

109 
somya rūpaṃ 109
掃去引弭野二合 嚕引嗋補敢反 109
月光 相

110 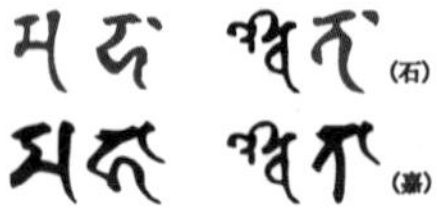
mahā śvetā 110
摩賀引 濕吠二合跢引 110
大 白

111 
ārya tārā 111
阿去引哩野二合 跢引囉 111
聖 拯度母

112 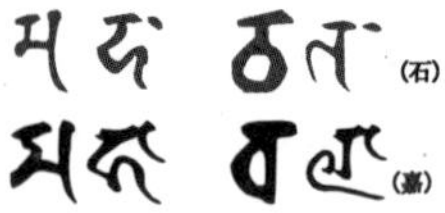
mahā bala 112
摩賀引 麽攞 112
大 力

113 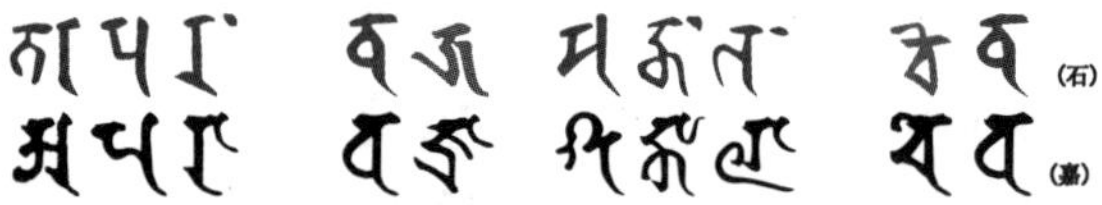
aparā vajra śakālā ceva 113
阿上跛囉引 嚩日囉二合 餉迦攞引 載嚩 113
不殁 金剛 鎖 及如是

114 
vajra kaumarī kulāndharī 114
嚩日囉二合 矯魚矯反引麽鼻引哩 矩馱哩引 114
金剛 童 女 部持 女

115 
vajra hastā ca 115
嚩日囉二合 賀娑跢二合引 左 115
金剛 手 及

116 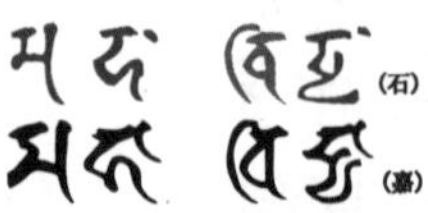
mahā vidyā 116
摩賀引 尾你野二合引 116
大 明女

117 
kāṃcana mālikā 117
謇左曩 麽鼻引理迦引 117
金 花鬘

118 

119 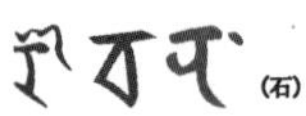

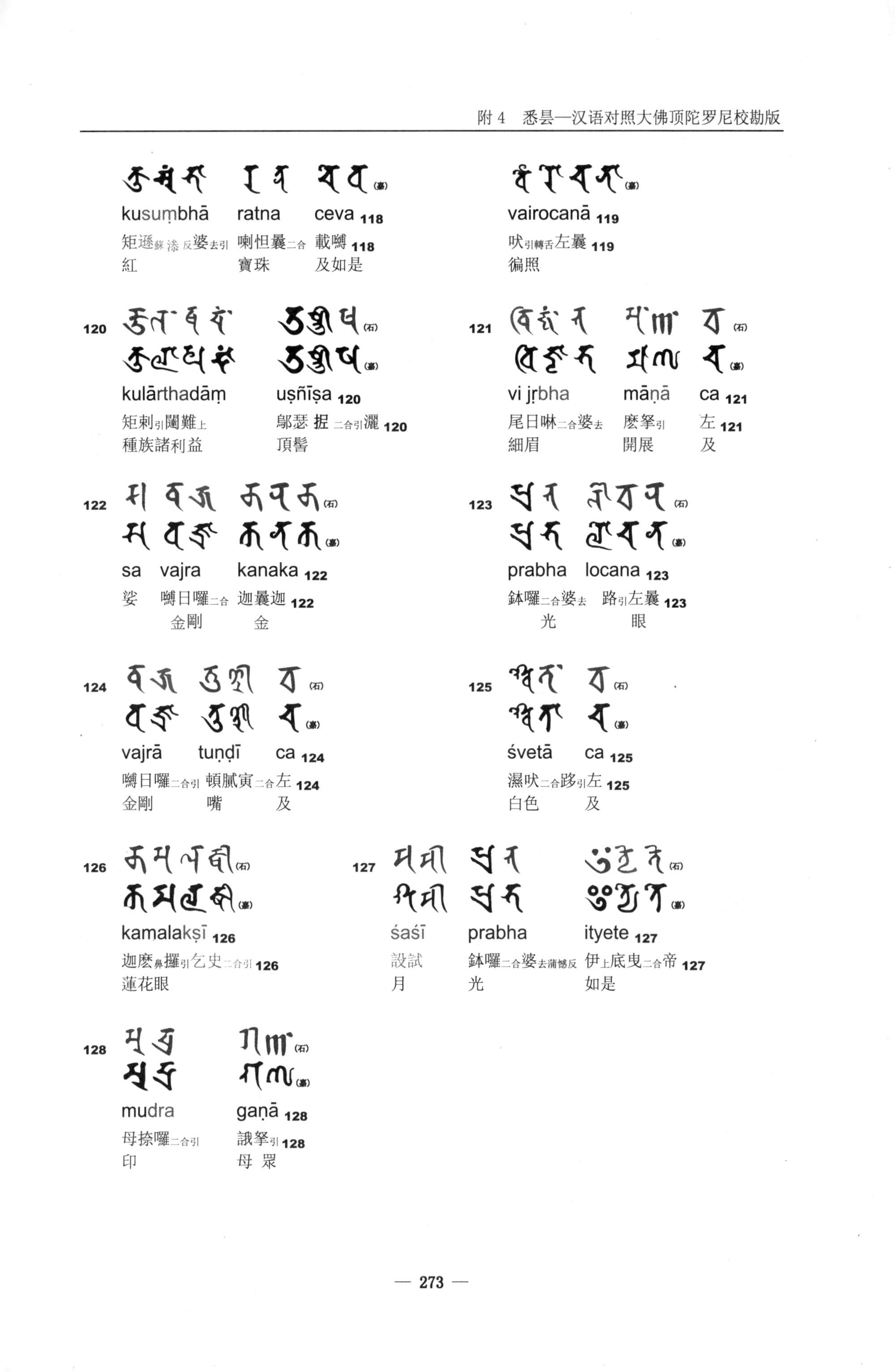

kusuṃbhā ratna ceva 118
矩遜蘇漆反婆去引 喇怛曩二合 載嚩 118
紅 寶珠 及如是

vairocanā 119
吠引轉舌左曩 119
徧照

120 kulārthadāṃ uṣñīṣa 120
矩剌引闥難上 鄔瑟抳二合引灑 120
種族諸利益 頂髻

121 vi jṛbha māṇā ca 121
尾日啉二合婆去 麼拏引 左 121
細眉 開展 及

122 sa vajra kanaka 122
娑 嚩日囉二合 迦曩迦 122
金剛 金

123 prabha locana 123
鉢囉二合婆去 路引左曩 123
光 眼

124 vajrā tuṇḍī ca 124
嚩日囉二合引 頓膩寅二合左 124
金剛 嘴 及

125 śvetā ca 125
濕吠二合跢引左 125
白色 及

126 kamalakṣī 126
迦麼鼻攞引乞史二合引 126
蓮花眼

127 śaśī prabha ityete 127
設試 鉢囉二合婆去蒲憾反 伊上底曳二合帝 127
月 光 如是

128 mudra gaṇā 128
母捺囉二合引 誐拏引 128
印 母 眾

【祈愿文】

129 

sarve	rakṣaṃ	kurvantu	mama 129
薩吠引	囉乞鑱二合	崫俱律反嘌挽二合下無滿反	覩麼麼 129
悉皆	守護	願作	於我

130 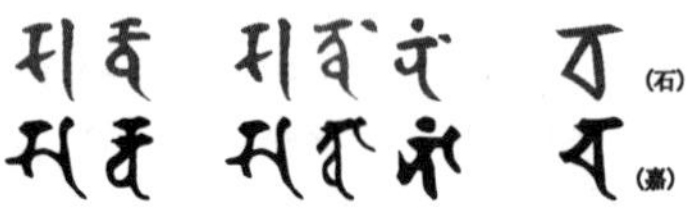

sarva	satvānāṃ	ca · 130
薩嚩	薩怛嚩二合引難上	左 130
一切	諸有情	及

第二会　释尊应化会

131 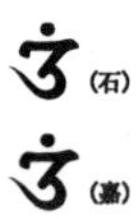

oṃ
唵引 131
唵

132 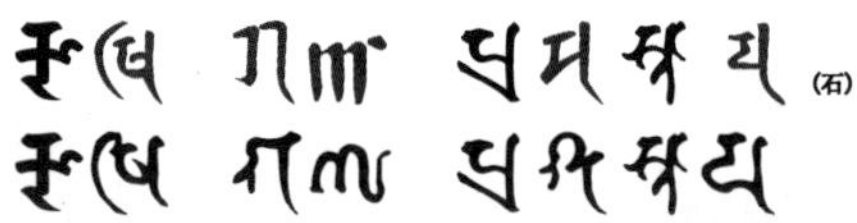

ṛṣi	gaṇā	praśastāya
乙嘌二合史	誐拏	鉢囉二合設娑跢二合野 132
仙	眾	讚 歎

133 

sarva	tathāgata	ṣñīṣāya
薩嚩	怛他去引蘖 姤引	瑟二合引灑引野 133
一切	如來	頂髻。

134 

huṃ
吽引 134

135 

trūṃ ·
躰嚕唵三合引 135

【具十大回遮神力】

136 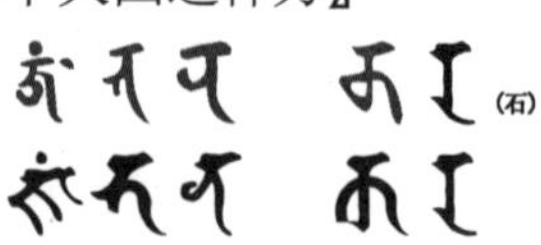

jaṃbhana	kara
染婆去曩	迦囉 136
破碎	令作

137 

huṃ
吽引 137

138 

trūṃ ·
躰嚕唵三合引 138

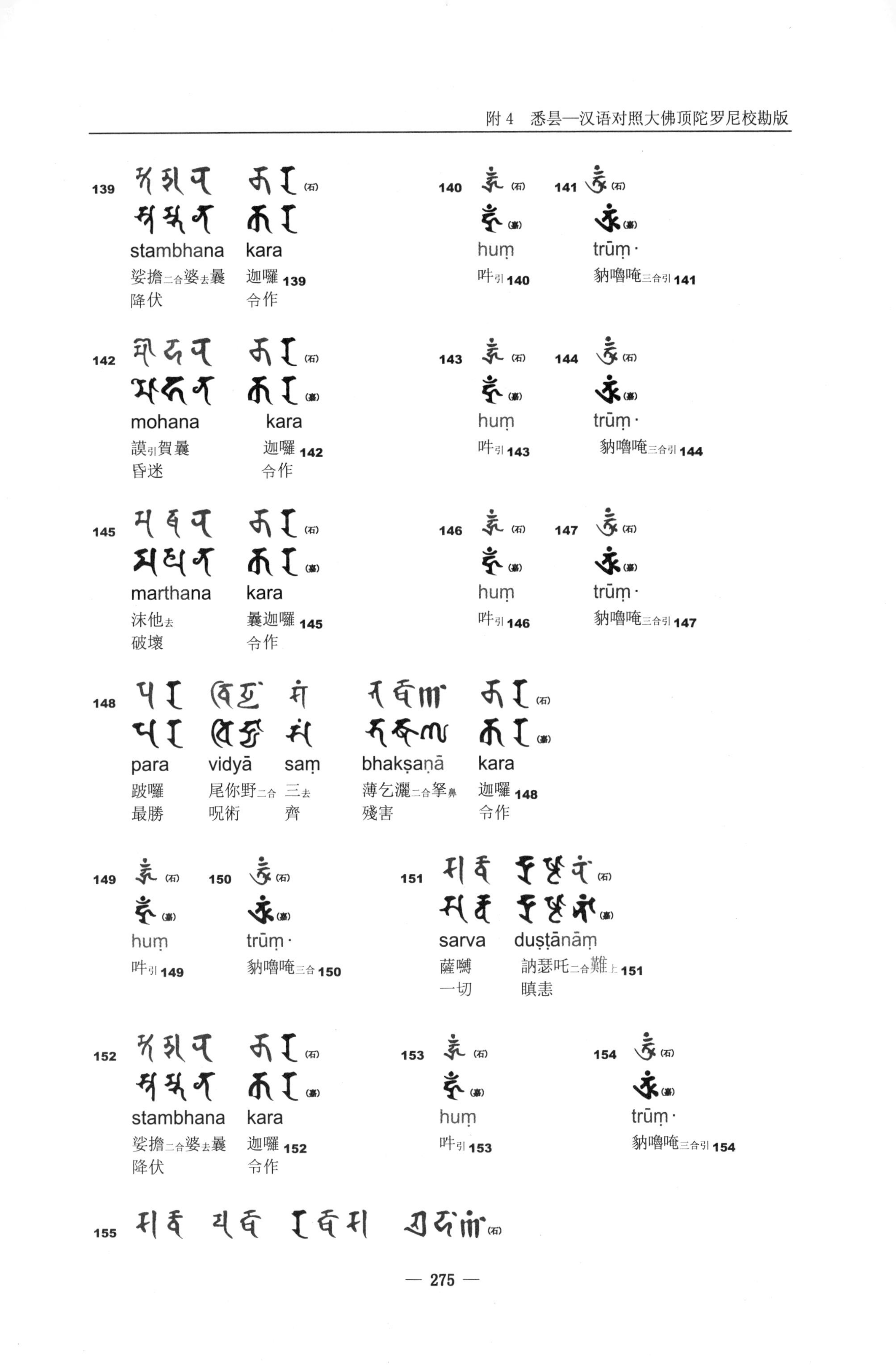

139
stambhana　kara
娑擔二合婆去曩　迦囉 139
降伏　令作

140
huṃ
吽引 140

141
trūṃ·
貀嚕唵三合引 141

142
mohana　kara
謨引賀曩　迦囉 142
昏迷　令作

143
huṃ
吽引 143

144
trūṃ·
貀嚕唵三合引 144

145
marthana　kara
沫他去　曩迦囉 145
破壞　令作

146
huṃ
吽引 146

147
trūṃ·
貀嚕唵三合引 147

148
para　vidyā　saṃ　bhakṣaṇā　kara
跛囉　尾你野二合　三去　薄乞灑二合拏鼻　迦囉 148
最勝　呪術　齊　殘害　令作

149
huṃ
吽引 149

150
trūṃ·
貀嚕唵三合 150

151
sarva　duṣṭānāṃ
薩嚩　訥瑟吒二合難上 151
一切　瞋恚

152
stambhana　kara
娑擔二合婆去曩　迦囉 152
降伏　令作

153
huṃ
吽引 153

154
trūṃ·
貀嚕唵三合引 154

155

sarva 薩嚩 一切

yakṣa 藥乞灑二合 夜叉

rakṣasa 囉乞灑二合娑去 羅刹

grahāṇāṃ 屹囉二合賀引喃引 155 惡星

156

vidhvaṃsana 尾特吻無肯反二合娑曩 敗壞

kara 迦囉 156 令作

157

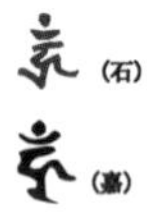

huṃ 吽引 157

158

trūṃ · 納嚕唵三合引 158

159

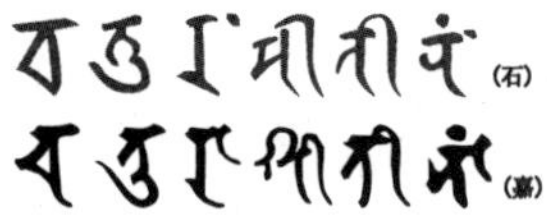

caturāśītīnāṃ 拶 覩囉引試引底引南上引 159 八十四

160

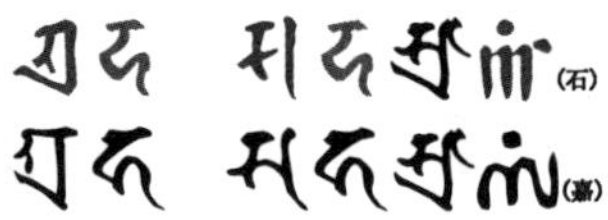

graha 屹囉二合賀 惡星鬼魅

sahasrāṇāṃ 娑賀娑囉二合喃引上 160 千

161

vi dhvasana 尾特吻二合娑曩 降伏

kara 迦囉 161 令作

162

huṃ 吽引 162

163

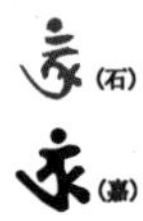

trūṃ · 納嚕唵三合引 163

164

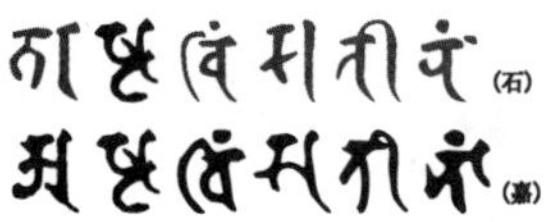

aṣṭa vimsatīnāṃ 阿瑟吒二合尾孕二合設底引難上引 164 二十 八

165

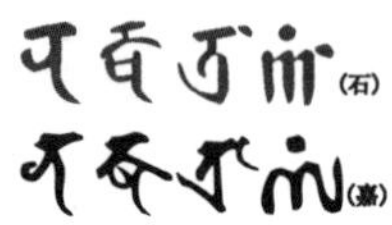

nakṣatrāṇāṃ 諾乞刹二合怛囉二合引喃引 165 星宿

166

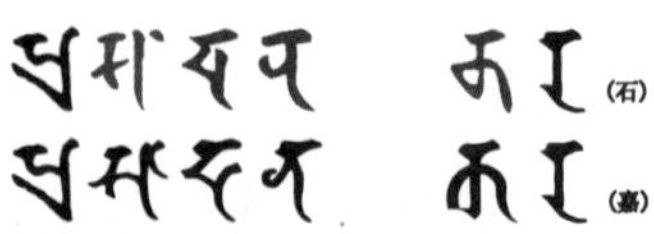

prasādana 鉢囉二合娑引娜曩 清淨

kara 迦囉 166 能令

167

huṃ 吽引 167

168

trūṃ · 納嚕唵三合引 168

169

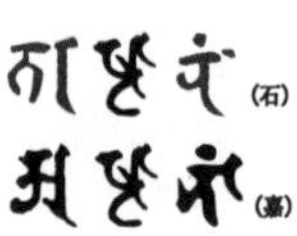

170

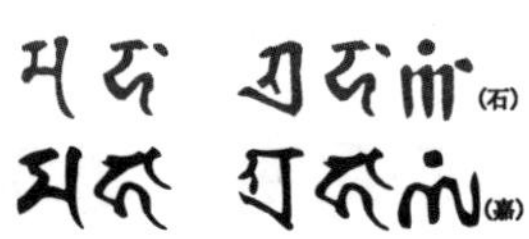

aṣṭānāṃ | mahā grahāṇāṃ
阿上瑟吒二合南上引 169 | 摩賀引 屹囉二合賀喃引 170
八 | 大 執曜

171 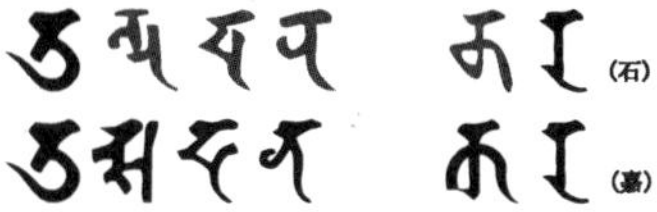
utsadana kara
嗢蹉去引娜曩 迦囉 171
斷滅 能令

172 
huṃ
吽引 172

173 
trūṃ ·
㗚嚕唵三合引 173

〖祈愿文〗

174 
rakṣa rakṣa maṃ ·
囉乞灑二合 囉乞灑二合 𤚥引 174
守護 守護 我等。

175 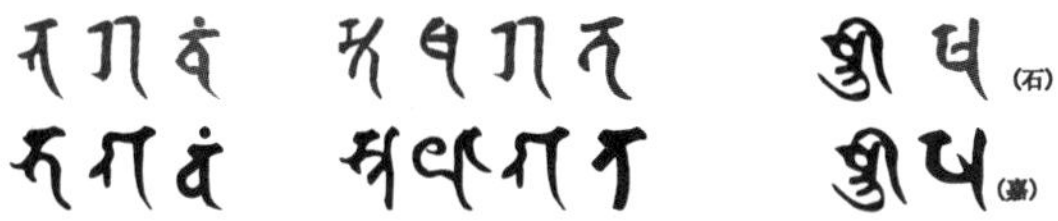
bhagavaṃ stathāgata ṣñīṣa
婆去誐鍐 娑怛二合他去引蘗 姤引 瑟 抳 二合灑 175
世尊 如來 頂髻

176 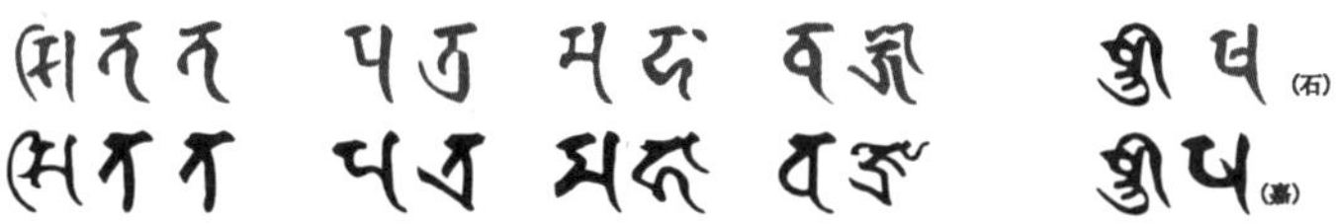
sitata patra mahā vajro ṣñīṣa
悉路多 鉢怛囉二合 摩賀引 嚩日 嚧 二合引 瑟 抳 二合引灑 176
白 傘蓋 大 金剛 頂髻

177 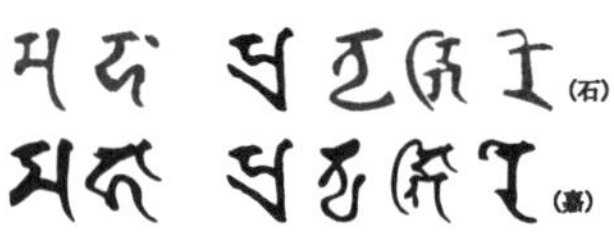
mahā pratyaṅgire
摩賀引 鉢囉二合底孕二合凝研以反 㘑 引 177
大 甚能調伏

178 

179 

mahā	sahasra	bhuje	sahasra	śīrṣe
摩賀引	娑賀娑囉二合	部薺引自曳反 178	娑賀娑囉二合	施引嘌囇二合引 179
大	千	臂	千	頭

180 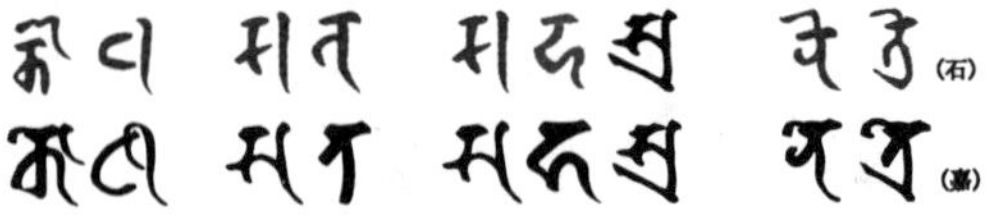

koṭī	sata	sahasra	netre
句致引	設多上	娑賀娑囉二合	甯怛 嚩 二合 180
俱胝	百	千	諸眼

181 

abhedye	jvalitā	taṭaka
阿上陛祢	入嚩二合理多引	怛吒迦 181
不燬	光輝	無邊岸

182 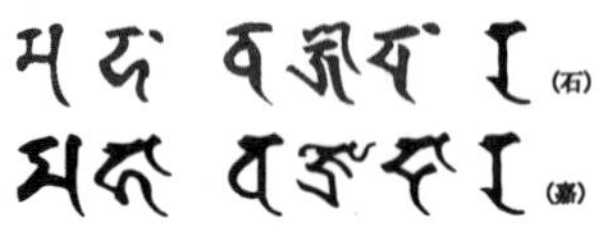

mahā	vajrodāra
摩賀引	嚩日 嚧 二合引娜引囉 182
大	金剛殊妙

183 

tṛbhuvana	maṇḍala
底哩二合部嚩曩	滿拏攞 183
三界	壇場。

【祈愿文】

184 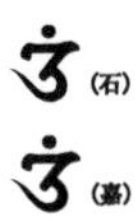

oṃ
唵引 184

185 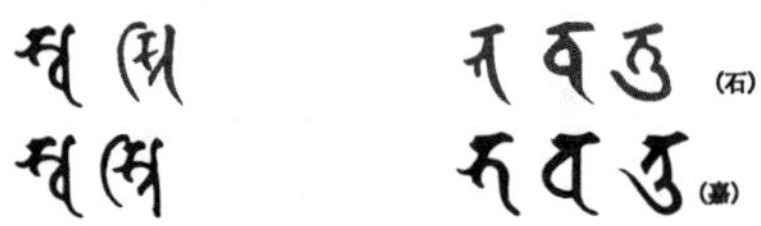

svastir	bhavatu
娑嚩二合悉底二合丁逸反	嘌　婆二合去嚩覩 185
福佑	請作

186 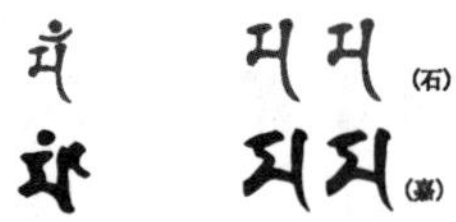

māṃ	mama·
鉿	麼麼 186
我　及	我的

第三会　观音合同会白伞盖佛顶并光聚佛顶

【能断除十六大灾难】

187 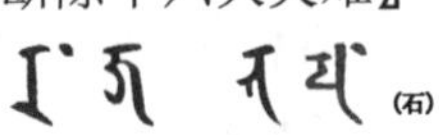

188 

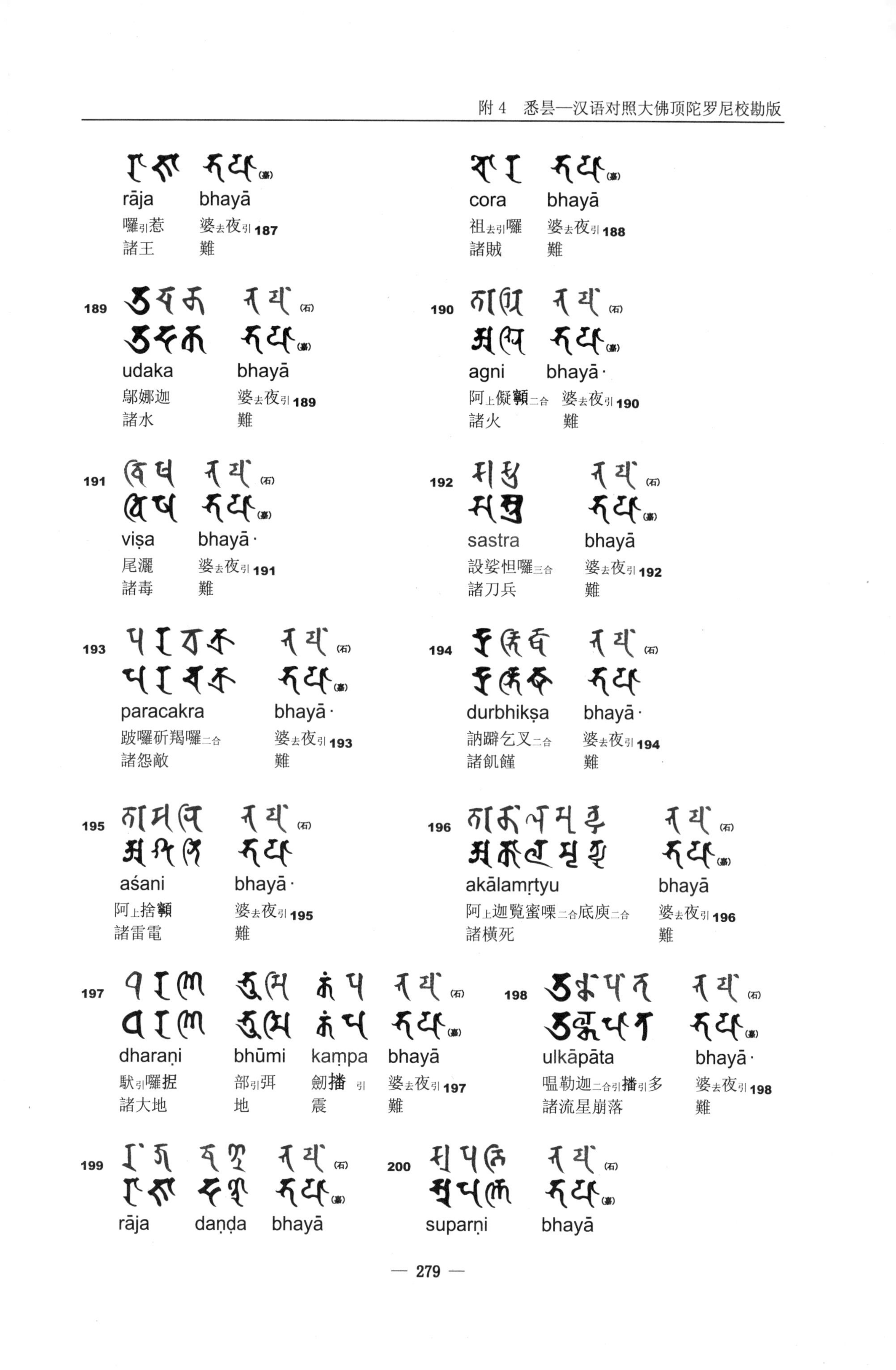

rāja	bhayā
囉引惹	婆去夜引 187
諸王	難

cora	bhayā
祖去引囉	婆去夜引 188
諸賊	難

189

udaka	bhayā
鄔娜迦	婆去夜引 189
諸水	難

190

agni	bhayā ·
阿上儗顭二合	婆去夜引 190
諸火	難

191

viṣa	bhayā ·
尾灑	婆去夜引 191
諸毒	難

192

sastra	bhayā
設娑怛囉三合	婆去夜引 192
諸刀兵	難

193

paracakra	bhayā ·
跛囉斫羯囉二合	婆去夜引 193
諸怨敵	難

194

durbhikṣa	bhayā ·
訥蹕乞叉二合	婆去夜引 194
諸飢饉	難

195

aśani	bhayā ·
阿上捨顭	婆去夜引 195
諸雷電	難

196

akālamṛtyu	bhayā
阿上迦覽蜜嘌二合底庾二合	婆去夜引 196
諸横死	難

197

dharaṇi	bhūmi	kaṃpa	bhayā
馱引囉抳	部引弭	劒播 引	婆去夜引 197
諸大地	地	震	難

198

ulkāpāta	bhayā ·
嗢勒迦二合引播引多	婆去夜引 198
諸流星崩落	難

199

rāja	daṇḍa	bhayā

200

suparṇi	bhayā

囉引惹　難上拏　婆去夜引199
諸王　刀仗　難

素鉢哩捉二合　婆去夜引200
諸大猛禽　難

201
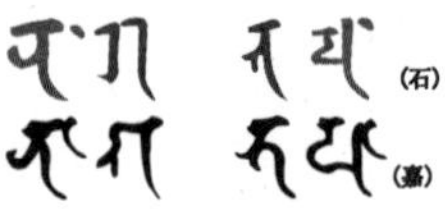
nāga　bhayā
曩引誐　婆去夜引201
諸龍　難

202

vidyut　bhayā
尾你聿二合　婆去夜引202
諸電光　難

〖能降伏十七大鬼众〗

203
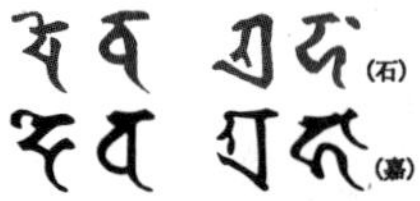
deva　grahā·
祢去嚩　屹囉二合賀引203
諸天　所持

204
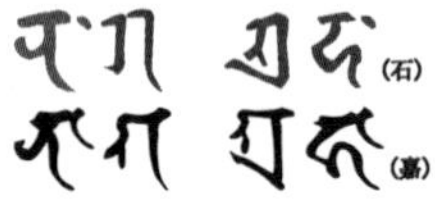
nāga　grahā·
曩引誐　屹囉二合賀引204
諸龍　所持

205

yakṣa　grahā·
藥乞灑二合　屹囉二合賀引205
諸夜叉　所持

206
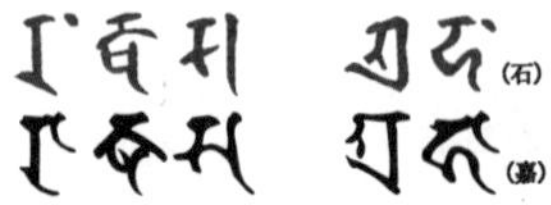
rākṣasa　grahā·
啰乞灑二合娑　屹囉二合賀引206
諸羅剎　所持

207
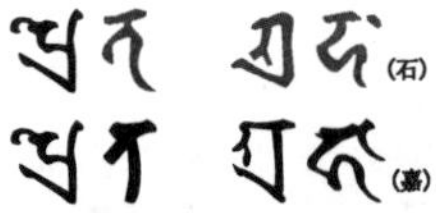
preta　grahā·
畢㘑二合多　屹囉二合賀引207
諸餓鬼　所持

208

piśāca　grahā·
比舍引左　屹囉二合賀引208
諸毗舍遮　所持

209
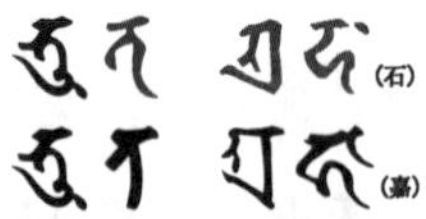
bhūta　grahā·
部多　屹囉二合賀引209
諸部多　所魅

210
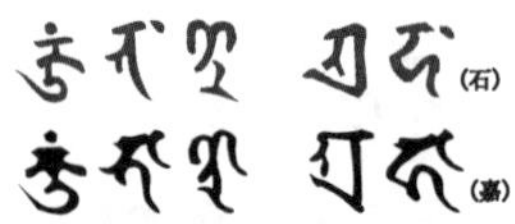
kuṃbhāṇḍa　grahā·
禁俱淦反畔拏　屹囉二合賀引210
諸鳩槃荼　所魅

211

pūtana　grahā

212
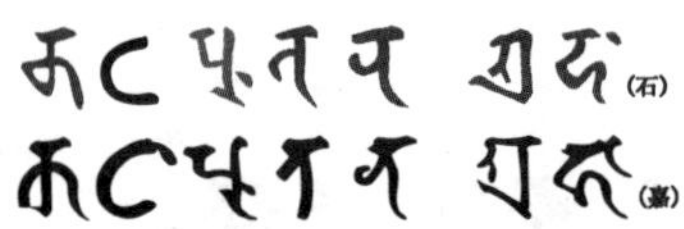
kaṭa pūtana　grahā

布引怛曩　屹囉二合賀引 211
諸富單那　所魅

羯吒布引怛曩　屹囉二合賀引 212
諸迦吒富單那　所魅

213

skanda　grahā
塞謇二合娜　屹囉二合賀引 213
諸鶱陀　所魅

214

apa smāra　grahā·
阿跛娑麽二合引囉　屹囉二合賀引 214
諸阿波悉魔羅　所魅

215

utmāda　grahā
嗢荅麽二合　娜屹囉二合賀引 215
諸醉鬼　所魅

216
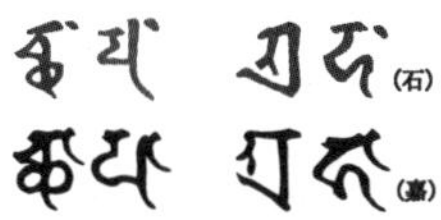
cchāyā　grahā
蹉去引夜　屹囉二合賀引 216
諸陰鬼　所魅

217

revatī　grahā
𡃤嚩引底　屹囉二合賀引 217
諸黎婆坻　所魅

218

jamika　grahā·
惹弭迦　屹囉二合賀引 218
諸閻彌迦　所魅

219

kaṇṭha kāmini　grahā·
建姹迦弭顊　屹囉二合賀引 219
諸迦彌尼　所魅

【能摧伏十二大食鬼众】

220
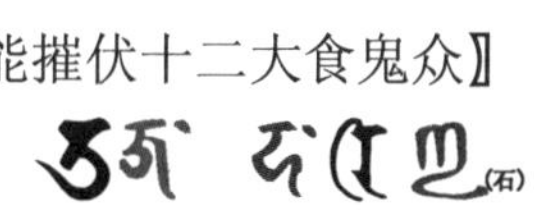
ojā　hāriṇyā·
鄔惹引　賀哩抳野二合 220
諸食精氣鬼

221
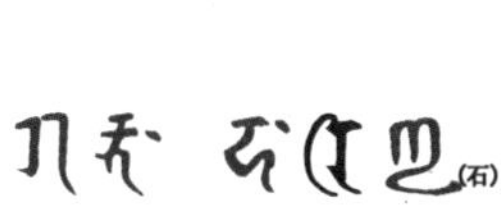
garbhā　hāriṇyā·
蘖婆去　賀哩抳野二合 221 引
諸食胎鬼

222
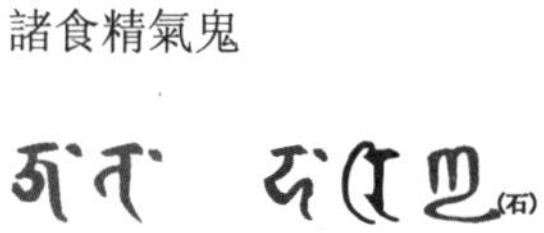
jātā　hāriṇyā·

223

jevitā　hāriṇyā·

惹引多　賀哩抳野二合引 222
諸食生鬼

尒自異反尾多　賀哩抳野二合 223
諸食命鬼

224 
rudhirā　hāriṇyā·
嚕地囉引　賀哩抳野二合 224
諸食血鬼

225 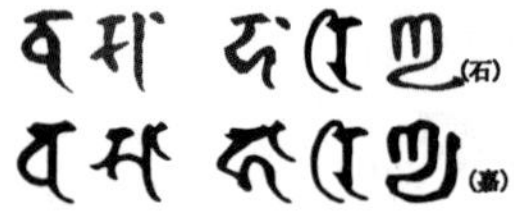
vasā　hāriṇyā·
嚩娑引　賀引哩抳野二合 225
諸食膏鬼

226 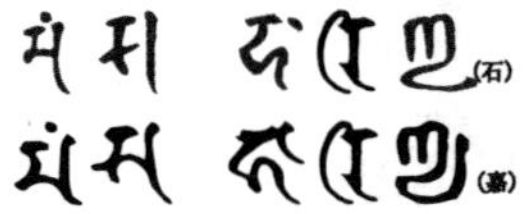
maṃsa　hāriṇyā·
莽引娑　賀哩抳野二合引 226
諸食肉鬼

227 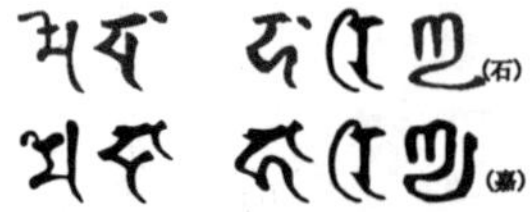
medā　hāriṇyā·
謎引娜引　賀哩抳野二合 227
諸食脂鬼

228 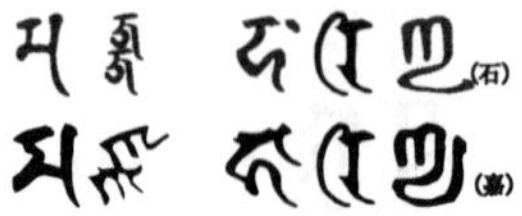
majja　hāriṇyā·
沫惹　賀哩 抳 野二合引 228
諸食髓鬼

229 
vanta　hāriṇyā·
挽無滿反下同跢　賀哩 抳 野二合引 229
諸食吐鬼

230 
aṣucya　hāriṇyā·
阿上秫紫野二合　賀哩抳野二合引 230
諸食不淨物鬼

231 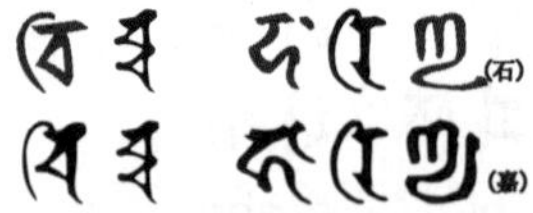
cicca　hāriṇyā·
唧左　賀哩抳野二合引 231
諸食心鬼

232 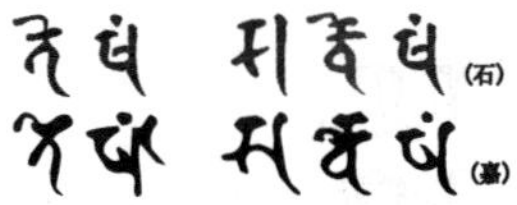
teṣāṃ　sarveṣaṃ·
帝釤引　薩吠釤引 232
如是　一切等

〖能斩伐十五大外道诅咒邪术〗

233 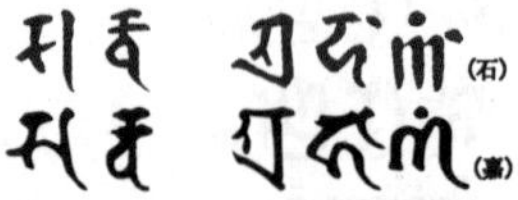
sarva　grahāṇāṃ

234 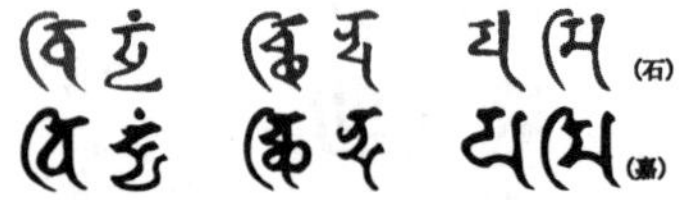
vidyaṃ　cchinda　yami

薩嚩　　　屹囉二合賀喃引 233
一切　　　諸鬼魅眾

尾你琰二合引 親去娜　　夜弭 234
呪術　　　我今悉使斷除

235 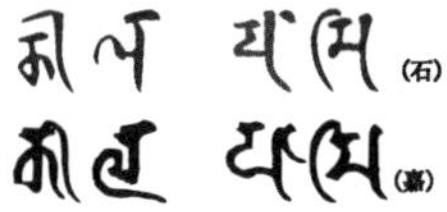
kīla　　yāmi·
枳難以反攞　野引弭 235
悉使釘住

236 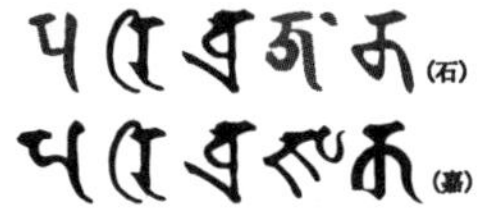
parivrajāka
跛哩沒囉二合惹引迦 236
波立婆外道

237 
kṛtāṃ　vidyāṃ
訖㗚二合擔引尾你琰二合引 237
所造　呪術

238 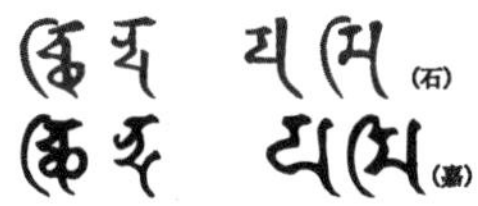
cchinda　yami
親去娜　　夜弭 238
我今悉使斷除

239 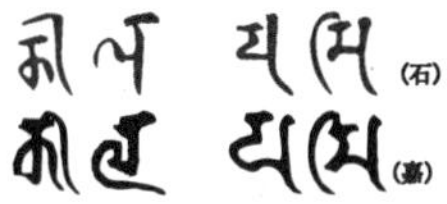
kīla　　yami·
枳引攞　　野弭 239
釘住

240 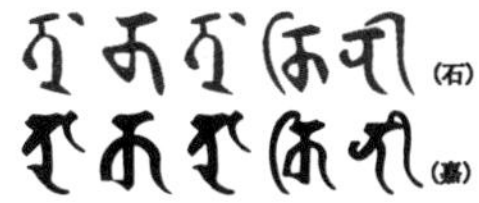
ḍāka ḍākinī
拏去引迦拏引枳引顊240 引
荼加荼枳尼鬼

241 
kṛtāṃ　vidyāṃ
訖㗚二合擔尾你琰二合引 241
所造　　呪術

242 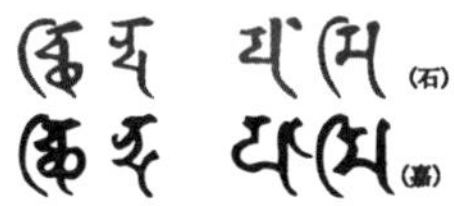
cchinda　yāmi
親去娜　　野引弭 242
我今悉使斷除

243 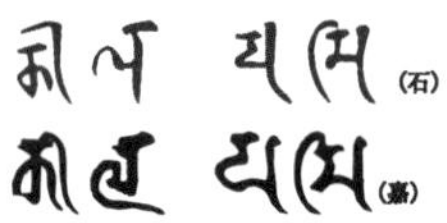
kīla　　yami·
枳引攞　　野弭 243
釘住

244 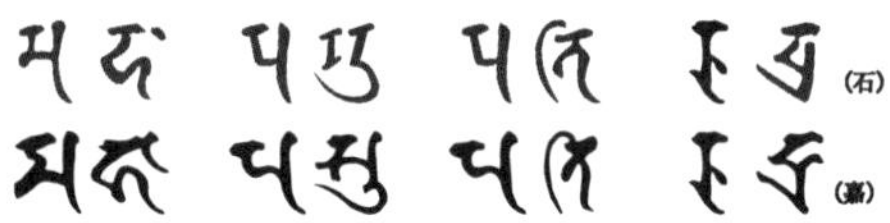
mahā　pasu　pati　rudra
摩賀引　鉢戍上　跛底　嚕捺囉二合 244
大　獸　主　嚕捺羅天

245 
kṛtāṃ　vidyāṃ
訖㗚二合擔　尾你琰二合引 245
所造　　呪術

246 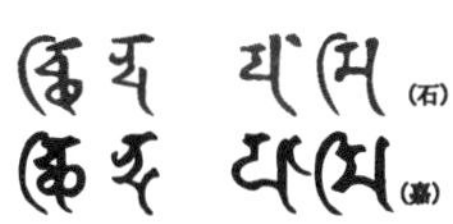
cchinda　yāmi
親去娜　　夜引弭 246
我今悉使斷除

247 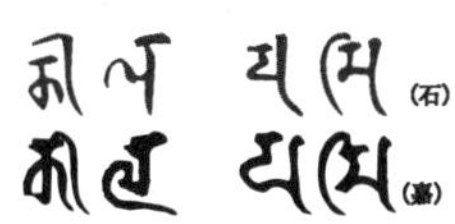
kīla　　yami·
枳引攞　　野弭 247
釘住

248 

nārāyaṇḍa pamca mahā mudra

曩囉引演拏引 半左 摩賀引 母捺囉二合 248

那羅延天 五 大 印女

249 

kṛtāṃ vidyāṃ

訖哩二合擔 尾你琰二合引 249

所造 呪術

250 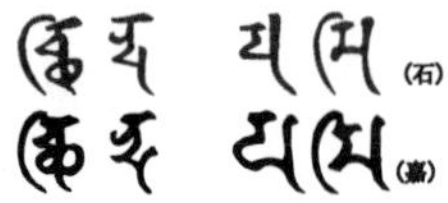

cchinda yami

親娜 夜弭 250

我今悉使斷除

251 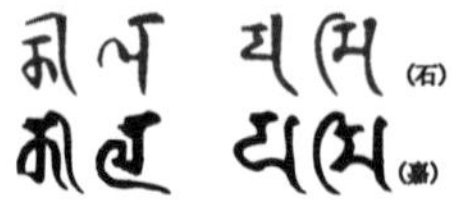

kīla yami·

枳引攞 野弭 251

釘住

252 

tatva garuḍa sahīyāya

怛怛嚩二合 誐嚕拏 娑呬去引夜引野 252

真實 迦樓羅 眷屬

253 

kṛtāṃ vidyaṃ

訖哩二合擔 尾你琰二合 253

所造 呪術

254 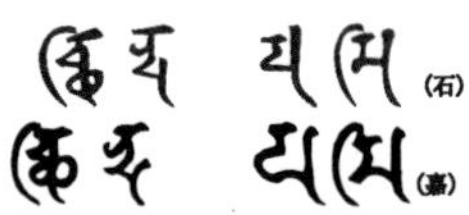

cchinda yami

親去娜 夜弭引 254

我今悉使斷除

255 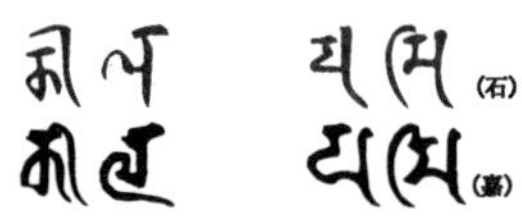

kīla yami·

枳引攞 野弭 255

釘住

256 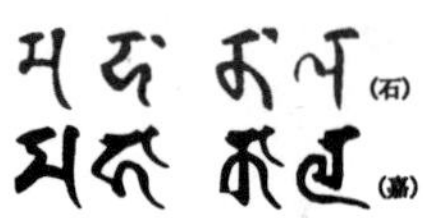

mahā kāla

摩賀引 迦攞 256

大 黑天

257 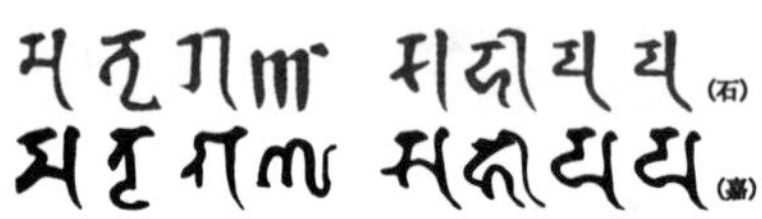

matṛ gaṇā sahīyaya

麼底哩二合誐拏 娑呬引夜野 257

鬼母 眾 眷屬

258 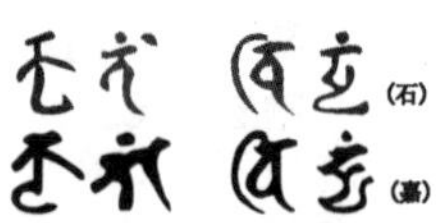

kṛtāṃ vidyaṃ

訖哩二合擔 尾你琰二合 258

所造 呪術

259 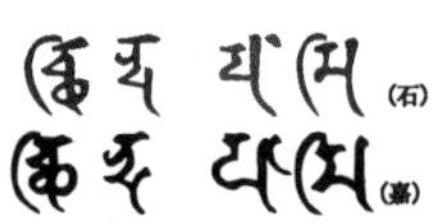

cchinda yāmi

親去娜 夜引弭 259

我今悉使斷除

260 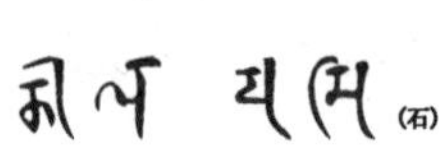

261 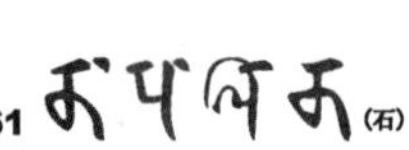

	kīla	yami ·
	枳引攞	野弭 260
	釘住	

	kāpālika
	迦引播引理迦 261
	骷髏外道

262	kṛtāṃ	vidyaṃ
	訖嘌二合擔	尾你琰二合 262 ·
	所造	呪術

263	cchinda	yāmi
	親去娜	夜引弭 263
	我今悉使	

264	kīla	yami
	枳引攞	野弭 264
	斷除	釘住

265	jaya	kara	madhu	kara
	惹野	迦囉引	麼度	迦囉 265
	勝	作	蜜	作

266	sarvārtha	sādha
	薩嚩引囉他二合	娑去引馱迦 266
	諸事業	成辦者

267	kakṛtāṃ	vidyaṃ
	訖嘌二合擔	尾你琰二合 267
	所造	呪術

268	cchinda	yāmi
	親去娜	夜引弭 268
	我今悉使	斷除

269	kīla	yami ·
	枳引攞	野弭 269
	釘住	

270	catur	bhagni	bhratṛ	pañcama	sahīyaya
	拶咄	薄儗顊	勃囉二合底哩二合	半左麼	娑呬去引夜野 270
	四	姊妹	兄弟	五	眷屬

271	kṛtāṃ	vidyaṃ

272	cchinda	yāmi

訖嘌二合擔 尾你琰二合 271
所造 呪術

親去娜 夜引弭 272
我今悉使 斷除

273
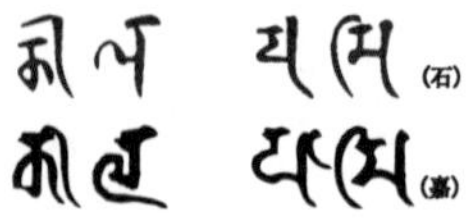
kīla yami·
枳引攞 野弭 273
釘住

274

bhṛṅgi riṭika nandi keśvara
勃陵二合儗哩致上迦 難上你泥以反計濕嚩二合囉 274
大自在天隨從 歡喜自在天

275

gaṇā pati sahīya
誐拏鉢底 娑呬引野 275
象頭神 眷屬

276

kṛtāṃ vidyaṃ
訖嘌二合擔 尾你琰二合 276
所造 呪術

277
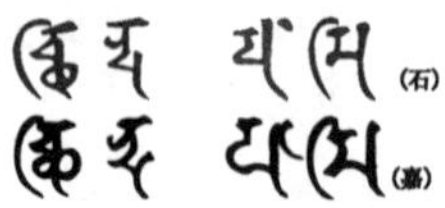
cchinda yami
親去娜 夜引弭 277
我今悉使斷除

278
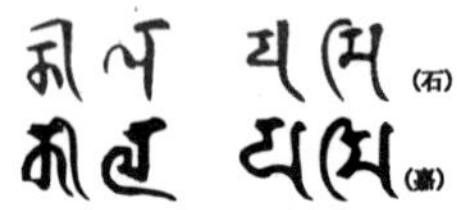
kīla yami·
枳引攞 野弭 278
釘住

279
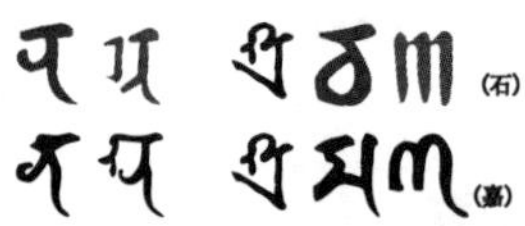
nagna śramaṇa
諾屹曩二合 室囉二合麼拏鼻 279
裸形無衣 苦行外道

280
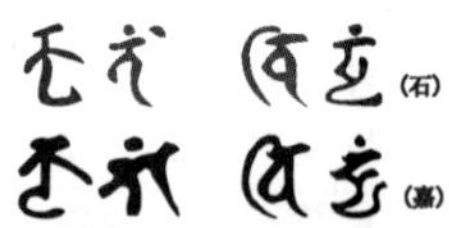
kṛtāṃ vidyaṃ
訖嘌二合擔 尾你琰二合 280
所造 呪術

281
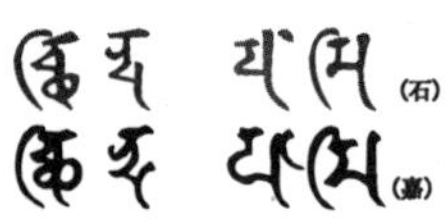
cchinda yāmi
親去娜 夜引弭 281
我今悉使 斷除

282
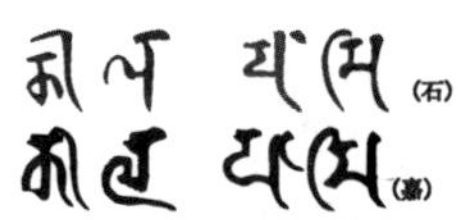
kīla yāmi·
枳引攞 野引弭 282
釘住

283
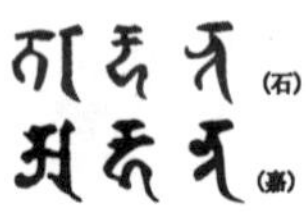
arhanta
遏囉罕二合多 283
（外道）阿羅漢

284
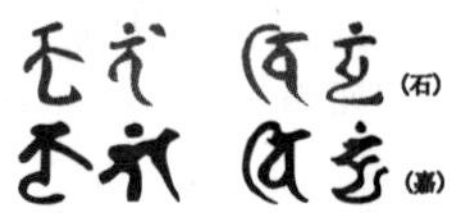
kṛtāṃ vidyaṃ
訖嘌二合擔 尾你琰二合 284
所造 咒術

285
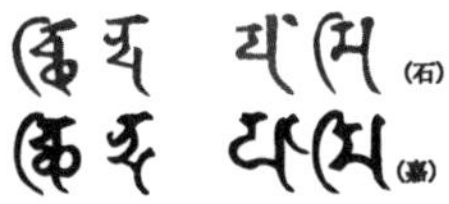
cchinda　yāmi
親去娜　夜引弭 285
我今悉使　斷除

286
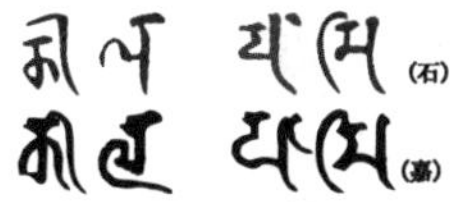
kīla　yāmi ·
枳引攞　野引弭 286
釘住

287

vīta rāga
味引多囉引誐 287
（外道）離欲

288

kṛtāṃ　vidyaṃ
訖嘌二合擔　尾你琰二合 288
所造　呪術

289
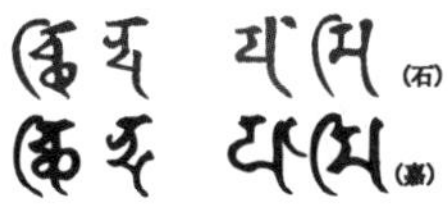
cchinda　yāmi
親去娜　夜引弭 289
我今悉使　斷除

290
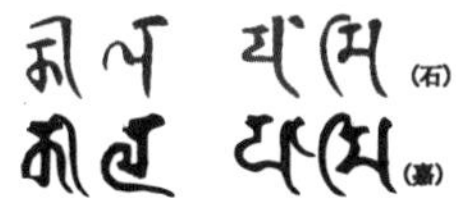
kīla　yāmi ·
枳引攞　野引弭 290
釘住

291

vajra　pāṇi
嚩日囉二合　播引捉 291
（外道）執　金剛神

292
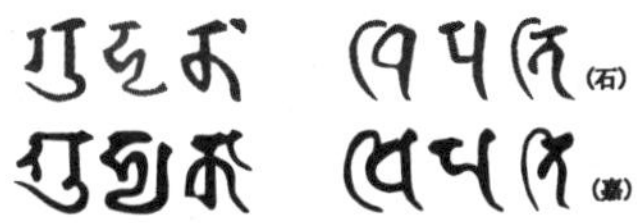
guhyakā　adhipati
麌入呬野二合迦引　地跛底 292
秘密　主

293
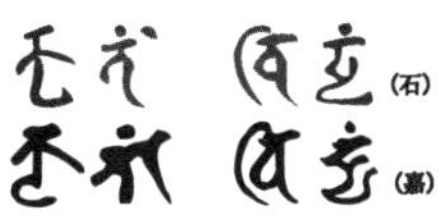
kṛtāṃ　vidyaṃ
訖嘌二合擔　尾你琰二合 293
所造　咒術

294
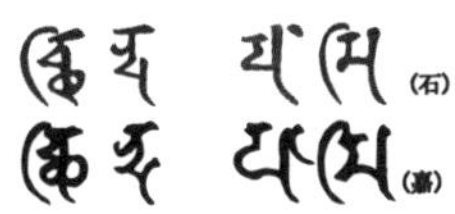
cchinda　yāmi
親去娜　夜引弭 294
我今悉使　斷除

295
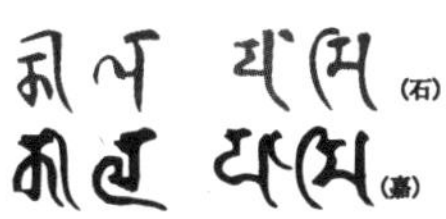
kīla　yāmi ·
枳引攞　野引弭 295
釘住

【祈愿文】

296
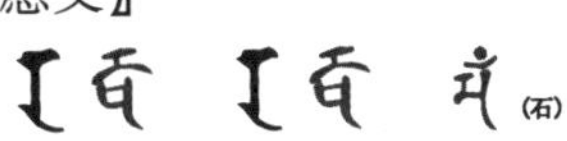

rakṣa　rakṣa　māṃ·

囉乞灑二合　囉乞灑二合　牟含引 296

願　守護 守護　我

第四会　刚藏折摄会

【一、說咒】

297 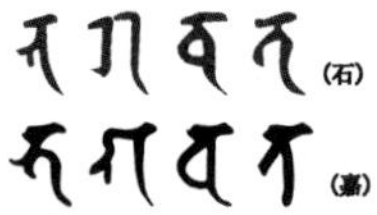

bhagavata

婆去誐嚩多 297

世尊

298 

stathāgata　ṣñīṣaṃ

娑怛二合他去引蘖妬引　瑟抳二合引鈐 298

如來　頂髻

299 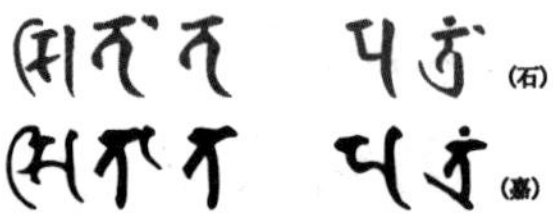

sitāta　patraṃ

悉跢多　鉢怛囕二合 299

白　傘蓋

300 

namo　stute

曩謨　窣覩二合帝 300

敬禮　稱讚

301 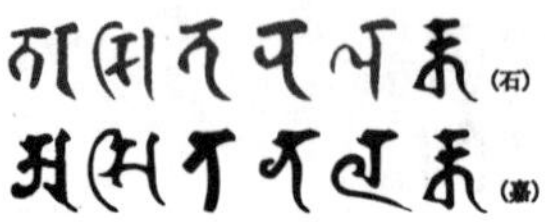

asita anala rka

阿上枲星以反跢曩剌囉迦二合 301

火　甘露火 日光

302 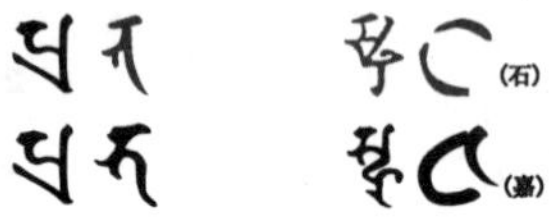

prabha　sphuṭā

鉢囉二合婆去　娑普二合吒 302

放光　普照

303 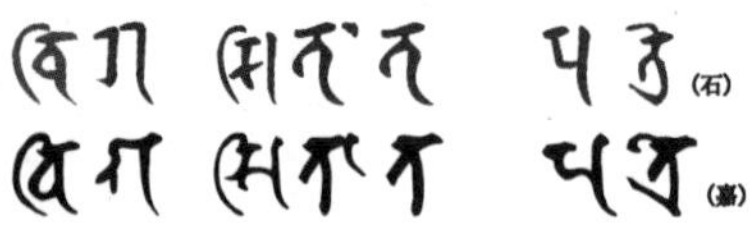

viga　sitāta　patre

尾迦　悉跢多　鉢怛隸二合 303

開展　白　傘蓋

304 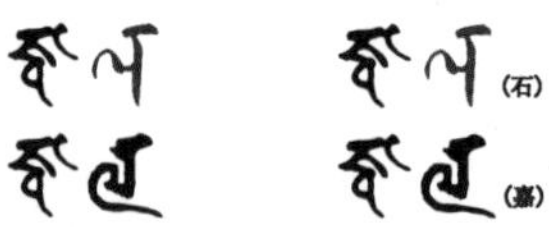

jvala　jvala

入嚩二合攞　入嚩二合攞 304

光明熾盛

305 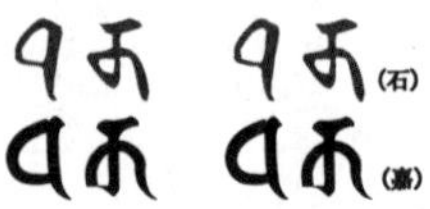

306 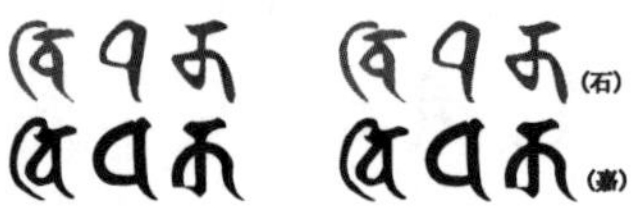

dhaka　dhaka
馱迦　馱迦 305
摧壞　破壞

vidhaka　vidhaka
尾馱迦　尾馱迦 306
摧壞　破壞

307 
dara　dara
娜囉　娜囉 307
摧破　裂開

308 
vidara　vidara
尾娜囉　尾娜囉 308
摧破　裂開

309 
cchinda　cchinda
親去娜　親去娜 309
切斷　斷裂

310 
bhinda　bhinda
牝娜　牝娜 310
斷壞　破裂

311 
huṃ　huṃ
吽引　吽引 311

312 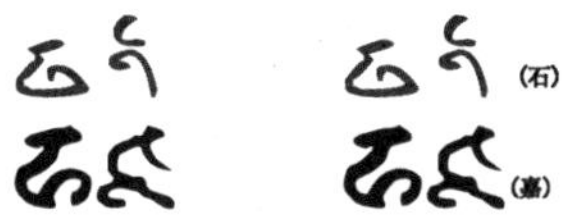
phaṭ　phaṭ
發蒲鉢反吒半音下同　發吒 312

313 
svāhā·
娑嚩二合引賀引 313

【能摧破 48 大】

314 
hehe　phaṭ·
係引係引　發吒 314

315 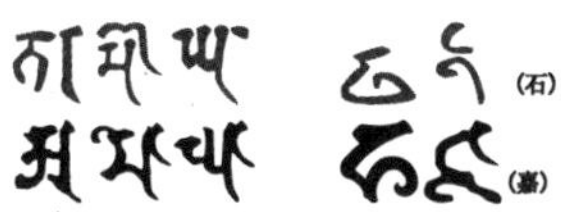
amoghā　phaṭ·
阿上謨引伽去　發吒 315
不空

316 
apratihata　phaṭ·
阿鉢囉二合底賀多　發吒 316
無礙

317 
vara　prada　phaṭ·
嚩囉　鉢囉二合娜　發吒 317
與　願

318 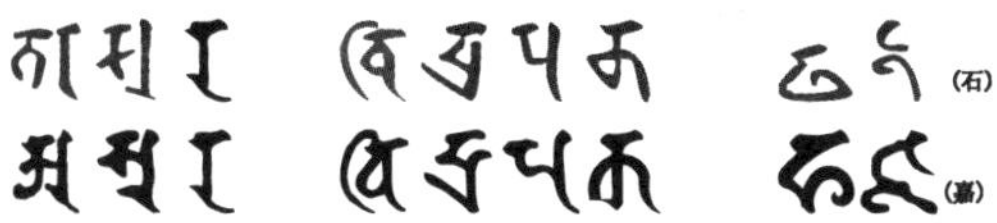
asura　vidrapaka　phaṭ·
阿蘇上囉　尾捺囉二合跛迦　發吒 318

阿修羅　　　切裂

319

sarva	deve	bhyaḥ	phaṭ·
薩嚩	祢去吠引	毗藥二合	登吒 319
一切	諸天眾		

320
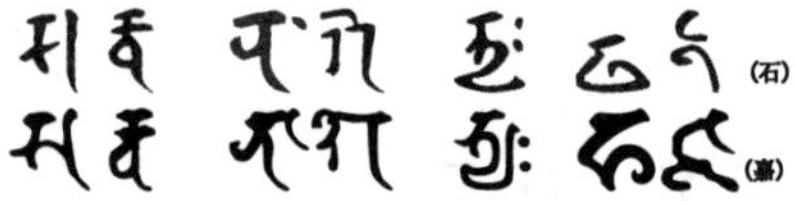

sarva	nāge	bhyaḥ	phaṭ·
薩嚩	曩引霓去	毗藥二合	登吒 320
一切	諸龍眾		

321
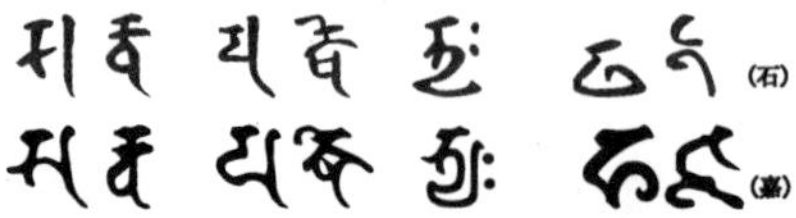

sarva	yakṣe	bhyaḥ	phaṭ·
薩嚩	藥乞曬二合	毗藥二合	登吒 321
一切	諸夜叉眾		

322
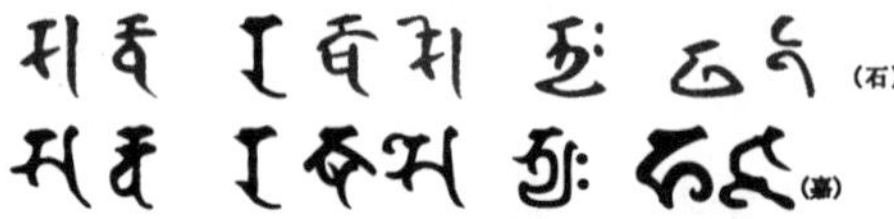

sarva	rakṣase	bhyaḥ	phaṭ·
薩嚩	囉乞剎二合細	毗藥二合	登吒 322
一切	諸羅剎眾		

323

sarva	garude	bhyaḥ	phaṭ·
薩嚩	蘖嚕妳引	毗藥二合	登吒 323
一切	諸金翅鳥眾		

324

sarva	gandharve	bhyaḥ	phaṭ·
薩嚩引	達吠引	毗藥二合	登吒 324
一切	諸乾闥婆眾		

325
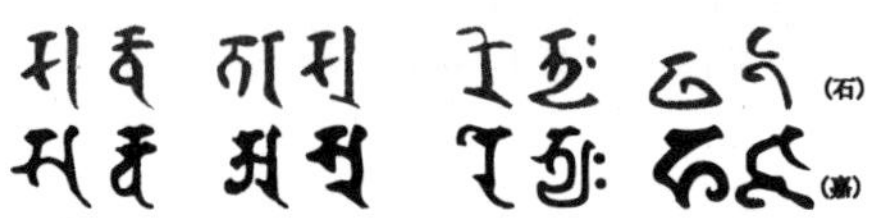

sarva	asure	bhyaḥ	phaṭ·
薩嚩	阿上素嚟	毗藥二合	登吒 325
一切	諸阿修羅眾		

326
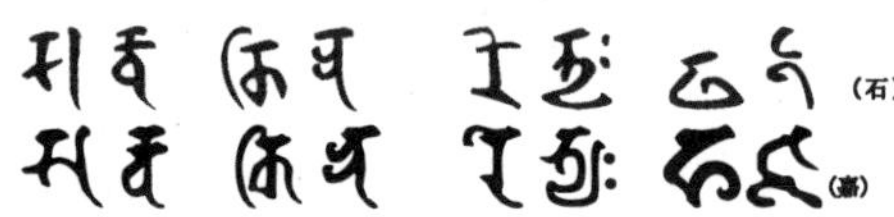

sarva	kin nare	bhyaḥ	phaṭ·
薩嚩	緊娜嚟	毗藥二合	登吒 326
一切	諸緊那羅眾		

327
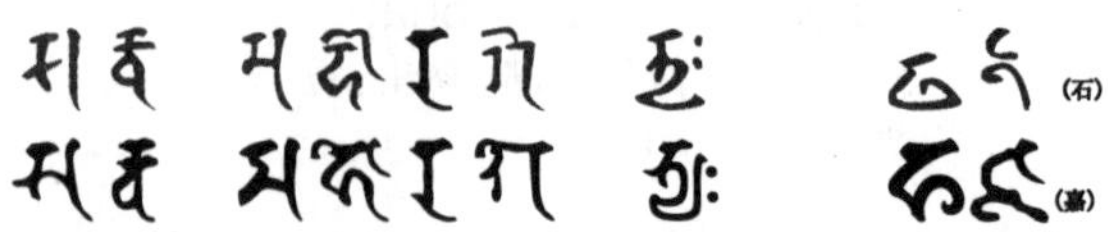

sarva	mahorage	bhyaḥ	phaṭ·
薩嚩	麽護囉蘖引	毗藥二合	登吒 327
一切	諸摩侯羅伽眾		

328

sarva　manuṣye　bhyaḥ　phaṭ·

薩嚩　麼弩曬　毗藥二合　登吒 328

一切　諸人眾

329 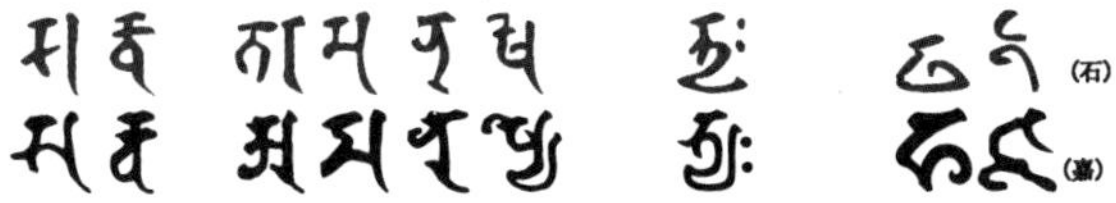

sarva　amanuṣye　bhyaḥ　phaṭ·

薩嚩　阿上麼弩曬　毗藥二合　登吒 329

一切　諸非人眾

330 

sarva　bhute　bhyaḥ　phaṭ·

薩嚩　步引帝　毗藥二合　登吒 330

一切　諸部多眾

331 

Sarva　piśāce　bhyaḥ　phaṭ·

薩嚩　比舍引際引　毗藥二合　登吒 331

一切　諸毗舍遮眾

332 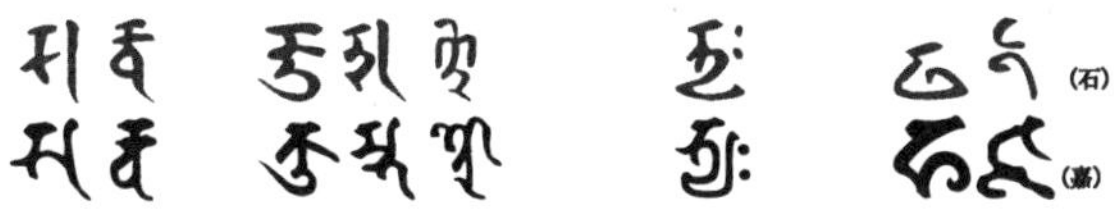

sarva　kumbhaṇde　bhyaḥ　phaṭ·

薩嚩　禁畔妳引　毗藥二合　登吒 332

一切　諸鳩槃荼眾

333 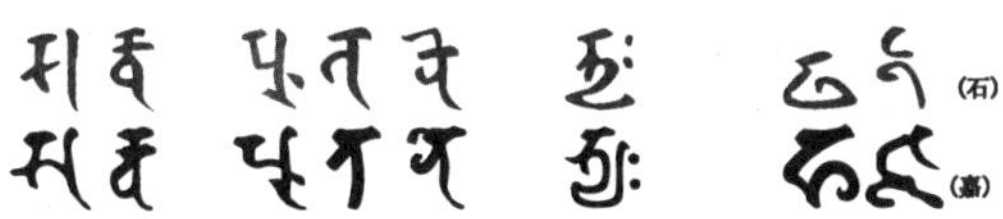

sarva　pūtane　bhyaḥ　phaṭ·

薩嚩　布引多寧引　毗藥二合　登吒 333

一切　諸富單那眾

334 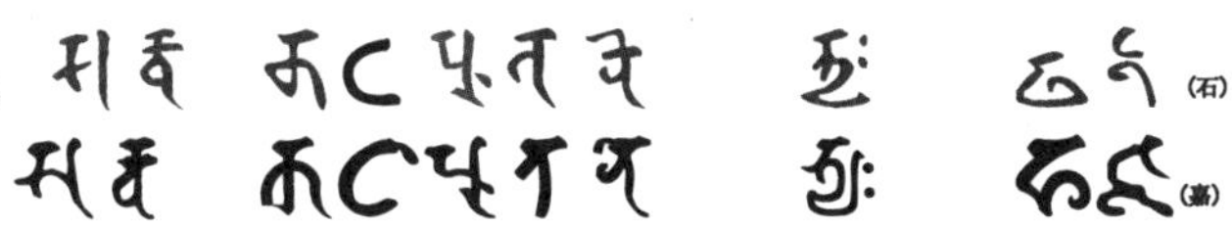

sarva　kaṭa pūtane　bhyaḥ　phaṭ·

薩嚩　羯吒布引多寧去　毗藥二合　登吒 334

一切　諸迦吒富單那眾

335
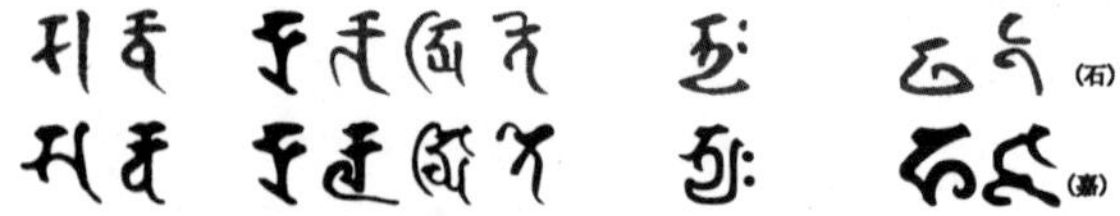
sarva　dur laṅghite　bhyaḥ　phaṭ·
薩嚩　訥轉舌稜上祇去帝　毗藥二合　登吒 335
一切　諸誤想過眾

336

sarva　duṣ prekṣite　bhyaḥ　phaṭ·
薩嚩　弩澁畢嚟三合乞史二合帝　毗藥二合　登吒 336
一切　諸懊見過眾

337

sarva　jvare　bhyaḥ　phaṭ·
薩嚩　入嚩二合嚟引　毗藥二合　登吒 337
一切　諸瘟疫眾

338
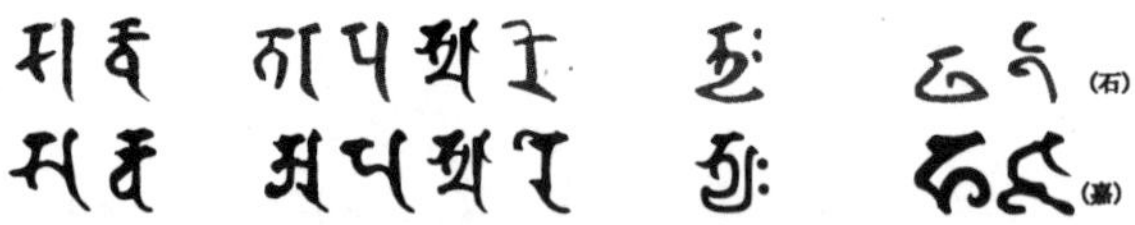
sarva　apasmāre　bhyaḥ　phaṭ·
薩嚩　阿上跛娑麼二合引嚟　毗藥二合　登吒 338
一切　諸阿波悉魔羅眾

339
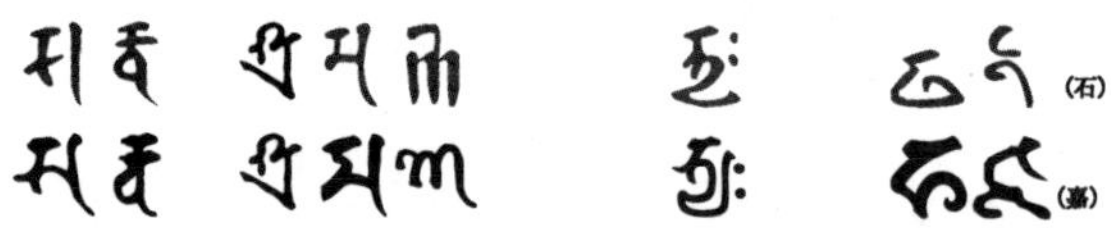
sarva　śramaṇe　bhyaḥ　phaṭ·
薩嚩　室囉二合麼鼻音妳　毗藥二合　登吒 339
一切　諸苦行眾

340

sarva　tirthīke　bhyaḥ　phaṭ·
薩嚩　底丁逸反哩體町以反二合計　毗藥二合　登吒 340
一切　諸外道師眾

341
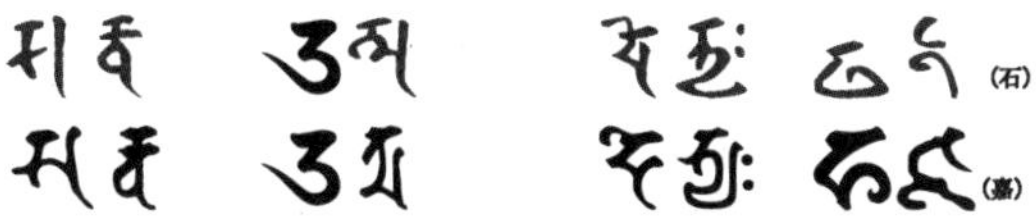

sarva	utmade	bhyaḥ	phaṭ·
薩嚩	嗢苔麽二合祢去	毗藥二合	發吒 341
一切	諸醉鬼眾		

342

Sarva	vidyācārye	bhyaḥ	phaṭ
薩嚩	尾你也二合引左哩曳二合	毗藥二合	發吒 342
一切	諸咒師眾		

343
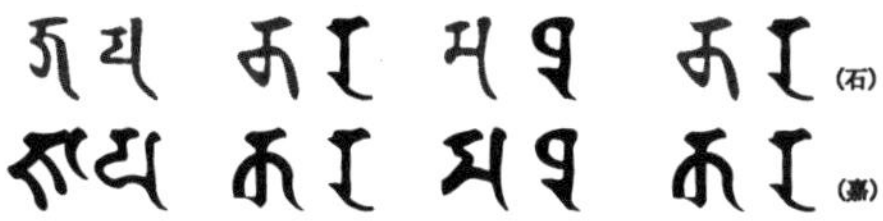

jaya	kara	madhu	kara
惹野	迦囉	沫度	迦囉 343
勝	作	蜜	作

344
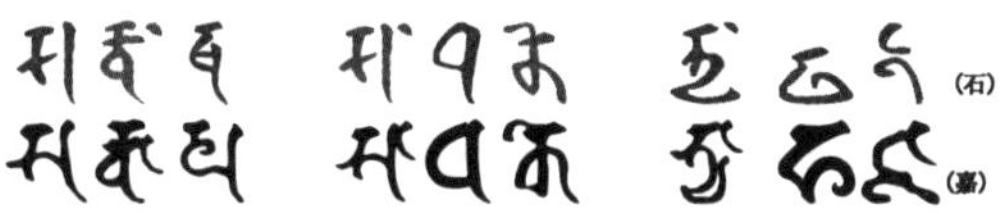

sarvārtha	sādhake	bhyā	phaṭ·
薩嚩喇他二合	娑引馱計引	毗藥二合	發吒 344
諸事業	成辦者眾		

345

sarva	vidyācārye	bhyaḥ	phaṭ·
薩嚩	尾你也二合引左哩曳二合	毗藥二合	發吒 345
一切	諸呪眾		

346

catur	bhagni	bhyaḥ	phaṭ·
撈咄	薄儗鸋二合引	毗藥二合	發吒半 346
四	姐妹女天眾		

347
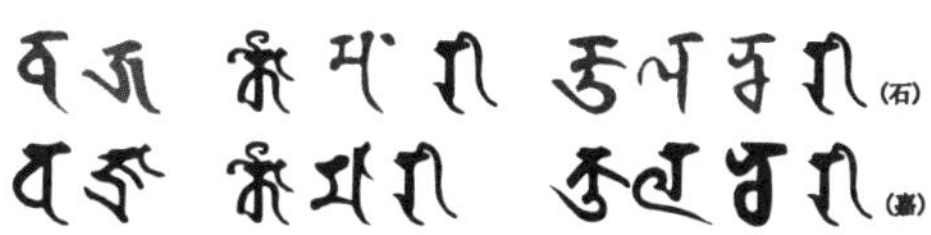

vajra	kaumārī	kulandharī

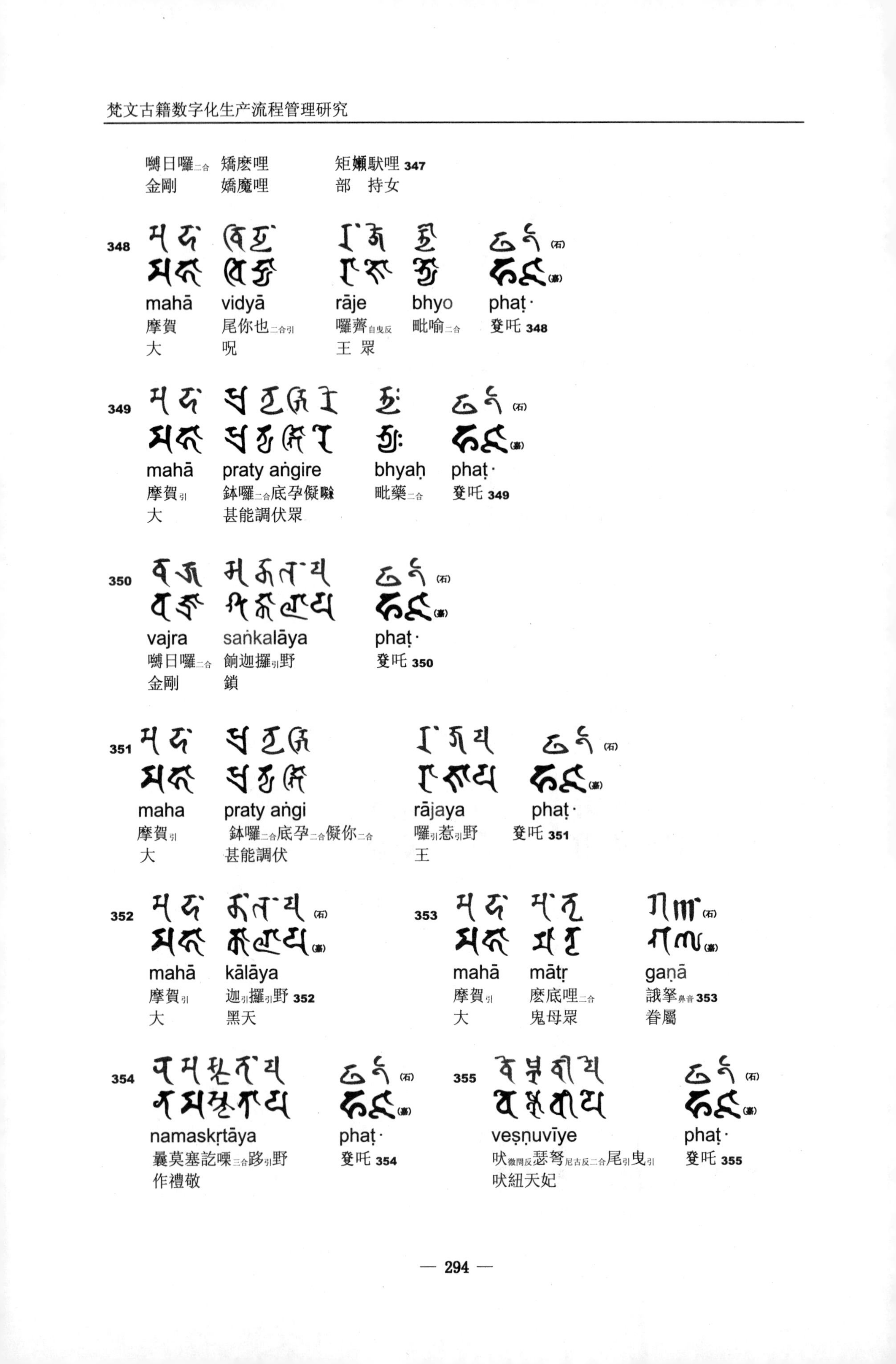

嚩日囉二合 矯麽哩 矩𡃏馱哩 347
金剛 嬌魔哩 部 持女

348 (石) (慕)
mahā vidyā rāje bhyo phaṭ·
摩賀 尾你也二合引 囉薺自曳反 毗喻二合 發吒 348
大 呪 王 衆

349 (石) (慕)
mahā praty aṅgire bhyaḥ phaṭ·
摩賀引 鉢囉二合底孕儗𡃏 毗藥二合 發吒 349
大 甚能調伏衆

350 (石) (慕)
vajra saṅkalāya phaṭ·
嚩日囉二合 餉迦攞引野 發吒 350
金剛 鎖

351 (石) (慕)
maha praty aṅgi rājaya phaṭ·
摩賀引 鉢囉二合底孕二合儗你二合 囉引惹引野 發吒 351
大 甚能調伏 王

352 (石) (慕)
mahā kālāya
摩賀引 迦引攞引野 352
大 黑天

353 (石) (慕)
mahā mātṛ gaṇā
摩賀引 麽底哩二合 誐拏鼻音 353
大 鬼母衆 眷屬

354 (石) (慕)
namaskṛtāya phaṭ·
曩莫塞訖㗚三合路引野 發吒 354
作禮敬

355 (石) (慕)
veṣṇuvīye phaṭ·
吠微閉反瑟弩尼古反二合尾引曳引 發吒 355
吠紐天妃

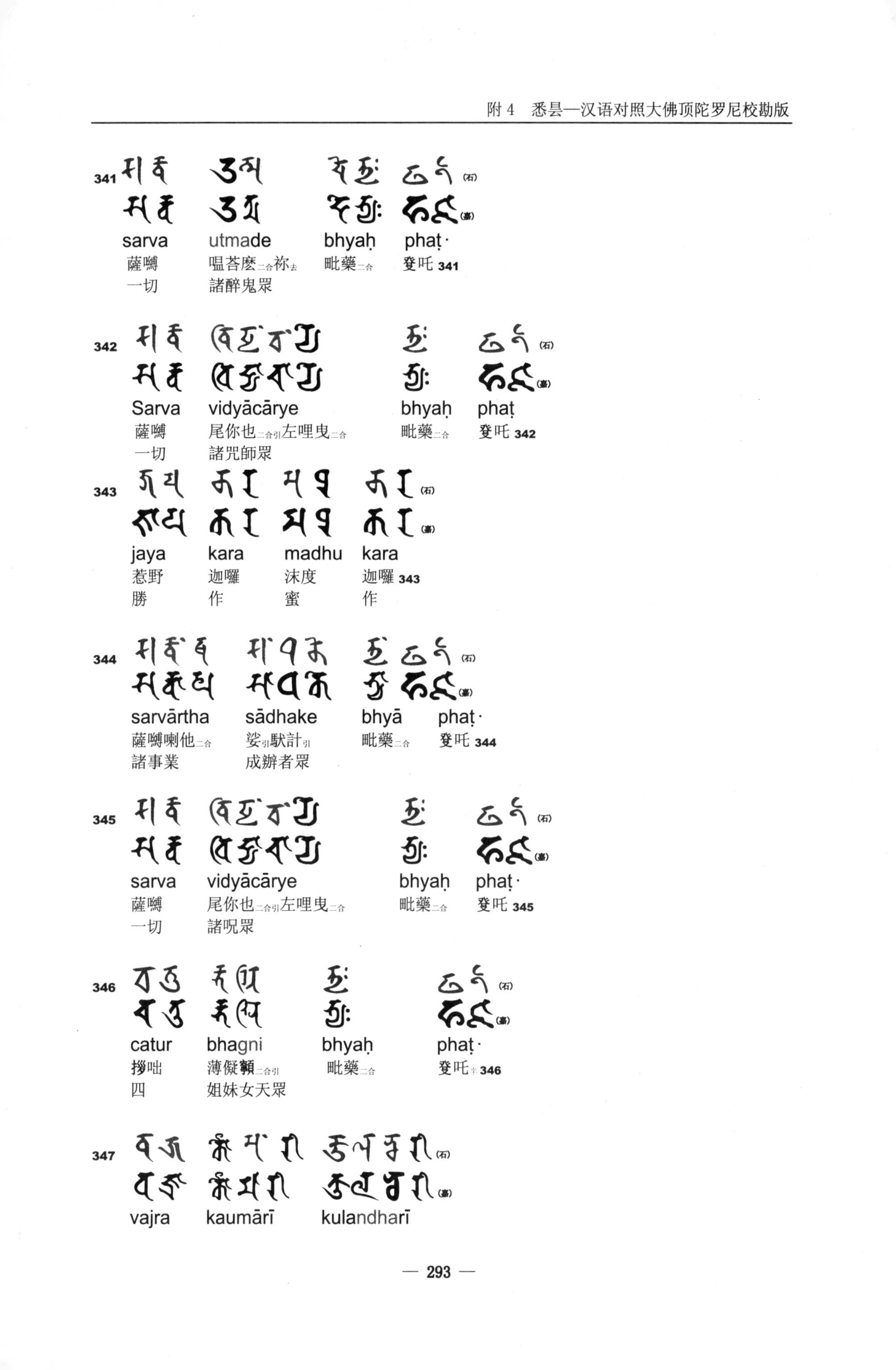

341			
sarva	utmade	bhyaḥ	phaṭ·
薩嚩	嗢苔麼二合祢去	毗藥二合	發吒 341
一切	諸醉鬼眾		

342			
Sarva	vidyācārye	bhyaḥ	phaṭ
薩嚩	尾你也二合引左哩曳二合	毗藥二合	發吒 342
一切	諸咒師眾		

343			
jaya	kara	madhu	kara
惹野	迦囉	沫度	迦囉 343
勝	作	蜜	作

344			
sarvārtha	sādhake	bhyā	phaṭ·
薩嚩喇他二合	娑引馱計引	毗藥二合	發吒 344
諸事業	成辦者眾		

345			
sarva	vidyācārye	bhyaḥ	phaṭ·
薩嚩	尾你也二合引左哩曳二合	毗藥二合	發吒 345
一切	諸呪眾		

346			
catur	bhagni	bhyaḥ	phaṭ·
拶咄	薄儗顊二合引	毗藥二合	發吒半 346
四	姐妹女天眾		

347		
vajra	kaumārī	kulandharī

嚩日囉二合	矯麼哩	矩嬾馱哩 347
金剛	嬌魔哩	部　持女

348 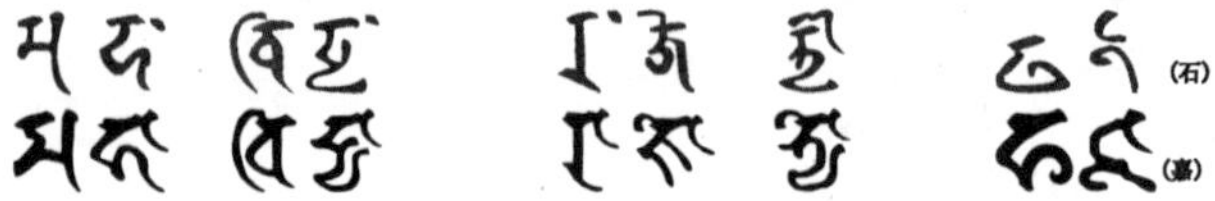

mahā	vidyā	rāje	bhyo	phaṭ·
摩賀	尾你也二合引	囉薺自曳反	毗喻二合	登吒 348
大	呪	王	眾	

349 

mahā	praty aṅgire	bhyaḥ	phaṭ·
摩賀引	鉢囉二合底孕儗𡁠	毗藥二合	登吒 349
大	甚能調伏眾		

350 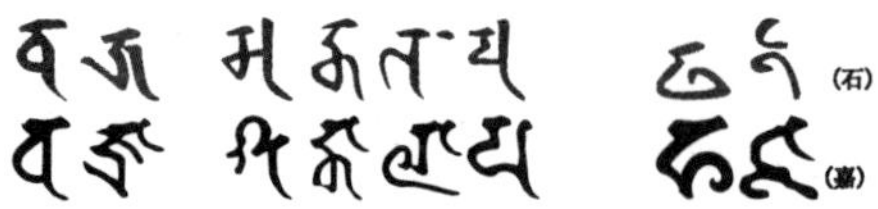

vajra	saṅkalāya	phaṭ·
嚩日囉二合	餉迦攞引野	登吒 350
金剛	鎖	

351 

maha	praty aṅgi	rājaya	phaṭ·
摩賀引	鉢囉二合底孕二合儗你二合	囉引惹引野	登吒 351
大	甚能調伏	王	

352 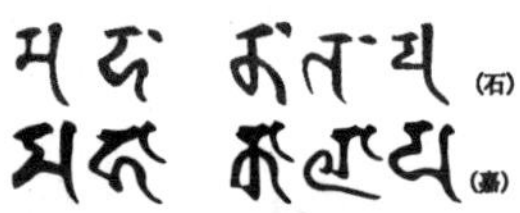

mahā	kālāya
摩賀引	迦引攞引野 352
大	黑天

353 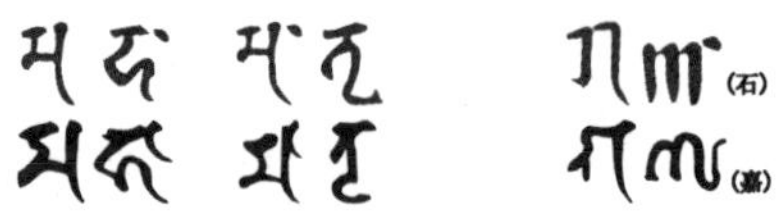

mahā	mātṛ	gaṇā
摩賀引	麼底哩二合	誐拏鼻音 353
大	鬼母眾	眷屬

354 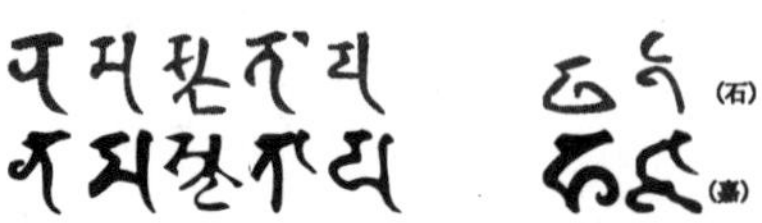

namaskṛtāya	phaṭ·
曩莫塞訖嘌三合跢引野	登吒 354
作禮敬	

355 

veṣṇuvīye	phaṭ·
吠微閉反瑟弩尼古反二合尾引曳引	登吒 355
吠紐天妃	

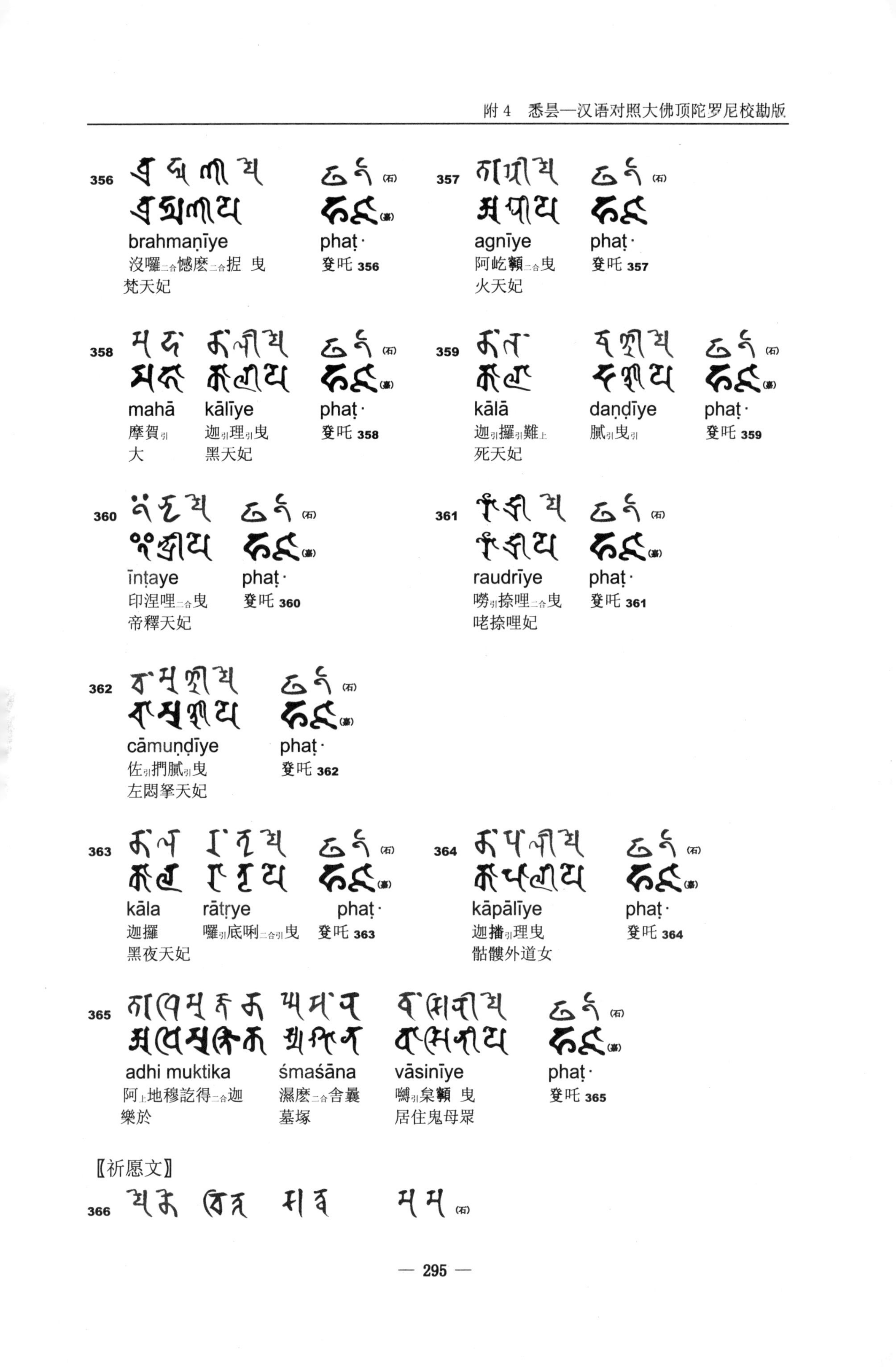

356 brahmaṇīye 没囉二合憾麽二合捉 曳 梵天妃 phaṭ· 登吒 356

357 agnīye 阿屹顊二合曳 火天妃 phaṭ· 登吒 357

358 mahā kālīye 摩賀引 大 迦引理引曳 黑天妃 phaṭ· 登吒 358

359 kālā daṇḍīye 迦引攞引難上 膩引曳引 死天妃 phaṭ· 登吒 359

360 īnṭaye 印涅哩二合曳 帝釋天妃 phaṭ· 登吒 360

361 raudrīye 嘮引捺哩二合曳 咾捺哩妃 phaṭ· 登吒 361

362 cāmuṇḍīye 佐引捫膩引曳 左悶拏天妃 phaṭ· 登吒 362

363 kāla rātrye 迦攞 囉引底唎二合引曳 黑夜天妃 phaṭ· 登吒 363

364 kāpālīye 迦播引理曳 骷髏外道女 phaṭ· 登吒 364

365 adhi muktika śmaśāna vāsinīye 阿上地穆訖得二合迦 濕麽二合舍曩 嚩引枲顊 曳 樂於 墓塚 居住鬼母眾 phaṭ· 登吒 365

【祈愿文】

366

yeke citta satva mama·

曳計引 唧多 薩怛嚩二合 麼麼 **366**

若眾生 心 有 於我

第五会　文殊弘传会办事佛顶

〖列能除諸鬼病惱〗

〖能转化五大恶心〗

367 

duṣṭa cittā·

訥瑟吒二合 唧多 **367**

惡 心

368 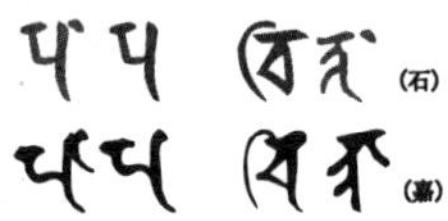

pāpa cittā·

播跛 唧哆引 **368**

不善 心

369 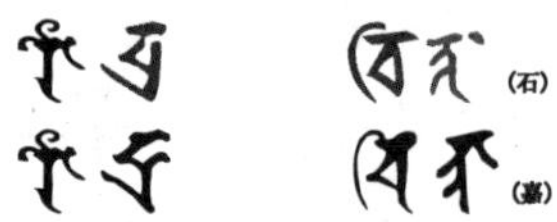

raudra cittā·

嘮捺囉二合 唧哆引 **369**

兇暴 心

370 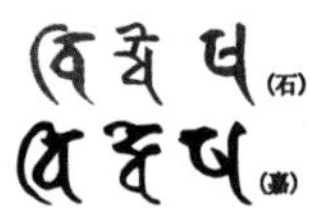

vi dveṣa

尾你吠二合灑 **370**

瞋恨

371 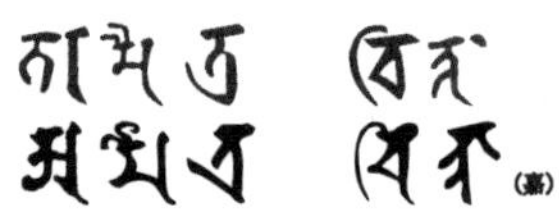

amaitra cittā·

阿上每怛囉二合 唧跢 **371**

無慈 心

〖能紧断五大邪术〗

372 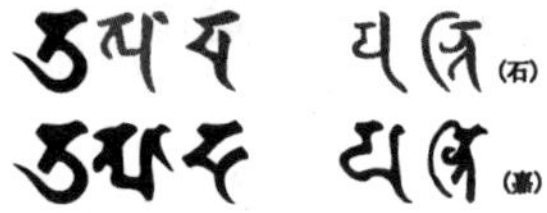

ut pāda yanti·

嗢荅播二合引娜 演底 **372**

令（惡心） 顯現之

373 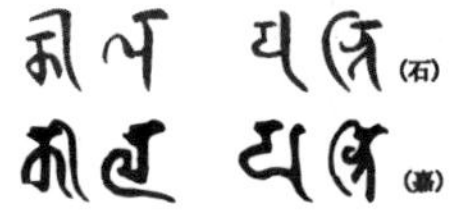

kīla yanti·

枳引攞 演底 **373**

使釘住之

374 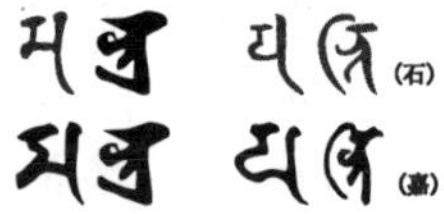

mantra yanti·

滿怛囉二合 演底 **374**

忠告（惡心者）

375 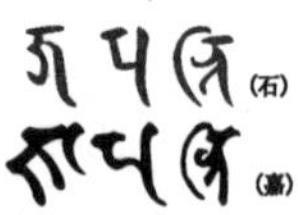

japanti·

惹半底 **375**

今誦（咒）之

【能调伏十二大食鬼众】

376

ūjo　hārā·
汙摶　賀引囉 376
食精氣鬼眾

377

garbha　hārā·
蘖婆去引　賀引囉 377
食胎鬼眾

378
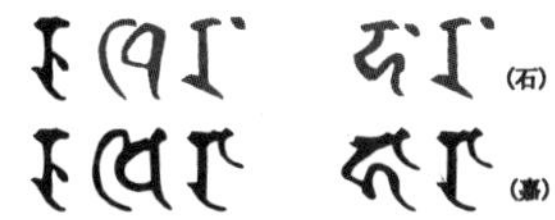

rudhirā　hārā
嚕地囉引　賀引囉引 378
食血鬼眾

379
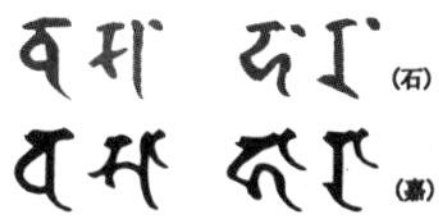

vasā　hārā
嚩娑引　賀引囉引 379
食膏鬼眾

380

majja　hārā·
沫惹引　賀引囉引 380
食髓鬼眾

381

jātā　hārā·
惹引跢引　賀引囉引 381
食生鬼眾

382
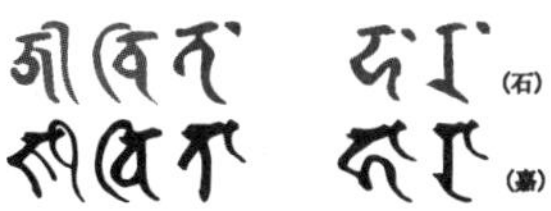

jīvitā　hārā·
尒引尾跢引　賀引囉引 382
食命鬼眾

383
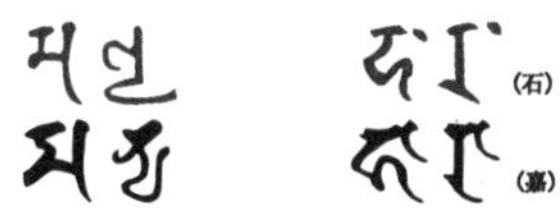

manya　hārā·
沫理野二合引　賀引囉引 383
食鬘鬼眾

384

gandhā　hārā·
彥上馱引　賀引囉引 384
食香鬼眾

385
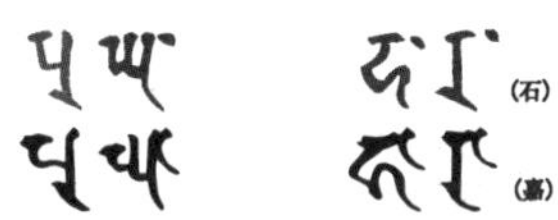

puṣpā　hārā·
補澁播二合　賀引囉引 385
食花鬼眾

386
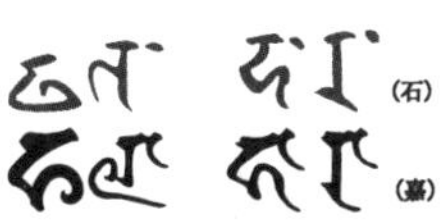

phalā　hārā·
頗攞引　賀引囉引 386
食果鬼眾

387
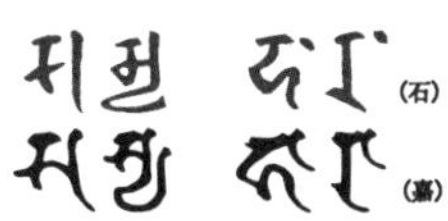

sasya　hārā·
薩冩　賀引囉引 387
食苗稼鬼眾

【能转化十七大恶心、邪心鬼魅众】

388 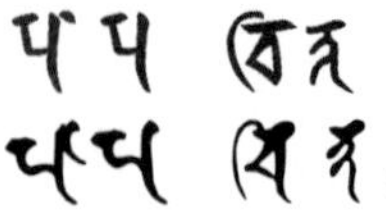
(石) (嵩)

pāpa citta
播引跛 唧跢引 388
不善 心

389 
(石) (嵩)

duṣṭa citta
訥瑟吒二合 唧跢引 389
惡 心

390 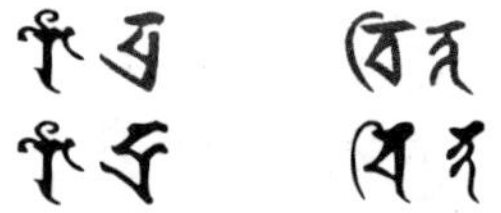
(石) (嵩)

raudra citta
嘮引捺囉二合 唧跢 390
兇暴 心

391 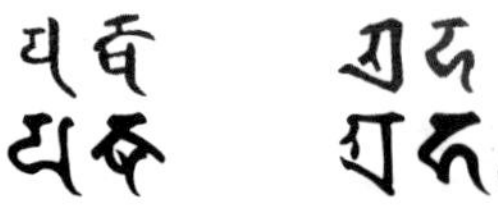
(石) (嵩)

yakṣa graha·
藥乞灑二合 屹囉二合賀 391
諸夜叉 所持

392 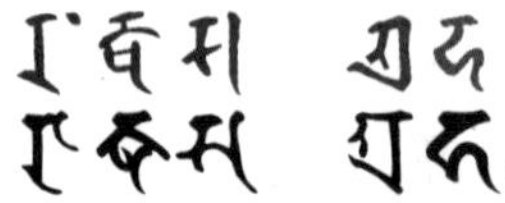
(石) (嵩)

rākṣasa graha·
囉引乞灑二合娑 屹囉二合賀 392
諸羅刹 所持

393 
(石) (嵩)

preta graha·
畢嚟二合多 屹囉二合賀 393
諸餓鬼 所持

394 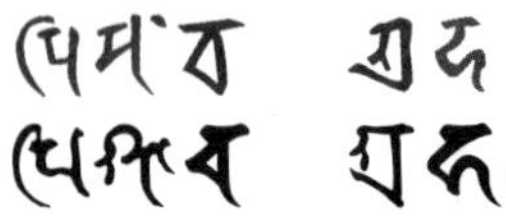
(石) (嵩)

piśāca graha·
比舍左 屹囉二合賀 394
諸毗舍遮 所持

395 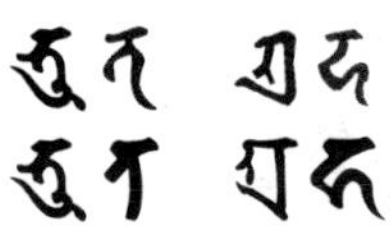
(石) (嵩)

bhūta graha·
部引多屹 囉二合賀 395
諸部多 所魅

396 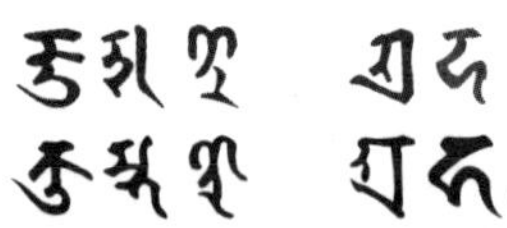
(石) (嵩)

kumbhaṇḍa graha·
禁俱反畔拏 屹囉二合賀 396
諸鳩槃荼 所魅

397 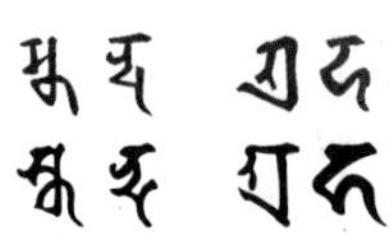
(石) (嵩)

skanda graha·
塞蹇二合娜 屹囉二合賀 397
諸騫陀 所魅

398 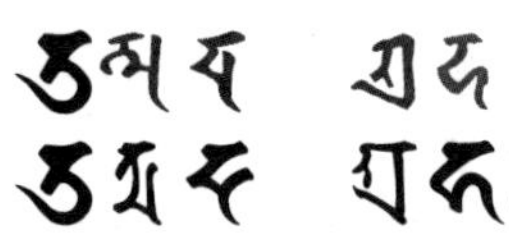
(石) (嵩)

utmada graha·
嗢怛麽二合引娜 屹囉二合賀 398
諸醉鬼 所魅

399 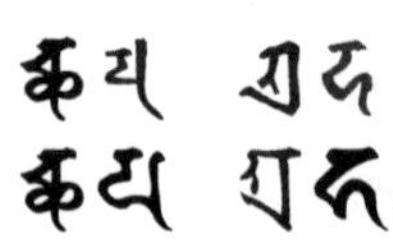
(石) (嵩)

cchaya graha·
蹉引野 屹囉二合賀 399
諸陰鬼 所魅

400 
(石) (嵩)

apa smāra graha
阿上鉢娑麽二合引囉 屹囉二合賀 400
諸阿波悉魔羅 所魅

401
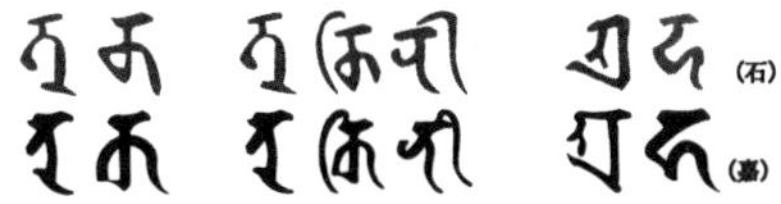

ḍaka	ḍakinī	graha ·
拏引迦	拏枳𩕳引	屹囉二合賀 **401**
荼加、	荼枳尼鬼	所魅

402

revatī	graha ·
𠼐引嚩底	屹囉二合賀 **402**
諸黎婆坻	所魅

403

jamika	graha ·
惹弭迦	屹囉二合賀 **403**
諸閻彌迦	所魅

404
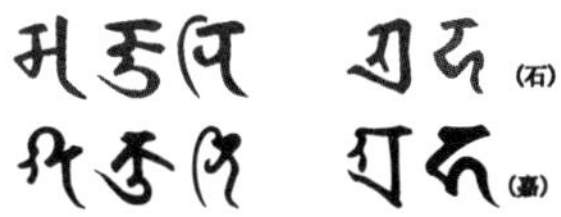

śakuni	graha ·
爍矩𩕳	屹囉二合賀 **404**
諸舍究尼	所魅

405

mantra	nadika	graha ·
滿怛囉二合	難上你泥以反迦	屹囉二合賀 **405**
諸曼多	難提	所魅

406

lamvika	graha ·
覧尾迦	屹囉二合賀 **406**
諸藍婆	所魅

407
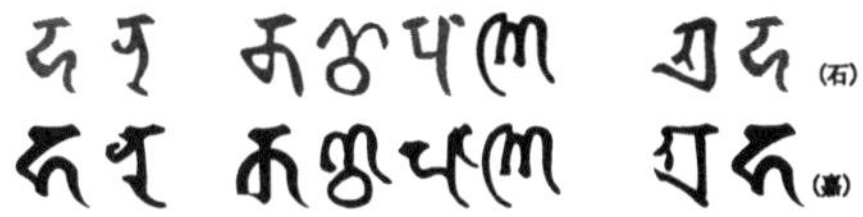

hanu	kaṇṭhapāṇi	graha ·
賀弩	建姹播引抳	屹囉二合賀 **407**
諸賀弩	乾吒婆尼	所魅

【列諸熱病】

408
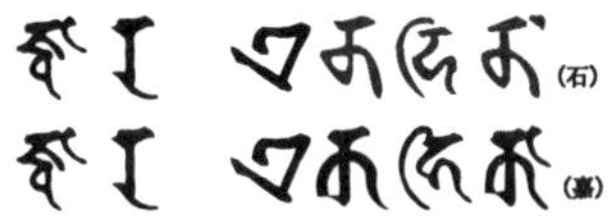

Jvara	ekahikā
入嚩二合	囉曀迦呬迦 **408**
諸熱病：	一日

409
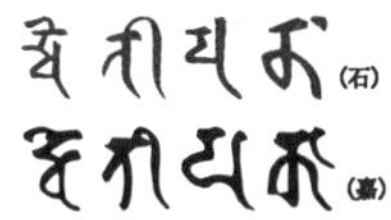

dvetīyakā
你吠二合引底丁以反野迦 **409**
二日

410
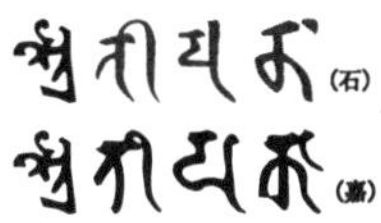

straitīyakā
娑怛𠼐三合底引野迦 **410**
三日

411
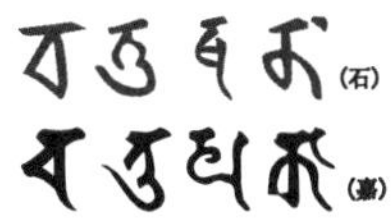

caturthakā
拶咄他上迦 **411**
四日

【列諸病惱】

412 

nitya jvarā

顊底野二合 入嚩二合囉引 412

常 熱病

413 

viṣama jvarā

尾灑麼 入嚩二合囉 413

不盡 熱病

414 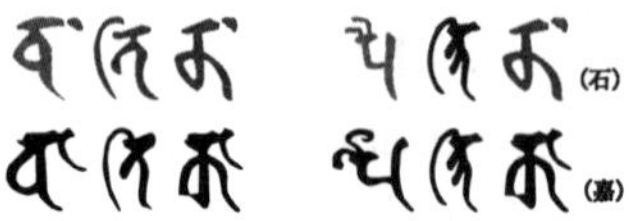

vātikā paittikā

嚩底迦引 背底迦 414

風病 黃病

415 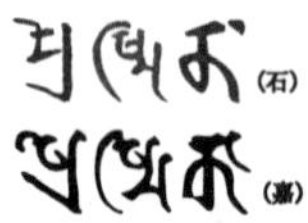

śreṣmikā

始 暰 二合澁弭二合迦 415

痰病

416 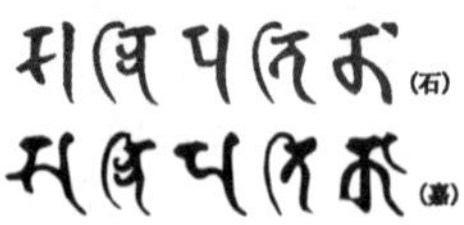

sannipatikā

散顊跛底迦 416

三集病

417 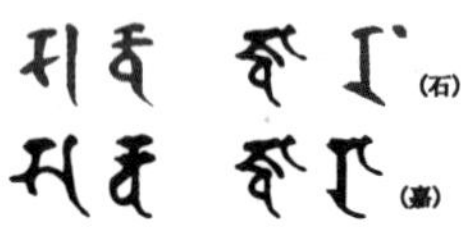

sarva jvarā

薩嚩 入嚩二合囉 417

一切 病苦

【列諸病痛】

418 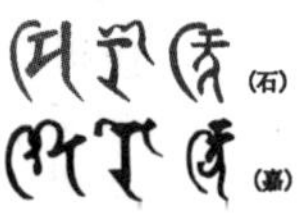

śirortni

始嚕引哸底二合 418

頭痛

419 

ardha-ava-bhedakā

遏囉馱二合嚩陛娜迦 419

半痛

420 

arocaka·

阿上嚧引左迦 420

飲食不消

421 

akṣi rogaṃ·

惡乞史二合 嚕引儼 421

眼 病

422 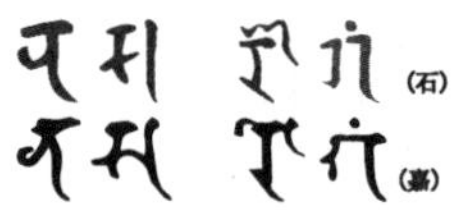

nasa rogaṃ·

曩娑 嚧引儼 422

鼻 病

423 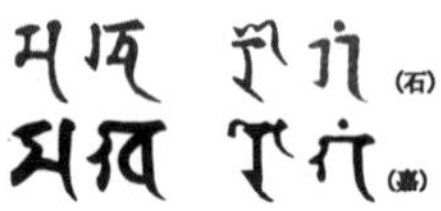

makha rogaṃ·

穆佉 嚧引儼 423

口 病

424 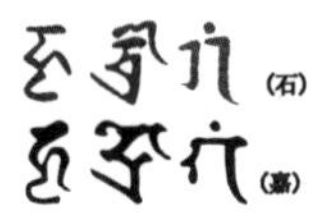

hṛdrogaṃ

紇哩二合訥嚕二合引儼 424

心 病

425
gala graham·
誐攞 屹囉二合憾 425
咽喉 痛

426
karṇa śūlaṃ·
羯喇拏二合 戍引藍上 426
耳 痛

427
danta śūlaṃ·
難上多上 戍引藍上 427
牙齒 痛

428
hṛdaya śūlaṃ·
紇哩二合乃野 戍引藍上 428
心 痛

429
marma śūlaṃ·
沫轉舌麼 戍藍上 429
關節 痛

430
pārśva śūlaṃ·
播引囉濕嚩三合 戍引藍上 430
脅 痛

431
pṛṣṭha śūlam·
鉢哩二合瑟姹二合 戍引藍上 431
背 痛

432
udara śūlaṃ·
鄔娜囉 戍引藍 432
肚 痛

433
kaṇyī śūlaṃ·
建致上 戍引藍上 433
腰 痛

434
vasti śūlam·
嚩悉底二合 戍引藍上 434
隱密處 痛

435
uru śūlaṃ·
塢引嚕 戍引藍上 435
髀 痛

436
jāṅgha śūlaṃ·
穰引伽去 戍藍上 436
脛 痛

437

438

hasta	śūlaṃ·	pāda	śūlaṃ·
賀娑多二合	戍引藍 437	播引娜	戍引藍上 438
手	痛	脚	痛

439

sarvaṅga	pratyaṅga	śūlaṃ·
薩冈無肯反誐	鉢囉二合底孕二合誐	戍引藍上 439
徧	身	疼痛

【列諸鬼病】

440

bhūta	vetaḍa
部引多	吠引路引拏 440
部多鬼、	起屍鬼

441

ḍaka	ḍakinī
拏引迦	拏引枳顇引 441
荼加	荼枳尼鬼病

442

jvara
入嚩二合囉 442

【列諸瘡疾】

443

dadrū	kāṇḍu
捺訥嚕二合	建引拏尼固反 443
癬癩	疥瘡

444

kiṭibha	lutāvai
枳致上婆去	路引多吠引 444
痘疹	蜘蛛瘡

445

sarpa	laha	liṅga
薩轉舌跛	虜賀陵引上	誐 445
火蒼	疔瘡	

【列諸災害】

446

śūṣatrasa
戍引灑怛囉二合娑 446
乾消 驚怖

447

gara	viṣa	yoga
誐囉	尾灑	庾引誐 447
毒病	毒藥	厭禱、

448

449

agni　阿上儗䫨二合　火災

udaka　塢娜迦 448　水災

para　跛囉　仇敵

vaira　吠引囉　怨敵

kāntāra　建引路引囉 449　險難

450
akālaṃ mṛtyu
阿迦引藍上沒嘌二合底庾二合 450
夭 死

【列諸獸難】

451
traibuka
怛𡃤二合引穆迦 451
土蜂

452
trai laṭaka
怛𡃤二合引攞吒迦 452
馬蜂

453
vṛścika
勿嘌二合室止二合迦 453
蠍

454
sarpa　薩轉舌跛　虵
nakula　曩矩攞 454　黄鼠

455
siṃha　僧星孕反伽　獅子
vyāghra　尾野二合引竭囉二合 455　虎

456
ṛkṣa　哩乞灑二合　熊
tarakṣa　多囉乞葚二合 456　豺

457
mṛga
沒哩二合誐 457
等猛獸

458
sva para jīva
娑嚩二合跛囉尒嚩 458
害命者

【明能除清难之德】

459

460

teṣāṃ	sarveṣaṃ·	sitāta	patraṃ
帝釤引	薩吠釤 459	悉跢多	鉢怛囕二合 460
彼等	一切	白	傘蓋

461

mahā	vajro	ṣñīṣaṃ
摩賀引	嚩日囉二合	瑟抳二合引釤 461
大	金剛	頂髻

462

mahā	praty aṅgiraṃ
摩賀引	鉢囉二合底孕二合儗嚂462
大	甚能調伏

【顯結界禁縛之廣】

463

yāva	dvadaśa	yojana-bhy antareḍa
夜嚩	納嚩二合娜捨	庾惹引曩鞞去怛嚟拏 463
所有	十二	由旬內

464

sīmā	bandha	ṅkaromi·
枲星異反麼引	滿鄧	迦嚧引弭 464
界	結	我今作之

465

diśā	bandha	ṅkaromi·
你泥以反捨	滿鄧	迦嚧引弭 465
方隅	結界	我今作之

466

para	vidyā	bandha	ṅkaromi
播引囉	尾你也二合引	滿鄧	迦嚧引弭 466
最勝	明咒	結界	我今作之

467

teje	bandha	ṅkaromi·
帝引乳引	滿鄧	迦嚕弭 467
威神	結界	我今作之

468

hasta	bandha	ṅkaromi·
賀娑多二合	滿鄧	迦嚧引弭 468
手	結界	我今作之

469

pāda	bandha	ṅkaromi·
播娜	滿鄧	迦嚧引弭 469
足	結界	我今作之

470

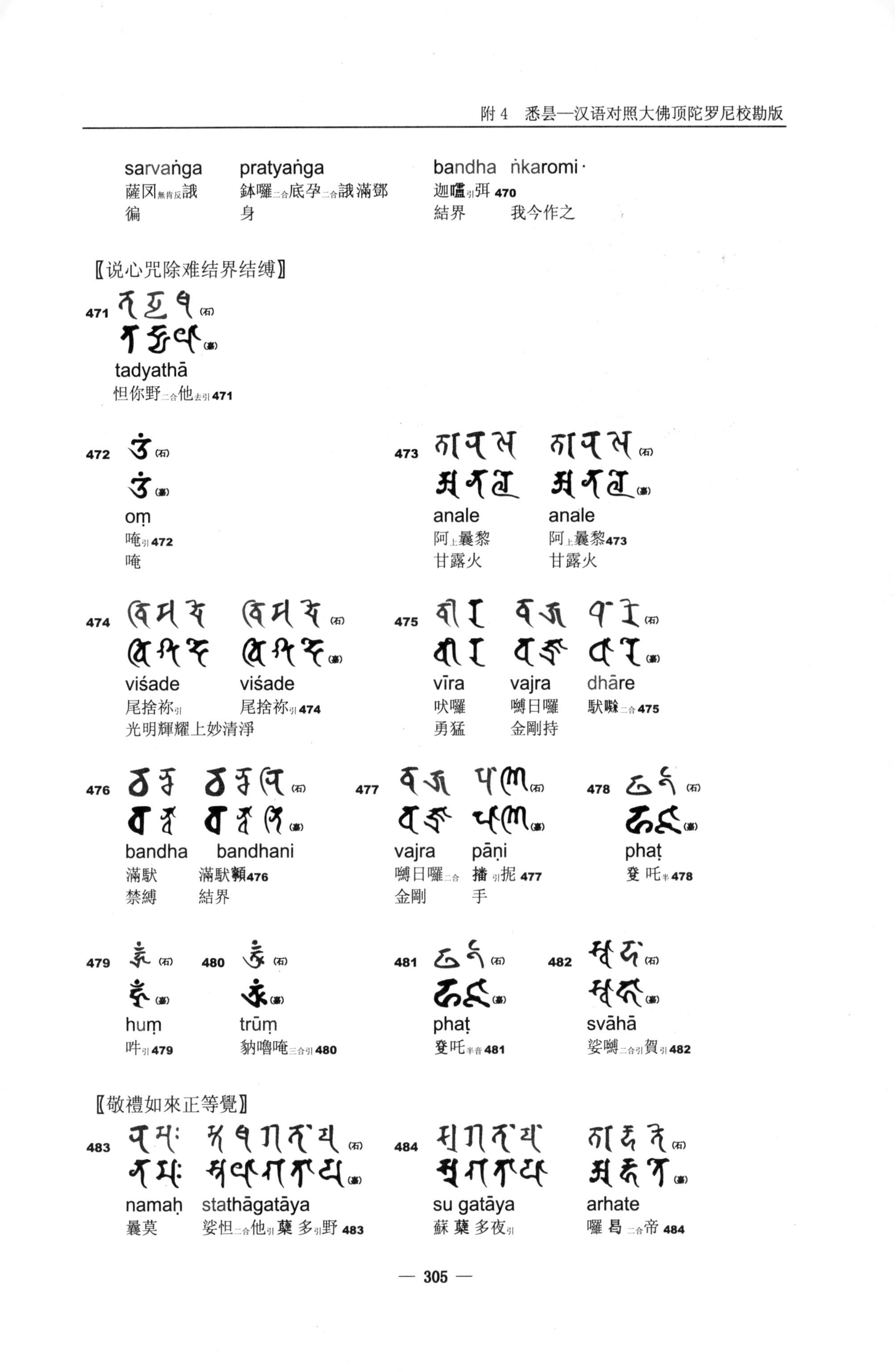

sarvaṅga pratyaṅga bandha ṅkaromi·
薩冈無肯反誐 鉢囉二合底孕二合誐滿鄧 迦嚧引弭 470
徧 身 結界 我今作之

【说心咒除难结界结缚】

471
tadyathā
怛你野二合他去引 471

472
oṃ
唵引 472
唵

473
anale anale
阿上曩黎 阿上曩黎 473
甘露火 甘露火

474
viśade viśade
尾捨袮引 尾捨袮引 474
光明輝耀上妙清淨

475
vīra vajra dhāre
吠囉 嚩日囉 馱𡀔二合 475
勇猛 金剛持

476
bandha bandhani
滿馱 滿馱額 476
禁縛 結界

477
vajra pāṇi
嚩日囉二合 播引抳 477
金剛 手

478
phaṭ
發 吒半 478

479
huṃ
吽引 479

480
trūṃ
紨嚕唵三合引 480

481
phaṭ
發吒半音 481

482
svāhā
娑嚩二合引賀引 482

【敬禮如來正等覺】

483
namaḥ stathāgatāya
曩莫 娑怛二合他引蘖 多引野 483

484
su gatāya arhate
蘇 蘖 多夜引 囉 曷 二合帝 484

禮敬　　如來　　　　　　　　　善逝　　　　　　應

485

(石)
(嵩)

samyak　saṃbuddhāya
三去藐三去　沒馱野 485
正　等　覺

486
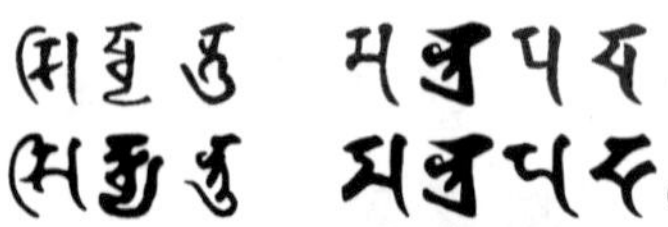
(石)
(嵩)

siddhyantu　mantra pada
悉殿覩　滿怛囉二合跛娜 486
令成就　密真言微妙章句

487
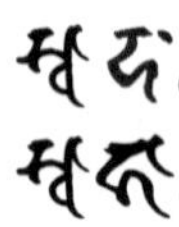
(石)
(嵩)

svāhā·
娑嚩二合引賀引487
福智圓滿

sarvaṅga	pratyaṅga	bandha	ṅkaromi ·
薩冈無肯反誐	鉢囉二合底孕二合誐滿鄧	迦嚧引弭 470	
徧	身	結界	我今作之

【说心咒除难结界结缚】

471
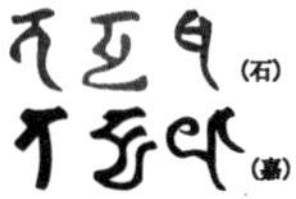
tadyathā
怛你野二合他去引 471

472

oṃ
唵引 472
唵

473
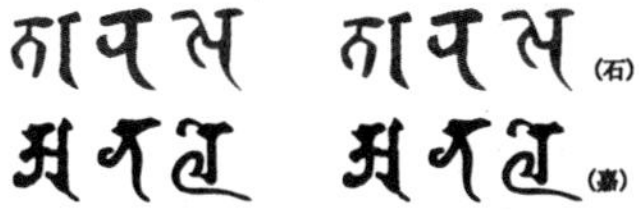
anale　anale
阿上曩黎　阿上曩黎 473
甘露火　甘露火

474
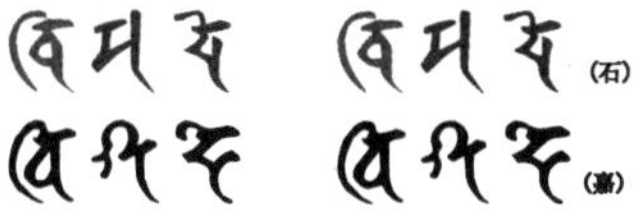
viśade　viśade
尾捨祢引　尾捨祢引 474
光明輝耀上妙清淨

475

vīra　vajra　dhāre
吠囉　嚩日囉　馱噝二合 475
勇猛　金剛持

476
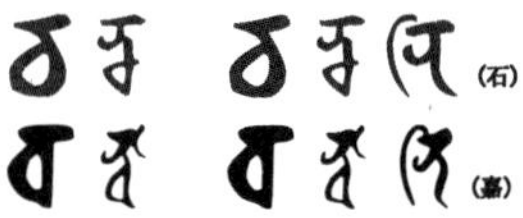
bandha　bandhani
滿馱　滿馱顊 476
禁縛　結界

477
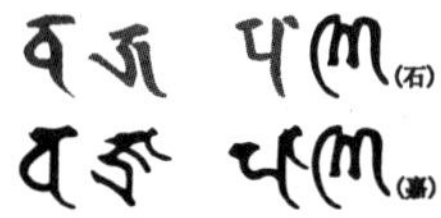
vajra　pāṇi
嚩日囉二合　播引抳 477
金剛　手

478
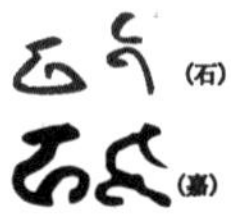
phaṭ
發吒半 478

479

huṃ
吽引 479

480

trūṃ
納嚕唵三合引 480

481

phaṭ
發吒半音 481

482

svāhā
娑嚩二合引賀引 482

【敬禮如來正等覺】

483
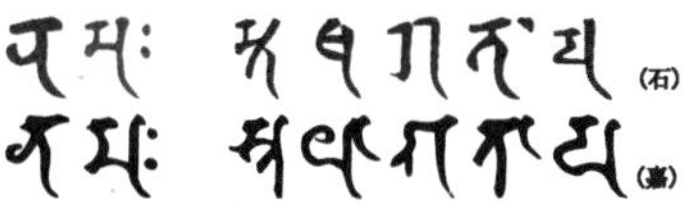
namaḥ　stathāgatāya
曩莫　娑怛二合他引蘖多引野 483

484
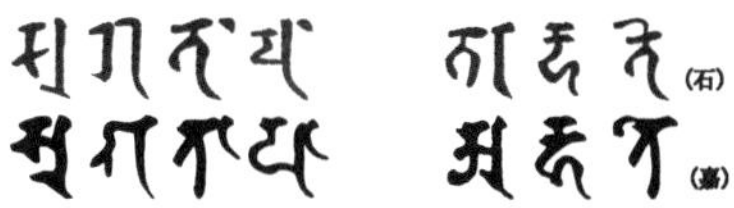
su gatāya　arhate
蘇 蘖 多夜引　囉 曷二合帝 484

禮敬　如來　善逝　應

485 𑖭𑖦𑖿𑖧𑖎𑖿 𑖭𑖽𑖤𑖲𑖟𑖿𑖠𑖯𑖧 (石)
𑖭𑖦𑖿𑖧𑖎𑖿 𑖭𑖽𑖤𑖲𑖟𑖿𑖠𑖯𑖧 (慈)
samyak　saṃbuddhāya
三去藐三去　沒馱野 485
正　等　覺

486 𑖭𑖰𑖟𑖿𑖠𑖿𑖧𑖡𑖿𑖝𑖲 𑖦𑖡𑖿𑖝𑖿𑖨𑖢𑖟 (石)
𑖭𑖰𑖟𑖿𑖠𑖿𑖧𑖡𑖿𑖝𑖲 𑖦𑖡𑖿𑖝𑖿𑖨𑖢𑖟 (慈)
siddhyantu　mantra pada
悉殿覩　滿怛囉二合跛娜 486
令成就　密真言微妙章句

487 𑖭𑖿𑖪𑖯𑖮𑖯 (石)
𑖭𑖿𑖪𑖯𑖮𑖯 (慈)
svāhā·
娑嚩二合引賀引487
福智圓滿

致　谢

本书在编写过程中，我有幸认识了多位师长和朋友，他们的关心和帮助，终于让我完成这本专著。七年前，本项目的雏形只是一个小型的数据库，用做案例库教学。湖北大学同事们给我很多的建议和鼓励。在此，我要特别感谢新闻传播学院廖声武教授、胡远珍教授，古籍研究所郭康松教授、杜朝晖教授，武汉大学文学院韩小荆教授，北京电影学院孙立军教授，他们手把手的教给我佛经训诂、文献整理方面的知识与研究方法，他们既是我的良师，也是我的益友。

在此，我也要感谢学界、业界和宗教界的老师们。在项目实施中，为了确保学术性和准确性，我利用去北京访学进修的机会，尽可能去拜见了与研究内容相关的师长。中国社科院宗教研究所周广荣教授、罗炤教授，北京大学梵佛所叶少勇教授、萨尔吉教授，中国人民大学李建强教授，北京法源寺法映法师，北京云居寺文物管理处张爱民主任，北京馨逸文化传播有限公司创始人刘志懿先生等。大师们的指点，让本书的学术性、实践性得到了提升，也让我的研究思路变得更加开阔清晰。我的访学导师、尊敬的孙立军先生特地为本书题写了书名。

在项目管理中，我们采用了 Ftrack、Alienbrain(测试版)、Tactic(测试版) 等软件进行数字资产和工作流管理，使用 FontCreator(测试版) 进行石刻字体造字，瑞典 Ftrack 公司大中华区总经理俞亚敏女士还给予了一些技术支持，中国社会科学出版社熊瑞女士、张小会先生在书籍版式、文本编辑中给了很多宝贵的建议。在此一并致敬以诚挚感谢。

最后，我也要感谢一直支持我的网友莲花手、普明居士（梵音进修院)、天空、心系极乐、牛牛师兄、小雷师兄、虚拟现实(CGHotman)等。

我的学生刘前、樊菲、李思念、李圆圆、贺倩、费来凤等人在文字录入和校对中做了大量细致的工作。我的爱人黄艳女士多年来一直坚定而又热情的支持我的研发工作，她还给了我很多关于编辑排版的建议。

诸位师长贵人、同事同行对我的帮助让我在穷经皓首中受益匪浅，他们教给我佛经训诂、古籍文献整理、造字与输入法、梵汉对音、书籍编辑排版、辞典编撰、数据库整理、项目与流程管理等等诸方面的知识与研究方法。我前进的每一步都得到了他们的支持，他们分享了我对古籍数字化的热爱。没有他们的支持和鼓励，很难完成此等需要极大信心、细心和毅力完成的工作，本人在此表示深深的谢意。

由于本人学识有限，书籍中难免有错漏之处，深恐辜负诸位恩师贵人的期待，战战兢兢截稿之际，愿得到更多高人的指点提拔，以臻完美。